"十三五"国家重点出版物出版规划项目

法律科学文库
LAW SCIENCE LIBRARY

总主编 曾宪义

2014年度教育部人文社会科学研究青年基金项目
《中国粮食安全法律制度研究》（14YJC820070）
最终研究成果

粮食法原论

曾晓昀 著

The Nature of Grain Law

中国人民大学出版社
·北京·

法律科学文库
编委会

总主编
曾宪义

副总主编
赵秉志（常务） 王利明 史际春 刘 志

编 委
（以姓氏笔画为序）

王利明	史际春	吕世伦	孙国华	江 伟
刘文华	刘 志	刘春田	许崇德	杨大文
杨春洗	陈光中	陈松涛	何家弘	郑成思
赵中孚	赵秉志	高铭暄	郭燕红	曾宪义
程荣斌				

谨以此书献给恩师程信和先生

总　序

曾宪义

"健全的法律制度是现代社会文明的基石",这一论断不仅已为人类社会的历史发展所证明,而且也越来越成为人们的共识。在人类历史上,建立一套完善的法律体制,依靠法治而促进社会发展、推动文明进步的例证,可以说俯拾即是。而翻开古今中外东西各民族的历史,完全摒弃法律制度而能够保持国家昌隆、社会繁荣进步的例子,却是绝难寻觅。盖因在摆脱了原始和蒙昧以后,人类社会开始以一种"重力加速度"飞速发展,人的心智日渐开放,人们的利益和追求也日益多元化。面对日益纷纭复杂的社会,"秩序"的建立和维持就成为一种必然的结果。而在建立和维持一定秩序的各种可选择方案(暴力的、伦理的、宗教的和制度的)中,制定一套法律制度,并以国家的名义予以实施、推行,无疑是一种最为简洁明快,也是最为有效的方式。随着历史的演进、社会的发展和文明的进步,作为人类重要精神成果的法律制度，也在不断嬗变演进，不断提升自身的境界，逐渐成为维持一定社会秩序、支撑社会架构的重要支柱。17世纪以后，数次发生的工业革命和技术革命，特别是20世纪中叶发生的电子信息革命，给人类社会带来了天翻地覆的变化，不仅直接改变了信息交换的规模和速度，而且彻底改变了人们的生活方式和思维方式，使人类生活进入了更为复杂和多元的全新境界。在这种背景下，宗教、道德等维系社会人心的传统方式，在新的形势面前越来越显得力不从心。而理想和实际的选择，似乎是透过建立一套理性和完善的法律体制，给多元化社会中的人们提供一套合理而可行的共同的行为规则，在保障社会共同利益的前提下，给社会成员提供一定的发挥个性的自由空间。这样，既能维持社会整体的大原则、维持社会秩序的基本和谐和稳定，又能在此基础上充分保障个人的自由和个性，发挥每一个社会成员的创造力，促进社会文明的进步。唯有如此，方能达到稳定与发展、整体与个人、精神文明与物质进步皆能并行不悖的目的。正因为如此，近代以来的数百年间，在东西方各主要国家里，伴随着社会变革的大潮，法律改革的运动也一直呈方兴未艾之势。

中国是一个具有悠久历史和灿烂文化的国度。在数千年传承不辍的中国传统文化中，尚法、重法的精神也一直占有重要的位置。但由于古代社会法律文化的精神旨趣与现代社会有很大的不同，内容博大、义理精微的中国传统法律体系无法与近现代社会观念相融，故而在19世纪中叶，随着西方列强对中国的侵略，绵延了数千年的中国古代法律制度最终解体，中国的法制也由此开始了极其艰难的近现代化的过程。如果以20世纪初叶清代的变法修律为起点的话，中国近代以来的法制变革活动已经进行了近一个世纪。在这将近百年的时间里，中国社会一直充斥着各种矛盾和斗争，道路选择、主义争执、民族救亡以及路线斗争等等，使整个中国一直处于一种骚动和不安之中。从某种意义上说，社会变革在理论上会给法制的变革提供一定的机遇，但长期的社会骚动和过于频繁的政治剧变，在客观上确实曾给法制变革工作带来过很大的影响。所以，尽管曾经有过许多的机遇，无数的仁人志士也为此付出了无穷的心力，中国近百年的法制重建的历程仍是步履维艰。直至20世纪70年代末期，"文化大革命"的宣告结束，中国人开始用理性的目光重新审视自身和周围的世界，用更加冷静和理智的头脑去思考和选择自己的发展道路，中国由此进入了具有非凡历史意义的改革开放时期。这种由经济改革带动的全方位民族复兴运动，也给蹉跎了近一个世纪的中国法制变革带来了前所未有的机遇和无限的发展空间。

应该说，自1978年中国共产党第十一届三中全会以后的20年，是中国历史上社会变化最大、也最为深刻的20年。在过去20年中，中国人民高举邓小平理论伟大旗帜，摆脱了"左"的思想的束缚，在政治、经济、文化各个领域进行全方位的改革，并取得了令世人瞩目的成就，使中国成为世界上最有希望、最为生机勃勃的地区。中国新时期的民主法制建设，也在这一时期内取得了令人惊喜的成就。在改革开放的初期，长期以来给法制建设带来巨大危害的法律虚无主义即得到根除，"加强社会主义民主，健全社会主义法制"成为一个时期内国家政治生活的重要内容。经过近二十年的努力，到90年代中期，中国法制建设的总体面貌发生了根本性的变化。从立法上看，我们的立法意识、立法技术、立法水平和立法的规模都有了大幅度的提高。从司法上看，一套以保障公民基本权利、实现司法公正为中心的现代司法诉讼体制已经初步建立，并在不断完善之中。更为可喜的是，经过近二十年的潜移默化，中国民众的法律意识、法制观念已有了普遍的增强，党的十五大确定的"依法治国""建设社会主义法治国家"的治国方略，已经成为全民的普遍共识和共同要求。这种观念的转变，为中国当前法制建设进一步完善和依法治国目标的实现提供了最为有力的思想保证。

众所周知，法律的进步和法制的完善，一方面取决于社会的客观条件和客观需要，另一方面则取决于法学研究和法学教育的发展状况。法律是一门专业性、技术性很强，同时也极具复杂性的社会科学。法律整体水平的提升，有赖于法学研究水平的提高，有赖于一批法律专家，包括法学家、法律工作者的不断努力。而国家法制总体水平的提升，也有赖于法学教育和法学人才培养的规模和质量。总而言之，社会发展的客观需要、法学研究、法学教育等几个环节是相互关联、相互促进和相互影响的。在改革开放的20年中，随着国家和社会的进步，中国的法学研究和法学教育也有了巨大的发展。经过20年的努力，中国法学界基本上清除了"左"的思想的影响，迅速完成了法学学科的总体布局和各分支学科的学科基本建设，并适应国家建设和社会发展的需要，针对法制建设的具体问题进行深入的学术研究，为国家的立法和司法工作提供了许多理论支持和制度上的建议。同时，新时期的法学教育工作也成就斐然。通过不断深入的法学教育体制改革，当前我国法学人才培养的规模和质量都有了快速的提升。一大批用新思想、新体制培养出来的新型法学人才已经成为中国法制建设的中坚，这也为中国法制建设的进一步发展提供了充足和雄厚的人才准备。从某种意义上说，在过去20年中，法学界的努力，对于中国新时期法制建设的进步，贡献甚巨。其中，法学研究工作在全民法律观念的转变、立法水平和立法效率的提升、司法制度的进一步完善等方面所发挥的积极作用，也是非常明显的。

法律是建立在经济基础之上的上层建筑，以法律制度为研究对象的法学也就成为一个实践性和针对性极强的学科。社会的发展变化，势必要对法律提出新的要求，同时也将这种新的要求反映到法学研究中来。就中国而言，经过近二十年的奋斗，改革开放的第一阶段目标已顺利实现。但随着改革的逐步深入，国家和社会的一些深层次的问题也开始显现出来，如全民道德价值的更新和重建，市场经济秩序的真正建立，国有企业制度的改革，政治体制的完善等等。同以往改革中所遇到的问题相比，这些问题往往更为复杂，牵涉面更广，解决问题的难度也更大。而且，除了观念的更新和政策的确定外，这些复杂问题的解决，最终都归结到法律制度上来。因此，一些有识之士提出，当前中国面临的难题或是急务在于两个方面：其一，凝聚民族精神，建立符合新时代要求的民族道德价值，以为全社会提供一个基本价值标准和生活方向；其二，设计出一套符合中国国情和现代社会精神的"良法美制"，以为全社会提供一系列全面、具体、明确而且合理的行为规则，将各种社会行为纳入一个有序而且高效率的轨道。实际上，如果考虑到特殊的历史文化和现实情况，我们会认识到，在当前中国，制度的建立，亦即一套"良法美制"的建立，更应该是当务之急。建立一套完善、合理的法律体制，当然是一项极为庞大的社会工程。而其中的基础性工作，即理论的论证、框架的设计和实施中的纠偏等，都有赖于法学研究的进一步深入。这就对我国法学研究、法学教育机构和广大法律理论工作者提出了更高的要求。

中国人民大学法学院建立于1950年，是新中国诞生以后创办的第一所正规高等法学教育机构。在其成立的近半个世纪的岁月里，中国人民大学法学院以其雄厚的学术力量、严谨求实的学风、高水平的教学质量以及极为丰硕的学术研究成果，在全国法学研究和法学教育领域中处于领先行列，并已跻身于世界著名法学院之林。长期以来，中国人民大学法学院的法学家们一直以国家法学的昌隆为己任，在自己的研究领域中辛勤耕耘，撰写出版了大量的法学论著，为各个时期的法学研究和法制建设作出了突出的贡献。

鉴于当前我国法学研究所面临的新的形势，为适应国家和社会发展对法学工作提出的新要求，中国人民大学法学院和中国人民大学出版社经过研究协商，决定由中国人民大学出版社出版这套"法律科学文库"，陆续出版一大批能全面反映和代表中国人民大学法学院乃至全国法学领域高品位、高水平的学术著作。此套"法律科学文库"是一个开放型的、长期的学术出版计划，以中国人民大学法学院一批声望卓著的资深教授和著名中青年法学家为主体，并聘请其他法学研究、教学机构的著名法学家参加，组成一个严格的评审机构，每年挑选若干部具有国内高水平和有较高出版价值的法学专著，由中国人民大学出版社精心组织出版，以达到集中地出版法学精品著作、产生规模效益和名著效果的目的。

"法律科学文库"的编辑出版，是一件长期的工作。我们设想，借出版"文库"这一机会，集中推出一批高质量、高水准的法学名著，以期为国家的法制建设、社会发展和法学研究工作提供直接的理论支持和帮助。同时，我们也希望通过这种形式，给有志于法学研究的专家学者特别是中青年学者提供一个发表优秀作品的园地，从而培养出中国新时期一流的法学家。我们期望并相信，通过各方面的共同努力，力争经过若干年，"法律科学文库"能不间断地推出一流法学著作，成为中国法学研究领域中的权威性论坛和法学著作精品库。

1999 年 9 月

代 序

程信和

江城子·赠晓昀
（2011年6月10日）

  颐园花草竞芬芳。对明窗，走千行。发力抒怀，诗卷接天长。谁识东湖深与浅，缘有信，看曾郎。
  不差才气不愁粮。路茫茫，又何妨？画虎雕龙，心迹铸宏章。安得乘风追日月，云起舞，笛歌扬。

蝶恋花·北斗生天际
——贺晓昀博士
（2016年12月5日）

  紫气东来添福气。水到渠成，诸友兴无寐。顺境逆时皆奋起，达人立己总为醉。
  对话曾郎微信里。法路担当，挥洒凭经纬。白发瘦身何在意，遥看北斗生天际！

目 录

绪　　论……………………………………（1）
　一、研究问题、背景及意义………（1）
　二、基本概念界定…………………（5）
　三、当代粮食法研究历程…………（6）
　四、研究思路与研究方法 ………（20）
第一章　中国当代粮食立法之体系化 …（23）
　第一节　立法考察：法律制度之
　　　　　重要性凸显 ……………（23）
　　一、中央层面：正在路上 ………（24）
　　二、地方层面：探索与实践 ……（27）
　第二节　中国《粮食法》建议 ……（28）
　　一、粮食基本法辩争 ……………（28）
　　二、中国《粮食法》制定进程 …（30）
　　三、中国《粮食法》待决问题 …（33）
　　四、《中华人民共和国粮食法》
　　　　建议稿 …………………（34）

第二章　粮食法律主体之多元化 (40)
第一节　粮食市场主体：以粮农与粮食经营者为视角 (41)
一、粮农：新型职业农民培养 (41)
二、粮食经营者：贯穿于市场化全过程 (48)
第二节　粮食行政管理体制：从多元化到独立化 (52)
一、多元化：粮食行政管理体制现状安排 (52)
二、独立化：粮食行政管理部门之未来趋势 (58)
第三节　粮食社会组织：协会与学会之配对 (63)
一、粮食行业协会：最基本之粮食社会组织 (63)
二、粮食行业学会：学术型定位 (68)

第三章　粮食权之特色化 (71)
第一节　粮食利益、粮食法益与粮食权 (71)
一、粮食利益：粮食问题利益化 (72)
二、粮食法益：粮食问题法益化 (76)
三、粮食权：粮食问题权利化 (78)
第二节　粮食权范畴分析：为粮食权而奋斗 (85)
一、粮食权基本特征：粮食性与综合性 (85)
二、粮食权构成要素：权利主体与权利内容 (89)
三、粮食法律义务相应探讨：与粮食权之对接 (94)

第四章　粮食法律客体之多样化 (98)
第一节　粮食：最基本之粮食法律客体 (98)
一、"粮食"内涵深化：从"粮食"到"粮食安全" (99)
二、"粮食"外延拓新：以广义说为宽限 (108)
第二节　特定粮食服务行为：区别于粮食法律行为 (113)
一、粮食生产领域服务行为：引入"互联网+" (114)
二、粮食流通领域服务行为：全面市场化之要求 (119)
第三节　粮食智力财产：智力财产之粮食法保护 (124)
一、传统粮食智力财产：智力财产传统模型构建 (124)
二、新型粮食智力财产：智力财产之时代趋势 (129)
第四节　粮食金融：粮食产业发展之金融保障 (133)
一、初级体现："粮食"属性依赖 (134)
二、高级体现："金融"属性彰显 (139)

第五章　粮食法律行为之类型化 (146)

第一节　首要：粮食供给保障行为 (146)
一、粮食日常供给保障行为：《粮食法》之骨干 (147)
二、粮食应急供给保障行为：关键时刻之映照 (165)

第二节　核心：粮食质量保障行为 (172)
一、普通粮食质量保障：粮食质量保障行为法之实现 (172)
二、转基因粮食规制：转基因粮食应对行为法之前瞻 (181)

第三节　落脚点：粮食价格保障行为 (187)
一、粮食价格调控行为：行为法之宏观调控功能 (188)
二、粮食安全网计划：社会保护问题之思考 (191)

第六章　粮食法律责任之综合化 (198)

第一节　传统粮食法律责任："民—行—刑"之叙事逻辑 (198)
一、粮食民事责任：一般情形与特殊对待 (199)
二、粮食行政责任：行政处罚与行政处分 (201)
三、粮食刑事责任：刑法功能再思辨 (207)

第二节　新兴粮食法律责任：容易忽略之责任研究领域 (221)
一、粮食经济问责：问责制在粮食行业之推行 (221)
二、粮食信用责任：社会信用体系之建设 (224)
三、粮食社会责任：粮食法律责任之社会担当 (228)

第七章　粮食法律救济之便利化 (243)

第一节　传统粮食法律救济：非诉与诉讼之结合 (243)
一、粮食非诉救济：人情社会之顾念 (244)
二、粮食诉讼救济："民—行—刑"叙事逻辑再现 (246)

第二节　粮食公益诉讼：诉讼机制之现代化创新 (253)
一、基本规则：原告认定与诉由确定 (253)
二、益助规则：举证与受偿 (258)

第八章　粮食软法之协同化 (263)

第一节　粮食"法域"革命：粮食软法之提出 (263)
一、粮食软法内涵：优劣势分析 (264)
二、粮食软法外延：反对"泛软法主义" (267)

第二节　制度自信：从立法变迁到法治系统工程构建 (281)
一、粮食安全保障立法变迁：中央层面与

地方层面之因应……………………………………………(281)
　二、粮食法治系统工程构建：从狭义说走向广义说…………(285)
结　语　中国特色粮食法学之确立……………………………(292)
参考文献………………………………………………………(294)
图表索引………………………………………………………(315)
后　　记………………………………………………………(317)

绪 论

一、研究问题、背景及意义

(一) 研究问题

民以食为天，食以粮为本，粮食安全至关重要。中国是世界上第一人口大国，必须高度重视粮食问题，始终作为头等大事。国家"十三五"规划纲要第四篇"推进农业现代化"中提出"确保谷物基本自给、口粮绝对安全"的基本主张。《中共中央国务院关于深入推进农业供给侧结构性改革加快培育农业农村发展新动能的若干意见》（2017年）提出，"在确保国家粮食安全的基础上"，"以体制改革和机制创新为根本途径"。当前应当深入贯彻落实党的十九大精神，"把中国人的饭碗牢牢端在自己手中"，推动全国粮食行业深化改革、转型发展，建设新时代粮食产业强国。

联合国粮农组织《世界粮食安全首脑会议

宣言》（2009年）提出，"支持酌情开展国家立法工作"。2016年伊始，涵盖17个可持续发展目标[①]的联合国《2030年可持续发展议程》正式生效，粮食与农业是可持续发展目标的核心要点。我国十一届全国人大常委会立法规划中提出制定《粮食法》，《国家粮食安全中长期规划纲要（2008—2020年）》提出"制定公布粮食安全法"，《粮食行业"十三五"发展规划纲要》提出"加快推进《粮食法》立法进程"，《中共中央国务院关于实施乡村振兴战略的意见》（2018年）也提出"推进粮食安全保障立法"的战略主张。目前正在起草的粮食安全基本法定名为《粮食法》。

本书的研究问题是：中国粮食安全要依靠法律手段保障，借《粮食法》制定之机，加强当代粮食立法、粮食法律主体、粮食权、粮食法律客体、粮食法律行为、粮食法律责任、粮食法律救济、粮食软法等的研究，构建中国特色粮食法学。

（二）研究背景

1. 国内背景

国内粮食供给长期处于紧平衡，存在各种潜在的供给风险。新中国成立以来，有几次严峻的粮食形势值得关注，如：1959—1961年粮食产量大幅度下降，既有自然灾害因素，更与"大跃进"人民公社化运动等密切相关。改革开放后有几次粮食生产困局，如1980—1981年、1985—1988年、1991—1994年、2000—2003年等。近年来，我国连续保持粮食产量增长势头（见图0-1）。据国家统计局统计，2017年粮食产量61 791万吨，比2016年增加166万吨，增产0.3%。其中，全年谷物产量56 455万吨，比2016年减产0.1%。[②]

国内粮食质量问题堪忧，转基因粮食问题凸显。一方面是普通粮食问题。例如，气候变化、粮食生产环境污染、耕地污染日益严重，储备粮质

---

① 这17个可持续发展目标可以概括为：无贫穷，零饥饿，良好健康与福祉，优质教育，性别平等，清洁饮水和卫生设施，经济适用的清洁能源，体面工作和经济增长，产业、创新和基础设施，减少不平等，可持续城市和社区，负责任消费和生产，气候行动，水下生物，陆地生物，和平、正义与强大机构，促进目标实现的伙伴关系。参见联合国官方网站"可持续发展目标"专题，见http://www.un.org/sustainabledevelopment/zh/sustainable-development-goals/，访问时间：2017-08-08。

② 参见《中华人民共和国2017年国民经济和社会发展统计公报》（国家统计局2018年2月28日发布）。

```
万吨                2013—2017年粮食产量
70 000
65 000          60 194    60 703    62 144    61 625    61 791
60 000
55 000
50 000
45 000
40 000
               2013      2014      2015      2016      2017
```

图 0-1　2013—2017 年全国粮食产量比较图①

量问题频频曝光，市售大米镉超标问题再起风波，大米添加防腐剂也有质量隐患，等等。另一方面是转基因粮食问题。从转基因粮食诞生之日起人们对其就充满争议，目前不仅是国外的转基因粮食（含种子）可能进口到国内，国内本身也存在非法种植转基因粮食问题。是否应该给予转基因粮食以生物安全证书，是否应该进行商业化推广，再次引起关注。

国内通货膨胀加剧，粮食价格波动频繁。多年来，我国物价一直上涨，"豆你玩""蒜你狠""姜你军""糖高宗"等陆续涌现。中国再次面临通货膨胀的威胁，粮价也随着一路上涨。造成粮价上涨的因素很多，如我国粮食生产成本上涨，各地干旱等极端天气影响我国粮食市场预期、不法经营者操纵粮价，游资炒作，国际粮食市场动荡等。粮食作为国计民生的必需品，粮价上涨会推动农产品价格上涨，进而推动全社会物价整体上涨，必须高度警惕。当然，粮价太低也不好，粮价不是不能涨，而是不能乱涨、剧烈波动，要根据经济社会发展水平加以统筹考虑，切实照顾粮农种粮权益，推动城乡均衡发展。

2. 国际背景

国际粮食供给格局不均衡，各国政治经济利益博弈激烈。2017 年世

---

①　参见《中华人民共和国 2017 年国民经济和社会发展统计公报》（国家统计局 2018 年 2 月 28 日发布）。

界谷物产量约增加 3 300 万吨（1.3%），达到近 26.46 亿吨。① 目前，全球有 8 亿左右人口处于饥饿状态。全球第三产业的迅速发展并非放弃农业生产，相反的，美国等发达国家通过立法加强对本国农业的支持（如美国《农业法》）。粮食供给一直是各国的头等政治经济大事，政治军事强国的基础是经济强国，根本而言是农业强国。必须深刻认识到：长期以来，中国用不到世界 1/10 的耕地，生产了世界 1/4 的粮食，供养了世界 1/5 的人口，但全球粮食贸易量不足中国消费量的 1/2。我国既要充分利用国际粮食市场调剂余缺，更要立足本国供给，坚持"自端饭碗"。

国际粮食质量参差不齐，转基因粮食日益严重。进入 21 世纪以来，气候异常、水资源短缺、生态破坏日益严峻。发达国家"环境污染输出"现象值得警惕，而发展中国家过于追求经济增长，牺牲生态环境，滥用农药化肥，造成粮食生产环境严重污染，粮食种植质量下降，进而影响膳食营养。目前，全球有 1.55 亿名五岁以下的儿童发育迟缓，值得警惕。与此同时，发达国家在发展中国家大力推广转基因粮食，通过转基因粮食冲击落后国家的国内粮食市场，而发展中国家缺乏远见、被动接纳。这些对国民健康的危害深远。

国际粮食现货市场与期货市场相互影响，推动粮价高涨。以美联储为首的美国金融监管当局信奉新自由主义，放任金融过度创新，缺乏监管，使 2007 年以来的次贷危机酝酿成全球性经济危机。近年来，国际游资看好粮食产品的战略价值，转投国际粮食期货市场，引起国际粮食期货市场的急剧动荡，并推动国际粮食现货价格上涨。无论是国际粮食现货市场还是期货市场，粮价上涨都会波及各个国家，进而引发各国国内粮价波动的连锁反应。

（三）研究意义

1. 理论意义

第一，深化对粮食权的认识。粮食问题具有重要的公共利益，已经作为法益而存在，具备确认为粮食权的条件。通过《粮食法》明确规定粮食权并完善制度保障，有助于粮食法基本权利范畴的研究。

---

① 参见联合国粮农组织：《粮农组织谷物供需情况简介》，载联合国粮农组织官方网站"主题"之"世界粮食形势"栏目，见 http://www.fao.org/worldfoodsituation/csdb/zh/，访问时间：2018 - 04 - 05。

第二，构建中国特色粮食法学。以《粮食法》为核心加强对当代粮食立法、粮食法律主体、粮食权、粮食法律客体、粮食法律行为、粮食法律责任、粮食法律救济、粮食软法的研究，构建中国特色粮食法学。

第三，拓宽粮食安全保障中"法"的研究视野，引入软法概念。粮食安全保障应当借鉴软法制度，通过硬法与软法的有机统一，实现粮食安全保障的制度自信，构建广义的粮食法治系统工程。

2. 现实意义

第一，完善中国特色社会主义法律体系。制定《粮食法》，以《宪法》为根本、以《粮食法》为核心构建中国特色粮食法律体系，不仅将保障粮食安全提升至法律的高度，而且对完善农业法律制度、完善中国特色社会主义法律体系亦有促进作用。

第二，建设新时代粮食产业强国。农业是国民经济的基础，粮食生产是农业的基础。粮食法研究可以解决现代粮食产业发展中存在的诸多法律问题，促进粮食产业可持续发展，建设新时代粮食产业强国。

第三，关注国计民生，促进国家繁荣发展。粮食关乎国计民生，保障粮食安全有助于维持、提升公众的基本生活水平，从根本上解决中国人的吃饭问题。要站在国家繁荣、民族发展的高度来设计粮食法，实现国家自立、民族自强。

二、基本概念界定

就本书而言，关键是界定"粮食法""原论"两个词语，从中理解本书的写作旨趣。

（一）粮食法

最广义的粮食法，包括粮食"硬法"与粮食"软法"。其中，粮食"硬法"包括与粮食问题相关的宪法、法律、法规、规章等，国内层面的粮食"软法"包括粮食政策、粮食标准、粮食行业协会章程、粮食"公约"等。

广义的粮食法，是与粮食问题相关的宪法、法律、法规、规章等的统称。广义的粮食法分为中央层面的立法与地方层面的立法。若无特别说明，本书"粮食法"采广义说。

中义的粮食法，包括与粮食问题相关的宪法、法律、行政法规、地方性法规。

狭义的粮食法，是指粮食基本法律，尤其特指制定中的《粮食法》。

（二）原论

对于原论的"原"，有三种理解。一是作名词理解。作名词理解分为"原因"说、"源头"说、"里原"说等。"原因"说强调因果关系，"源头"说强调起初状态，"里原"说则探究内在之本妙。二是作形容词理解。作形容词理解又分为"最初"说、"原来"说、"本来"说等。"最初"说强调原始、起源，"原来"说强调了解真相，"本来"则是本应如此之意。三是作动词理解。作动词理解又分为"探究"说、"宽恕"说等。"探究"说强调探究本原、了解实相，"宽恕"说强调原谅宽恕。本书"原论"的"原"采名词理解之"里原"说，即论证、探究粮食法之里原。

对于原论的"论"，有两种理解。一是作名词理解。名词理解分为"文论"说、"理论"说、"论点"说等。"文论"说强调整体构建，"理论"说偏向抽象深化，"论点"说则强调具体主张。二是作动词理解。动词理解又分为"论证"说、"论争"说、"衡量"说、"探究"说等。"论证"说强调讨论分析、证明己见的过程，"论争"说强调就分歧而争辩，"衡量"说则强调权衡评定，"探究"说则强调深入研讨、探其本原。本书"原论"的"论"采动词理解之"探究"说，即对粮食法里原的深入探索。

三、当代粮食法研究历程

当代粮食法研究，经历了从无到有、逐渐发展的历程，才有今天的繁荣景象。以下结合本书章节，着重从粮食法律主体、粮食权、粮食法律客体、粮食法律行为、粮食法律责任、粮食法律救济等方面加以梳理剖析。探讨粮食法研究历程，有助于发现学术前沿领域，以便后文加以发挥。

（一）关于粮食法律主体

1. 粮食生产经营者层面

现有研究关注到粮食生产者、粮食经营者、粮食消费者之间的关系。例如，陈志奇（1996）探讨《粮食法》对粮食生产者、经营者、消费者三方关系的调整[①]；Susan A. Schneider（2009）提出农业政策要重视农产

[①] 参见陈志奇：《对制定〈粮食法〉的一点想法》，载《中国粮食经济》，1996（3）。

品质量，通过保障消费者权益来重构生产者与消费者的有机联系[1]；AmandaKendzora（2015）论证美国在保护季节性农业工人方面之缺陷[2]；穆中杰（2015）论证河南省粮食经纪人的法治引导[3]；季丽新（2015）以S玉米专业合作社为例，提出农民专业合作社信用业务发展问题[4]；Ana Cristina Carrera（2016）从农业生产者角度探讨 Global G. A. P. 认证问题[5]；等等。

2. 粮食行政管理部门层面

现有研究重点是提升粮食行政管理效能，推进粮食安全保障体制改革。例如，丁杨（2010）提出政府干预与市场机制有机协调的粮食安全行政执法原则[6]；曾志华（2013）提出中国粮食安全的激励型监管与协商型监管[7]；Genna Reed（2014）提出因对转基因粮食监管不力，使公共卫生、环境保护的立法成为"橡皮图章"[8]；谭波（2015）探讨粮食安全领

---

[1] See Susan A. Schneider. Reconnecting Consumers and Producers: on the Path toward a Sustainable Food and Agriculture Policy. Drake J. Agric. L., 2009（1）: 75-95.

[2] See Amanda Kendzora. The Failure that Topples Success: How the Migrant and Seasonal Agricultural Worker Protection Act does not Actually Protect. S. J. Agric. L. Rev., 2014—2015（1）: 157-181.

[3] 参见穆中杰:《河南省粮食经纪人现状调查及其法治引导》，载《河南工业大学学报（社会科学版）》，2015（3）。

[4] 参见季丽新:《法律与政策互联互动视野下的农民专业合作社信用业务发展研究——以S玉米专业合作社为例》，载《探索》，2015（2）。

[5] See Ana Cristina Carrera. Global G. A. P. and Agricultural Producers: Bridging Latin America and The European Union. Drake J. Agric. L., 2016（2）: 155-176.

[6] 参见丁杨:《论中国粮食安全的法律保障》，载《社科纵横》，2010（1）。

[7] 参见曾志华:《双管齐下:中国粮食安全监管的方式转变》，载《河北法学》，2013（9）。

[8] See Genna Reed. Public Health and the Environment: Rubber-stamped Regulation: The Inadequate Oversight of Genetically Engineered Plants and Animals in the United States. Sustainable Dev. L. & Pol'y., 2014（2）: 14-20.

域"中央决策—省级执行"的机制优化问题，提出央地事权细化的法治对策①；Purnhagen，KP、Feindt PH（2017）从原则监管角度探讨农业市场的新路径②；等等。

（二）关于粮食权

现有的关于粮食权的直接论述并不多。例如，徐挥彦（2005）论证WTO农业协定对粮食贸易、粮食援助、粮食储存之影响，探讨WTO农业协定对粮食权保障的重要性③；吴昊、刘超（2013）从应对气候变化的角度提出保障粮食权④；曹阳（2016）从可持续性国际粮食安全体系的角度论证粮食权问题⑤；等等。

此外，还有学者对粮食权进行延伸理解。其一，人权保障。例如，柏慧（2009）以东北平原小规模粮农为对象，探讨少数人权利保障问题。⑥其二，土地发展权。例如，宋戈等（2014）基于耕地发展权价值，探讨东北粮食主产区耕地保护补偿机制⑦；王文龙（2015）探讨土地发展权交易视角下的粮食安全区域协调机制⑧；祝洪章（2016）从土地发展权交易角

---

① 参见谭波：《论优化我国粮食安全领域的"中央决策—省级执行"机制》，载《河南工业大学学报（社会科学版）》，2015（1）；谭波：《我国央地事权细化的法治对策——从粮食事权引发的思考》，载《云南行政学院学报》，2015（5）。

② See Purnhagen KP, Feindt PH. Principles-based Regulation: Blueprint for a "New Approach" for the Internal Agricultural Market. Eur. Law. Rev., 2017（5）: 722-736.

③ 参见徐挥彦：《世界贸易组织农业协定中粮食安全与粮食权之互动关系》，载《东吴法律学报》，2005（1）。

④ 参见吴昊、刘超：《气候变化与粮食权保障》，载《湖北经济学院学报（人文社会科学版）》，2013（11）。

⑤ 参见曹阳：《国际法视野下的粮食安全问题研究——可持续性国际粮食安全体系的构建》，24~32页，北京，中国政法大学出版社，2016。

⑥ 参见柏慧：《宏观调控与少数人权利保障——以东北平原小规模粮农为对象》，载《河北法学》，2009（9）。

⑦ 参见宋戈等：《基于耕地发展权价值的东北粮食主产区耕地保护补偿机制研究》，载《中国土地科学》，2014（6）。

⑧ 参见王文龙：《土地发展权交易视角下的粮食安全区域协调机制研究——以浙江省为例》，载《经济体制改革》，2015（1）。

度探讨粮食生产利益补偿机制①；等等。其三，务农权。例如，Sean McElwain（2015）从有机农业角度探讨务农权问题②；Ariel Overstreet-Adkins（2016）在宪法层面探讨务农权问题。③ 其四，粮食定价权。例如，公茂刚（2017）基于中国粮食安全论证粮食定价权。④ 其五，知情权。例如，徐喜荣（2013）探讨"黄金大米"事件人体试验受试者的知情同意权⑤；Josh Glasgow（2015）探讨转基因标识的知情权问题⑥；等等。

（三）关于粮食法律客体

从法律客体角度看待粮食问题的论点颇多，目前国际社会聚焦热点是生物能源。例如，Zachary R. F. Schreiner（2009）提出美国法律对转基因玉米运用于生物能源的鼓励会破坏作物多样性⑦；Melissa Powers（2010）强调多元化燃料可以减少玉米作为生物能源原料，有利于美国经济发展和环境保护⑧；Zachary M. Wallen（2010）提出玉米作为生物能源原料不符合成本—效益分析，应当发展多元化的能源战略⑨；Jonathan Volinski

---

① 参见祝洪章：《土地发展权交易与粮食生产利益补偿机制》，载《学术交流》，2016（6）。

② See Sean McElwain. The Misnomer of Right to Farm: How Right-to-Farm Statutes Disadvantage Organic Farming. Washburn L. J., 2015（3）: 223-268.

③ See Ariel Overstreet-Adkins. Extraordinary Protections for the Industry that Feeds Us: Examining a Potential Constitutional Right to Farm and Ranch in Montana. Mont. L. Rev., 2016（4）: 85-115.

④ 参见公茂刚：《我国争取国际粮食定价权的条件与策略研究》，载《宁夏大学学报（人文社会科学版）》，2017（1）。

⑤ 参见徐喜荣：《论人体试验中受试者的知情同意权——从"黄金大米"事件切入》，载《河北法学》，2013（11）。

⑥ See Josh Glasgow. Genetically Modified Organisms, Religiously Motivated Concerns: The Role of the "Right To Know" in the Gm Food Labeling Debate. Drake J. Agric. L., 2015（1）: 115-136.

⑦ See Zachary R. F. Schreiner. Genetically Modified Corn, Ethanol, and Crop Diversity. Energy L. J., 2009（1）: 169-188.

⑧ See Melissa Powers. King Corn: Will the Renewable Fuel Standard Eventually End Corn Ethanol's Reign?. Vt. J. Envtl. L., 2010（1）: 667-708.

⑨ See Zachary M. Wallen. Far from a Can of Corn: A Case for Reforming Ethanol Policy. Ariz. L. Rev., 2010（1）: 129-155.

(2012) 探讨美国相关立法对生物能源的回应并提出己见①；等等。

粮食法律客体的前沿问题还包括粮食知识产权与文化遗产保护、粮食金融。一方面是粮食知识产权与文化遗产保护。例如，佟屏亚（2005）从玉米品种维权角度考察中国玉米种业维权诉讼第一大案②；刘银良（2006）论证金大米的知识产权问题③；刘妍、李秀丽（2011）基于黑龙江五常大米评析地理标志权的价值④；Jess R. Phelps（2015）探讨农业历史资源保护立法⑤；Jody L. Ferris（2017）探讨农业信息保护立法⑥；Olusegun OO、Olubiyi IA（2017）探讨转基因作物的农业知识产权问题⑦；等等。另一方面是粮食金融。例如，多瑞斯·科恩（2014）探讨农业资产组合、资产证券化、结构化基金、应收账款抵押融资、仓储凭单融资、"远期合同、期货和期权"、契约耕种⑧；等等。

（四）关于粮食法律行为

1. 粮食供给保障方面

第一，粮食生产层面。例如，肖顺武（2006）从粮食安全视角论证耕

---

① See Jonathan Volinski. Shucking Away the Husk of a CropGone Wrong: Why the Federal Government Needs to Replant Its Approach to Corn-Based Ethanol. Tul. Envtl. L. J., 2012 (2): 507-530.

② 参见佟屏亚：《一个玉米品种维权诉讼的跟踪报道——记"中国玉米种业维权诉讼第一大案"始末》，载《中国种业》，2005（11）。

③ 参见刘银良：《金大米的知识产权问题分析及启示》，载《中国农业科学》，2006（5）。

④ 参见刘妍、李秀丽：《地理标志权价值评价探析——基于黑龙江五常大米的案例研究》，载《黑龙江八一农垦大学学报》，2011（4）。

⑤ See Jess R. Phelps. "A Tinge of Melancholy Lay upon the Countryside": Agricultural Historic Resources within Contemporary Agricultural and Historic Preservation Law. Va. Envtl. L. J., 2015 (1): 56-101.

⑥ See Jody L. Ferris. Data Privacy and Protection in the Agriculture Industry: Is Federal Regulation Necessary? . Minn. J. L. Sci. & Tech., 2017 (4): 309-342.

⑦ See Olusegun OO, Olubiyi IA. Implications of Genetically Modified Crops and Intellectual Property Rights on Agriculture in Developing Countries. J. Afr. Law, 2017 (2): 253-271.

⑧ 参见[德] 多瑞斯·科恩：《粮食金融：迈向农业和农村金融新范式》，黄佳、邹涛译，209页，北京，中国金融出版社，2015。

地保护法律制度[1];唐双娥、郑太福(2011)从生态安全和粮食安全视角论证我国土地法的修改进路[2];杨俊锋(2013)从粮食安全角度探讨耕地保护制度[3];Jesse J. Richardson,JR(2015)探讨水资源分配立法的农业优先原则[4];Alison Peck(2015)从坎普-沃尔斯蒂德法案角度探讨粮食生产问题[5];高佳运(2016)论证民族地区城市化发展中的粮食安全法律保障[6];郑宇、徐畅(2016)以《中国米麦自给计划》推行探讨民国粮食安全体系构建机制[7];Neal Rasmussen(2016)提出建立大数据系统发展"精准农业"[8];等等。

第二,粮食流通层面。例如,王祖志、卢代富(1987)探讨粮食定购法律问题[9];肖顺武(2011)从粮食市场的实证分析来论证粮食储备规模法律制度[10];蒋军洲(2012)探讨粮食流通立法的三大瑕疵,即立法语言、援引技术、宏观调控职能错位[11];杨莉萍(2015)论证粮食应急征用

---

[1] 参见肖顺武:《论耕地保护法律制度之完善——基于粮食安全视角的解析》,载《西南政法大学学报》,2006(4)。

[2] 参见唐双娥、郑太福:《生态安全和粮食安全视角下的我国土地法修改》,载《中南大学学报(社会科学版)》,2011(6)。

[3] 参见杨俊锋:《我国现行粮食安全与耕地保护制度的法律分析》,载《河北法学》,2013(4)。

[4] See Jesse J. Richardson, JR. Agricultural Preferences in Eastern Water Allocation Statutes. Nat. Resources J., 2015(1): 329-360.

[5] See Alison Peck. The Cost of Cutting Agricultural Output: Interpreting the Capper-Volstead Act. Mo. L. Rev., 2015(1): 451-498.

[6] 参见高佳运:《民族地区城市化发展中粮食安全的法律保障》,载《贵州民族研究》,2016(11)。

[7] 参见郑宇、徐畅:《民国粮食安全体系构建机制——以〈中国米麦自给计划〉及其推行为视点》,载《甘肃社会科学》,2016(3)。

[8] See Neal Rasmussen. From Precision Agriculture to Market Manipulation: A New Frontier in the Legal Community. Minn. J. L. Sci. & Tech., 2016(4): 489-516.

[9] 参见王祖志、卢代富:《当前粮食定购的新问题及其法律对策》,载《现代法学》,1987(4)。

[10] 参见肖顺武:《粮食储备规模法律制度研究——基于粮食市场的实证解析》,载《云南行政学院学报》,2011(3)。

[11] 参见蒋军洲:《关于粮食流通立法的瑕疵分析》,载《中国流通经济》,2012(6)。

补偿标准问题[1]；刘颖等（2016）提出优化粮食储备体系的对策建议[2]；赵将等（2017）从美国农业法角度探讨粮食供给调控与库存管理[3]；等等。

第三，粮食国际化战略层面。例如，张晓京（2012）论证WTO农业协定粮食安全问题[4]；陈亚芸（2013）探讨WTO框架下国际粮食援助与公平贸易问题[5]；刘俊敏（2013）探讨国际粮食贸易碳排放可视化问题[6]；余莹（2014）提出构建保障我国粮食安全的贸易规则体系[7]；Gashahun L. Fura（2015）从国际经济法角度探讨跨国农业投资与东道国出口限制灵活度问题[8]；曾文革、原兴男（2016）探讨WTO巴厘一揽子协定粮食安全条款谈判问题[9]；曹阳（2016）论证建立可持续的国际粮食生产体系、国际粮食消费机制、国际粮食交易机制[10]；Shim J.（2017）

---

[1] 参见杨莉萍：《我国大陆粮食应急征用补偿标准的发展及域外镜鉴》，载《河南工业大学学报（社会科学版）》，2015（2）。

[2] 参见刘颖等：《新时期我国粮食储备政策与调控体系研究》，200~208页，北京，人民出版社，2016。

[3] 参见赵将等：《美国粮食供给调控与库存管理的政策措施——美国农业法制定过程的经验》，载《农业经济问题》，2017（8）。

[4] 参见张晓京：《论WTO〈农业协议〉下的粮食安全——基于发展中国家的思考》，载《郑州大学学报（哲学社会科学版）》，2012（2）；张晓京：《WTO〈农业协议〉下的粮食安全——基于发达与发展中国家博弈的思考》，载《华中农业大学学报（社会科学版）》，2012（2）。

[5] 参见陈亚芸：《WTO框架下国际粮食援助与公平贸易——后多哈时代展望》，载《世界贸易组织动态与研究》，2013（4）。

[6] 参见刘俊敏：《国际粮食贸易碳排放可视化的制约瓶颈及其破解》，载《河北法学》，2013（3）。

[7] 参见余莹：《西方粮食战略与我国粮食安全保障机制研究》，285~307页，北京，中国社会科学出版社，2014。

[8] See Gashahun L. Fura. Transnational Agricultural Investments and Host States' Export Restriction Flexibilities under International Economic Law. Denv. J. Int'l L. & Pol'y, 2015（2）：589-618.

[9] 参见曾文革、原兴男：《WTO巴厘一揽子协定粮食安全条款谈判：背景、进展与对策》，载《北京理工大学学报（社会科学版）》，2016（3）。

[10] 参见曹阳：《国际法视野下的粮食安全问题研究——可持续性国际粮食安全体系的构建》，47~303页，北京，中国政法大学出版社，2016。

探讨缅甸订单农业的外国投资问题①；等等。

2. 粮食质量保障方面

第一，环境污染与农业多功能性问题。例如，J. B. Ruhl（2008）探讨农业多功能性及生态系统服务的一系列措施②；乔兴旺（2009）提出粮食综合生产能力建设资源环境立法的具体思路③；Christopher P. Rodgers（2009）探讨农业发展、农村发展与环境保护问题，凸显对农业多功能性的思考④；Mary Jane Angelo（2010）提出可持续农业政策，旨在实现环境健康、经济营利性、社会经济公平⑤；Brant M. Leonard（2010）探讨了碳减排交易运用于农业领域的法律问题⑥；Donald T. Hornstein（2010）探讨了农业和森林碳补偿制度的可能性和不确定性问题⑦；Taylor A. Beaty（2015）探讨农业污染对密西西比河的危害⑧；等等。

第二，普通粮食质量安全监管问题。一是粮食遗传资源。例如，张小

---

① See Shim J. Foreign Agricultural Investments in Myanmar: Toward Successful and Sustainable Contract Farming Relationships. Columbia. J. Trans. Law, 2017（3）: 717-756.

② See J. B. Ruhl. Protecting Ecosystems on Land: Agricultureand Ecosystem Services: Strategies for State and Local Governments. N. Y. U. Envtl. L. J., 2008（1）: 424-459.

③ 参见乔兴旺：《粮食综合生产能力建设资源环境立法保障研究》，载《福建农林大学学报（哲学社会科学版）》，2009（4）。

④ See Christopher P. Rodgers. Rural Development Policy and Environmental Protection: Reorienting English Law for a Multifunctional Agriculture. Drake J. Agric. L., 2009（2）: 259-289.

⑤ See Mary Jane Angelo. Corn, Carbon, and Conservation: Rethinking U. S. Agricultural Policy in a Changing Global Environment. Geo. Mason L. Rev., 2010（1）: 593-660.

⑥ See Brant M. Leonard. Carbon Sequestration as Agriculture's Newest Market: A Primer on Agriculture's Role in Carbon Cap-and-Trade. Drake J. Agric. L., 2010（2）: 317-340.

⑦ See Donald T. Hornstein. The Future of Food Regulation: the Environmental Role of Agriculture in an Era of Carbon Caps. Health Matrix, 2010（1）: 145-174.

⑧ See Taylor A. Beaty. Life on the Mississippi: Reducing the Harmful Effects of Agricultural Runoff in the Mississippi River Basin. Ohio N. U. L. Rev., 2015（1）: 819-846.

勇（2009）、秦天宝、刘庆（2016）评析了《粮食和农业植物遗传资源国际条约》。① 二是假冒伪劣粮食。例如，张培田、王娜（2012）关于三合场禁制作、贩卖发水大米碑背后的粮食质量安全问题的思考②；Laurie Ristino、Gabriela Steier（2016）从食品安全角度探讨农业法案改革③；等等。三是粮食污染。例如，Gijs Berends、Megumi Kobayashi（2012）总结了日本在福岛核泄漏之后对食物链放射性污染的应急制度④；李国庆（2013）从广东"镉大米"事件出发探讨粮食质量安全监管问题⑤；等等。四是食物本地化。例如，Nathan M. Trexler（2011）对比农业产业化的弊端，探讨了食物本地化运动⑥；Lauren Kaplin（2012）从能源效能的角度探讨了食物本地化运动⑦；Marne Coit（2015）从美国《农业法》（2014）出发，探讨食物本地化问题⑧；等等。

第三，转基因粮食问题。一是国外视角。例如，Caitlin Kelly-Garrick

---

① 参见张小勇：《粮食安全与农业可持续发展的国际法保障——〈粮食和农业植物遗传资源国际条约〉评析》，载《法商研究》，2009（1）；秦天宝、刘庆：《〈粮食和农业植物遗传资源国际条约〉的晚近发展及启示》，载《青海社会科学》，2016（5）。

② 参见张培田、王娜：《三合场禁制作、贩卖发水大米碑析——从法文化视角展开》，载《河北法学》，2012（4）。

③ See Laurie Ristino, Gabriela Steier. Losing Ground: A Clarion Call for Farm Bill Reform to Ensure a Food Secure Future. Colum. J. Envtl. L., 2016 (1): 59-111.

④ See Gijs Berends, Megumi Kobayashi. Food after Fukushima- Japan's Regulatory Response to the Radioactive Contamination of Its Food Chain. Food Drug L. J., 2012 (1): 51-64.

⑤ 参见李国庆：《从广东"镉大米"事件看我国粮食质量安全的监管》，载《河南工业大学学报（社会科学版）》，2013（3）。

⑥ See Nathan M. Trexler. "Market" Regulation: Confronting Industrial Agriculture's Food Safety Failures. Widener L. Rev., 2011 (1): 311-345.

⑦ See Lauren Kaplin. Energy (in) Efficiency of the Local Food Movement: Food for Thought. Fordham Envtl. Law Rev., 2012 (1): 139-161.

⑧ See Marne Coit. American Agricultural Law Association. Drake J. Agric. L., 2015 (1): 1-19.

(2015)从美国《濒危物种保护法》角度探讨转基因规制问题①；Krystle B. Blanchard（2015）断定转基因问题是科技、政治、法律诸多因素交叉而成的世界性问题②；Leslie Francis 等（2016）检讨 FDA 规制转基因的失败③；Katharine Gostek（2016）从美国法、欧盟法的角度探讨转基因对经济的影响④；Smith PJ、Katovich ES（2017）基于拉美国家经验分析来探讨与贸易相关的转基因政策⑤；等等。二是立足中国现实。例如，Michael DeBona（2011）剖析中国转基因农业的立法图景，对中国环境问题忧心忡忡⑥；满洪杰（2012）探讨未成年人"黄金大米"人体试验的法律规制问题⑦；李耀跃（2013）从科技创新与粮食安全角度探讨我国转基因粮食安全的立法建构⑧；等等。三是特别关注转基因标识。例如，Julie M. Muller（2015）探讨从提高转基因透明度的角度去推进强制性转基因

---

① See Caitlin Kelly-Garrick. Using the Endangered Species Act to Preempt Constitutional Challenges to GMO Regulation. Hastings Const. L. Q., 2015 (3): 93-116.

② See Krystle B. Blanchard. The Hazards of GMOs: Scientific Reasons Why They Should be Regulated, Political Reasons Why They are not, and Legal Answers to What Should be Done. Regent U. L. Rev., 2014—2015 (1): 132-153.

③ See Leslie Francis, Robin Kundis Craig, Erika George. FDA's Troubling Failures to Use Its Authority to Regulate Genetically Modified Foods. Food Drug L. J., 2016 (1): 105-134.

④ See Katharine Gostek. Genetically Modified Organisms: How the United States' and the European Union's Regulations Affect the Economy. Mich. St. J. Int'l L., 2016 (2): 761-800.

⑤ See Smith PJ, Katovich ES. Are GMO Policies "Trade Related"? Empirical Analysis of Latin America. Appl. Econ. Perspect & P., 2017 (2): 286-312.

⑥ See Michael DeBona. Letting a Hundred Transgenic Flowers Blossom: The Future of Genetically Modified Agriculture in the People's Republic of China. Vill. Envtl. L. J., 2011 (1): 89-115.

⑦ 参见满洪杰:《从"黄金大米"事件看未成年人人体试验的法律规制》，载《法学》, 2012 (11)。

⑧ 参见李耀跃:《试论我国转基因粮食安全的立法建构》，载《河南工业大学学报（社会科学版）》, 2013 (3)。

标识问题①；Jessica A. Murray（2016）从美国法与欧盟法角度对转基因标识进行比较分析②；Colleen Gray（2016）探讨天然食品标识与转基因标识之争③；Xiao Zhu 等（2016）从理性路径探讨中国转基因标识制度④；Sunstein CR（2017）探讨强制性标识作为转基因特定引照问题⑤；等等。

3. 粮食价格保障方面

一方面是粮食调控行为。例如，王文（1994）从《国际小麦协定》等出发探讨西方社会依法维护农产品价格稳定的措施⑥；Jacinto F. Fabiosa（2008）从收入和价格变化两个方面探讨农业自由贸易对发展中国家的影响⑦；帕特里克·韦斯特霍夫（2011）提出政策是长期左右粮食价格的主要因素⑧；秦守勤（2012）探讨强化粮价调控的法律对策⑨；Amanda Lyon（2012）探讨谷物补贴与 NAFTA 对农业的影响⑩；等等。

另一方面是粮食安全网计划。例如，Brock M. Maples（2008）探讨

---

① See Julie M. Muller. Naturally Misleading：FDA's Unwillingness to Define "Natural" and the Quest for GMO Transparency through State Mandatory Labeling Initiatives. Suffolk U. L. Rev.，2015（1）：511-536.

② See Jessica A. Murray. A Look at Genetically Modified food Labeling Laws in the United States and the European Union. Suffolk Transnat'l L. Rev.，2016（4）：145-168.

③ See Colleen Gray. A Natural Food Fight：The Battle between the "Natural" Label and GMOs. Wash. U. J. L. & Pol'y，2016（1）：123-145.

④ See Xiao Zhu，Michael T. Roberts，Kaijie Wu. Genetically Modified Food Labeling in China：In Pursuit of a Rational Path. Food Drug L. J.，2016（1）：30-58.

⑤ See Sunstein CR. On Mandatory Labeling，with Special Reference to Genetically Modified Foods. U. Penn. Law Rev.，2017（5）：1043-1095.

⑥ 参见王文：《西方社会依法维护农产品价格的稳定——〈国际小麦协定〉等国际商品协定简介》，载《中国法学》，1994（5）。

⑦ See Jacinto F. Fabiosa. Effect of Free Trade in Agriculture on Developing Countries. Mich. St. J. Int'l L.，2008（1）：677-690.

⑧ 参见［美］帕特里克·韦斯特霍夫：《粮价谁决定：食品价格中的经济学》，申清、郭兴华译，179～182页，北京，机械工业出版社，2011。

⑨ 参见秦守勤：《我国粮食安全的忧思及其法律对策》，载《农业经济》，2012（8）。

⑩ See Amanda Lyon. How Corn Subsidies and NAFTA are Weakening Our Borders One Kernel at a Time. Creighton Int'l & Comp. L. J.，2012（3）：38-46.

了粮价上涨对保护区计划的影响①；Aaron Sternick（2012）提出应对粮食价格波动、维护食物主权的建议②；徐国栋（2013）解析了《格拉古小麦法》关于平价小麦的规定，认为该法是最早的社会保障制度③；Sarah Carrier（2016）从电子化角度探讨食品券、社会保障与政府福利的模式革新④；等等。

（五）关于粮食法律责任

1. 一般情形

总体而言，秦雷鸣（2010）提出科学、系统规范法律责任与权利义务的一致性。⑤ 在民事责任方面，Diana Crumley（2012）认为美国食品安全法治要强化 FDA 评定民事赔偿和罚款的权力。⑥ 在粮食问责制方面，李国庆（2015）以粮食收储制度改革为视角，思考粮食安全问责机制⑦；曾志华（2016）论证粮食安全监管政府责任追究机制⑧；等等。

相对而言，在粮食法律责任研究中，人们比较重视粮食刑事责任的研究。例如，旭东、先求（1983）探讨粮食部门犯罪活动成因并提出惩处建

---

① See Brock M. Maples. Rising Crop Prices and the Effect on the Conservation Reserve Program. Envt'l & Energy L. & Pol'y J., 2008 (1): 313-318.

② See Aaron Sternick. Food Fight: The Impending Agricultural Crisis and a Reasonable Response to Price Volatility. Vill. Envtl. L. J., 2012 (1): 145-171.

③ 参见徐国栋：《〈格拉古小麦法〉研究》，载《厦门大学学报（哲学社会科学版）》，2013（2）。

④ See Sarah Carrier. From Paper to Electronic: Food Stamps, Social Security, and the Changing Functionality of Government Benefits. Geo. J. Poverty Law & Pol'y, 2016 (3): 139-159.

⑤ 参见秦雷鸣：《权责一致 科学构建粮食法》，载《中国粮食经济》，2010（7）。

⑥ See Diana Crumley. Achieving Optimal Deterrence in Food Safety Regulation. Rev. Litig., 2012 (1): 353-401.

⑦ 参见李国庆：《关于构建我国粮食安全问责机制的思考——以粮食收储制度改革为视角》，载《河南工业大学学报（社会科学版）》，2015（2）。

⑧ 参见曾志华：《粮食安全监管政府责任追究机制革新研究》，载《衡阳师范学院学报》，2016（5）。

议[①]；方晓春（1985）探讨贪污粮食、贪污粮票、贪污粮食指标的犯罪问题[②]；张宏祖（1990）探讨盗窃粮票和粮食的定罪与量刑问题[③]；童道才（1990）探讨贪污粮票（券）和粮食指标的定性问题[④]；青锋、王学沛（1999）论证粮食购销活动中的犯罪行为[⑤]；Jordan Bailey（2016）从食物分配角度探讨美国城市无家可归者的犯罪问题[⑥]；叶良芳（2017）基于规范论和立法论考察无证收购粮食行为入刑问题[⑦]；宁利昂、邱兴隆（2017）从"无证收购玉米"案探讨个案正义对法治社会发展的意义[⑧]；等等。

2. 转基因粮食责任追究

转基因污染责任比较强调社会化赔偿。例如，Joshua B. Cannon（2010）提出以本身疏忽责任作为解决基因污染的办法[⑨]；Anne-Marie Duguet（2013）以"黄金大米"案为例，强调应当防止在弱势群体和新兴国家非法进行转基因粮食试验[⑩]；Thomas P. Redick（2014）担忧转基

[①] 参见旭东、先求：《坚决惩处粮食部门的犯罪活动》，载《人民司法》，1983（8）。

[②] 参见方晓春：《略谈贪污粮食的犯罪》，载《法学评论》，1985（3）。

[③] 参见张宏祖：《浅析盗窃粮票和粮食的定罪与量刑》，载《法学杂志》，1990（1）。

[④] 参见童道才：《贪污粮票（券）和粮食指标应如何定性？》，载《人民司法》，1990（6）。

[⑤] 参见青锋、王学沛：《粮食购销活动中的几种犯罪行为探讨》，载《法学》，1999（5）。

[⑥] See Jordan Bailey. Food-Sharing Restrictions：A New Method of Criminalizing Homelessness in American Cities. Geo. J. Poverty Law & Pol'y，2016（4）：273-292.

[⑦] 参见叶良芳：《无证收购粮食行为入刑的法理考察——基于规范论和立法论的双重视角》，载《法治研究》，2017（1）。

[⑧] 参见宁利昂、邱兴隆：《"无证收购玉米"案被改判无罪的系统解读》，载《现代法学》，2017（4）。

[⑨] See Joshua B. Cannon. Using Negligence Per Se to Mend the Wall between Farmers Growing Genetically Engineered Crops and Their Neighbors. Wash & Lee L. Rev.，2010（1）：653-691.

[⑩] See Anne-Marie Duguet，Tao Wu，Annagrazia Altavilla，Hongjie Man，Dean M. Harris. Ethics in Research with Vulnerable Populations and Emerging Countries：The Golden Rice Case. N. C. J. Int'l L. & Com. Reg.，2013（2）：979-1013.

因粮食与传统粮食混合的基因污染问题①；Kyndra A. Lundquist（2015）探讨未被批准的转基因粮食流向餐桌的责任问题②；Michael H. Carpenter，Jr.（2016）提出运用动物侵权责任理论解决转基因污染问题③；等等。

（六）关于粮食法律救济

粮食法律救济包括普通救济与公益诉讼。一方面是普通救济机制。例如，刘新春（1999）提出仲裁和调解是解决粮食贸易纠纷的便宜快捷方法④；陈刚（2004）认为仲裁是解决粮食贸易纠纷的新方式⑤；Sarah Holm（2015）提出转基因粮食弊大于利，会引发大量的侵权诉讼纠纷⑥；Thomas P. Redick 等（2015）思考转基因粮食在法律制度层面所引发的挑战，如监管规则、诉讼规则⑦；等等。另一方面是粮食公益诉讼。目前，直接的相关探讨并不多，如乔兴旺（2009）提出构建资源环境公益诉讼法律制度的具体思路。⑧

---

① See Thomas P. Redick. Coexistence of Biotech and Non-GMO or Organic Crops. Drake J. Agric. L.，2014（1）：39-79.

② See Kyndra A. Lundquist. Unapproved Genetically Modified Corn：It's What's for Dinner. Iowa L. Rev.，2015（1）：825-851.

③ See Michael H. Carpenter，Jr.. Beware of the Genetically Modified Crop：Applying Animal Liability Theory in Crop Contamination Litigation. Buff. Envt'l L. J.，2015—2016（1）：63-98.

④ 参见刘新春：《仲裁和调解是解决粮食贸易纠纷的便宜快捷的方法》，载《粮食流通技术》，1999（6）。

⑤ 参见陈刚：《仲裁：解决粮食贸易纠纷的新方式》，载《中国粮食经济》，2004（10）。

⑥ See Sarah Holm. When They Don't Want Your Corn：The Most Effective Tort Claims for Plaintiffs Harmed by Seed Companies Whose Genetically Engineered Seeds Produced More Problems than Profits. Hamline L. Rev.，2015（1）：557-609.

⑦ See Thomas P. Redick，Megan R. Galey，Theodore A. Feitshans. Litigation and Regulatory Challenges to Innovation in Biotech Crops. Drake J. Agric. L.，2015（1）：71-91.

⑧ 参见乔兴旺：《粮食综合生产能力建设资源环境立法保障研究》，载《福建农林大学学报（哲学社会科学版）》，2009（4）。

四、研究思路与研究方法

(一) 研究思路

绪论部分解析本书的研究问题、背景及意义,对基本概念加以界定,探讨当代粮食法研究历程,归纳研究思路与研究方法。

第一章,中国当代粮食立法之体系化。从中央层面与地方层面进行立法考察,提出制定中国《粮食法》的建议。

第二章,粮食法律主体之多元化。主张粮食市场主体应关注粮农、粮食经营者,粮食行政管理体制应从多元化行政管理机构安排走向独立行政管理部门安排,粮食社会组织包括粮食行业协会、粮食行业学会等。

第三章,粮食权之特色化。探讨粮食问题利益化、法益化、权利化,论证粮食权的基本特征、构成要素及相应的粮食法律义务。

第四章,粮食法律客体之多样化。分别探讨"粮食"的内涵、外延,解析粮食生产领域、粮食流通领域的服务行为,论证传统粮食智力财产与新型粮食智力财产,剖析粮食金融的初级体现与高级体现。

第五章,粮食法律行为之类型化。认为粮食供给保障行为重在粮食日常供给保障行为、粮食应急供给保障行为,粮食质量保障行为重在普通粮食质量保障、转基因粮食规制,粮食价格保障行为重在粮食价格调控行为、粮食安全网计划。

第六章,粮食法律责任之综合化。认为传统粮食法律责任包括粮食民事责任、粮食行政责任、粮食刑事责任等。新兴粮食法律责任包括粮食经济问责、粮食信用责任、粮食社会责任等。

第七章,粮食法律救济之便利化。认为传统粮食法律救济包括粮食非诉救济、粮食诉讼救济。主张引入粮食公益诉讼,不断完善基本规则、益助规则。

第八章,粮食软法之协同化。提出粮食软法概念,解析粮食软法的内涵、外延,论证从立法变迁到粮食法治系统工程构建。

结语,提出确立中国特色粮食法学。

(二) 框架设计

本书遵循"绪论—主干—结语"的论述模式,具体如下(见图0-2)。

```
绪论 ─┬─ 中国当代粮食立法之体系化
      ├─ 粮食法律主体之多元化
      ├─ 粮食权之特色化
      ├─ 粮食法律客体之多样化 ─── 结语：
      ├─ 粮食法律行为之类型化      中国特色粮食法学之确立
      ├─ 粮食法律责任之综合化
      ├─ 粮食法律救济之便利化
      └─ 粮食软法之协同化
```

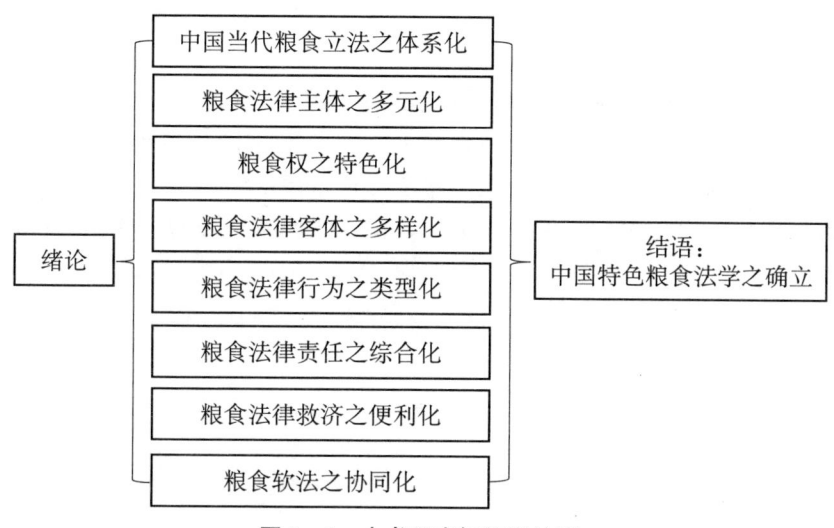

图 0-2 本书研究框架设计图

(三) 研究方法

1. 法条分析

法条分析是最基本的法学研究方法，强调通过法律条文的规定本身来剖析、论证相应的法律知识、法律问题、法律漏洞，从中检视、改进相关立法。本书运用法条分析的研究方法，从宪法、法律、法规、规章等层面对粮食立法进行法条分析，归纳粮食法律主体、粮食权、粮食法律客体、粮食法律行为、粮食法律责任、粮食法律救济的有益经验，检讨存在的诸多不足，为《粮食法》的制定、完善提供参照。

2. 比较分析

比较分析是仅次于法条分析的法学研究方法，包括横向比较与纵向比较。其中，横向比较是从空间角度出发，对某一问题或制度在不同国家（地区）、国际组织的相关表现进行比较。粮食问题是世界性难题，需要全人类共同面对，联合国粮农组织、世界粮食计划署等无疑走在前列。纵向比较是从时间角度出发，对某一问题或制度在同一国家（地区）的历史演进进行比较。中国粮食立法不可能一蹴而就，需要漫长的演进过程，最终形成以《粮食法》为核心的中国特色粮食法律体系。

3. 系统分析

系统分析是自然科学的重要研究方法，有必要将其引入法学领域，构建广义的粮食法治系统工程。其一，受自然条件和社会条件的制约，粮食安全保障需要技术、经济、制度等多种手段。其二，制度保障层面，引入软法概念，通过粮食硬法与粮食软法的有机统一，彰显制度自信。其三，法律体系层面，需要构建以《粮食法》为核心的中国特色粮食法律体系。其四，具体制度设计方面，要建立健全粮食法律主体、粮食权、粮食法律客体、粮食法律行为、粮食法律责任、粮食法律救济等的具体制度设计。

第一章 中国当代粮食立法之体系化

"体系化"对现有知识进行结构性梳理，比较适合多层组合的法律制度，分为横向分析与纵向分析。从横向分析，粮食法研究应当包括中国粮食法研究、外国粮食法研究、国际粮食法研究等，本章侧重从中国粮食立法角度加以探讨。从纵向分析，中国粮食立法包括中国古代粮食立法、中国近代粮食立法、中国当代粮食立法。本章从中国当代实际出发加以探讨，先进行中央层面与地方层面的立法考察，再提出未来《粮食法》的立法建议。

第一节 立法考察：法律制度之重要性凸显

粮食安全更多依赖自然条件、经济管理、农业科技、粮食政策等因素，法律制度在近年来才越来越受到重视。对中国当代粮食立法应当从中央层面与地方层面加以考察。其中，中央层面从宪法、法律、行政法规、部门规章展开，地方层面从地方性法规、地方政府规章展开。应当说，中央层面立法指引地方层面立法，地方层面立法又推进中央层面立法，共同保障整体粮食安全。

一、中央层面：正在路上

中央层面立法包括宪法、法律、行政法规、部门规章。其中，宪法对粮食安全保障有最高法律效力。法律层面虽然有《农业法》，加上诸多法律，但仍缺乏粮食基本法——《粮食法》。粮食行政法规有正在修订中的《粮食流通管理条例》《中央储备粮管理条例》，但因为缺乏《粮食法》的指引，粮食部门依然处于尴尬状态。粮食部门规章及部门规范性文件复杂繁多，需要进一步形成合力。

（一）宪法

我国《宪法》（2018年）经过多次修正，对粮食安全保障具有最高的法律效力。例如，该法第8条肯定了家庭承包经营、双层经营体制、合作经济，对粮食产业化发展有重要的制度价值；第10条对土地用途及征地标准作了严格限制，有助于保护基本农田、促进粮食生产；第19条强调对农民的教育支持，有助于培养新生代粮农，适应粮食生产的高素质要求。然而，《宪法》关于粮食问题的规定其实不多，关于"三农"问题的规定也不够。这恰恰反映了当前对粮食安全的政治法律意义缺乏足够的重视，未能提升到国家根本大法的高度来认识"粮安天下定"的意义。必须强调，《宪法》是起统领作用的，在粮食问题上更为如此。其他法律法规必须遵循宪法，与宪法相抵触的，一律无效。

（二）法律

我国《农业法》是目前粮食安全问题的核心立法，正在不断修改完善。《农业法》（1993年）的基本框架是总则、农业生产经营体制、农业生产、农产品流通、农业投入、农业科技与农业教育、农业资源与农业环境保护、法律责任、附则。该法当时缺乏对粮食安全的专章规定，认识高度不够。《农业法》（2002年）第五章专门规定了粮食安全问题，更为明确地以法律的形式保障粮食安全。2009年、2012年，对《农业法》进行了两次修正，使之适应国家法治进步与经济社会的实际情况。在《粮食法》制定之前，这些倾向原则性的规定成为现有粮食立法尤其是粮食生产立法的重心。当然,《农业法》持"大农业"的理念,并非直接针对粮食安全的专门立法。我国亟待制定《粮食法》,方为长远之计。

除此以外,现行与粮食安全相关的法律还有很多,从不同角度对粮食问题进行规定,大致分为四类。具体如下:一是耕地保护。例如,我国《土地管理法》(2004年)规定了耕地保护基本问题,《农村土地承包法》(2009年)、《农村土地承包经营纠纷调解仲裁法》(2009年)规定了土地承包及其纠纷解决机制。二是科技促进。例如,《农业机械化促进法》(2004年)、《农业技术推广法》(2012年)等规定了粮食生产环节的机械化、农业技术推广问题。三是粮食产业化。例如,《农民专业合作社法》(2017年)规定了粮食产业化中的合作社形式。四是粮食质量安全。例如,《种子法》(2015年)适用于粮食种子管理和保护,《农产品质量安全法》(2006年)、《食品安全法》(2015年)分别适用于粮食及其制成品的质量安全。

(三) 行政法规

早在1998年,国务院颁布《粮食收购条例》,充分重视粮食收购问题,该条例虽已失效,仍有研究价值。2004年,国务院制定《粮食流通管理条例》,并于2013年对其中的粮食销售出库质量检验制度、倒卖陈化粮问题进行修订,于2016年对粮食收购、营业执照吊销等相关问题进行修订。2003年,国务院制定《中央储备粮管理条例》,并于2011年对其中的行政处分制度、纪律处分制度等进行修订,于2016年对粮食管理技术人员问题进行修订。《粮食流通管理条例》与《中央储备粮管理条例》是粮食安全保障的两大行政法规,会不断修订完善,将粮食流通与储备纳入法治轨道。《粮食流通管理条例》是从粮食流通的角度规定粮食经营、宏观调控、监督检查及相关法律责任问题。《中央储备粮管理条例》规定中央储备粮的计划、储存、动用、监督检查及相关法律责任问题。这两大条例的适用范围各有不同,具有很强的互补性,并且有所交叉。其中,《粮食流通管理条例》的"粮食流通"是否可涵括粮食收购、粮食储备、粮食运输、粮食加工、粮食销售、粮食进出口等方方面面,存有异议。《中央储备粮管理条例》只能适用于中央储备粮,对于地方储备粮、商业储备粮等缺乏相应的规制。仅就中央储备粮而言,这两大条例均有所涉及,当优先适用《中央储备粮管理条例》。

除此之外,我国现行与粮食安全相关的行政法规还有很多,大致分为四类，具体如下：一是耕地保护。《基本农田保护条例》(2011年)、《退耕还林条例》(2016年)、《土地复垦条例》(2011年)、《耕地占用税暂行条例》(2007年)、《土地调查条例》(2018年)、《土地管理法实施条例》(2014年)、《水土保持法实施条例》(2011年)等法规，详细规定了耕地保护的基本问题，有助于保障和促进粮食生产。二是粮食生产促进。例如，《全国农业普查条例》(2006年)重在粮食生产普查的组织实施、具体应用及相关奖惩；《农田水利条例》(2016年)推进粮食生产水利工程建设；《农民专业合作社登记管理条例》(2014年)就农民专业合作社的登记问题专门作出规定；《农业机械安全监督管理条例》(2016年)规定农业机械安全监督管理问题；《抗旱条例》(2009年)规定了旱灾预防、抗旱减灾、灾后恢复及相关责任问题；《农药管理条例》(2017年)有助于合理使用农药，促进粮食绿色生产；等等。三是粮食金融问题。例如，《农业保险条例》(2016年)适用于粮食保险问题。四是转基因安全。目前最为直接的法规是2017年修订的《农业转基因生物安全管理条例》，适用于转基因粮食监管。转基因问题如此重要，亟须制定转基因安全基本法，从基本法律的层面加以规制。

(四) 部门规章

有权制定粮食安全保障部门规章和部门规范性文件的行政机关很多，如国家发改委、农业农村部、国家粮食和物资储备局、国家市场监督管理总局等，往往"九龙治水"，各类部门规章纷繁复杂，缺乏必要的统一。其中，国家粮食和物资储备局多年来一直是国家粮食安全保障的行政管理部门，单独或联合相关部门以制定关于粮食安全的部门规范性文件为主（不宜称为部门规章），大致分为五类，具体如下：一是粮食收购。重点解决粮食收购资格、粮食收购资金等问题，如《粮食收购资格审核管理办法》(2016年)。二是粮食流通。重点解决粮食流通监管、基本项目管理、粮食物流管理、粮食网上交易等问题，如《粮食流通监督检查暂行办法》(2004年)。三是粮食储备。重点解决中央储备粮代储资格、粮食库存检查、政策性粮食出库管理、粮食储存责任等问题，如《国家政策性粮食出库管理暂行办法》(2012年)。四是粮食质量。重点解决粮食质量监管、中央储备粮质量抽查、国家粮食质量检验检测机构管理等问题，如《中央储备粮油质量检查扦样检验管理办法》(2010年)。五是粮食行政管理。重点解决粮食监督检查工作、粮食行政复议、粮食信息公开等问题，如

《粮食行政复议办法》（2005 年）。

国家粮食和物资储备局具有较好的行业监管经验，在粮食收购、粮食流通、粮食储备、粮食科技发展、粮食质量、粮食节约、粮食行政管理等层面规定了一系列的部门规范性文件，针对性强，极大地推动了粮食行业的整体发展，值得肯定。但是，国家粮食和物资储备局在粮食行业管理中的核心地位并未真正确立，重大问题仍需要国务院、国家发改委加以规定。国家粮食和物资储备局的各类部门规范性文件很多是实施细则、暂行办法、试行规定，随时存在被修改或废止的可能，效力低，难以实现有效监管，亟须提升为真正意义上的部门规章。

二、地方层面：探索与实践

地方层面的粮食立法包括地方性法规与地方政府规章。其中，地方性法规虽然不多，却有重要的制度创新意义（如《广东省粮食安全保障条例》）。至于粮食地方政府规章，在条件成熟时有必要提升为粮食地方性法规。

（一）地方性法规

地方性法规包括省级地方性法规与市级地方性法规。

1. 省级地方性法规

省级地方性法规是关于粮食安全保障的基本规定。例如，《宁夏回族自治区地方储备粮管理条例》（2015 年）在地方储备粮管理方面作了初步的立法尝试。2009 年制定、2014 年修订的《广东省粮食安全保障条例》是我国第一部全面规定粮食安全保障问题的省级地方性法规，对其他省份粮食安全立法有显著的借鉴意义。该条例规定与粮食安全相关的生产与经营、储备与管理、调控与应急等内容。《贵州省粮食安全保障条例》（2011 年）规定与粮食安全相关的生产保障、储备保障、流通保障、调控保障等内容。

2. 市级地方性法规

市级地方性法规也是关于粮食安全保障的基本规定。例如，《兰州市粮食流通监督管理条例》（2008 年）规定了粮食储备应急、经营管理、监督检查等内容。

（二）地方政府规章

地方政府规章包括省级地方政府规章与市级地方政府规章。

1. 省级地方政府规章

省级地方政府规章主要包括：一是粮食流通基本规定，如《内蒙古自治区粮食流通管理办法》（2009 年）、《吉林省〈粮食流通管理条例〉实施办法》（2017 年）、《福建省粮食流通管理办法》（2017 年）、《四川省〈粮食流通管理条例〉实施办法》（2018 年）等。二是粮食收购管理，如《江西省粮食收购资格许可管理办法》（2012 年）、《山东省粮食收购管理办法》（2018 年）。三是地方储备粮管理，如《广东省省级储备粮管理办法》（2004 年）、《新疆维吾尔自治区地方储备粮管理办法》（2005 年）、《山东省地方储备粮管理办法》（2006 年）、《浙江省地方储备粮管理办法》（2010 年）、《湖北省地方储备粮管理办法》（2013 年）等。

2. 市级地方政府规章

市级地方政府规章主要规范粮食流通管理领域，如《兰州市粮食流通管理办法》（2006 年）、《济南市粮食流通管理办法》（2010 年）、《南宁市粮食流通管理办法》（2015 年）等。

第二节 中国《粮食法》建议

中国当代粮食立法经历了从无到有、从部门规章到行政法规的发展历程。从长远来看，必须制定《粮食法》，从基本法律层面对粮食安全加以保障、促进。本节梳理学界关于中国粮食立法的思考，再解析中国《粮食法》的制定历程，从中探讨《粮食法》亟待解决的理论问题与制度问题。

一、粮食基本法辩争

关于粮食基本法的制定，并非"突发奇想"，而是经过一段较长时间的探索。在宏观层面，重点思考立法必要性与法律命名问题；框架设计层面，分为完整型与重点型加以探究。亦即，学界对《粮食法》的制定有多方面的思考，对粮食基本法的出台有着一定的理论储备与学术预见。

（一）宏观思路

从 20 世纪 90 年代以来，学界逐步重视粮食立法，开始思考粮食基本法的制定问题，相关论证不多，但在《粮食法（征求意见稿）》（2012 年）、《粮食法（送审稿）》（2014 年）发布以前，已形成基本的宏观思路。

一方面，立法必要性。例如，提出法律制度是保障粮食安全的根本手段①；提出法律保障在粮食安全制度中的地位②；提出宏观层面统筹兼顾、政府干预与市场机制有机协调、各个层级法律规范协调互补③；等等。

另一方面，粮食基本法的名称。第一类是制定《粮食法》或类似名称的基本法。例如，提出建立以《粮食安全法》基本法为主的粮食安全法律体系④；提出制定《粮食安全法》⑤；提出制定《粮食安全保障法》⑥；提出由《粮食法》转为制定《粮食安全法》⑦；等等。第二类是制定与《粮食法》相关的其他法律。例如，提出制定《粮食安全法》《储备粮管理法》《节约用粮条例》等法律法规⑧；提出制定《粮食污染防治法》⑨；等等。

（二）框架设计

在明确宏观思路之后，学界对粮食基本法进行了框架设计，分为完整型与重点型。

第一类，完整型。既包括总则设计，也包括分则安排。例如，规定粮食保护的目的、范围、方针政策、基本原则、重要措施、管理制度、组织机构、法律责任等⑩；提出粮食法的主要内容包括调整范围、粮食行政执

---

① 详见肖顺武：《论法律保障粮食安全的必要性》，载《凯里学院学报》，2007 (1)。

② 详见曹荠：《粮食安全的内在含义与法律保障》，载《沈阳师范大学学报（社会科学版）》，2014 (1)。

③ 参见李兴国：《我国粮食安全的法律思考》，载《中北大学学报（社会科学版）》，2009 (1)。

④ 参见徐喜波：《粮食安全的立法思考》，载《粮食科技与经济》，2005 (4)。

⑤ 参见丁杨：《论中国粮食安全的法律保障》，载《社科纵横》，2010 (1)。

⑥ 参见马晓：《构建我国粮食安全法律保障体系》，载《宏观经济管理》，2012 (5)。

⑦ 参见穆中杰：《中国特色粮食安全法体系构建论纲》，载《河南工业大学学报（社会科学版）》，2013 (3)。

⑧ 参见乔兴旺：《中国粮食安全国内法保障研究》，载《河北法学》，2008 (1)。

⑨ 参见王保民、张岘：《粮食污染防治：制度审视与立法完善》，载《中州学刊》，2013 (5)。

⑩ 参见张英：《粮食立法迫在眉睫》，载《粮食问题研究》，2002 (4)。

法主体、粮食宏观调控、粮食管理、监督检查、法律责任①；提出《粮食法》应当包括总则、粮食行政、粮食宏观调控、粮食"全过程"管理、粮食质量卫生监管、粮食价格、粮食预警与应急、粮食消费、法律责任、附则等。②

第二类，重点型。抓重点，只探讨主干的制度设计。例如，提出加强粮食生产、粮食流通、粮食储备、粮食消费的立法③；提出完善粮食宏观调控、粮食生产、粮食收购、粮食流通、粮食消费、粮食监管等立法④；等等。

值得注意的是，《粮食法（征求意见稿）》（2012年）、《粮食法（送审稿）》（2014年）发布以后，在学界引发热议，例如，以《粮食法（征求意见稿）》为视角探讨粮食流通领域犯罪问题⑤；根据《粮食法（征求意见稿）》论证《粮食法》的社会法定位⑥；归纳《粮食法（送审稿）》存在的九大问题，即粮食安全概念、粮食主产区与种粮大户保护、目标价格改革、"两个市场"利用、大粮食观、粮食双安全、农户储粮、粮食流通优化、转基因主粮⑦；等等。

二、中国《粮食法》制定进程

我国是世界上第一人口大国，粮食问题是首要问题，却缺乏一部粮食安全基本法。我国十一届全国人大常委会立法规划中提出制定《粮食法》，《国家粮食安全中长期规划纲要（2008—2020年）》也提出"制定公布粮食安全法"。《粮食法（征求意见稿）》（2012年）、《粮食法（送审稿）》（2014年）已陆续发布，《粮食法》制定工作正在稳步推进。

---

① 参见秦雷鸣：《粮食法立法探讨》，载《粮食问题研究》，2008（1）。
② 参见窦晓红：《粮食安全立法思考》，载《经济师》，2011（1）。
③ 参见杨锦堂：《抓紧制订粮食法》，载《中国粮食经济》，1995（2）。
④ 参见张明清：《论粮食立法与执法》，载《粮食问题研究》，2000（5）。
⑤ 详见黄延峰：《粮食流通领域相关犯罪问题思考——以〈粮食法征求意见稿〉为视角》，载《郑州航空工业管理学院学报（社会科学版）》，2013（5）。
⑥ 详见李国庆：《论〈粮食法〉的社会法定位——兼评〈粮食法（征求意见稿）〉》，载《河南工业大学学报（社会科学版）》，2014（2）。
⑦ 参见郑凤田、王大为：《论〈粮食法（送审稿）〉存在的九大问题》，载《河南工业大学学报（社会科学版）》，2015（1）。

(一)《粮食法(征求意见稿)》(2012年)

《粮食法(征求意见稿)》(2012年)分为10章,共97条。该征求意见稿规定了总则、粮食生产、粮食流通与加工、粮食消费与节约、粮食质量安全、粮食调控与储备、粮食产业支持与发展、监督检查、法律责任、附则等内容。

第一,立法宗旨。《粮食法(征求意见稿)》(2012年)开篇规定"促进粮食生产,维护粮食流通秩序,保障粮食有效供给,保持粮食产业可持续发展,保障国家粮食安全"这一立法宗旨。

第二,基本概念界定。《粮食法(征求意见稿)》(2012年)第2条界定"粮食"是指"谷物及其成品粮、豆类和薯类","粮食流通"是指"粮食从生产领域向消费领域转移的全过程";第95条还对"原粮""谷物""薯类""成品粮""粮食收购""粮食加工""粮食深加工""粮食经营者""政策性粮食""粮食应急状态"等特色概念进行具体界定。

第三,粮食生产制度,例如,粮食生产能力建设统筹规划,最严格的耕地保护和水资源管理,粮食作物种质资源保护,粮食生产防灾减灾体系建设,粮食生产技术研发,粮食生产投入品使用管理,粮食生产扶持,粮食价格支持,等等。

第四,粮食流通与加工制度,例如,粮食竞价交易系统,粮食收购许可,粮食收购凭证,粮食储存者资格,粮食加工许可,粮食运输工具,粮食进出口配额管理,粮食流通基础设施规划,各类禁止性行为,等等。

第五,粮食消费与节约制度,例如,舆论监督,应用研究,技术推广,生产经营环节的节约管理,等等。

第六,粮食质量安全制度,例如,粮食质量安全标准,粮食质量检验,粮食质量安全抽查,粮食生产环境保护,区域性粮食污染应对,等等。

第七,粮食调控与储备制度,例如,粮食调查统计,粮食进出口调剂,粮食主产区利益补偿,粮食产销合作,粮食价格干预,中央储备粮,地方储备粮,粮食经营者最低、最高库存量,粮食行业公平竞争,粮食应急管理体制,粮食应急预案,特需粮食供应,等等。

第八,粮食产业支持与发展制度,例如,政府投入,粮食风险基金,粮食税收扶持,粮食金融服务,粮食生产保险,粮食社会化服务,粮食产业科技投入,现代粮食物流,等等。

第九，粮食监督检查制度，例如，粮食监督检查综合协调，粮食监督检查措施，粮食库存检查，粮食质量安全检查，政府绩效考核，等等。

(二)《粮食法（送审稿）》(2014年)

《粮食法（征求意见稿）》(2012年)公开征集意见以后，得到社会各界的热烈响应，形成《粮食法（送审稿）》(2014年)。该送审稿也分为10章，共84条。该送审稿规定了总则、粮食综合生产能力建设、粮食生产积极性保护、粮食流通与经营、粮食消费与节约、粮食质量安全、粮食调控与储备管理、监督检查、法律责任、附则。

第一，立法宗旨。《粮食法（送审稿）》(2014年)开篇规定"促进粮食生产和流通，增强粮食调控能力，维护粮食生产者、经营者和消费者合法权益，保障国家粮食安全"这一立法宗旨。

第二，基本概念界定。《粮食法（送审稿）》(2014年)第2条界定"粮食"是指"谷物及其成品粮、豆类和薯类"，第82条还对"原粮""谷物""薯类""成品粮""粮食流通""粮食收购""粮食加工""粮食深加工""粮食经营者""政策性粮食""粮食应急状态"等特色概念进行具体界定。

第三，粮食综合生产能力建设制度，例如，粮食生产能力建设统筹规划，最严格的耕地保护和水资源管理，粮食作物种质资源，粮食生产投入品使用管理，粮食生产防灾减灾体系建设，等等。

第四，粮食生产积极性保护制度，例如，粮食生产支持保护体系，粮食生产补贴、奖励，粮食金融服务，粮食生产保险，土地承包经营权流转，粮食社会化服务，财政奖励，粮食主产区利益补偿，粮食产销合作，等等。

第五，粮食流通与经营制度，例如，粮食竞价交易系统，粮食收购许可，粮食储存者资格，粮食加工许可，粮食运输工具，粮食流通基础设施保护，等等。

第六，粮食消费与节约制度，例如，特需粮食供应，粮食消费指南，舆论监督，合理加工和综合利用，技术研发，惩戒肆意浪费粮食，等等。

第七，粮食质量安全制度，例如，粮食质量安全标准，粮食质量检验，粮食质量安全抽查，粮食生产环境保护，区域性粮食污染应对，等等。

第八，粮食调控与储备管理制度，例如，粮食调查统计，粮食进出口调剂，粮食风险基金，粮食保护性收储，中央储备粮，地方储备粮，粮食经营者最低、最高库存量，粮食应急管理体制，粮食应急预案，等等。

第九，粮食监督检查制度，例如，粮食监督检查综合协调，粮食监督检查措施，粮食质量安全检查，政府绩效考核，等等。

三、中国《粮食法》待决问题

古罗马学者认为，农业科学包括四大部门，即"农庄的知识，土壤的性质及其成分""农庄上所需要的物品和为耕作而应当准备的物品的知识""耕作过程中必须做些什么的知识""一年当中什么时候适于干哪些活儿的知识"[①]。我国正在起草的粮食安全基本法定名为《粮食法》，其实命名为《粮食安全法》更为合适，以体现"粮食安全保障"的本质属性。《粮食法》必须从理论层面与制度层面加以开拓创新，为世界粮食立法提供借鉴。

（一）理论问题

第一，明确立法宗旨。立法宗旨的关键是权益实现、主体保障。《粮食法》开篇必须明确立法宗旨，把多方共治、粮食权保障、安全价值等规定下来。具体而言，可以归纳为"保护农民的种粮积极性，维护粮食生产经营者和消费者的合法权益，规范政府粮食行政管理行为，保障粮食权，实现国家粮食安全"。

第二，对粮食安全进行类型化。"安全第一"是生存经济学的基本理念。[②] 粮食安全的含义包括粮食供给平衡、粮食质量安全、粮食价格合理，粮食安全保障相应地包括粮食供给保障、质量保障与价格保障。《粮食法》应当着重解决三大保障存在的法律问题，第二章规定粮食供给保障，第三章规定粮食质量保障，第四章规定粮食价格保障。

第三，粮食权的确立。借鉴国际社会"食物权"的立法经验，我国《粮食法》必须确立粮食权，必须明文规定，而非泛泛表达。与粮食安全的含义对应，粮食权是指保障粮食供给平衡、粮食质量安全、粮食价格合

---

① ［古罗马］M. T. 瓦罗：《论农业》，王家绶译，32 页，北京，商务印书馆，1981。

② 参见［美］詹姆斯·C. 斯科特：《农民的道义经济学：东南亚的反叛与生存》，程立显、刘建等译，19 页，南京，译林出版社，2013。

理的权利范畴。值得注意的是,立法宗旨中的"维护粮食生产经营者和消费者的合法权益"只是"粮食权"的某些体现,两者既有交叉,更有本质区别。在确立粮食权的基础上,必须有对应的义务(职责),规定具体的粮食法律行为、粮食法律责任、粮食法律救济机制,更好地保护和实现粮食权。

(二) 制度问题

第一,粮食供给保障,例如,最严格的耕地保护,粮食生产水资源保障,粮食产业发展规划,粮食产品风险规避、损失补偿机制,粮食科技推广体系,粮食收购许可,粮食市场体系建设,国际粮农合作,非粮食物供给,节约用粮,中央和地方分级储备调节,粮食突发事件应急,粮食风险基金,等等。

第二,粮食质量保障,例如,粮食生产环境保护,粮食种质资源,粮食质量标准,粮食质量监管,粮食质量检验,粮食召回和可追溯,禁止转基因粮食商业化种植,等等。

第三,粮食价格保障,例如,多元化的粮食价格调节,长效的粮食价格支持机制,粮食价格监测和信息发布,粮食期货市场,临时价格干预,与物价上涨挂钩的联动机制,等等。

四、《中华人民共和国粮食法》建议稿[①]

中华人民共和国粮食法

目　录

第一章　总　则

第二章　粮食供给保障

第三章　粮食质量保障

第四章　粮食价格保障

第五章　法律责任

第六章　附　则

---

① 该建议稿大致为笔者博士论文《中国粮食安全法律保障研究》附录版本,至今仍觉较为得当。

第一章 总　则

第一条　为了保护农民的种粮积极性，维护粮食生产经营者和消费者的合法权益，规范政府粮食行政管理行为，保障粮食权，实现国家粮食安全，制定本法。

第二条　本法所称粮食安全，是指粮食供给平衡、质量安全、价格合理。

本法所称粮食，包括稻谷、小麦、玉米、杂粮及其成品粮。

本法所称粮食生产投入品，包括种子、农药、肥料、农用机械、农用薄膜等。

本法所称粮食生产经营者，包括从事粮食生产、收购、储存、运输、加工、销售、进出口等的法人、其他经济组织和个人。

本法所称粮食突发事件，是指发生严重自然灾害、粮食供给明显紧张、重大粮食质量事故、粮食价格异常波动等情形。

第三条　国家粮食行政管理部门主管全国粮食安全保障的行政管理工作，国务院有关部门在各自的职责范围内负责与粮食安全保障有关的工作。

省、自治区、直辖市人民政府按照粮食省长负责制的要求，统一负责本省级行政区域内的粮食安全保障工作。县级以上地方人民政府粮食行政管理部门主管本行政区域粮食安全保障的行政管理工作，同级人民政府其他有关部门在各自的职责范围内做好与粮食安全保障有关的工作，建立健全部门联合执法机制。

第四条　粮食行业协会等应当加强行业自律，协调维护粮食市场秩序。

第五条　全社会应当高度重视粮食安全保障工作，鼓励公众参与、社会监督，必要时对做出突出贡献的单位和个人给予奖励。有效实施粮食安全公益诉讼制度。

第二章　粮食供给保障

第六条　十分珍惜、合理利用土地和切实保护耕地，实行最严格的耕地保护制度，确保全国耕地保有量不低于18亿亩。对基本农田依法实行特殊保护，划定永久基本农田。依法保障农民的耕地权利。

第七条 建立粮食生产水资源保障机制，发展节水型农业。

第八条 完善粮食产业发展规划，加快粮食生产结构调整，提高粮食综合生产能力。完善粮食产销合作机制，严格控制以粮食为原料的深加工业发展。

第九条 建立财政支粮资金稳定增长机制和粮食补贴长效保障机制，深化农村税费改革和金融体制改革，建立粮食产品风险规避、损失补偿机制，发展巨灾保险。

第十条 构建多元化的粮食科技推广体系，提高农业机械化水平。加强粮食行业人才队伍建设，健全农民职业教育和技能培训体系。

第十一条 粮食收购应当依法取得粮食收购资格许可。严格粮食收购资格审核，加强粮食收购资金监管，积极发展粮食经纪人。

第十二条 深化粮食流通体制改革，推进国有粮食企业改革，建立统一、开放、竞争、有序的粮食市场体系，完善粮食物流建设。

第十三条 适当发展粮食进出口贸易，加强国际粮农合作。

第十四条 大力发展非粮食物供给。建立节约用粮、健康饮食规范。

第十五条 实行中央和地方分级储备调节制度，构建多元化的粮食储备体系。完善中央储备粮垂直管理体制，非经国务院批准，任何单位和个人不得擅自动用中央储备粮。

第十六条 各级政府储备粮由本级人民政府直属粮库储存，需要委托其他粮食企业承储的，应当符合法定条件。各级粮食行政管理部门及本级人民政府有关部门按照各自职责，依法对本级政府储备粮进行监督检查。

第十七条 各级粮食行政管理部门应当制定相应的粮食突发事件应急预案，报本级人民政府批准，并报上一级人民政府备案。

第十八条 粮食突发事件发生时，粮食行政管理部门应当及时向本级人民政府报告，提请启动相应级别的粮食突发事件应急预案，可以动用相应的政府储备粮。粮食生产经营者必须服从政府统一调度，完成粮食应急任务，并依法得到相应的补偿。落实突发事件发生区域受灾群体和弱势群体的粮食供应工作。必要时，依法将当期生产经济作物的耕地转为从事粮食生产，并组织落实粮食生产投入品供应。

第十九条 健全粮食风险基金制度，切实加强监管。粮食风险基金主要用于粮食价格支持体系、政策性粮食储备、稳定粮食市场、粮食流通基础设施建设、粮食突发事件应急等。

第三章 粮食质量保障

第二十条 促进粮食产业低碳发展，加强粮食生产环境保护，有效防治水土流失、环境污染和生态破坏。

第二十一条 依法保护粮食种质资源。对粮食生产投入品实行许可准入，依法加强安全管理。

第二十二条 建立健全粮食质量标准、认证体系和检验检疫体系，加强对粮食流通过程中的质量监管。粮食产品不得实施免检。进口粮食应当符合我国粮食质量国家标准。

粮食生产经营者应当加强对出入库粮食的质量检验，建立粮食经营台账。

第二十三条 建立粮食召回和可追溯制度。发现粮食质量问题时，应当依法召回并妥善处理。

第二十四条 禁止转基因粮食商业化种植，禁止转基因粮食经营销售、进出口。粮食转基因技术的研究、试验等必须依法严格实行各项安全控制措施。

第四章 粮食价格保障

第二十五条 国家采取粮食价格支持、储备粮吞吐、粮食进出口、粮食生产投入品价格调节、粮食期货市场调节等多种经济手段和价格干预等必要的行政手段，加强对粮食市场的调控。

第二十六条 当粮食供求关系发生重大变化时，国务院可决定对重点粮食品种实行最低收购价格，构建长效的粮食价格支持机制。

第二十七条 稳定粮食生产投入品价格，清理和取消粮食行业的各项不合理收费，降低流通成本。

第二十八条 建立健全粮食价格监测和信息发布制度。加强粮食市场日常监督管理，惩治各类不正当竞争和非法垄断行为，鼓励粮食生产经营者积极承担社会责任。

第二十九条 稳步发展粮食期货市场，规范期货交易行为，加强期货市场监管，引导粮食生产经营者利用粮食期货市场规避风险。

第三十条 当发生粮食突发事件时，国家可以实施临时价格干预措施，发放临时价格补贴。建立最低工资标准、社会保障标准与物价上涨挂钩的联动机制。

第五章 法律责任

第三十一条 各级人民政府及其有关部门有下列情形之一的，责令改正，对政府主要负责人、直接主管人员和其他直接责任人员依法给予处分；构成犯罪的，依法追究刑事责任：

（一）未采取有效措施保护基本农田和粮食生产环境的；

（二）未落实国家惠农政策的；

（三）没有依法履行对粮食市场的监督管理职责的；

（四）粮食储备未达到法定规模和质量的；

（五）违法违规筹集和使用粮食风险基金的；

（六）没有及时采取措施有效处理粮食突发事件的；

（七）未采取有效措施制止转基因粮食商业化种植、经营销售、进出口的；

（八）粮食行政管理方面存在贪污腐败行为的；

（九）违反粮食安全保障法律、法规规定的其他情形。

第三十二条 粮食生产经营者有下列情形之一的，责令限期改正，承担民事责任，并依法给予行政处罚；构成犯罪的，依法追究刑事责任：

（一）破坏、污染粮食生产环境的；

（二）明知而从事转基因粮食商业化种植、经营销售、进出口的；

（三）未依法取得粮食收购资格而从事粮食收购的；

（四）从事不正当竞争和非法垄断行为的；

（五）违法违规从事粮食进出口贸易的；

（六）无正当理由拒不承担或者拖延承担粮食应急任务的；

（七）造成粮食资源重大浪费的；

（八）违反粮食安全保障法律、法规规定的其他情形。

第三十三条 承储政府储备粮的企业及其员工有下列情形之一的，责令限期改正，承担民事责任，并依法给予行政处罚；构成犯罪的，依法追究刑事责任：

（一）政府储备粮数量不真实，或者擅自改变粮食品种、储存地点的；

（二）政府储备粮质量不合格，或者因管理不善造成粮食霉坏、变质的；

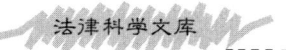

（三）未健全财务制度，违规使用财政资金的；

（四）违法违规使用、销售政府储备粮的；

（五）无正当理由拒不承担或者拖延承担粮食应急任务的；

（六）违反粮食安全保障法律、法规规定的其他情形。

第六章　附　则

第三十四条　本法自　　年　月　日起施行。

第二章　粮食法律主体之多元化

传统的粮食产业聚焦粮食生产环节，粮农是粮食生产的基本主体，自然也就成为粮食产业的基本主体。现代粮食产业不断深化，粮食生产只是起点，后续延伸出市场化的诸多环节。粮食市场主体不仅仅是粮农，也包括粮食投资者、粮食经营者、粮食消费者等。"诱导发展模式"包括"诱导私人部门的革新""诱导公共部门的革新""技术变革与制度发展间的相互作用""技术变革与经济发展的动态关系"等。[①] 除粮食市场主体之外，粮食公共治理应当被纳入粮食行政管理体制、粮食社会组织，实现和促进粮食法律主体之多元化。

---

① 参见［日］速水佑次郎、［美］弗农·拉坦：《农业发展：国际前景》，吴伟东等译，王广森、佟蔚校，北京，商务印书馆，2014。

第一节　粮食市场主体：以粮农与粮食经营者为视角

我国正在进行发挥市场决定性作用的粮食流通全面市场化改革。在全面市场化改革背景下，粮食市场主体包括粮农、粮食投资者、粮食经营者、粮食消费者等。其中，粮农是首要的粮食市场主体，要自我提升建设新型职业农民，不断满足现代粮食产业的发展要求。广义的粮食经营者涵括粮食生产与粮食消费之间的中间阶段，真正体现"多元化"的主体特征。本节着重以粮农、粮食经营者为例探讨粮食市场主体。

一、粮农：新型职业农民培养

"农民"是一个广义的概念，包括农林牧渔各个领域的生产者。从农民经济学出发，"农民是家庭农业生产者，其特征是部分地参与不完全的市场"[①]。粮农专指粮食生产者，是狭义的"农民"概念。有学者建议，"把农业资源尽量集中到具有经营积极性和经营能力的少数农民手中，发展自立型专业农业"[②]。这种思维是走精英粮农路线，不符合我国国情。我国是世界上第一人口大国，农民占据全国人口的相当比例，粮农人数非常庞大，故应当全面提升粮农的整体素质，培养新型职业农民，而非培养精英粮农。

（一）新型职业农民的时代要求

我国"十三五"规划提出，"大力培养新型职业农民"。这是时代要求，是培养"工匠精神"的需要。到2020年，我国新型职业农民培养数达到2 000万人，现代青年农场主培养数达到6.3万人以上。其中，广东省"十三五"期间重点培养新型农业生产经营主体的骨干农民，培育新型职业农民5万人以上。在推进新型职业农民建设过程中，必须加快农民工返乡的角色转型，促进新型粮食生产经营主体建设。

[①] [英] 弗兰克·艾利思：《农民经济学：农民家庭农业和农业发展》，2版，胡景北译，187页，上海，上海人民出版社，2006。

[②] [日] 速水佑次郎、神门善久：《农业经济论》，沈金虎等译，310页，北京，中国农业出版社，2003。

1. 新型职业农民的提出

农民理论可以归纳为"利润最大化""风险规避""劳苦规避""部分参与市场的家庭农业""分成制"等类型。① 从发展模式区分，粮农分为传统粮农与新型粮农。传统粮农与自然经济相契合，从小在农村长大，接受教育水平低，强调人力劳作、靠天吃饭。传统粮农生于斯、长于斯，善良淳朴，传承着中华民族的美好品德。但是，现代农业的发展要求农民具备相应的高科技知识、现代化技能，这些是传统农民难以掌握和运用的。2004年以来，中共中央、国务院每年发布中央一号文件，致力于保障粮农权益。国家对粮农的基本定位是构建新型农民，发展趋势是构建新型职业农民（见表2-1），把农民作为一个朝阳职业来对待，实现职业化发展。新型职业农民强调的是思维、知识、素养、技能的"新"，而非仅限于年龄。因此，老一辈农民经过培养提升，也可以成为新型职业农民，而青年农民如果不努力提升，也只是停留在传统农民模式。

表2-1　　　　　　　历年中央一号文件关于农民定位列表

文件名称	基本定位
《中共中央 国务院关于促进农民增加收入若干政策的意见》（2004年中央一号文件）	始终重视维护粮食主产区和种粮农民的利益
《中共中央 国务院关于进一步加强农村工作提高农业综合生产能力若干政策的意见》（2005年中央一号文件）	努力实现粮食稳定增产、农民持续增收，促进农村经济社会全面发展
《中共中央 国务院关于推进社会主义新农村建设的若干意见》（2006年中央一号文件）	培养造就有文化、懂技术、会经营的新型农民，是建设社会主义新农村的迫切需要
《中共中央 国务院关于积极发展现代农业扎实推进社会主义新农村建设的若干意见》（2007年中央一号文件）	建设现代农业，最终要靠有文化、懂技术、会经营的新型农民
《中共中央 国务院关于切实加强农业基础建设进一步促进农业发展农民增收的若干意见》（2008年中央一号文件）	形成农业增效、农民增收良性互动格局

① 参见［英］弗兰克·艾利思：《农民经济学：农民家庭农业和农业发展》，2版，胡景北译，187页，上海，上海人民出版社，2006。

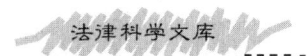

续前表

文件名称	基本定位
《中共中央 国务院关于促进农业稳定发展农民持续增收的若干意见》（2009年中央一号文件）	保障和改善民生，重点难点在农民；培养新型农民
《中共中央 国务院关于加大统筹城乡发展力度进一步夯实农业农村发展基础的若干意见》（2010年中央一号文件）	把粮食生产、农民增收、耕地保护、环境治理、和谐稳定等纳入地方党政领导班子绩效考核
《中共中央 国务院关于加快水利改革发展的决定》（2011年中央一号文件）	在保护生态和农民利益前提下，加快水能资源开发利用
《中共中央 国务院关于加快推进农业科技创新持续增强农产品供给保障能力的若干意见》（2012年中央一号文件）	大力培育新型职业农民
《中共中央 国务院关于加快发展现代农业进一步增强农村发展活力的若干意见》（2013年中央一号文件）	大力培育新型农民和农村实用人才
《中共中央 国务院关于全面深化农村改革加快推进农业现代化的若干意见》（2014年中央一号文件）	加大对新型职业农民和新型农业经营主体领办人的教育培训力度
《中共中央 国务院关于加大改革创新力度加快农业现代化建设的若干意见》（2015年中央一号文件）	积极发展农业职业教育，大力培养新型职业农民
《中共中央 国务院关于落实发展新理念加快农业现代化实现全面小康目标的若干意见》（2016年中央一号文件）	把职业农民培养成建设现代农业的主导力量
《中共中央 国务院关于深入推进农业供给侧结构性改革加快培育农业农村发展新动能的若干意见》（2017年中央一号文件）	新型职业农民培育
《中共中央 国务院关于实施乡村振兴战略的意见》（2018年中央一号文件）	全面建立职业农民制度

具体而言，新型职业农民具备以下要素：其一，创新意识。新型职业农民的"新型"体现为创新意识，要与传统农民有本质不同，能够开拓创新，适应粮食产业日新月异的发展需要。其二，职业道德。新型职业农民既然是"职业"农民，就必须具备奋发向上、团结一致、诚实守信、绿色发展等职业道德。其三，人文科学素养。新型职业农民必须具备良好的人

文素养，掌握一定的科学文化知识，积极接受高等教育、终身教育。其四，生产技能。新型职业农民本质上还是"农民"，必须具备生产技能，而且要适应现代化粮食生产的高科技要求。其五，经营技能。新型职业农民必须具备现代粮食产业化的经营技能，宏观把握粮食全产业链的发展趋势，积极与国际社会接轨，应对国内外粮食市场的竞争与挑战。其六，法治思维。新型职业农民必须具备民主法治思维，掌握涉粮法律法规，熟练运用法律手段维护自身合法权益。显然，返乡农民工更容易满足新型职业农民的基本要素，"职业"素养会更高，发展前景更为被看好。

2. 农民工返乡的角色转型

过去，愿意长期待在本土从事粮食生产的青年农民越来越少，大家纷纷选择到大城市（尤其是沿海地区）打工。原因在于：一是种粮收入低，种粮积极性普遍低下。大部分青年农民需要养家糊口，种粮难以维持一定的生活水平。即使是一直留在本土，青年农民也愿意从事经济作物种植或第三产业，真正选择种粮的青年农民少之又少。二是种粮条件艰辛。即使在农业现代化的背景下，种粮依旧要承受风吹日晒的考验。青年农民已经很难具备传统农民的吃苦耐劳精神和相应的身体素质。三是种粮技术要求高。种粮并非毫无技术含量的纯体力活。相反的，种粮技术要求越来越高，必须了解粮食生产相关的种子、气候、土壤、水资源、农药、化肥等方方面面的高科技知识，掌握现代化技能。四是教育改变就业。由于经济生活条件的改善，在农村长大的孩子有很多机会可到大城市求学，而求学之后会选择留在大城市工作，不愿意返乡，更不会从事粮食生产。因此，农村优质的劳动力资源一直向城市转移，导致农村本地的青年农民日益减少。

随着经济体制改革的不断深化，我国鼓励长期在外打工的农民工返乡并致力于粮食生产。大城市竞争激烈，对人才要求越来越高，往往倾向于高科技的脑力劳动，就业压力严峻。农民工因主客观等方面的差距，难以适应大城市的工作要求，容易被边缘化，而且各方面的差距正在不断拉大。即使勉强留在大城市，发展也有局限，在可预期的将来难以享有良好的生活水平。与此同时，农民工在大城市打工的过程中，积累了一定的财富，掌握了大量的实操经验，提升了动手能力，有着丰富的人生阅历和一定的社会资源。在新农村建设和城乡一体化的推动下，农民工一旦返乡，如果愿意从事粮食生产，与传统粮农相比，有着许多天然优势，如资金、经验、能力、阅历及社会资源等。当然，现实是，农民工返乡后，更愿意从事第三产业的创业活动，即使是参加农业生产，也倾向于种植经济作物。返乡农民工是粮农职业化的主流群体，如何鼓励农民工从事粮食产业化活动，保障返乡新型粮农的合法权益，直接关系国家粮食安全保障水平。

3. 新型粮食生产经营主体建设

建立现代农业体系，加快农民工角色转型，发展新型职业农民，健全乡村治理，当前关键在于发展多种形式的适度规模经营，推进新型粮食生产经营主体建设，具体包括种粮大户、家庭农场、农民合作社、粮食龙头企业等。这里重点关注家庭农场与农民合作社，家庭农场是个体农户独立发展的创新形式，农民合作社是个体农户集合发展的典型形式。

一是家庭农场。家庭农场正在全球推广，事实上很多农场是采用家庭模式经营。家庭农场的优势在于利用本地特色粮食生产，充分调动家庭积极性，解决农村生计，减少农村贫困，保护粮食生产环境。"农民或工匠的后代与他们家庭之间的联系是非常紧密的，而且在家庭事业中有浓厚的个人利益。"[①] 家庭农场最大的困境是封闭性、弱势性，未来的突破口是与粮食流通市场全面接轨，保障家庭农场的生产经营权、收益权。

二是农民合作社。这里可以参考日本农业法"农业协同组合"的概念。"农业协同组合"包括"产地农业协同组合""非产地农业协同组合"。其中，"非产地农业协同组合"是指"以大米为主、经济事业为赤字、不得不依靠信用和共济事业的大多数农业协同组合"[②]。我国农民合作社要贯彻农业多功能性理念，既要推动同类粮农个体的共同化、统一化，又要推动不同农民合作社的多元化发展。

（二）粮农权益类型化

联合国粮农组织《粮食和农业植物遗传资源国际条约》（2001年）开篇认为，公平合理分享粮食种子与遗传资源权益是"实现农民权利的根本"，也是"在国家和国际一级促进农民权利的根本"。该条约归纳农民的

---

① [丹麦]埃斯特·博塞拉普：《农业增长的条件：人口压力下农业演变的经济学》，罗煜译，96页，北京，法律出版社，2015。

② [日]田代洋一：《日本的形象与农业》，杨秀平等译，128页，北京，中国农业出版社，2010。

权利包括保护传统知识、公平参与分享利益、国家决策参与。应当说，该条约仅从粮食与农业植物遗传资源的角度考虑农民权利。有学者提出，农民权利是"肯定性的积极权利"，"以农民长期从事农业实践所形成的传统知识与专有技术为客体"，"核心是保障农民的长期付出获得合理的回报"[①]。实际上，粮农权利应当包括实体性权利与程序性权利。无论是实体性权利还是程序性权利，都在不断丰富、完善中。

1. 实体性权利

粮农的实体性权利大致如下：

第一，粮农的人身权利，包括人格权与身份权。一是人格权。粮农的人格权包括一般人格权、生命权、健康权、姓名权、肖像权、名誉权、隐私权等。其中，粮农享有人格平等、人格尊严，要充分尊重"粒粒皆辛苦"的劳动，不得侮辱、歧视粮农，鼓励、支持返乡农民工从事现代粮食生产。粮农享有生命权和健康权，要注意维持身体健康，防止因田间过度劳作、环境污染、生态破坏等造成对身体健康的损害，乃至对生命权的威胁。二是身份权。粮农享有各类涉粮奖励的荣誉权，得到国家、社会的认可。另外，粮农享有涉粮发明专利、商标、植物新品种权等知识产权的人身权内容，推动粮食科技进步、科技创新。

第二，粮农的政治权利，如平等权、选举权与被选举权、依法迁徙权、依法结社权。一是平等权。粮农享有宪法赋予的平等权，不得因家庭出身、教育程度、职业环境、收入水平等而不同，不得歧视粮农妇女。二是选举权与被选举权。粮农有权利参与甚至主导村级治理、乡镇治理，享有充分的选举权与被选举权。粮农还可以成为各级人大代表、政协委员等，充分表达乡土心声。三是依法迁徙权。随着城乡一体化的推进，我国将逐步打破城市与农村之间的身份隔阂，实现依法迁徙，构建身份、耕地、社保、医疗等有机统一的保障体系。四是依法结社权。粮农可以依法组建粮农协会或参与现有的粮农协会，形成与粮食生产相关的社会力量，加强生产活动的交流合作。此外，还要发展各类粮食经济学会、粮食科技协会等，在粮食行业专业领域更好地发挥社会组织的作用。

第三，粮农的经济权利，如耕地权利、自主经营权、财产权。一是耕

---

① 曹阳：《国际法视野下的粮食安全问题研究——可持续性国际粮食安全体系的构建》，154页，北京，中国政法大学出版社，2016。

地权利。耕地保护立法必须明晰耕地所有权主体（如界定"农民集体"概念），拓展耕地承包经营权的流转方式（如入股、股份合作、信托），完善耕地总量动态平衡机制。二是自主经营权。粮农可以通过自由组建家庭农场、农民合作社、粮食企业等形式从事粮食生产。充分尊重粮农的自主经营权，不得任意发布指令干涉粮农正常的粮食生产活动。涉粮社会服务、乡间治理活动要坚持粮农自愿原则，不得强迫参与。三是财产权。多年来，我国每年都专门发布减轻农民负担的政策文件。减轻粮农负担，实质上就是保障粮农财产权。既要增加"入"，即加大对粮食生产的财政综合性支持和粮食价格支持，建立返乡种粮农民工发展基金，又要减少"出"，即减免现有涉粮税费，不得违法收费或非法摊派。粮农耕地承包经营权、住房所有权及相关宅基地使用权可用以向银行抵押贷款，优先用于粮食生产经营。上述抵押权的抵押物处置要与城市商品房进行差别性规定，比如耕地保护、粮农基本生活、受让人范围等。

第四，粮农的社会文化权利，如受教育权、文化享受权、社会保障权。一是受教育权。现代粮食科技发展迅猛，教育基本立法必须赋予粮农持续接受教育的权利，必须不断发展中等职业学校、成人教育学校、网上教育平台，形成粮农技能培训的教育体系。此外，对返乡农民工还要保证其子女正常入学，营造良好的教育环境。二是文化享受权。粮农可以享受基本的公共文化服务，如公共图书馆、村级文化站、流动科普站等。因地制宜地开展适合粮农的文化活动，如曲艺表演、民间游艺、庙会、"三下乡"交流等。三是社会保障权。健全农村新型合作医疗机制，完善缴费数额、缴费期限、报销项目、报销额度、报销比例、报销证据、转院制度等。必须将返乡农民工原享有的城镇医保与本土合作医疗机制对接。构建家庭养老、社会养老、互助养老、土地保障、社会救助等配套的粮农综合养老模式。其中，社会养老要重点完善参保范围、基金筹集、终身账户、养老条件、养老金待遇等制度。

第五，粮农的环境权。环境权是人类享有的维持生存和发展所对应的自然因素与人工因素的环境的权利。环境权是否成立，有肯定说与否定说。从长远来看，环境权有必要从应然权利走向实然权利、法定权利，被纳入《宪法》与《环境保护法》之中。从权利主体划分，环境权可以分为国家层面的环境权、集体层面的环境权与个人层面的环境权。个人层面的环境权又可以分为环境资源利用权、环境状况知情权、环境侵害监督权。

从粮农角度出发，环境资源利用权包括日照权、清洁水权、清洁空气权、享有自然权等；环境状况知情权强调粮农依法获得粮食生产环境信息，参与粮食生产环境监督；环境侵害监督权强调粮农有权对环境污染、生态破坏行为进行举报，有权为了环境公共利益提起环境公益诉讼。

2. 程序性权利

程序性权利主要是市场准入、市场运行、法律救济等程序性权利。其中，法律救济的程序性权利包括申诉、调解、仲裁、诉讼、法律援助等。目前重点关注以下几个问题：

其一，调解。考虑粮农的实际情况，与粮食生产相关的纠纷调解要规范口头申请方式，形成多元调解体系，并完善相应的工作规程，强化调解书的执行。

其二，仲裁。设立专业性仲裁机构（如农村土地承包仲裁委员会），以便民为原则完善申请、受理、开庭、合议、裁决、送达等程序，不断推进仲裁基础设施建设，建立健全涉粮经济纠纷调解、仲裁、和解、诉讼的对接机制。

其三，诉讼。长期以来，中国乡土社会存在"以和为贵"的"无讼"思想，传统农民不愿意也难以通过诉讼途径救济权利。要不断提升粮农的法律意识，完善农村普法教育，鼓励粮农依法提起民事诉讼、行政诉讼、刑事诉讼乃至涉粮公益诉讼。从粮农实际出发，上述诉讼机制在设定程序方面要提供积极的告知、引导，方便粮农参与。

其四，法律援助。设立流动工作站，实现农村法律援助点全覆盖，开设农民法律援助专线、网络平台、绿色通道，推进法律援助标准化。完善一村一法律顾问机制，与农村法律援助有效对接，形成法律援助综合服务体系。

二、粮食经营者：贯穿于市场化全过程

何谓"经营者"？这里的"粮食经营者"是广义概念，处于粮食生产与粮食消费之间的中间阶段，贯穿于粮食流通全面市场化改革全过程。从地域考虑，粮食经营者包括国内粮食经营者与跨国粮商。从主体功能考虑，国内粮食经营者涵括粮食收购者、粮食储存者、粮食运输者、粮食加工者、粮食销售者、粮食进出口者等。对跨国粮商的研究则要区分中外合资粮食企业与跨国独资粮商。

(一) 国内粮食经营者

国内粮食经营者涵括粮食收购、储存、运输、加工、销售、进出口等环节。鉴于粮食安全的国家安全价值，在坚持市场决定性作用的基础上，必须培育、发展国内粮食经营者，形成良性公平的粮食市场秩序氛围，坚决抵制不正当竞争和地方保护主义。

1. 粮食收购者

粮食收购者与粮食生产对接，对粮食生产的品种、数量、质量等有直接的导向作用。例如，通过调整粮食收购价格，可以引导粮农种植优质的、健康的粮食品种，从而推动粮食质量的整体提升。粮食收购者包括国有粮食收购者、民营粮食收购者、跨国粮商等。主粮和特定粮食（如青稞）的收购者必须被赋予资金、设备、场所、人员、信用记录等的资质要求。国有粮食收购者要依法执行国家政策性收购措施，杜绝"打白条"，杜绝滥用垄断地位压榨、算计粮农。民营粮食收购者要积极进入田间收购，维持、促进粮食收购市场的有序竞争。国家对粮食收购一直采取严格的监督检查，保证粮食进入市场的第一关的基本安全。

2. 粮食储存者

粮食储存者不仅具有粮食质量保障职责，而且承担调节粮食供给、粮食价格的重任。一是粮食供给调节。粮食储存者通过粮食进出库、粮食储备轮换等可以影响粮食市场供给，进行粮食供给调节。二是粮食质量保障。粮食长期储存后可能变成陈化粮，需要及时进行储备更新。在这个过程中，可以逐步调节粮食市场的粮食品种、质地等。三是粮食价格调节。粮食储存者可以利用粮食收购入库价、粮食出库销售价等价格手段，通过粮食现货市场、粮食电子交易平台、粮食期货市场等进行价格调节。长期以来，我国粮食储备依赖政府储备尤其是中央储备，地方政府积极性不足，基层储备缺失。从立法层面考虑，需要构建中央政府、地方政府、商业性粮食企业、粮农等有机统一的粮食储备主体体系。

3. 粮食运输者

粮食运输者通过运输粮食实现粮食的空间变换，让粮食最终到达消费者手中。粮食运输者要防止两种情况：一是粮食数量缺失。在起装、卸装的过程中，由于操作不当，难免出现粮食遗漏掉落的现象。在长途运输过程中，由于过度颠簸，加上防震防漏设施不足，也会有粮食遗漏掉落现象。二是粮食质量问题。在起装、卸装的过程中，如果包装不当，可能遭受雨水淋湿或各类污染。在长途运输过程中，如果整个运载环境不好，会造成粮食发霉、生虫等问题。上述种种问题本身是粮食运输者的认知问题、技术问题，在条件成熟时则要从法律层面对相关操作规程、运输标准加以严格规制，实现法治化。要提高粮食运输者的积极性，保障粮食数量、质量，制度设计上必须保证一定的赢利，充分尊重运输者的辛苦劳动。

4. 粮食加工者

粮食加工者保留粮食精华，去糙除劣，升华粮食品种，保证到消费者手中的粮食能够满足消费需求。粮食加工者包括粮农自身、国有粮食加工者、民营粮食加工者等。粮农自身可以加工粮食，尤其是返乡农民工可以从事粮食加工活动，运用在外掌握的财富积累、实操经验、动手能力、人生阅历、社会资源等进行生产经营。根据加工程度，粮食加工分为初级加工和深加工。粮食加工者对粮食进行初级加工是必要的，也是被鼓励的，但深加工就有待商榷。我国粮食供给处于紧平衡，深加工有可能是制造生物能源，需要大量占用粮食资源，危及国家粮食安全。

5. 粮食销售者

粮食销售者包括粮食批发市场的粮食销售者与粮食散装市场的粮食销售者。前者是把粮食卖给后者，后者再把粮食卖给消费者。本质上讲，后者才是真正的粮食销售者，直接与消费者对接。粮食销售者要依法维护消费者的安全保障权、知情权、自主选择权、公平交易权、依法求偿权等，做到以下几点：其一，粮食销售者要坚持合法经营，反对和抵制不正当竞争，杜绝缺斤少两，杜绝假冒伪劣（如假冒五常大米）。其二，粮食销售者不能利用粮食供给紧张、粮价飞涨等，囤积居奇，非法操纵粮价。尤其是在发生突发事件时，避免因为粮食问题引发社会危机。其三，知晓转基因粮食的危害，自觉不销售转基因粮食。这是粮食销售者的社会责任。

6. 粮食进出口者

粮食进出口者包括粮食进口者与粮食出口者。粮食进出口需要符合国家粮食政策和粮食法律规定，如许可证、配额等。我国对粮食进出口者的监管，关键是资质申报和国家经济安全审查。对粮食进口者，重点是禁止进口转基因粮食，防止向国内倾销粮食，破坏国内粮食市场结构，进而垄断国内粮食市场。对粮食出口者，重点是防止大规模出口粮食或出口粮食从事生物能源生产导致国内粮食供应短缺，防止片面出口优质粮食导致国内粮食整体质量下降。未来,要从简单的粮食进出口监管走向粮食国际化战略。我国过度依赖国有粮食企业,必须培养一批优秀的民族企业实施国际化战略,逐步参与国际粮食市场的规则制定,掌握国际粮食定价权。

(二) 跨国粮商

世界上著名的四大跨国粮商是美国 ADM、美国邦吉、美国嘉吉、法国路易达孚,并且正在不断演变升级。长期以来,"四大"粮商对全球粮食市场的影响力巨大,背后是强大的政治资源支持,不可小视。应当说,跨国粮商分为狭义的跨国粮商与广义的跨国粮商。就我国而言,广义的跨国粮商包括狭义的跨国粮商加上中外合资粮食企业。

1. 狭义的跨国粮商

狭义的跨国粮商偏向于跨国独资粮商,即纯粹的外国资本投资。跨国独资粮商对企业战略、资本投资、人事安排具有绝对的控制权,对技术开发利用具有绝对的商业秘密保有权,可以自由、自主地从事生产经营活动。我国对跨国粮商实行严格的国家经济安全审查,国内民众对跨国粮商也抱怀疑态度。狭义的跨国粮商进入中国并不容易,必须符合中国法律日益严格的各种要求。中国粮食民族企业走向国际化殊为不易,而跨国粮商进入中国也面临本土化问题。跨国粮商进入中国之后,未必能够施展拳脚,在完全外资背景的情况下,需要有更高的经营智慧来迎合中国民众的需求。国际化与本土化,是一个永恒的悖论。

2. 广义的跨国粮商

从投资主体出发,广义的跨国粮商包括中外合资粮食企业与跨国独资粮商(即狭义的跨国粮商)。跨国粮商很多时候需要与国内粮食企业合作,建立中外合资粮食企业,才能打入中国。根据外资控股情况,中外合资粮食企业分为外资控股的合资企业与中资控股的合资企业。中资控股的合资企业尤其是中资占绝大部分比例的合资企业,基本上受到与国内企业一样的监管对待。外资控股的合资企业则体现跨国粮商的基本特征,是跨国粮商进入中国的发展趋势,也是我国目前重点规制的对象。

外资控股的粮食合资企业具有以下优势:一是利用中方的资源(尤其是国有资源),提供方方面面的便利(尤其是与政府监管相关的程序便利),但付出的代价是对企业战略、资本投资、人事安排等缺乏绝对的控制权,也难以完全保有原有的商业秘密。二是逐步本地化,提供符合中国粮农、生产经营者、消费者所需要的服务,避免"水土不服",进而可能控制国内粮食产业链，但付出的代价是自身原有的特性可能消退。三是可以规避很多对跨国粮商不利的猜疑和各类不利的国内法规定，但一旦违法违规依然会遭到严惩。基于逐步严格的国内法规制，跨国粮商某些时候并不希望中国民众知晓其为跨国粮商，甚至有意识地掩盖这一真相。在转基因粮食隐患重重的今天，对国内消费者而言，推动中外合资粮食企业的信息公开、保障知情权尤为重要。

第二节　粮食行政管理体制：从多元化到独立化

　　政府与市场的关系，是粮食公共治理的核心，决定粮食安全制度安排的走向。"如何界定政府与市场之间的关系，是政策分析者和制定者最为重要的任务。"① 现阶段，"市场决定""政府有为"是基本定位模式。其中，"政府有为"必须对多元化的粮食行政管理机构进行恰当的体制安排，从长远来看是建立独立的粮食行政管理部门，不断创新粮食行政管理职能。

一、多元化：粮食行政管理体制现状安排

　　世界粮食安全委员会《全球粮食安全和营养战略框架（第五版）》（2016年）第五章A提出，"应建立或加强负责国家粮食安全和营养战略以及各项政策和计划的部委间机制"，"在政府高层建立并进行协调"，"通过国家法律加以巩固"。目前我国与粮食安全相关的公权力主体有发展改革、农业、粮食、市场监管等诸多部门。这里重点剖析粮食、农业、发展改革三大部门。

（一）粮食行政管理部门

　　分析粮食行政管理部门，可从纵向层面与横向层面展开。

1. 纵向层面

　　从管辖地域纵向划分，粮食行政管理部门包括中央层面与地方层面。

---

①　[美] D. 盖尔·约翰逊：《经济发展中的农业、农村、农民问题》，林毅夫、赵耀辉编译，389页，北京，商务印书馆，2004。

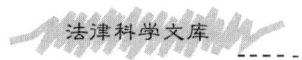

在中央层面，国家粮食和物资储备局归属国家发改委管理，负责粮食流通宏观调控、中央储备粮行政管理、粮食行业指导。原国家粮食局下设办公室、调控司、政策法规司、规划财务司、仓储与科技司、执法督查局、外事司、人事司、直属机关党委、离退休干部办公室等，直属单位包括军粮供应服务中心、标准质量中心、中国粮食研究培训中心、国家粮油信息中心、粮食交易协调中心、科学研究院、中国粮食经济杂志社、机关服务中心等，联系单位包括中国粮食经济学会、中国粮油学会。新的国家粮食和物资储备局将创新发展相关机构设置。

地方粮食行政管理部门以行政区划为准加以设置，重在隶属关系和机构设置。例如，广东省粮食局是广东省发改委管理的行政机构，下设调控财会、政策法规、执法督查、科技储运等部门；广州市发改委下设粮食处、储备粮管理中心，等等。未来，地方粮食行政管理机构应不断改革拓新，与国家粮食和物资储备局有效对接。

2. 横向层面

从管辖职能横向划分，粮食行政管理部门可以内设粮食调控、粮食监管、粮食服务、粮食定规等具体机构。除了粮食调控职能必须由中央层面加以履行之外，粮食监管、粮食服务、粮食定规等职能均可由不同层级的粮食行政管理部门加以履行。目前，我国粮食行政管理部门由于体制原因，权威性不足，权力行使受到很大制约，甚至沦为粮食流通阶段的"守护者"。未来要从粮食调控、粮食监管、粮食服务、粮食定规四个层面不断巩固、完善各级粮食行政管理部门的职能，使其真正成为粮食全产业链的行政主管机构。

宏观调控是中央层面才具有的政府职能，是未来中央政府的核心职能。正视现代政府的不足、缺陷，宏观调控职能自20世纪30年代以来逐渐被各国充分重视和广泛运用。就国家粮食和物资储备局而言，承接粮食调控职能的具体机构包括规划机构、调控机构、财务机构等。其中，规划机构负责提出粮食行业发展战略的建议、编制粮食行业发展规划、提出国家财政资金安排建议等；调控机构负责分析国内外粮食动态、提出粮食宏观调控建议、协调最低收购价政策、提出中央储备粮计划、指导地方储备粮建设、协调粮食产销合作、组织粮食流通统计、协调救灾计划等；财务机构拟订粮食财会管理制度，负责国家财政资金、项目的审核、下达、监管，指导全国粮食财会工作等。

市场监管是现代政府自产生之日起就具有的基本职能,在中央层面与地方层面均得到广泛运用。政府与市场的关系是市场经济的基本命题。国家在未来粮食市场监管中要强化全球视野,要用国际视野审视粮食市场监管规则及其执行实效。在市场起决定性作用之下,市场监管必须进行时代转型,从监管走向治理,发挥民主参与、社会监督、全球视野的制度优势。无论是中央层面还是地方层面,必须专设市场监管机构。其中,国家粮食和物资储备局刚成立执法督查局,强化中央事权粮食行政监管,执行粮油收购检查、粮油库存检查、中央储备粮监管、社会粮食流通检查等职责,充分发挥"12325"全国粮食流通监管热线电话的功能和作用。

公共服务是从20世纪80年代迅速发展起来的政府思潮,强调社会本位,构建服务型政府。无论中央层面还是地方层面,粮食服务层面的具体机构均可包括科技机构、定点扶贫机构、应急机构、国际交流合作机构等。其中,科技机构负责提议并实施粮食科技管理制度,指导粮食科技创新,推进粮食科普工作,加强转基因粮食研究、监测,促进节粮减损活动的开展;定点扶贫机构负责援疆援藏工作,负责贫困地区定点扶贫工作;应急机构负责健全粮食监测体系、预警体系,指导突发事件的当期应急、后期处理;国际交流合作机构负责日常外事工作,加强与联合国粮农组织等国际组织和外国政府的交流合作,指导粮食行业国际化战略。

粮食制度包括粮食"软法"与粮食"硬法"。粮食"软法"包括粮食政策、粮食规范性文件、粮食标准等,粮食"硬法"指向宪法、法律、法规、规章。就国家粮食和物资储备局而言,粮食定规层面的具体机构分为"软法"制定机构、规章制定机构、行政应诉机构等。其中,"软法"制定机构负责研究国家粮食安全重大问题,起草重大文稿,制定、实施粮食流通改革方案,审核粮食标准规范等;规章制定机构负责起草涉粮法律法规草案和各类具体规章;行政应诉机构负责行政复议、行政应诉等方面的工作。

(二) 农业行政管理部门

分析农业行政管理部门,可从纵向层面与横向层面展开。

1. 纵向层面

农业行政管理部门是主管包括粮食生产在内的"大农业"部门。目前,中央层面的农业行政管理部门是农业农村部。原农业部下设政法司、经管司、市场司、计划司、财务司、国际司、科教司、种植业司、种子局、农机化司、农垦局、农产品加工局、监管局等,还有派出机构(如长江办)、驻部机构(如驻部纪检组)、驻外机构(如常驻联合国粮农组织代表处)、直属单位(如农研中心、绿色食品中心、农技中心、优农中心)等。从改革趋势分析,农业农村部将创新发展相关机构设置,与国家粮食和物资储备局分工合作,分别管理粮食行业的生产、流通领域。

地方层面是省级农业厅、市县级农业局。地方各级农业行政管理部门与各级粮食行政管理部门分工合作,分别管理区域内粮食行业的生产、流通领域。其中,广东省农业厅下设财务与审计、政策法规、发展计划、农村经济体制与经营管理、市场与经济信息、交流合作、科技教育、种植业管理、农产品加工、农业机械化管理、农产品质量安全监管、综合行政执法监督等具体机构。

2. 横向层面

在"大农业"背景下,农业行政管理部门在粮食生产、农村粮食产业化发展阶段一直是行政主管机构,起着各级粮食行政管理部门难以取代的地位。农业行政管理部门下设很多具体机构,与粮食安全保障相关的职能机构有发展规划机构、种子管理机构、种植业管理机构、农产品加工管理机构、农村经济体制改革机构、国际合作机构等。以下重点从中央层面出发进行探讨。

发展规划机构是粮食生产发展的规划机构,着眼于粮食生产整体发展的"蓝图"设计。从粮食安全保障出发,发展规划机构具备以下基本职能:一是整体规划,如粮食生产可持续发展中长期规划、粮食生产区域发展中长期规划、农业综合开发。二是农业各产业间协调发展,如指导粮食生产结构调整、农林牧渔协调发展。三是粮食生产投资建设计划,如组织编制粮食生产固定资产投资计划,组织粮食生产建设项目审批、招投标、监督检查、验收。四是涉粮资源配置管理,如涉粮资源调查评价、涉粮资源区划、粮食生产遥感应用、粮食生产测绘工作。五是国际化计划,如利用外资计划、境外投资计划。

种子管理机构是对粮食源头进行监控。种子是粮食生产的前提,没有良好的种子,粮食生产无从谈起。从粮食安全保障出发,种子管理机构具备以下基本职能:一是粮食种子产业调控,如拟定种子产业发展规划,指导粮食种子标准体系建设,分析粮食种子产业信息。二是粮食种子质量管理,如加强粮食种质资源管理,承担进出口审批工作,开展粮食种子质量监督抽查。三是粮食种子准入机制，如核发粮食种子生产经营许可证，提出外资种子企业的审查意见，加强种子检验员和种子检验机构的考核管理。四是粮食品种管理，如拟定粮食新品种保护办法，承担粮食品种审定、登记、复审、退出工作。五是粮食种子应急管理，如组织抗灾备荒种子的储备、调拨。

种植业管理机构是粮食生产的主要管理部门。粮食生产阶段是粮食安全保障的起点，种植业管理机构肩负重任。从粮食安全保障出发，种植业管理机构具备以下基本职能：一是粮食生产行业管理，如拟订发展战略、规章制度并指导实施，促进粮食生产调控，加强粮食生产全局管理。二是粮食生产品质促进，如耕地质量管理、肥料与农药管理、粮食品质改善建议、检验检疫。三是粮食生产科技进步，如发展节水农业，承担重大科研项目管理工作，指导粮食生产技术推广体系建设。四是加强粮食生产标准化建设，如制定粮食生产各类标准、技术规范并指导实施。五是灾害防治，如监测灾情、疫情，指导粮食生产防灾抗灾和灾后生产恢复工作。

农产品加工管理机构是连接粮食生产与粮食流通的枢纽部门。粮食加工业是从原粮走向市场化、产业化、高端化的必由之路。从粮食安全保障出发，农产品加工管理机构具备以下基本职能：一是粮食加工业市场调控，如拟定粮食加工业发展战略并组织实施，指导粮食加工业结构调整。二是粮食加工业标准体系建设，如粮食产业化服务标准体系等。三是粮食加工业科技促进，如粮食加工业技术创新与推广。四是粮食加工区域合作，如基础设施、科技创新、人才交流等。五是粮农创业引导，重点是拟定粮农创业规划，组织创业示范工作。

农村经济体制改革机构是推动粮食生产体制改革的专门机构。粮食生产体制改革是伴随国家整体经济体制改革而不断发展革新，重点解决农业农村改革发展中的重大问题。从粮食安全保障出发，农村经济体制改革机构具备以下基本职能：一是农村经营制度改革，如负责研究农村经济体制改革形势，提议并组织实施农村基本经营制度。二是耕地权利保护，如负责提议并指导实施农村耕地承包及相关纠纷仲裁管理工作。三是粮农减负，如拟定或参与审核粮农减负的制度文件，监督粮农减负的制度实施，协助查处有关重大案件。四是粮食产业化发展，如指导农村集体经济组织、粮农专业合作社发展，指导粮食产业化经营和粮食生产社会化服务。五是农村综合改革，如参与农村基层治理改革工作，推动农村社会事业发展。

国际合作机构是实施粮食国际化战略的职能机构，着眼于全球产业链以有效配置粮食资源。从粮食安全保障出发，国际合作机构具备以下基本职能：一是规划制定，如编制国际合作财政规划、农业科技国际合作规划、对外援助规划。二是研究国际农业发展动态，跟踪国际粮食市场信息，及时反馈总结。三是国际交流，如指导驻外农业官员业务工作，加强与粮食国际经济组织的交流，必要时还可以具体区分亚洲工作处、欧洲工作处、美洲工作处、非洲工作处等。四是组织签订国际合作文件（如协议、协定、谅解备忘录等），履行国际公约。五是指导粮食国际贸易争端解决，如贸易谈判、产业损害调查、贸易救济等。

（三）发展改革部门

分析发展改革部门，可从纵向层面与横向层面展开。

1. 纵向层面

发展改革部门是主管国民经济发展的宏观调控部门，其重要性不言而喻。目前，中央层面的发展改革部门是国家发改委。国家发改委下设规划司、体改司、农经司、经贸司、外资司、价格司等，还有国家信息中心、价格监测中心等直属联系机构。长期以来，国家粮食和物资储备局归属于国家发改委管理，承办国家发改委交办的法定事项，有助于凭借国家发改委的超然地位来提升自身的管理效能。但是，国家粮食和物资储备局不仅是宏观调控机构，更多的是承担粮食流通行政管理职能尤其是中央储备粮行政管理职能。因此，有必要提升国家粮食和物资储备局的地位，凸显粮食安全的国家战略意义。

地方层面是省市县各级发展改革部门。这里还要探讨地方政府的宏观调控问题。宏观调控一般是指中央政府层面而言，地方政府及其职能部门应当是对接、响应、落实中央政府及其职能部门的宏观调控工作。因此，省市县各级发展改革部门不能逾越国家发改委的粮食宏观调控政策措施，但具备区域性的"调节"职能，尤其要关注省内外的粮食调节。长期以来，地方各级粮食行政管理部门与发展改革部门存在隶属关系。与国家粮食和物资储备局对应，地方各级粮食行政管理部门未来应当逐步走向独立，与各级发展改革部门"脱钩"，如机构运作、重大决定、人事安排、文件发布、财务管理、资产管理等。

2. 横向层面

发展改革部门是经济领域的宏观调控部门，具有各级粮食行政管理部门难以取代的地位。发展改革部门下设很多具体机构，与粮食安全保障相关的职能机构有农村经济促进机构、价格调控机构、经济贸易促进机构等。以下重点从中央层面出发进行探讨。

农村经济促进机构是发展改革部门推动粮食产业发展的核心机构。农村经济促进机构从新农村建设出发，在保障粮食安全方面具备以下基本职能：一是统筹粮食产业发展，如研究优化粮食产业布局的重大问题，提出相应政策建议。二是增加农民收入，如研究增加农民收入的重大问题，提出增加农民收入的战略政策。三是推动粮食生产基础设施建设，如编制粮食生产基础设施投资计划，审核粮食生产重大投资项目。四是促进农业体制改革，如编制农业中长期规划和年度指导性计划，提出粮食生产投融资体制改革意见。五是分析农业整体形势，如监测粮食生产发展形势，跟踪研究重大粮食问题，提出农业整体发展政策建议。

价格调控机构是发展改革部门针对价格问题的专门性机构。应当指出，价格手段不仅是国家宏观调控的基本手段，也是市场监管的基本手段。价格法是宏观调控法与市场监管法的有机统一。价格调控机构具备以下基本职能：监测粮食价格总水平及价格变动情况，提出粮价调控目标，规范政府定价目录，健全粮价补贴联动机制等价格调节机制，组织粮食价格的成本调查和监审，指导粮食行业价格自律，等等。

经济贸易促进机构是发展改革部门促进流通领域全面市场化改革的战略部门。经济贸易促进既包括国内经济贸易促进，也包括国际化战略下的外贸促进。从保障粮食安全出发，经济贸易促进机构具备以下基本职能：一是总量平衡，如提出粮食总量平衡政策建议，提出粮食国家储备的政策意见，协调粮食流通重大问题。二是流通设施规划，如拟定粮食流通设施规划，拟定粮食储备库建设规划，制定粮食物流发展战略，审核粮食流通重大项目。三是进出口管理，如编制粮食进出口总量计划，及时调整、分配粮食进出口配额并加以协调，监测分析粮食进出口市场状况。四是国际谈判，如负责WTO等国际经济组织和区域经济组织的农业谈判，参与粮食国际贸易政策制定，协调双边和多边粮食贸易纠纷。

二、独立化：粮食行政管理部门之未来趋势

"九龙治水"导致行政不作为、行政乱作为，不利于粮食行业行政管理的有效运行。事实一再证明，独立的粮食行政管理部门不仅是必要的，

而且是可行的，历史趋势不可阻挡。在确立独立性的同时，必须不断加强行政管理职能创新，在粮食行政决策、行政许可、行政执法、行政处罚、行政信息公开、法治宣传等方面取得突破。

(一) 改革趋势的具体探讨

未来的改革趋势是建立独立的行政管理部门。对此有两种观点：一是将粮食行政管理部门合并到农业行政管理部门里面，建立"大农业"行政管理体制；二是将粮食行政管理部门独立出来，成为粮食行业全过程监管机构。究竟哪一种趋势更为得当，值得深入思考。

1. "大农业"行政管理部门

世界各国纷纷根据具体国情设置颇具特色的农业行政管理体制。例如，英国形成"以农业部为行政核心，以部属执行机构为行业施政手段，以其他非部属机构为合作伙伴，以区域办公室和地方政府为辅助"的农业行政管理体制[①]；新西兰农业公共管理机构则包括农林部、农业科研及推广机构、环保部和其他社会公共组织[②]；等等。目前，我国农业农村部主管种植业、畜牧业、渔业等，而"大农业"体制应当以粮食生产为基础，涵盖农林牧渔等诸多部门。我国已经过多次政府机构改革，改革的重心是减冗增效，提升国家整体治理水平。以下从"大农业"体制出发提出具体设想。

首先，国务院组成部门。一是国家发改委。国家发改委具有农村经济、物价调控、物价监管、应对气候变化等职能，但基于宏观调控的重要性，必须强化国家发改委的宏观调控职能，指导"大农业"体制的构建。二是农业农村部。农业农村部主管种植业、林业、畜牧业、渔业，是未来"大农业"行政管理部门的基本组成部分。三是水利部。水是生命之源，水利建设古往今来对农业生产至关重要。水利部具有农村水利、防汛抗旱等职能。如需贯彻实施"大农业"体制，农业农村部与水利部合并。

其次，国务院直属机构。国家工商行政管理总局、国家质量监督检验检疫总局、国家食品药品监督管理总局已经合并组建国家市场监督管理总局，形成"大市场"监管体制，与农业农村部一起推动粮食流通市场的协同监管。

[①] 参见丁士军、史俊宏编著：《英国农业》，29页，北京，中国农业出版社，2013。

[②] 详见李华、蒲应奠等：《新西兰农业》，38~43页，北京，中国农业出版社，2013。

再次，国务院部委管理的国家局。国家粮食和物资储备局属于国家发改委管理的国家局，负责粮食储备调控、粮食流通监管等。国家粮食和物资储备局本来是最基本的农业部门，却一直归属国家发改委管理，看重的是粮食宏观调控功能及其战略地位。在"大农业"体制下，国家粮食和物资储备局必然被推动与农业农村部合并，真正还原农业部"农业"内涵。

最后，其他相关机构。一是国务院扶贫开发领导小组办公室。国务院扶贫开发领导小组办公室负责农村扶贫开发及其考核评估。"三农"问题的解决与扶贫开发在目标宗旨上是一致的，"大农业"体制必须包括扶贫开发的职能，国务院扶贫开发领导小组办公室与农业农村部合并。二是国务院三峡工程建设委员会办公室、国务院南水北调工程建设委员会办公室。这两个"办公室"都涉及水利建设，只是因为南水北调工程、三峡工程的重要性而独立设置，与水利部合并，最终并入"大农业"体制中。

2."大粮食"行政管理部门

与"大农业"行政管理部门相比，"大粮食"行政管理部门则凸显粮食行业的特殊重要性，需要从农业里面专门独立出来加以"全过程"监管。以下尝试加以论证，提出具体设想。

首先，国务院组成部门。一是国家发改委。同样必须强化国家发改委的宏观调控职能，指导"大粮食"体制的构建。二是农业农村部。农业农村部主管种植业、林业、畜牧业、渔业，但种植业只保留粮食以外的类型，主要是经济作物。将粮食独立出来，并不会降低农业农村部的地位，而是更为强化农业农村部在多元农产品发展中的行政管理地位。三是水利部。水利建设与农业生产密切相关，农业农村部依然与水利部合并。

其次，国务院直属机构。国家工商行政管理总局、国家质量监督检验检疫总局、国家食品药品监督管理总局已经合并组建国家市场监督管理总局，形成"大市场"监管体制，与国家粮食和物资储备局一起推动粮食流通市场的协同监管。

再次，国务院部委管理的国家局。国家粮食和物资储备局不再归国家发改委管理，成为独立的部级单位。国家粮食和物资储备局原本是粮食储备、粮食流通阶段的行政管理部门，必将升级为从粮食生产到粮食消费的全过程行政管理部门。这是粮食流通全面市场化改革的最大体制突破，体现国家对粮食问题的极度重视。

最后，其他相关机构。一是国务院扶贫开发领导小组办公室。国务院扶贫开发领导小组办公室与农业农村部合并，推动农业经济可持续发展。二是国务院三峡工程建设委员会办公室、国务院南水北调工程建设委员会办公室。这两个"办公室"与水利部合并，最终并入农业农村部。

（二）职能创新的建议

"能力发展"是联合国粮农组织宗旨的核心。亦即，世界各国应当根据本国国情推动"能力发展"，联合国粮农组织为成员国推动"能力发展"提供支持，以实现各成员国的粮食安全保障目标，如索马里地方自有粮食安全和营养信息系统活动、孟加拉国自然资源创新融资和投资计划、尼日尔抗击贫困和营养不良计划等。世界粮食安全委员会《长期危机中保障粮食安全和营养行动框架》（2015 年）原则 7 为"加强国家自主性、参与、协调和相关者接纳与问责"。无论是"大农业"行政管理部门、"大粮食"行政管理部门，还是现有体制，都有必要对粮食行政管理职能进行创新，加强"能力发展"，以适应粮食安全形势发展需要。

1. 粮食行政决策

粮食行政决策尤其是重大决策（如粮食流通全面市场化改革）决定粮食行业的长远发展。必须不断完善粮食行政决策制度，具体如下：其一，决策范围界定。对粮食重大行政决策进行明确界定，如粮食宏观调控、粮食发展政策、粮食流通体制改革、政府投资项目、储备粮管理、粮食标准制订等。其二，意见听取。应当广泛听取各方面意见，如粮食科研部门、粮食企业、利害关系人等。其三，合法审查。加强风险评估、合法性审查，提高决策可行性。其四，决策负责制。相关决策必须经法定程序决定，实行决策负责制，完善存档制度。

2. 粮食行政许可

行政许可与行政审批既有交叉，更有本质区别。中国应当完善粮食行政许可制度，将行政审批逐步纳入行政许可的范畴。其一，规范许可程序。规范粮食行政许可的受理、审查、决定、送达、监督等程序。加强粮食行政许可事项的事中、事后监管，推进许可事项网上办理，完善网上许可监管。其二，取消部分粮食行政许可事项。国务院已公布取消一批粮食行政许可（审批）事项，如地方粮库划转中央直属粮食储备库（站）许可、中央财政农业综合开发有偿资金呆账核销和延期还款许可、占用农业灌溉水源和灌溉工程设施许可、农业种子种源进口免税许可等。其三，下放行政许可事项。国家逐步下放粮食行政许可事项，如农作物种子质量检验机构资格认定等。未来要明确粮食行政许可的下放标准、权限配置，禁止"下放"变成"乱放"。

3. 粮食行政执法

一方面，加强粮食行政执法监督。其一，内部监督。加强粮食行政管理部门的内部监督，如完善内部控制（分事行权、分岗设权、分级授权、定期轮岗），拓展层级监督途径（如现场检查、案卷评查、文件备案、目标考核等）。其二，外部监督。认真对待人大、政协的意见和建议，接受监察、审计监督。支持法院依法受理粮食行政诉讼案件，积极配合检察机关的监督。完善社会监督，尤其是发挥粮食社会组织、消费者组织的监督作用。完善舆论监督，健全粮食网络舆情的监测、收集、研判、处置机制。

另一方面，建立粮食执法部门联席会议制度。粮食执法部门联席会议必须明确相关职能部门的监管职责，通报、交流各自的监督检查情况、联合执法情况、案件协查情况，协调解决粮食流通过程中的重大问题。加强粮食行业的部门联合执法，由联席会议统一部署。一般由粮食行政管理部门牵头，但也可能由市场监管等部门牵头。加强粮食执法信息交流、信息共享，与国家粮食交易中心、粮食信息服务平台、国家治理大数据中心等有效对接。

4. 粮食行政处罚

不断完善粮食行政裁量权基准，有效确定是否给予处罚、给予何种处罚及其具体幅度。其一，基准量化。粮食行政裁量权基准要综合考虑行为性质、违法情节、社会危害程度等，详细列明指标，具有良好的可操作性。其二，不予处罚的情形，例如，未满法定年龄（14周岁以下）者的违法行为、精神病人的相关行为、轻微违法行为，等等。其三，从轻或者减轻处罚的情形，例如，14周岁～18周岁未成年人的违法行为，主动消除危害后果，主动减轻危害后果，受人胁迫，立功，等等。其四，从重处罚。例如，损害公共利益，多次实施违法行为，共同违法行为中起主要作用，打击报复，妨碍执法，等等。

5. 粮食行政信息公开

信息公开是粮食法治的基本保障，必须推进粮食行政信息公开。其一，公开内容。主动公开的政府信息包括：涉及行政相对人切身利益的信息，需要社会公众广泛知晓或者参与的信息，行政管理情况，国家粮食行政管理部门相关法律文件，等等。依申请公开的政府信息包括：资格证书、社会保障，等等。其二，公开程序。设立粮食行政管理部门信息公开工作领导小组。申请人可以通过信函、传真、电子邮件、在线申请、现场申请等形式申请信息公开。能够当场答复的，应予当场答复。不能当场答复的，应在法定期限内答复，可以再延长答复期限，涉及第三方权益的例外。其三，公开形式。可以通过政府网站、政府公报、新闻发布会、媒体、现场公告栏等形式进行粮食信息公开。

6. 粮食法治宣传

粮食法治的实现，除了粮食立法、粮食执法、粮食司法、粮食守法之外，必须加强粮食法治宣传，在全社会营造粮食法治的良好氛围。具体而言，粮食法治宣传包括以下方面：其一，法治培训。以《宪法》为根本、以《农业法》《粮食法》为核心，对粮食行政管理部门工作人员进行法治培训。拓展粮食法治培训途径，如专题讲座、任职培训、法律知识测试等。其二，普法宣传。例如，向粮农宣传粮食生产权益保护，向粮食经营者宣传粮食经营法律知识，向粮食消费者宣传粮食质量安全、爱粮节粮知识，等等。其三，普法责任制。健全"谁执法谁普法"的普法责任制，梳理普法责任清单，建立粮食行政执法人员以案释法制度。

第三节　粮食社会组织：协会与学会之配对

社会力量是新兴概念，即市场主体、政府部门之外的第三种法律主体，拥有私权利、公权力之外的社会权利。社会力量比社会组织、非营利组织、第三部门的内涵更周全、外延更广泛，但为了论证方便，本书采粮食社会组织的表述。通过各类粮食社会组织开展集体行动，构建有效的体制机制，拓宽获取资源、技术、服务、市场的途径，把握粮食产业的发展机会，是联合国粮农组织消除饥饿、降低农村贫困工作的关键。从中国实际考虑，粮食社会组织的核心是粮食行业协会与粮食行业学会。

一、粮食行业协会：最基本之粮食社会组织

粮食行业协会是最基本的粮食社会组织。农业发达国家纷纷设立独具

特色的行业协会来协调、促进特色农业发展。例如，英国特色农民协会组织有英国皇家乳制品农民协会、全国养羊协会、农村土地与经营协会、销售与集市协会[①]；新西兰农业协会分为农民联合协会与各行业的农业协会（如家禽业协会、农业和市场研究发展基金会、鹿业协会、海洋农业协会、草地协会、夏洛来奶牛协会、板栗协会、猪肉协会等）。[②] 我国必须对粮食行业协会进行正确定位，明晰组织架构，加强行业信用评价。

(一) 基本定位

粮食行业协会的定位可以从协会性质与协会职能展开，协会性质是"定性"，协会职能是"定量"。

1. 协会性质

粮食行业协会是由粮食企业、粮食事业单位、粮食社会团体组成的行业性社会组织。其中，中国粮食行业协会是目前最重要的全国性粮食行业协会组织，为各类粮食行业协会的发展提供实践参考和制度典范。应当逐步形成全国性、省级、市级、县级的多元化粮食行业协会体系，彰显特色，互相促进提升。例如，北京市粮食行业协会突出首都粮食安全保障的特殊政治意义和北方主粮特色，上海粮油行业协会突出国际化大都市的粮油需求和长三角主粮特色，广东省粮食行业协会突出岭南主粮特色，等等。

各类粮食行业协会本质上是服务型组织，具备三大宗旨：其一，为国家宏观调控和市场监管服务。强调这一点，并非要求粮食行业协会隶属于政府或为政府所压制，而是体现公共治理多方均衡理念，实现行业自律与政府管理的有效对接。其二，为粮食行业整体发展服务。全国性粮食行业协会要为全国粮食行业整体发展服务，地方性粮食行业协会要为本地粮食行业整体发展服务。其中，地方性粮食行业协会要有全局意识，杜绝地方保护主义行为。其三，为协会会员服务。粮食行业协会的会员包括单位会员与个人会员。相关会员必须符合一定的资格条件，如在粮食业务领域具有一定的社会影响力。

---

① 参见丁士军、史俊宏编著：《英国农业》，346～348页，北京，中国农业出版社，2013。

② 参见李华、蒲应龑等：《新西兰农业》，310～315页，北京，中国农业出版社，2013。

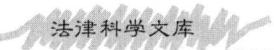

2. 协会职能

粮食行业协会既需要具备一般行业协会的职能，更要体现粮食行业的特色职能，具体包括：

其一，行业指导。例如，指导协会会员完善自身组织架构和管理机制，指导粮食会员企业对外交往，等等。

其二，行业自律。例如，制定各类粮食行业标准、行业准入资格、自律性管理制度、职业道德准则、自律性约束机制，规范协会会员行为，完善粮食行业信用体系建设，等等。

其三，行业促进。例如，参与制定粮食行业发展规划、产业政策、粮食法律法规，促进粮食会员企业参与国际竞争，促进粮食会员企业联合行动，加强粮食行业国内外交流合作，等等。

其四，行业服务。例如，收集发布粮食行业信息，加强粮食行业统计，开展粮食业务咨询服务和粮食科技推广，培育粮食品牌和粮食龙头企业，等等。

其五，行业协调。例如，协调协会会员之间的利益纠纷（如贸易争端、技术争端等），向政府及有关部门反映会员的粮食权益诉求，等等。

其六，行业维权。例如，组织会员企业做好国际粮食贸易的应诉、申诉，有效应对反倾销、反补贴、保障措施，维护中国粮食企业的合法权益，等等。

(二) 组织架构

在对粮食行业协会进行"定性""定量"之后，有必要梳理其组织架构。从会员代表大会、理事会等考察粮食行业协会的整体架构，从具体粮食类型、粮食流通阶段、粮食管理职能等考察粮食行业协会的具体分会，从而大体把握粮食行业协会的基本脉络。

1. 整体架构

会员代表大会是粮食行业协会的最高权力机构，负责制定和修改协会章程，决定协会重大事项。当前，会员代表大会有形式化、虚化的趋向，值得警惕。强化会员代表大会职能，必须加强会员建设。粮食行业协会对申请会员资格者严格进行审核，审核通过后则颁发会员证书，未通过审核必须告知理由。会员享有选举、被选举、表决、参与活动、优先获得本会服务、批评建议、监督、自愿入会、自由退会等权利，也应当履行遵守章程、执行决议、完成工作、交纳会费、提供信息等义务。

理事会是会员代表大会的执行机构,负责开展粮食行业协会的日常工作,对会员代表大会负责。正常情况下,会长担任粮食行业协会的法定代表人;副会长由曾任职粮食行政管理部门、粮食行业协会、大型粮食企业等的要职的人员组成;常务理事则由各级粮食企业、食品企业、农垦集团、面粉企业、粮食机械企业、粮食批发市场(或粮食交易中心)、商品交易所、地方粮食行业协会、涉粮媒体、地方粮食学会、中国农业发展银行等单位的负责人组成。

与协会职能对应,协会办事机构包括行业指导部门、行业自律部门、行业促进部门、会员服务部门、行业协调部门、行业维权部门等。从专业性出发,还必须设立专家委员会,分为主任委员、副主任委员和普通委员;专家成员来自各级粮食行政管理部门下属研究机构、各级粮食行业学会、各级政府政策研究室、各级政府发展研究中心、各级社会科学院、知名高校、知名粮食企业等;建立特邀专家制度,提高专家的权威性。

2. 具体分会

从具体粮食类型出发,粮食行业协会可下设大米分会、小麦分会、玉米分会、杂粮分会等。其中,大米分会由从事大米全过程产业链的企事业单位、社会团体和专业人员组成,设立"大米产业发展座谈会""优质稻米交易会""制米技师培训"等品牌;小麦分会由从事小麦全过程产业链的企事业单位、社会团体和专业人员组成;玉米分会由从事玉米全过程产业链的企事业单位、社会团体和专业人员组成;杂粮分会由从事杂粮全过程产业链的企事业单位、社会团体和专业人员组成;等等。各个分会要从具体粮食品种的特色出发加以保护、促进,不得互相贬低,杜绝"品种保护主义"。相应的,可举办各级大米年会、各级小麦及面粉年会、各级玉米年会、各级杂粮年会等。

从粮食流通阶段出发,粮食行业协会可下设粮食收购分会、粮食加工分会、粮食储存分会、粮食批发市场(或粮食交易中心)分会、粮食进出口分会、粮食消费分会等。其中,粮食收购分会是由粮食收购者及相关事业单位、社会团体和粮食收购领域的专家等组成;粮食加工分会是由粮食加工者及相关事业单位、社会团体和粮食加工领域的专家等组成;粮食储存分会是由粮食储存者及相关事业单位、社会团体和粮食储存领域的专家等组成;粮食批发市场(或粮食交易中心)分会是由粮食批发交易市场

（粮食交易中心）及相关事业单位、社会团体和粮食行业专家等组成；粮食进出口分会是由粮食进出口企业及相关事业单位、社会团体和粮食进出口领域的专家等组成；等等。

从粮食管理职能出发，粮食行业协会可下设粮食财会分会、粮食培训分会、粮食研究分会、粮食宣传分会等。其中，粮食财会分会从事粮食财务会计研究，推动粮食财会工作发展；粮食培训分会从事粮食培训、粮食教育、粮食科普工作；粮食研究分会从事粮食科技、经济、管理、政策、法律等一体化研究，可具体负责中国（或区域）粮食论坛的组织工作；粮食宣传分会从事粮食科技、经济、管理、政策、法律等方面的宣传工作，正确引导涉粮舆论报道；等等。

（三）行业信用评价

粮食行业信用评价的范围为相关粮食行业协会会员企业，必须具备最低注册资本、连续营业时间等法定要求。从实体角度考虑，要不断完善粮食行业的信用评级标准；从程序角度考虑，要建立健全初审、复审、复评、年审的相关规则。以上种种，最终是为了推进粮食行业信用体系建设，履行信用责任。

1. 信用评级标准

粮食行业信用评级指标包括：其一，基本信息。基本信息包括社会信用代码、名称、类型、营业执照、税务登记证明、食品生产许可证、商标注册等。其二，企业运营情况。企业运营情况包括高级管理人员情况、财务管理、信用管理、经营管理、粮食销售额、粮食进出口、诉讼情况等。其三，政府监督管理情况。政府监督管理情况如行政检查、行政许可、行政处罚等。其四，相关证书。相关证书如食品安全管理体系认证、新粮食产品认证、粮食职业资格证书、粮食专利证书、银行信用等级、粮食驰名商标、粮食龙头企业认证等。其五，获奖情况。获奖情况如粮食行业评先评优、科学进步奖、质量管理奖等。

根据粮食行业信用评级指标，粮食行业信用评价分为五个等级，即信用很好、信用好、信用较好、信用一般、信用较差。具体如下：一等是信用很好，资信状况优良；二等是信用好，清偿能力较强；三等是信用较好，在正常情况下具备偿付能力；四等是信用一般，具备一定的偿付能力；五等是信用较差，清偿能力不足。对粮食行业进行信用评价，目的是树立正面典型，推动粮食行业信用体系建设。

2. 信用评价程序

首先，初审程序。参评企业应向所在区域粮食行业协会提出书面申请，区域粮食行业协会对申报材料进行初审。符合条件的，经区域粮食行业协会同意，报送上级粮食行业协会；不符合参评条件的，允许发回重新补充再行申请。

其次，复审程序。上级粮食行业协会采取信息查询、数据分析、实地考察等方式进行复审。复审之后，由专家委员会拟定信用等级，进行初评结果公示，接受监督举报。对被举报的企业，建议由上级粮食行业协会亲自调查核实，提出处理意见。公示结束后，召开领导小组会议，对无异议的企业确定信用等级，对有异议的企业则相应作出处理。评价结果必须公告，公告之后才能颁发信用等级证书。

再次，复评程序。复评企业向所在区域粮食行业协会提出书面申请，提交申报材料。区域粮食行业协会进行初审，对符合要求的企业签署意见并报送上级粮食行业协会。上级粮食行业协会进行复评，确定企业新的信用等级。复评采取自愿原则，不参加复评则信用等级有效期满后自动失效。

最后，年审制度。信用等级有效期为3年，要完善年审制度，对年审不合格者予以警告、通报批评、责令整改、降级、取消等级等惩处。

二、粮食行业学会：学术型定位

粮食行业学会的定位可以从学会性质与学会职能展开，学会性质是"定性"，学会职能是"定量"。

（一）基本定位

1. 学会性质

粮食行业学会是以从事粮食研究的专家学者、企业家为主体的群众性学术团体。应当逐步形成全国性、省级、市级、县级的多元化粮食行业学会体系，推动全国粮食学术研究的繁荣发展。其中，中国粮油学会、中国粮食经济学会等是全国性粮食行业学会的代表。地方性粮食行业学会要从本地实践出发，聚焦有地方特色的学术问题、科研难点，进行科学攻关。

作为学会组织，各类粮食行业学会必须秉承学术探索的宗旨，例如，其一，科技创新与经济社会发展相统一。经济类、科技类的粮食行业学会是当前最重要的两类学会，有必要加强沟通交流，促进粮食科技创新与经济社会发展的有机统一。其二，强化会员的学术素养。粮食行业学会的会员包括单位会员与个人会员。相关会员必须符合一定的资格条件，如在粮食研究领域具有一定的学术影响力。其三，促进国际合作。我国的各类粮食行业学会要加强与国际粮食行业学会（如国际谷物科技协会）的交流合作，加强与粮食产业发达国家学术团体的交流合作。

2. 学会职能

粮食行业学会既需要具备一般行业学会的职能，更要体现粮食行业的特色职能，具体包括：

其一，学术创新。例如，组织会员从事热点问题研究，召开学术会议（如粮食学术研讨会、粮食学术年会），出版粮食学术研究著作、教材，发行粮食学术期刊（如《中国粮油学报》《中国粮食经济》），等等。

其二，专业咨询。例如，为国家粮食重大决策提供咨询，进行粮食项目论证、成果鉴定、资格评审，等等。

其三，教育培训。例如，采用多种形式培训学会会员，表彰、奖励优秀会员，助推粮食职业教育体系的健全，等等。

其四，产学研结合。例如，推动学术研究、科技创新的实际运用，支持会员单位科研基地建设，等等。

其五，国际交流合作。例如，鼓励学会会员积极加入国际粮食学术组织，申请举办、组织参加国际粮食学术会议（如国际粮食研讨会），组织参加国际粮食项目培训（如联合国粮农组织粮食安全管理项目），促进民间国际合作，等等。

（二）组织架构

在对粮食行业学会进行"定性""定量"之后，有必要梳理其组织架构。从会员代表大会、理事会等考察粮食行业学会的整体架构，从具体粮食类型、研究领域等考察粮食行业学会的具体研究分会。

1. 整体架构

会员代表大会是粮食行业学会的最高权力机构，负责制定和修改学会章程，决定学会重大事项。与粮食行业协会类似，粮食行业学会的会员代表大会也有形式化、虚化的趋向，同样必须强化会员代表大会的职能，加强会员建设。会员享有选举、被选举、表决、优先参与学术活动、获得学术资料或相关咨询服务、批评建议、监督、自愿入会、自由退会等权利，也应当履行遵守章程、执行决议、完成工作、交纳会费、提供信息等义务。

理事会是会员代表大会的执行机构，负责开展粮食行业学会的日常工作，对会员代表大会负责。正常情况下，理事长或会长担任粮食行业学会的法定代表人。

粮食行业学会可下设工作委员会，如组织工作委员会、学术交流委员会、专业咨询委员会、科技普及委员会。

2. 具体研究分会

从具体粮食类型出发，粮食行业学会可下设大米研究分会、小麦研究分会、玉米研究分会、杂粮研究分会、面食研究分会等。大米在中国尤其是中国南方地区处于首要的主粮地位，要加大对大米研究分会研究工作的支持。生物能源悄然兴起，玉米研究分会要聚焦玉米能源问题。随着关于马铃薯主粮化的探讨日趋热烈，杂粮研究分会要组织研究这一问题，并形成决策建议。基于转基因粮食的潜在危害，各大研究分会要加强对转基因粮食的深入研究。

从研究领域出发，粮食行业学会可下设粮食储存、粮食运输、粮食加工、粮食科技、粮食营养、粮食营销、粮食教育等专业性研究分会。其中，粮食储存研究分会由粮食储存科技专家、管理专家组成，重点研究粮食储存设施、储存科技、害虫防治、仓储管理等；粮食运输研究分会由粮食运输科技专家、管理专家组成，重点研究粮食运输方式、运输规程、运输设备、包装技术等；粮食加工研究分会由粮食加工科技专家、管理专家组成，重点研究粮食加工工艺、加工科技、加工机械、质量保障等；粮食科技研究分会由粮食行业相关科技专家组成，分别研究粮食全过程产业链各个阶段的科技问题；粮食营养研究分会由粮食行业营养专家组成，重点研究粮食及粮食制品的营养功能；粮食营销研究分会由粮食营销相关专家组成，重点研究粮食营销技能、粮食营销平台等；粮食教育研究分会由粮食行业及相关行业的教育专家、科技专家、管理专家组成，重点研究粮食科技教育、粮食经济管理教育、粮食政策法规教育等。

第三章　粮食权之特色化

国际社会采用"食物权"概念，相关理解也在不断更新。"粮食权"概念借鉴了"食物权"的某些元素（或谓之因子），但与"食物权"有本质区别。有学者提出，"粮食权系达到粮食安全状态之法律上主张，而粮食安全系粮食权是否实现之标准"，"其实现为每个男人、女人及儿童，个人本身或整体在任何时间，具有实质且经济之管道，获得适当之粮食或为购买此之方式"[①]。这是迄今为止对"粮食权"较好的注解。"粮食权"只有从粮食安全角度加以特色化，才能具备法定权利的必要性、可行性。

第一节　粮食利益、粮食法益与粮食权

利益、法益与权利是相互联系、逐步演进

---

① 徐挥彦：《世界贸易组织农业协定中粮食安全与粮食权之互动关系》，载《东吴法律学报》，2005（1）。

而又有本质区别的概念。利益是法律的起点，权利是法律的核心，而法益是前沿概念。利益分为合法利益、灰色利益与违法利益，合法利益又可以分为法益与权利。粮食权首先体现粮食利益，而且是粮食合法利益，进而必须由法律明文规定（如《宪法》《粮食法》）并赋予相应的保护。

一、粮食利益：粮食问题利益化

利益是法律的起点，国外法学界还诞生了利益法学。利益法学是关于利益保护的法律研究，关注点在于"利益"二字。粮食问题是国计民生问题，涉及方方面面的实际利益，从个人利益、集体利益到政府利益、国家利益、公共利益。粮食问题是诸多粮食利益的博弈，相应的，粮食立法本质上是粮食问题的利益衡平法、利益促进法。

（一）粮食个人利益

个人利益是基础性的粮食利益。粮食问题要切实考虑个人的具体情况、特殊情况，直接关系个人的日常生活，重点把握"起点"和"终点"。其中，"起点"从粮农利益开始，"终点"指向粮食消费者利益。

1. 起点：粮农利益

"起点"要考虑粮农利益。粮食立法不能停留在粮食流通阶段的保障和促进，而是要加强粮食生产阶段的利益考量，通过财政、税收、金融、科技、教育等多种手段保障粮农的合法权益，让每个粮农实实在在地获得优惠，提升粮农的种粮积极性。保护个人利益要求密切关注具体粮农的个性化利益诉求（如耕地分配问题），制定精准扶贫脱贫、资金项目管理、考核问责激励等机制。

2. 终点：粮食消费者利益

"终点"要考虑具体消费者的个性化利益诉求。例如，特大城市、边远地区、海岛地区的粮食供给充足，假冒伪劣粮食产品、转基因粮食产品的食用危害性，国际粮价高涨带动国内粮价上升，等等。联合国粮农组织专设农业及消费者保护部，致力于维护消费健康、推广优质安全的粮食产品。

（二）粮食集体利益

粮食集体利益是某类群体的粮食利益，包括某个（某类）地区、某个行业、某个（某类）企业、某一群体等的粮食利益。粮食集体利益不能演变为集体保护主义，不能侵犯个人合法权益，不能侵犯粮食国家利益、粮

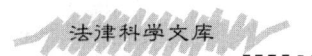

食公共利益。

1. 某个（某类）地区的粮食利益

集体利益首先是某个（某类）地区的粮食利益，这是广义的"集体利益"概念。例如，粮食品牌原产地（如"五常大米"）有权利申请粮食地理标志或采用其他方式维护该原产地出产的粮食的合法权益，防止被假冒；贫困地区需要国家的政策支持，以加快粮食生产基础设施建设，提升粮食生产力；等等。某个（某类）地区的粮食利益必须得到重视，但不能形成地方保护主义。

2. 某个行业的粮食利益

某个行业的粮食利益重点考察粮食产品的流向问题。例如，面粉业需要有足够优质的小麦，需要国家对方便面等行业的支持；能源界需要慎重对待玉米能源问题，防止汽油与人争粮食；等等。某个行业的粮食利益必须得到重视，但不能形成部门保护主义。

3. 某个（某类）企业的粮食利益

某个（某类）企业的粮食利益往往是该企业（或该类企业）的天生营利目的。例如，小型粮食企业只有走特色化发展道路，才能在激烈的市场竞争中营利；跨国粮商需要公平对待，避免因经济安全审查而被非法遏制；等等。某个企业或者某类企业的粮食利益必须得到重视，但不能形成小团体主义，不能为了营利而从事不正当竞争、非法垄断乃至危害国家粮食安全的行为。

4. 某一群体的粮食利益

某一群体的粮食利益主要是指特殊群体，如未成年人群体、粮农妇女群体、残疾人粮农群体、老年粮农群体等。联合国"无贫穷"可持续发展目标就关注"确保所有男女，特别是穷人和弱势群体，享有平等获取经济资源的权利"。

第一，未成年人群体。一是婴幼儿问题。婴幼儿是非常脆弱的，必须被给予足够的粮食供给，而且需要有合理的营养安排，这样才能有助于其健康发育。二是童工问题。"世界无童工日"（6月12日）让社会各界充分思考未成年人保护问题。童工现象的危害是从事与年龄不符的劳作，影响其教育、身心健康和安全。避免未成年人被强制从事粮食生产、粮食经营活动，对具备相应劳动能力的未成年人给予特殊关注。三是校餐问题。学校是学生粮食安全尤其是膳食营养保障的主要场所，根据本地粮食特色设计符合标准的校餐（早餐、中餐、晚餐皆可），为学生提供优质生活品质，培养其良好生活习惯，对于其身心发育、健康成长必不可少。

第二，粮农妇女群体。联合国"性别平等"可持续发展目标的核心问题是保障妇女合法权益、提升妇女劳动能力。"农业用地所有人或权利人中妇女所占比例"是联合国粮农组织、联合国妇女署、世界银行等的重要托管指标（级别Ⅲ），而"包括习惯法在内的国家法律框架保障妇女有权平等享有土地所有权和（或）控制权的国家所占百分比"，则是联合国粮农组织的重要托管指标（级别Ⅲ）。世界粮食安全委员会《农业和粮食系统负责任投资原则》（2014年）原则3为"促进性别平等和女性赋权"，而《长期危机中保障粮食安全和营养行动框架》（2015年）原则5为"赋予妇女和女童权能，促进性别平等，鼓励对性别问题保持敏感"。应当关注粮农妇女群体的天然体力劣势，保障粮农妇女的身体健康、教育提升，避免贫困妇女因被歧视而缺乏足够的粮食供给。

第三，残疾人粮农群体。应当充分理解和尊重残疾人粮农，残疾人可能需要借助一定器械完成劳作，或者只能完成某一类劳作。必须给予残疾人粮农特殊的劳动照顾和特色的机械化生产设施，使其享有体面的生产权益、涉粮权益，不得有任何歧视和不公平待遇。

第四，老年粮农群体。关注老年粮农群体，本质上就是关注每个人自身，因为人总有老的一天。其中，重点考虑老年粮农群体日益增长的养老权益需求，在获得良好的粮食供给的基础上得到优质的社会保障，通过多元养老图景给青年粮农吃"定心丸"。

（三）粮食国家利益与粮食政府利益

"国家"与"政府"是怎样的关系呢？"国家"代表的是地域整体范畴，对应的是"地方"；"政府"代表的是政府部门的利益导向，对应的是"公众"。相应的，粮食国家利益代表的是地域整体范畴的粮食安全，粮食政府利益代表的是政府部门的粮食利益导向。需要仔细梳理粮食国家利益、粮食政府利益，协调两者可能存在的冲突。

1. 粮食国家利益

"备者，国之大命也"。国家利益是粮食问题的宏观出发点。粮食问题不仅仅是微观层面的个人问题、集体问题，更是宏观层面的国家问题。粮食问题既是经济问题、社会问题，更是政治问题。粮食主权是粮食利益的政治体现，应当从政治安全的高度认识粮食问题、粮食利益。例如，中储粮总公司确立三大企业核心价值，即维护国家利益、服务宏观调控、严守三条底线（安全、稳定、廉政），把国家利益放在企业核心价值的首要位置。《粮食法》的立法宗旨"实现国家粮食安全"，就体现了粮食国家利益。

2. 粮食政府利益

粮食政府利益与粮食国家利益既有区别，更密切相关。我国政府代表广大人民群众的根本利益，粮食政府利益与粮食国家利益本质上一致，即使有所冲突也可以有效协调。政府粮食决策、粮食政策充分考虑国家粮食安全，站在国家安全、民族发展的高度来设计粮食立法，尽可能实现粮食国家利益。而有些国家的某些政府代表的是权贵阶层、特定群体利益，政府利益与国家利益不仅有矛盾，甚至背道而驰。政府粮食决策难以考虑周全，就会危害粮食国家利益，最终不利于国家整体发展。因此，我国必须坚持道路自信、制度自信，建立健全中国特色粮食法律体系，保障国家粮食安全。

（四）粮食公共利益

粮食公共利益需要与粮食个人利益、粮食集体利益、粮食政府利益、粮食国家利益加以比较。与粮食个人利益相比，粮食公共利益应该是最广大"个人利益"的统一体；与粮食集体利益相比，粮食公共利益应该是诸多粮食集体利益的博弈、升华；与粮食政府利益相比，粮食公共利益是"政府"与"公众"治理模式的革新，是粮食公共治理的着力点；与粮食国家利益相比，粮食公共利益更"接地气"，更深刻考虑社会普通民众的切身利益。

1. 粮食公共利益的体现

公共利益是粮食利益的落脚点。公共利益的"公共"是概括性表述，即广大人民群众的整体利益，是经济发展、政治民主、社会和谐、文化繁荣、生态平衡等的利益综合统一体。经济层面的粮食公共利益体现为粮食生产可持续发展、粮食流通经济市场化改革、粮食消费经济促进，政治层面的粮食公共利益体现为国家繁荣昌盛、世界和平发展，社会层面的粮食公共利益体现为人民安康、社会进步，文化层面的粮食公共利益体现为地方特色粮食文化、国家农业文明建设、世界农业文明，生态层面的粮食公共利益体现为粮食生产环境提升、粮食流通环节低碳化、粮食绿色消费，等等。

2. 粮食公共利益的实现

粮食问题应当尽量满足每一个体的利益需求，但个人利益、集体利益、政府利益、国家利益等错综复杂，难以一一顾及。当多种粮食利益发生矛盾、冲突时，应当综合考虑，以粮食公共利益为重，从广大人民群众的整体利益出发，最终使广大人民群众整体受益。例如，粮食日常收购要采取预约收购、启用粮食罩棚、"一卡通"建设、一站式服务中心等便民措施；紧急情况下做好国家粮库紧急出粮、粮食企业征用、经济作物用地改种粮食、不同地区粮食调度等应急措施，等等。本质上讲，实现粮食公共利益，也就是实现粮食国家利益，最终也有利于每一个体粮食利益的实现。

二、粮食法益：粮食问题法益化

从合法性考虑，利益可以分为合法利益、灰色利益与违法利益。与之对应，粮食利益可以区分为合法的粮食利益、灰色的粮食利益与违法的粮食利益。其中，合法的粮食利益可以上升为粮食法益或粮食权，这里先探讨粮食法益问题。

（一）粮食利益的合法性分类

笔者从合法的粮食利益、灰色的粮食利益、违法的粮食利益之区分中，探寻粮食法益的定位。

1. 合法的粮食利益

合法的粮食利益可区分为粮食法益与粮食权。权利与法益的区别在于权利是法律明文规定的利益，法益是法律没有明文规定却赋予相应保护的利益。粮食权必须由《宪法》《粮食法》等明文规定，粮食法益则是法律没有明文规定却在具体法律层面赋予相应的保护。权利与法益的联系在于，权利与法益都是合法的利益，其中权利是实然的法益，法益是应然的权利。相应的，粮食权与粮食法益都是合法的粮食利益，其中，粮食权是实然的粮食法益，粮食法益是应然的粮食权。

2. 灰色的粮食利益

灰色的粮食利益是粮食立法既没有明确保护也没有明文禁止的利益，属于"灰色地带"。

一方面，灰色的粮食利益没有得到粮食立法的明确保护。其一，某些粮食利益存在潜在的危险，以目前的经济社会发展水平、科技发展水平难以辨别好坏。例如,转基因粮食的危害性难以辨清,推广问题存在争议。其二,某些粮食利益是新生事物,属于政策先行先试,粮食立法来不及规定,但以后立法会不断完善。例如,粮食新型补贴与粮农社会保障挂钩就属于新生事物,粮食立法尚待规定。

另一方面,灰色的粮食利益也没有受到粮食立法的明文禁止。其一,存在潜在危险性,但又不能确定该危险性,不能一棍子打死,需要在一定范围内的实践中慢慢摸索。例如,转基因粮食至少可以进行科学研究,不能完全否定。其二,新生事物处于蓬勃发展阶段,粮食立法没有必要也不应当明文禁止。相反,如果经过先行先试证明是有益的,还必须上升为国家立法,发挥粮食法律的优势。例如,粮食新型补贴就有必要通过法律规定,与粮农社会保障、土地承包权流转等挂钩。

3. 违法的粮食利益

违法的粮食利益是违反粮食法律制度、应受粮食法律制度惩罚的利益。

一方面,违法的粮食利益必然是违反粮食法律制度的,包括宪法、法律、行政法规、部门规章、地方立法等。粮食利益如果违反宪法、法律、行政法规,肯定被纳入违法范畴。但现实中国,国家层面很多粮食利益是通过粮食部门规章来规定的。违反这些规定,同样是违法的。当然,还要防止粮食部门规章的部门保护主义倾向。此外,随着地方立法的加强,粮食地方立法也越来越多,还要根据各地实际制定具有地方特色的粮食立法来规制粮食问题。粮食地方立法要遵循粮食基本法律,杜绝立法层面的地方保护主义。

另一方面,违法的粮食利益应当受到粮食法律制度的惩罚。粮食基本法必定专章规定粮食法律责任问题,违法的粮食利益应当受到粮食基本法的责任追究。农业法、种子法、侵权责任法、刑法等法律也会涉及粮食法律责任追究问题。除此之外,粮食行政法规、粮食部门规章、粮食地方立法也会规定相应的法律责任条款,甚至可以创设新的责任规定,但必须遵循粮食基本法的责任规定原理。除了民事责任、行政责任、社会责任以外,一般都会有一般性的刑事责任条款。

(二) 粮食法益的正当性

法益是一个前沿概念,粮食法益当然也是粮食法的前沿概念。粮食法益必须具备合法性,但又达不到确立为粮食权的高度。

1. 粮食法益必须合法

粮食法益必须合法，得到法律的肯定和支持。在隐私权被《侵权责任法》纳入之前，法律是保护隐私法益的，只不过通过名誉权的方式加以实现。类似地，粮食法益在被纳入粮食基本法明文规定之前，不是说法律不保护，而是实际上保护，只不过通过其他权利的形式（如物权、生命权、健康权、专利权、植物新品种权）加以实现。

粮食法益必然合法，但不一定合理。合法与合理向来是对立统一的，合法不一定合理，合理不一定合法。粮食法益存在不合理问题：一类是保护程度过低。欧盟国家非常重视粮食科技发展、加强粮食专利保护，我国相关规定显然保护程度过低。另一类是保护程度过高。例如，不正确地保护粮农的售粮收益，过度保护国家政策性储备粮和对应的储备粮国企，等等。

2. 粮食法益达不到确立为粮食权的高度

粮食法益非常重要，而且得到诸多权利形式的保护，但达不到确立为粮食权的高度。换言之，如果达到粮食权的高度，则不需要纠结粮食法益问题。

一方面，粮食权确实很重要，但必须等待粮食法益发展到一定程度方可通过宪法、《粮食法》明文规定。在此之前，可以通过《宪法》《民法总则》《物权法》《侵权责任法》、知识产权法等赋予物权、生命权、健康权、专利权、植物新品种权等形式来加以保护。为防止权利泛化，不能随意增加法定权利类型。

另一方面，粮食法益未来将提升为粮食权。粮食法益有终将确立为粮食权的愿景，而且可以通过《粮食法》的制定来实现，甚至可以通过宪法修正案确立。这是历史趋势，体现粮食安全的政治经济战略意义。《粮食法》对粮食权的引入、接纳，是中国特色粮食法律体系的重要创新，必将为世界粮食法治文明提供参照、借鉴。

三、粮食权：粮食问题权利化

从食物权出发，通过默示说与明示说之比对，为我国确立粮食权提供理论启迪。粮食权的确立，必须具有充分的必要性、可行性，不能造成权利泛化。粮食权不是单纯的私权利，也并非完全的公权力，而是私权、公权、社会权利的结合、统一。

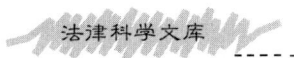

（一）食物权（the Right to Food）的启迪

食物权是国际社会（如联合国粮农组织）采用的概念，即获得充足、安全、营养的食物的权利，实质上是体面尊严地维持生存的权利范畴。国外学界对食物权的认识也正在逐步深化。一是整体思考。例如，探讨食物选择体现了健康保障、宗教信仰、文化特性、自我认同、政治权利等[1]；归纳食物权多元政策实现的进展、限制、教训[2]；从食物系统改革中反映出对食物权实现之忧思[3]；提出积极关注"食物主权"的进路[4]；等等。二是将食物权与抗击饥饿联系起来。例如，认为生命权蕴含着食物权和基本营养摄入的应有权利，食物权是抗击灾荒饥饿的重要工具[5]，并以佛蒙特州为例加以诠释[6]；等等。三是将食物权与气候变化联系起来。例如，认为限制、阻止气候变化的失败等于食物权保护的失败[7]；将食物权与健康环境权相联系以促进农业生态化[8]；等等。

---

[1] See Kammi L. Rencher. Food Choice and Fundamental Rights: A Piece of Cake or Pie in the Sky? . Nev. L. J., 2012（1）：418-442.

[2] See Nadia Lambek, Priscilla Claeys. Institutionalizing a Fully Realized Right to Food: Progress, Limitations, and Lessons Learned from Emerging Alternative Policy Models. Vt. L. Rev., 2016（2）：743-789.

[3] See Samuel R. Wiseman. The Dangerous Right to Food Choice. Seattle U. L. Rev., 2015（2）：1299-1315.

[4] See Nathaniel Vargas Gallegos. International Agricultural Pragmatics: An Inquiry of the Orthodox Economic Breakdowns and an Evaluation of Solutions with the Food Sovereignty Movement. Drake J. Agric. L., 2011（3）：429-461.

[5] See Lauren Birchfield, Jessica Corsi. Between Starvation and Globalization: Realizing the Right to Food in India. Mich. J. Int'l L., 2010（2）：691-764.

[6] See K. Heather Devine. Vermont Food Access and the "Right to Food": Using the Human Right to Food to Address Hunger in Vermont. Vt. L. Rev., 2016（3）：177-207.

[7] See Graham Frederick Dumas. A Greener Revolution: Using the Right to Food as a Political Weapon against Climate Change. N. Y. U. J. Int'l L. & Pol., 2010（3）：107-158.

[8] See Anastasia Telesetsky. Fulfilling the Human Right to Food and a Healthy Environment: Is It Time for an Agroecological and Aquaecological Revolution? . Vt. L. Rev., 2016（2）：791-812.

国际社会关于食物权的表述，有默示说与明示说，应当从默示说走向明示说。

1. 默示说

默示说是指没有明文规定"食物权"三个字，但用其他同类意思的语言表达，蕴含了食物权的权利理念。联合国《世界人权宣言》（1948年）第25条规定的"人人有权享受为维持他本人和家属的健康和福利所需的生活水准"中就包括"食物"一项；世界粮食大会《消除饥饿与营养不良世界宣言》（1974年）则表述为"男女老幼人人都有不挨饿和不受营养不良之害的不可剥夺的权利"；《经济、社会及文化权利国际公约》（1966年）第11条规定的"有权为他自己和家庭获得相当的生活水准"中就包括"足够的食物"一项，该条款还规定了"人人享有免于饥饿的基本权利"；等等。

2. 明示说

明示说是指明文规定"食物权"或类似表述，直接赋予基本权利保护（见表3-1）。明示说又分为四种情况：一是直接采"食物权"三个字来表达，如"食物权""充足食物权"。这种表述最为直接、妥当，真正确立了食物权。二是采"食物权利"来表达，但"食物权利"并不等同于"食物权"，"食物权利"的范围更广，严格来讲，这不是法定权利的正规表述。三是采"食物的权利"来表达，但"食物的权利"比"食物权""食物权利"都要宽泛，实际上更非法定权利的正规表述。四是采"食物主权"来表达，但"食物主权"是从国家层面来理解，偏向于政治意义。例如，认为食物主权是"国家和地区有根据自己的偏好和文化传统来决定食物的生产、分配和消费的民主权利和权力"[①]；认为食物主权是"矫正在食物体系任何环节上出现的强权和对无权人们的压迫"[②]；等等。

表3-1　　　　国际社会关于食物权的基本理解例举表

文件名称	相关表述
联合国粮农组织《世界粮食安全罗马宣言》（1996年）	"获得充足食物的权利"

---

① ［美］约翰·马德莱：《贸易与粮食安全》，熊瑜妤译，35页，北京，商务印书馆，2005。

② ［英］拉吉·帕特尔：《粮食：时代的大矛盾》，郭国玺译，292页，北京，东方出版社，2017。

续前表

文件名称	相关表述
《经济、社会、文化权利委员会第二十届会议（1999 年）第 12 号一般性意见：取得足够食物的权利》	"取得足够食物权利""取得足够食物的权利""取得足够的食物的权利""取得食物的权利"
联合国粮农组织《世界粮食首脑会议：五年之后宣言》（2002 年）	"充足食物权""安全而富有营养的食物的权利"
《制定一套自愿准则支持在国家粮食安全范围内逐步实现充足食物权的政府间工作组第一届会议报告》及其附件（2003 年）	"食物权""充足食物权""充足食物权利""食物主权"
制定一套自愿准则支持在国家粮食安全范围内逐步实现充足食物权的政府间工作组第二次会议《在国家一级承认食物权》（2003 年）	"食物权""充足食物权""取得食物的权利"
制定一套支持在国家粮食安全范围内逐步实现充足食物权的自愿准则政府间工作组第四届会议《支持在国家粮食安全范围内逐步实现充足食物权的自愿准则》（2004 年）	"食物权""充足食物权""充足食物的权利""获取安全和营养食物的权力"
制定一套支持在国家粮食安全范围内逐步实现充足食物权的自愿准则的政府间工作组《实施充足食物权：六项实例研究的结果》（2004 年）	"食物权""充足食物权""充足食物的权利"
联合国粮农组织《世界粮食安全首脑会议宣言》（2009 年）	"充足食物权"
联合国粮农组织《国家粮食安全范围内土地、渔业及森林权属负责任治理自愿准则》（2012 年）	"充足食物权"
联合国粮农组织《营养问题罗马宣言》及其《行动框架》（2014 年）	"充足食物权"
世界粮食安全委员会《长期危机中保障粮食安全和营养行动框架》（2015 年）	"充足食物权"
世界粮食安全委员会《全球粮食安全和营养战略框架（第五版）》（2016 年）	"食物权""充足食物权""充足食物权利"

（二）粮食权（the Right to Grain）的确立

权利确立必须从必要性与可行性两个层面加以论证。必须合法而且具有战略性的粮食公共利益,才有权利确立的必要性;已经有国际组织法律文件明示或默示的表达,并且在国内立法中得到展现,才具有权利确立的可行性。

1. 粮食权确立的必要性

利益是权利的核心,粮食权背后蕴含着重要的粮食公共利益,蕴含经济、政治、社会、文化、生态等诸多层面的价值。粮食权的核心是保护粮食公共利益,从宏观层面推广至国家利益,在微观层面普及到集体利益、个人利益。粮食公共利益的重要性促使国家和社会各界高度重视粮食立法,积极推动《粮食法》的制定并明文规定粮食权。从本质上讲,《粮食法》就是粮食利益保障法、粮食权促进法。

现有的法律体系构建了相应的权利(权力)体系,如私权、公权和新兴的社会权利。学界日益担忧权利泛化问题:并非所有的权利都要转化为法律权利。权利的过度泛化会贬低现有权利类型的地位,削减现有权利类型的作用,最终导致现有权利(权力)体系的崩溃。确立粮食权,是否会导致权利泛化?答案当然是否定的,不会导致权利泛化。粮食权是基本的权利类型,粮食公共利益关乎国计民生,是现有其他权利类型难以涵盖、替代的。甚至可以说,粮食权比现有的权利类型更为重要,更应确立并促进实现。

这里特别比较一下食物权与粮食权。食物权中的"食物"是比粮食权的"粮食"更为广泛的概念,是与吃穿住行密切联系的广义人权概念。《食品安全法》《农产品质量安全法》的"食品""农产品"是具体概念,其不能成为"食物法",更无法真正保护食物权。食物权应当是政治权利,如果转化为法律权利,更宜在《宪法》中规定。粮食权中的"粮食"更为具体明确,体现对粮食尤其是主粮安全的保障,适用范围有限,反倒具有更好的制度可操作性。笔者认为,粮食权的法定化更为必要、更为紧迫。

2. 粮食权确立的可行性

事实上,国际社会早就有关于粮食权的直接表述(尤其是官方中译版)。例如,联合国粮农组织《世界粮食首脑会议行动计划》(1996年)规定"人人享有足够粮食的权利"(承诺一),有"获得足够粮食的权利"(承诺七);《经济、社会、文化权利委员会第二十届会议(1999年)第12号一般性意见:取得足够食物的权利》规定了"粮食权利""取得足够粮食的权利""取得粮食的权利""取得足够的粮食的权利";联合国粮农组织《粮食和农业植物遗传资源国际条约》（2001年）提出"粮食和农业植物遗传资源的主权"；世界粮食安全委员会《农业和粮食系统负责任投资原则》（2014年）提出，"在确保国家粮食安全的前提下支持逐步实现充足粮食权"；等等。

与此同时，国际社会也间接采取与粮食权相关的概念表达。例如，联合国粮农组织《粮食和农业植物遗传资源国际条约》（2001年）规定"保存、利用、交换及出售农场保存的种子和其它繁殖材料的权利""公平参与分享因利用粮食和农业植物遗传资源而产生的利益的权利"；世界粮食安全委员会《农业和粮食系统负责任投资原则》（2014年）原则7提出"尊重小农户节约、使用、交流和出售这些资源（'资源'指遗传资源，包括种子——引者注）的权利"；等等。可见，"粮食权"并非我国独创，也不是学界一厢情愿"创设"出来的。"粮食权"入法是国际组织和世界各国做法的发展趋势。

粮食权只有通过法律明文规定，才算真正确立。有学者归纳，粮食权是"粮食安全的主要法律表达"[①]。我国在《粮食法》总则中可以纳入"粮食权"三个字，并赋予完善的保护手段。在《粮食法》明文规定之后，粮食行政法规相应地可以增加对"粮食权"的直接规定，因应《粮食法》的权利创新。在此基础上，我国一系列的宪法修正案规定了许多国计民生的重大权利事项（如人权保护、私有财产保护），在条件成熟时可以通过制定宪法修正案的形式，使粮食权"入宪"。《粮食法》乃至《宪法》对粮食权的规定，必将是中国粮食立法史上的一大创举，更是对世界粮食法制史的极大推动和有益引领。

（三）粮食权属性

根据权利对应的法域，权利可以分为私权（利）、公权（力）、社会权利。传统权利理论过于简单化、绝对化，人为地割裂私权（利）、公权（力）、社会权利之间的关联。事实上，新兴权利范畴大多是私权、公权、社会权利的结合，粮食权即是如此。

1. 私权属性

一方面，粮食权的私权属性体现为个人层面。其一，财产层面。例

[①] 曹阳：《国际法视野下的粮食安全问题研究——可持续性国际粮食安全体系的构建》，24页，北京，中国政法大学出版社，2016。

如，粮农个人享有粮食生产环境良好的耕地使用权及其法定继承权，消费者享有所购买优质粮食的所有权，等等。其二，人身层面。例如，消费者享有对粮食质量的需求，免受转基因粮食人体试验，对转基因粮食商业化的抵制，等等。

另一方面，粮食权的私权属性体现为企业层面。其一，财产层面。例如，粮食加工企业享有对所购买的原粮的所有权，粮食销售企业享有对所销售粮食的价格决定权，等等。其二，商誉层面。例如，粮食民营企业要彰显良好的企业形象，享有良好的企业商誉权益，打造国际化粮食品牌，等等。其三，知识产权层面。例如，对粮食企业的粮食地理标志、植物新品种权的认定，等等。

2. 公权属性

粮食权的公权属性集中体现为行政管理层面。粮食权实现的基本行政管理部门是国家粮食和物资储备局和地方各级粮食行政管理部门。其中，行政许可事项既包括中央储备粮的轮换计划批准、代储资格认定、保管人员资格认定、检验人员资格认定、防治人员资格认定，也包括粮食收购资格认定等。非行政许可审批包括中央预算内基建项目、农户科学储粮项目、粮食质量安全检测项目、粮食现代物流建设项目、粮食仓储设施建设项目、粮食技术示范项目等。

对公权的不当行使，粮食立法规定了相应的行政复议机制。就司法途径而言，除了传统的粮食行政诉讼以外，还要不断引入粮食公益诉讼，对公权力侵害粮食公共利益进行有效救济。此外，信访、申诉、投诉、举报等救济手段也依然存在，并在现实中发挥应有的制度功能。

3. 社会权利属性

社会权利是一种新兴的权利范畴。会员权（或称成员权）是社会组织的本质权利特征。粮食社会组织的会员包括单位会员与个人会员。相关会员必须符合一定的资格条件，如在粮食业务领域或粮食研究领域具有一定的社会影响力、学术影响力。粮食社会组织的会员享有如下权利：选举权、被选举权和表决权，入会自愿、退会自由，参加相关活动，获得相关服务，批评、建议、监督，等等。

与此同时，粮食权的社会权利属性还体现为财产权。财产权虽然不是社会组织的本质权利特征，却是社会组织必不可少的构成要素。粮食社会组织通过拥有、使用本组织的法定财产（如粮食研究资料）来实现组织职能。基于粮食社会组织的非营利性特征，上述财产在使用过程中要坚持社会本位、非营利趋向，防止产生商业化弊端。

第二节 粮食权范畴分析：为粮食权而奋斗

在论证粮食权确立之后，必须对粮食权的范畴加以具体分析。粮食权作为新兴权利类型，既具有粮食性特征，又是综合性权利。粮食权由权利主体、权利内容组成，权利主体包括从个人范畴到社会公众整体范畴、从国内范畴走向国际范畴，权利内容包括粮食供给平衡、粮食质量安全、粮食价格合理。与粮食权相对应，还有必要剖析粮食法律义务，以期更好地理解粮食权。

一、粮食权基本特征：粮食性与综合性

粮食权与其他权利的本质区别是"粮食"二字，即粮食性，可从狭义说、中义说、广义说、最广义说展开。与此同时，粮食权又是综合性的权利，体现为私权、公权与社会权利的统一，经济性、政治性、社会性、文化性与生态性的统一。

（一）粮食性

粮食权的"粮食"是指哪些粮食？关于"粮食"的理解正在不断演进，本书第四章关于粮食外延的界定必须与粮食权的"粮食性"一一对应。从狭义说、中义说到广义说、最广义说，反映出"粮食"范围越来越广，粮食安全保障力度越来越充分。

1. 狭义说

粮食性强调粮食权是关于粮食的一种权利。狭义的粮食性是指粮食权所涉及的粮食仅为大米、小麦、玉米三大主粮及其成品，不包括杂粮，更不是所有食物的统称。狭义说强调人类维持日常生存所必需的基本食物。亦即，如果连主粮都无法保障，人类将丧失基本的粮食权。为权利而奋斗，首先应当为粮食权而奋斗。这也是本书的初衷。

2. 中义说

中义的粮食性是指粮食权所涉及的粮食涵括主粮、谷物类杂粮。谷物类杂粮是人类汲取基本营养元素的重要来源，对人类进化至关重要。中义

说不再停留于人类的基本生存,而是进一步关注人类的进化发展。

3. 广义说

广义的粮食性是指粮食权所涉及的粮食延伸到广义的杂粮,即谷物类杂粮、薯类、豆类。将薯类、豆类引入粮食范畴,极大地丰富了粮食的范围,对保障粮食安全至关重要。必须指出,本书"粮食性"范畴的宽限只能到此。

4. 最广义说

最广义的粮食还包括食用植物油、油料作物等。事实上,国际社会将最广义的粮食纳入"食物权"的范畴。随着经济社会的发展,人类对食物的需求,由陆地种植的粮食到各类适宜食用的动植物,进而发展到海洋食品,"向海洋要食物"是21世纪的新趋势。食物权强调的是人类生存发展的整个食物体系,是从宏观的、更为高远的角度看待粮食问题,这是国际社会普遍认可的权利范畴。

(二) 综合性

新兴权利大多为综合性的权利范畴,粮食权也不例外。作为综合性的权利范畴,一方面从权利(力)属性出发,粮食权体现为私权、公权与社会权利的统一;另一方面从权利发生作用的领域出发,粮食权体现为经济性、政治性、社会性、文化性与生态性的统一。

1. 私权、公权与社会权利的统一

根据权利(力)属性,传统的权利分为私权、公权。私权即为权利,公权即为权力。该种划分方式在人类法制史上长期处于主导地位,但也间接导致法域分割,难以有效对接。随着经济社会的发展,在传统市场主体、政治国家之外产生了社会力量,法理层面随之产生新的权利范畴——社会权利。

粮食权是新兴的权利范畴,是私权、公权与社会权利的统一。如前所述,粮食权不纯粹是私权,因为粮食权涉及粮食行政管理、粮食行政诉讼等问题,这些是私权理论解决不了的;粮食权不纯粹是公权,因为粮食权还涉及粮食社会组织的会员、财产及其引发的公共治理、善治问题,这些是公权理论解决不了的;粮食权也不能单一地归入社会权利,因为粮食社会组织并非粮食权的唯一主体。

2. 经济性、政治性、社会性、文化性与生态性的统一

《发展权:中国的理念、实践与贡献》白皮书(2016年)提出,通过

第三章 粮食权之特色化

"有效实现经济发展""不断完善政治发展""努力促进文化发展""全面提升社会发展""加快落实绿色发展",才能"推动实现共同发展"。联合国可持续发展目标就把经济增长、社会包容与环境保护融为一体。相应的,粮食权应当是经济性、政治性、社会性、文化性与生态性的统一,通过深化改革、转型发展,建设新时代粮食产业强国。

经济层面的粮食权体现为粮食生产可持续发展、粮食流通经济通达、粮食消费经济促进的权利诉求。世界粮食安全委员会《全球粮食安全和营养战略框架(第五版)》(2016年)第二章A把"经济及生产问题"作为饥饿和营养不良的结构性原因。其一,粮食生产可持续发展的权利诉求。粮食生产是农业经济的基础,农业经济又是国民经济的基础,因此,粮食生产可持续发展有助于推动农业经济的整体发展,进而推动国民经济的整体发展。其二,粮食流通经济通达的权利诉求。粮食流通经济市场化改革实质上是粮食流通体制的全面市场化改革,是粮食流通经济发展的根本保障,对整个粮食产业有决定性意义。其三,粮食消费经济促进的权利诉求。粮食是消费品,而且是国计民生的基本消费品。粮食消费经济的发展,有利于推动整个国民消费的健康发展,有益于经济社会可持续发展。

政治层面的粮食权体现为国家繁荣昌盛、世界和平发展的权利诉求。"新食物地缘政治学"强调,"在这个土地和水的竞争越来越剧烈的世界中,每个国家都在保护自己"[①]。世界粮食安全委员会《长期危机中保障粮食安全和营养行动框架》(2015年)原则9为"通过粮食安全和营养促进和平建设",而《全球粮食安全和营养战略框架(第五版)》(2016年)第二章A则把"治理"作为饥饿和营养不良的首要结构性原因。其一,国家繁荣昌盛的权利诉求。粮食安全不仅仅是经济问题,更是政治问题,是国家核心的政治战略需求。我国《国家安全法》明确纳入粮食安全,将粮食安全提升到国家繁荣昌盛的高度来认识和把握。其二,世界和平发展的权利诉求。粮食问题、能源问题、金融问题是世界经济发展的三大问题。世界政治经济冲突的根源是粮食问题、吃饭问题,世界各国利益博弈的根源也是粮食问题。转基因粮食是国际社会关注的焦点问题,应当警惕

---

① [美]莱斯特·R.布朗:《饥饿的地球村:新食物短缺地缘政治学》,林自新等译,95页,上海,上海科技教育出版社,2012。

"科学沦为政治的仆人"①。联合国粮农组织等国际组织致力于全球粮食安全保障，推动世界和平发展。

社会层面的粮食权体现为人民安康、社会进步的权利诉求。世界粮食安全委员会《全球粮食安全和营养战略框架（第五版）》（2016年）第二章A把"人口和社会方面的原因"作为饥饿和营养不良的结构性原因。其一，人民安康的权利诉求。民以食为天，食以粮为本，粮食问题是老百姓日常生活的基础性问题。中国是世界上第一人口大国，优质的耕地资源紧缺，粮食问题更具有紧迫性。其二，社会进步的权利诉求。只有粮食问题解决了，全面建成小康社会的目标才能实现，整个社会才能在稳定中实现进步发展。粮食问题不解决，依赖粮食进口，就会受制于人，社会将长期处于潜在的动乱威胁之中。

文化层面的粮食权体现为地方特色粮食文化、国家农业文明建设、世界农业文明的权利诉求。其一，地方特色粮食文化的权利诉求。我国各地有地方特色的粮食品牌（如五常大米），应当形成特色粮食文化，发展特色旅游、参观展示、体验实践，构建体验粮食、创意粮食等新业态。其二，国家农业文明建设的权利诉求。大米在我国主食中占据首要地位，中华文明本质上是稻米文明、水乡文明。我国农业文明建设要在稻米文明的基础上彰显多元文化特色。其三，世界农业文明的权利诉求。世界农业文明伴随着特色粮食品种而发展。例如，薯类在非洲文明中有难以磨灭的印迹，等等。

生态层面的粮食权体现为粮食生产环境提升、粮食流通环节低碳化、粮食绿色消费的权利诉求。世界粮食安全委员会《全球粮食安全和营养战略框架（第五版）》（2016年）第二章A把"气候/环境"作为饥饿和营养不良的结构性原因。其一，粮食生产环境提升的权利诉求。在全球生态环境整体恶化的背景下，我国环境污染、生态破坏尤为严重，加上转基因粮食种植潜在的生态危机，粮食生产环境亟待改善和提升。良好的粮食生产环境直接关系粮食质量，进而关系国民健康。其二，粮食流通环节低碳化的权利诉求。健全的粮食储存设施、运输设施、加工设施及相关配套机

---

① ［美］威廉·恩道尔：《粮食危机：利用转基因粮食谋取世界霸权》（增订版），赵刚、胡钰等译，刘忠、欧阳武校译，23页，北京，中国民主法制出版社，2016。

制，有助于加强低碳化建设，防止粮食变质，防止粮食流失。其三，粮食绿色消费的权利诉求。即享有消费健康、膳食健康的富足生活，享有粮食节约带来的制度增益。

二、粮食权构成要素：权利主体与权利内容

当前，我国社会主要矛盾已经转化为人民日益增长的美好生活需要和不平衡不充分的发展之间的矛盾，粮食研究应当从权利主体、权利内容展开探讨。权利主体强调的是广度，从个人范畴到社会公众整体范畴，从国内范畴走向国际范畴。权利内容强调的是宽度，包括粮食供给平衡、粮食质量安全、粮食价格合理。

（一）权利主体

权利主体与法律主体要稍作区分。权利主体强调的是某一权利的享有主体；法律主体则是在法律关系中的权利享有者、义务承担者，比权利主体外延要广。粮食权主体是个体与整体的结合，是国内层面与国际层面的对接。随着"粮食"外延的拓展、粮食安全保障力度的增强，粮食权主体也会越来越广。

1. 从个人范畴到社会公众整体范畴

粮食权是每一个人享有的权利。粮食权的权利主体首先是个人范畴，即要落实到个人层面来实现。这里应注意两点：一是在合法限度内，要尊重每一个人对粮食权的自由选择。每一个人的权利诉求多种多样（如粮食品种多元、粮食品质优劣、粮食价格高低），这是正常现象。二是权利必须能够实现，才是真正的权利。每个个体必须实实在在地享受到相应的粮食权，是实然状态的，而不是停留在宣传口号式的理想状态。粮食立法必须具有可操作性，而非机械的倡导性规定。

粮食权的权利主体应当延伸到社会整体范畴。粮食权不仅是每一个人的权利，更是社会公众的整体范畴。这里同样应注意两点：一是不能因"小"失"大"。只有社会整体享有良好的粮食权，才能惠及每一个人。《中国的减贫行动与人权进步》白皮书（2016年）第三部分提出，要维护"妇女、儿童、老年人、残疾人、少数民族等"特定群体的权利。相应的，粮食权的实现要倾向性照顾特殊群体，如粮农妇女群体、残疾人粮农群体、老年粮农群体等。这些群体是社会整体的基本组成部分，按照木桶理论，才最能反映一个社会的整体粮食权实现状态。二是不能借集体的名义

剥夺个人权利。战争等特殊状态下，为了国家利益、公共利益，可能会侵犯某些个人的粮食权。一旦特殊状态结束，应当马上恢复应有的权利状态。

2. 从国内范畴走向国际范畴

粮食法属于经济法，本质上是国内法的范畴。粮食权的实现，依赖国际社会绝非长久之策，最终还是要靠国内层面的自给保障。相应的，粮食权的权利主体涵括粮农、粮食生产经营者、粮食行政管理部门、消费者等，属于国内范畴。国家应当明文规定粮食权，通过制定具有本国特色的粮食法律制度来保障各类粮食权利主体的合法权益。

粮食问题不仅是国内问题，更是国际问题，时刻牵系国际经济政治走向。非洲国家、拉美国家因为自然因素、历史原因，粮食安全状况不容乐观，需要国际社会的粮食援助和农业科技支持。随着经济全球化的发展，国际社会通过联合国粮农组织等形式不断加强交流合作，共同为实现全人类的粮食权而努力。全球性合作协定、区域性合作协定、双边/多边合作协定推动国际粮食法的发展。在此意义上，国家、国际经济组织等成为粮食权的新兴权利主体。实现粮食权，是全人类的共同事业。

(二) 权利内容

世界粮食大会《消除饥饿与营养不良世界宣言》(1974年) 早已提出，全世界人民的幸福主要须靠"随时随地粮食能有充分供应""粮价维持合理水平"。联合国粮农组织《世界粮食安全首脑会议宣言》(2009年) 将粮食安全的四个支柱归纳为"可供应量""获取渠道""充分利用"和"稳定供应"，并强调"营养"的重要性。应当说，粮食权的内容是从单一的粮食供给平衡向多元化发展转变，其中粮食供给平衡是首要内容，粮食质量安全是核心内容，粮食价格合理是落脚点。

1. 从世界粮食日谈起

每年的10月16日为"世界粮食日"，其主题是推动全球提高对粮食问题的认识，确保人人享有粮食安全和营养膳食。从世界粮食日主题来看，大致可以分为总体要求、粮食供给平衡、粮食质量安全、粮食价格合理四个层面（见表3-2）。其中，粮食供给平衡大致包括多元主体参与粮食生产（如妇女、家庭农业）、消除饥饿、保护水资源、生物多样性、应对气候变化、应对生物能源的挑战等问题；粮食质量安全大致包括粮食生产环境、营养、自然多样性、可持续粮食系统等问题；粮食价格合理包括减少贫困、加强投资、稳定价格、社会保护等问题。相应的，粮食权的权利内容分为粮食供给平衡、粮食质量安全、粮食价格合理三个层面。

表 3-2　　　　　　　　　　世界粮食日主题类型化列表

总体要求	（1981 年）粮食第一
	（1982 年）粮食第一
	（1983 年）粮食安全
	（2005 年）农业与跨文化对话
	（2007 年）食物权
粮食供给平衡	（1984 年）妇女参与农业
	（1987 年）小农
	（1988 年）农村青年
	（1990 年）为未来备粮
	（1994 年）生命之水
	（1995 年）人皆有食
	（1996 年）消除饥饿和营养不良
	（1998 年）妇女供养世界
	（1999 年）青年消除饥饿
	（2000 年）一个免于饥饿的千年
	（2001 年）消除饥饿，减少贫困
	（2002 年）水：粮食安全之源
	（2003 年）携手建立反饥饿国际联盟
	（2004 年）生物多样性促进粮食安全
	（2008 年）世界粮食安全：气候变化和生物能源的挑战
	（2010 年）团结起来，战胜饥饿
	（2012 年）办好农业合作社，粮食安全添保障
	（2014 年）家庭农业：供养世界，关爱地球
	（2016 年）气候在变化，粮食和农业也在变化
	（2017 年）改变移民未来，投资粮食安全，促进农村发展
粮食质量安全	（1989 年）粮食与环境
	（1992 年）粮食与营养
	（1993 年）收获自然多样性
	（1996 年）消除饥饿和营养不良
	（2013 年）发展可持续粮食系统，保障粮食安全和营养

续前表

粮食价格合理	（1985年）农村贫困
	（1997年）投资粮食安全
	（2001年）消除饥饿，减少贫困
	（2006年）投资农业，促进粮食安全
	（2009年）应对危机，实现粮食安全
	（2011年）粮食价格——走出危机走向稳定
	（2015年）社会保护与农业：打破农村贫困恶性循环

2. 粮食供给平衡：粮食权的首要内容

《经济、社会及文化权利国际公约》（1966年）第11条提出"改进粮食的生产、保存及分配方法"和"保证世界粮食供应"的基本思路。联合国可持续发展目标中的"零饥饿""产业、创新和基础设施""负责任消费和生产""气候行动"等，体现粮食供给平衡的理念。粮食问题本质上是粮食供给问题。"食物不足发生率"（级别Ⅰ）是指食物消费量不足个人在某群体中的百分比，被联合国粮农组织用于衡量国家间、区域间的膳食差异，从中体现粮食供给平衡的重要性和紧迫性。只有解决了粮食供给问题，才会进一步考虑粮食质量问题、粮食价格问题。"巧妇难为无米之炊。"如果基本的粮食供给都无法保障，何谈粮食质量，更不用考虑粮食价格问题了。因此，粮食供给平衡是粮食权的根源和首要内容。粮食供给平衡的"平衡"强调供需关系，即粮食供给与粮食需求比较协调，避免失衡状态。"平衡"的对立面是"失衡"，"失衡"包括粮食供不应求和粮食供过于求。

粮食供不应求是指粮食供给不能满足粮食需求。以广东为例，全省2020年粮食消费总量将达4 600万吨，外购粮食3 300万吨。粮食供不应求分为两种情形：一是少量的粮食短缺。短期可以通过粮食储备粮调度、调整粮食产业结构、粮食进口等途径解决。较长期可以通过扩大粮食种植面积、调整粮食种植结构等途径解决。二是大量的粮食紧缺。粮食紧缺会引发粮价上涨，容易爆发社会事件，影响社会稳定。粮食供不应求，可能需要被迫寻求国际援助，而吃饭问题受制于人，严重危及国家安全。当然，粮食国际化战略也是世界各国的发展趋势，要辩证看待。

粮食供过于求是指粮食供给超过粮食需求。一是少量的粮食剩余。短期可以通过粮食储备粮调度、调整粮食产业结构、粮食出口等途径解决，防止出现粮食变质，及时处理陈化粮。较长期可以通过减少粮食种植面积、调整粮食种植结构等途径解决。二是大量的粮食富余。粮食富余说明国家整体粮食状况良好，要借机调整粮食种植结构、农业生产结构乃至整个国民经济结构。与此同时，通过国际粮食市场调度、国际粮食援助、国际粮食期货投资等途径，实施粮食国际化战略，参与国际粮食贸易规则谈判，更好地维护国家粮食主权。

3. 粮食质量安全：粮食权的核心内容

联合国可持续发展目标中的"零饥饿""可持续城市和社区"等，体现粮食质量安全的理念。随着日常生活水平的提升，人们对营养、健康的要求越来越高。粮食问题不能仅停留在供给层面，更要寻求粮食质量。粮食质量安全是粮食权的核心内容，尤其在粮食权实现的高级阶段。粮食供给再充足，如果粮食质量不过关，也不能用于人体食用，实质上粮食供给依然短缺。我们不能停留在"吃得到"粮食，还要"吃得好"。2016年4月，联合国大会宣布启动"营养行动十年"计划（2016—2025年），包括对粮食质量安全的充分重视，全力推进"吃得好"战略。

我国《国家标准化体系建设发展规划（2016—2020年）》就粮食问题规定了产品质量、收购、储运、加工、追溯、检测、节粮减损、综合利用等安全标准。"十三五"期间，我国将制修订粮食质量安全标准780项。应当大力推进绿色健康口粮工程国家标准，最大限度挖掘粮食的营养成分。注重粮食科技成果向标准化体系转化，推进粮食质量安全的计量工作。依托国际标准化组织谷物与豆类分委员会，参与制定粮食国际标准并转化为我国国内粮食质量安全标准，或将我国自主创新的粮食标准转化为国际粮食质量安全标准。

4. 粮食价格合理：粮食权的落脚点

联合国可持续发展目标中的"无贫穷""体面工作和经济增长""减少不平等"等，体现了粮食价格合理的理念。物价稳定是国家宏观调控的基本目标之一。当前，我国经济处于高速发展阶段，很容易出现通货膨胀现象。粮食价格合理是粮食权的落脚点。粮食供给再充足，如果粮价太高，老百姓也购买不起，难以满足吃饭需求，始终无法实现粮食权。同样道理，粮食质量再好，如果粮价太高，老百姓购买不了优质粮食，或者只能购买卫生不达标的粮食、劣质的粮食或低营养的粮食，也始终无法实现粮食权。粮食价格合理强调粮食价格的确定符合普通老百姓的购买力，不仅

"吃得到""吃得好",还要"吃得起"。粮食价格合理的对立面是粮价过高或者粮价过低,这两种情况都是不理想的。

粮价过低分为粮食收购环节的粮价过低和粮食销售环节的粮价过低。粮食收购环节的粮价过低,会减少粮农收入,打击粮农种粮积极性。国家现在采取最低收购价等政策,就是为了保障粮农基本收入水平。粮食销售环节的粮价过低,表面上看有利于消费者,其实容易导致恶性竞争,实质打击粮食流通全过程的生产经营者,对整个粮食行业的长远发展是不利的。粮食行业是国计民生的基础行业,粮食生产成本过高、经营成本过高,只能长期依赖国家扶持,价格调节不到位是关键。

粮价过高分为粮食收购环节的粮价过高和粮食销售环节的粮价过高。粮食收购环节的粮价过高,虽然有利于增加粮农收入,但从长远来看增加国家财政负担,不利于粮食生产可持续发展。未来关键要改变倚赖国家价格支持的畸形现状,大力发展粮食生产综合支持机制。粮食销售环节的粮价过高,虽然有利于粮食流通全过程的生产经营者实现赢利,客观上也激励更多的生产经营者加入粮食行业,但会给老百姓(尤其是低收入群体)增加生活负担,而且会引发农业价格乃至各行各业的价格高涨,危及国家经济安全。长期而言,国际粮价处于上涨趋势。我国必须密切关注国际粮价波动情况,及时采取调控措施、应急措施,稳定国内粮价,最终实现粮食权。

三、粮食法律义务相应探讨:与粮食权之对接

"没有无权利的义务,也没有无义务的权利。"探讨粮食权,自然需要论证粮食法律义务。提出"粮食法律义务"一词,必须从粮食法律义务的属性、特征、内容方面进行解析。既然本章是针对粮食权而言,就要比较粮食权与粮食法律义务的联系和区别。

(一)粮食法律义务的提出

与粮食权对应,粮食法律义务包括粮食市场主体的私法义务、粮食行政管理主体的公法义务(粮食法律职责)、粮食社会组织的社会义务。粮食法律义务具有粮食性、综合性特征,具体包括粮食供给保障义务、粮食质量保障义务、粮食价格保障义务。

1. 粮食法律义务的属性

首先,粮食市场主体的私法义务。其一,个人层面。例如,粮农在粮

食生产过程中要合法、合理使用农药和化肥，减少环境污染；粮农要自觉种植非转基因粮食，防止转基因污染；消费者要自觉节约粮食，推动绿色消费；等等。其二，企业层面。例如，粮食储存企业、粮食运输企业、粮食加工企业要不断完善粮食储存设施、运输设施、加工设施；粮食销售企业要坚持合法经营，抵制不正当竞争和非法垄断；等等。

其次，粮食行政管理主体的公法义务，即粮食法律职责。其一，中央层面的粮食法律职责。中央层面的粮食法律职责包括粮食调控职责、粮食监管职责、粮食服务职责等。具体而言，粮食调控职责重点在于国务院、国家发改委的调控，粮食监管职责、粮食服务职责则主要依靠国家粮食和物资储备局，也包括农业、市场监管等行政管理部门。其二，地方层面的粮食法律职责。地方层面的粮食法律职责包括粮食监管职责、粮食服务职责。由于我国地方政府没有宏观调控权，相应地也就没有粮食调控职责。具体而言，粮食监管职责、粮食服务职责主要依靠地方各级粮食行政管理部门，也包括地方各级农业、市场监管等行政管理部门。

最后，粮食社会组织的社会义务。社会义务是一种新兴的义务范畴。粮食社会组织的相关会员在享有会员权的同时，应当履行以下社会义务：遵守组织章程，执行组织决议，维护组织合法权益，完成组织任务，交纳会费，提供资料，等等。会员在一定期限内（如1年）不履行义务，视为自动退出组织。会员严重违反组织章程的，依法予以除名。

2. 粮食法律义务的特征

粮食法律义务具有粮食性。与粮食权类似，粮食法律义务的粮食性同样有狭义说、中义说、广义说、最广义说。狭义的粮食性要求保障人类日常生活的基本主粮，中义的粮食性要求加强杂粮供应，广义的粮食性则强调保障整个食物体系的可持续发展。

粮食法律义务具有综合性。其一，粮食法律义务是私法义务、公法义务与社会义务的统一。粮食法律义务不纯粹是私法义务，因为粮食法律义务涉及粮食行政管理，这些是私法义务理论解决不了的；粮食法律义务不纯粹是公法义务，因为粮食法律义务还涉及粮食社会组织的会员问题、机构运作，这些是公法义务理论解决不了的；粮食法律义务也不能单一地归入社会义务，因为粮食社会组织并非粮食法律义务的唯一主体。其二，粮食法律义务是经济性、政治性、社会性、文化性与生态性的统一，其中，经济性法律义务如推动粮食经济可持续发展，政治性法律义务如维护国家粮食主权，社会性法律义务如维持粮食流通秩序稳定，文化性法律义务如维护特色粮食文化，生态性法律义务如保护粮食生产环境，等等。

3. 粮食法律义务的内容

从法理上讲，粮食法律义务是与粮食法律权利对应的概念。特别强调，粮食权并不等于粮食法律权利。粮食法律权利是一组权利的统称，是权利体系。粮食权是一种权利，是具体的权利类型。粮食法律权利应当是比粮食权更广的概念范畴。除了粮食权，粮食法律权利实际上还包括物权、生命权、健康权、专利权等现有的权利类型。相应的，粮食法律义务涵括的内容比粮食权要求的义务内容广泛得多。

就粮食权要求的义务内容而言，可以作如下分析：其一，粮食供给保障义务。粮食供给保障是粮食法律义务的首要内容，如粮食生产保障、粮食收购保障、粮食加工保障、粮食运输保障、粮食销售保障。其二，粮食质量保障义务。粮食质量保障是粮食法律义务的核心内容，包括一般粮食的质量保障与转基因粮食的科学应对。其三，粮食价格保障义务。粮食价格保障是粮食法律义务的落脚点，既要考虑粮农收益，又要保证老百姓的持续购买能力。

（二）粮食权与粮食法律义务的关系

权利与义务是对立统一的。粮食权与粮食法律义务的联系体现为粮食权离不开粮食法律义务，粮食法律义务也离不开粮食权，粮食权与粮食法律义务在某些情况下是同一的，归根到底是要解决贫困问题、充分保障人权。与此同时，粮食权与粮食法律义务在涵括内容、自由选择、功能取向等方面有明显不同。

1. 联系

"没有无义务的权利，也没有无权利的义务。"粮食权与粮食法律义务是对立统一的。粮食权与粮食法律义务的联系体现在：

第一，粮食权离不开粮食法律义务。粮食法律义务是要求粮食法律主体作出一定行为或不作出一定行为。要求粮食法律主体作出一定行为（如降低粮食价格），必然积极影响其他粮食法律主体，从而有助于保障其他粮食法律主体的粮食权。要求粮食法律主体不作出一定行为（如禁止粮食经营的非法垄断），必然潜在影响其他粮食法律主体，从而有助于避免侵犯其他粮食法律主体的粮食权。

第二，粮食法律义务也离不开粮食权。粮食权是授权粮食法律主体可以作出一定行为或不作出一定行为。粮食法律主体无论是作出一定行为（如种植传统优质粮食）还是不作出一定行为（如禁止粮食经营的非法垄断），都需要其他粮食法律主体的协助配合。这种协助配合，既可以是作为，也可以是不作为，均为粮食法律义务。

第三，粮食权与粮食法律义务在某些情况下是同一的。粮食权与粮食法律义务并非完全对立，在某些情况下可以是同一的。例如，基于转基因粮食的潜在危害，粮农抵制种植转基因粮食是粮食权的体现，也是粮食法律义务的体现。

第四，粮食权与粮食法律义务归根到底是要解决贫困问题、充分保障人权。我国《宪法》第33条规定，"国家尊重和保障人权"。中国一直坚持把减贫行动作为中国人权事业进步的最显著标志。粮食权的实现、粮食法律义务的履行，归根到底是要解决中国人的吃饭问题，维护世界第一人口大国的基本人权。

2. 区别

第一，涵括内容不同。粮食权只是粮食法律权利的一种，而粮食法律义务涵括的内容比粮食权要求的义务内容广泛得多。

第二，自由选择不同。粮食权是粮食法律主体享有粮食供给平衡、粮食质量安全、粮食价格合理的权利，是一种自由选择。粮食法律义务是粮食法律主体必须作出一定行为或不作出一定行为，是对自由选择的限制。

第三，功能取向不同。法律对粮食权的确认带有激励功能，即激励粮食法律主体从事一定行为或不从事一定行为。法律对粮食法律义务的规定带有约束功能，即要求粮食法律主体必须从事一定行为或不从事一定行为。

第四章 粮食法律客体之多样化

与法律主体相对应,法律客体是法律权利、法律义务指向的对象,包括物、行为、智力财产等。粮食法律客体的多样化始于"粮食"本身的多样化,"粮食"多样化可以从"粮食"的内涵与外延展开。与法律客体的外延相对接,在"粮食"基础上,粮食法律客体多样化还体现为特定粮食服务行为、粮食智力财产、粮食金融等。多样化的粮食法律客体极大地提升了粮食安全保障的效能,也拓展了《粮食法》的适用空间。

第一节 粮食:最基本之粮食法律客体

最基本的粮食法律客体即为"粮食"。对"粮食"的界定具有基础性意义,它决定了粮食法的基本调整对象和粮食法学的基本研究范围。"粮食"的内涵，首先要回答"粮食是什么"，其次是回答"'粮食安全'是什么"，再次是对与"粮食"并列的一些概念进行区分。"粮食"的外延，首先界定《粮食法》应涵括的粮食类型，其次是关注粮食结构调整问题（涉及粮食类型变迁），再次是剖析具体粮食类型（主粮与杂粮）。"内涵"与"外延"结合，深入解析"粮食"概念，有助于理解粮食法律客体。

一、"粮食"内涵深化：从"粮食"到"粮食安全"

"内涵"一词，指向"是什么"。"粮食"的内涵，关键是解决"粮食是什么"，这必须弄清楚与"粮食"容易混淆的相关概念。在明了"粮食"概念之后，还必须辨析"粮食安全"一词，这是"粮食"概念的延伸，也是对"粮食"概念的深度理解和把握。在此基础上，必须区分与"粮食"并列的一些概念，以便更好地理解"粮食"超然的国计民生地位。

（一）"粮食"是什么

"粮食"是什么？回答这个问题，先要区分"粮食"与"食物""食品""农产品"这几个近似概念，从而理解"粮食"的重要性；然后再根据粮食制作过程区分"原粮"与"成品粮""粮食产品""粮食制品"，目的是理解粮食产业的基本状况；最后还要注意辨别"口粮"与"饲料用粮""工业用粮"与"军粮"，真正理解"口粮"的重要性。

1. 粮食与食物、食品、农产品

第一，"粮食"与"食物"。"食物"是广义的概念，只要能够供人类食用的物品，无论是否经过人类种植、加工都可被列入食物的行列。另外，"食物"更多还是"原生态"的概念，即强调原初存在。《国家粮食安全中长期规划纲要（2008—2020年）》界定"食物"是指"粮食、食用植物油、肉、禽、蛋、奶及水产品"。因此，"粮食"是"食物"的一种，而且是最基本的"食物"。人类对"食物"的摄取，经历了从茹毛饮血到当今绿色健康至上的变化历程。"食物权"的提出，本质上强调了广义"食物"的意义与"无饥饿"理念。

第二，"粮食"与"食品"。《食品安全法》第150条界定"食品"是指"各种供人食用或者饮用的成品和原料以及按照传统既是食品又是中药材的物品，但是不包括以治疗为目的的物品"。"食品"更多是经过人工加工、改造的，比较强调的是最后成品，"粮食"经过加工最终会变成"食品"供人类食用。

第三,"粮食"与"农产品"。联合国粮农组织《世界粮食安全首脑会议宣言》(2009年)界定"农业"包括种植业、畜牧业、林业、渔业。联合国粮农组织食用农产品价格指数包括谷物、植物油、肉类、奶类、食糖等。我国《农产品质量安全法》第2条界定"农产品"是指"来源于农业的初级产品,即在农业活动中获得的植物、动物、微生物及其产品"。"粮食"归为"农产品",是最基本的农产品类型。

2. 原粮与成品粮、粮食产品、粮食制品

第一,"原粮"的理解。"原粮"是指未经加工的自然粮,如稻谷、小麦、玉米。原粮具有完整的组织结构,便于储存、运输,防虫防霉。"稻花香里说丰年",田野里一片丰收的喜悦,即为粮食丰收。粮食安全首先是原粮保障,"粮食安全"首先是"原粮"安全。

第二,"成品粮"的理解。"成品粮"是指按照一定标准对原粮进行加工而成的产品,如大米、面粉。成品粮也称加工粮,是与原粮相对的概念。大部分原粮需要加工才能食用,部分原粮可以直接食用。另外,根据原粮品种的差异,成品粮产率也不同。从粮食安全保障的角度来看,必须提升原粮转化成品粮的比率来保障粮食供给,必须提升原粮转化成品粮的质地效果来保障粮食质量。

第三,"粮食产品""粮食制品"的理解。狭义的"粮食产品"指向原粮或成品粮自身的商业化经营。原粮或成品粮与其他物质一起生产加工可形成粮食制品(如燕麦牛奶)。原粮或成品粮经过生产加工,也可形成粮食制品,如米线。为方便论证,广义的粮食产品包括狭义的粮食产品和粮食制品。随着生活质量的提升,人们对粮食产品、粮食制品的要求也越来越高。我国应当在确保口粮供给的前提下,开发绿色优质粮食品种。

3. 口粮、饲料用粮、工业用粮与军粮

第一,"口粮"的理解。"口粮"有多重含义,如食粮、日常食品、薪饷。这里的"口粮"是指供人类食用的粮食。我国提出"谷物基本自给、口粮绝对安全"的战略主张,强化"口粮"尤其是主粮的重要性。在口粮、饲料用粮、工业用粮等的使用出现矛盾冲突时,任何时候都要把口粮放在首位。另外,广义的"口粮"也要有特定比例供军队食用(属于"军粮")。

第二,"饲料用粮"的理解。我们通常探讨的"粮食"往往局限于口粮，其实随着生活品质的提高，老百姓饮食结构也有变化，饲料用粮的需求量大增。畜牧业对饲料用粮的需求量增加，会出现牲畜与人争粮的情况。"粮改饲"工程必须先保口粮，而且"粮""饲"还可以交叉种植以提升地力。

第三，"工业用粮"的理解。任何事物的价值都是多方面的。"粮食"除了维持日常饮食所需，还可以有更多的价值，其中就包括工业价值，如化学工业、医疗工业、能源工业。"工业用粮"使粮食从第一产业走向第二产业，实现产业链延伸和价值深化，但也要防止对粮食安全的损伤和侵蚀。

第四，"军粮"的理解。国家粮食局《军粮供应服务公约》提出"保障供应""品种齐全""质量保证""货真价实""量足秤平"等要求。建设区域军粮应急综合保障基地，完善军粮应急机制，强化军粮供应应急保障能力。国家粮食行政管理部门专设军粮供应服务中心，负责全国军粮供应管理工作，包括制定军粮政策制度、负责军粮供应网络、指导军粮供应企业发展等。国家要完善军供网点布局，推进军粮供应与地方粮食储备体系的融合。军粮较之普通粮食的特殊军事战略意义不言而喻。例如，国家粮食局2003年对做好防治"非典"和防汛期间军粮供应保障工作作出重要规定，如"确保军粮供应站保持1个月以上的销售周转库存"的规定。

（二）"粮食安全"："粮食"概念的延伸

国际社会关于"粮食安全"的理解散见于会议宣言、原则、行动计划、自愿准则、指标等当中。国内关于"粮食安全"的理解上升为立法层面，如基本法律、行政法规、地方立法等。当然，学理层面的探讨也是百家争鸣，但大体归结为粮食供给平衡、粮食质量安全、粮食价格合理三个层面。

1. 国际社会关于"粮食安全"的理解

第一，会议宣言。联合国粮农组织《世界粮食安全首脑会议宣言》（2009年）界定"粮食安全"是指"所有人在任何时候都能通过物质、社会和经济手段获得充足、安全和营养食物，满足其过上积极、健康生活的膳食需要和饮食偏好"。值得注意的是，粮食安全的四个支柱是"可供应量""获取渠道""充分利用"和"稳定供应"，并强化"营养"的不可或缺。

第二，原则。世界粮食安全委员会《农业和粮食系统负责任投资原则》(2014年)界定"粮食安全"是指"所有人在任何时候都能从实际、经济和社会的角度获得充足、安全和营养的食物,满足其积极健康生活的膳食需求和食物偏好"。

第三,行动计划。联合国粮农组织对重要的会议、宣言、协定会制定配套的行动计划。其中,《世界粮食首脑会议行动计划》(1996年)要求"在物质上和经济上获得足够、安全和富有营养的粮食来满足其积极和健康生活的膳食需要及食物喜好"。

第四,自愿准则。顾名思义,自愿准则是倡导性的,但基于联合国粮农组织在全球粮食安全保障方面的地位,却又极具号召力。例如,为制定一套支持在国家粮食安全范围内逐步实现充足食物权的自愿准则,政府间工作组第四届会议(2004年)提出粮食安全的四个支柱是"可供量""供应稳定""获得""利用"。

第五,指标。目前,"基于粮食不安全经历分级表(FIES)""人口中的中度或重度粮食不安全发生率"是联合国粮农组织的重要托管指标(级别Ⅰ)。根据粮食安全阶段综合分类法(IPC),粮食不安全可分为:一是无急性/轻度粮食不安全(None/Minimal),满足日常粮食需求;二是临界粮食不安全(Stressed),满足最低限度粮食需求;三是危机(Crisis),有重大粮食消费短缺;四是紧急情况(Emergency),有极端粮食消费短缺,引发急性营养不良乃至死亡;五是人道主义灾难或饥荒(Humanitarian atastrophe/Famine),粮食匮乏,普遍贫穷,大量死亡。[①] 参考这类分法,联合国粮农组织有效定位具体粮食不安全事件,便于采取相应的援助措施。例如,2017年刚果民主共和国处于IPC第三、第四阶段,大约770万人需要紧急人道主义援助。

2. 国内关于"粮食安全"的理解

国内立法对粮食安全的理解,偏重于粮食供给层面,并正在向粮食质量安全、粮食价格合理方向倾斜。首先,法律层面的理解。我国《农业法》第五章"粮食安全"主要规定提高粮食综合生产能力、粮食购销合作、粮食保护价、粮食安全预警、中央和地方分级储备、粮食风险基金、

[①] 参见粮食安全阶段综合分类 Integrated Food Security Phase Classification (IPC) 之 IPC 简介栏目,见 http://www.ipcinfo.org/ipcinfo-about/what-is-the-added-value-of-ipc/en/,访问时间:2017-08-14。

节约粮食、改善营养结构等内容。《国家安全法》第 22 条突出粮食供给安全、粮食质量安全。其次，行政法规层面的理解。《粮食流通管理条例》第 1 条强调"促进粮食生产""维护粮食流通秩序"来"保障国家粮食安全"。《中央储备粮管理条例》第 1 条则强调中央储备粮的"数量真实""质量良好""储存安全"。再次，地方立法层面。例如，《广东省粮食安全保障条例》（2014 年）第 2 条界定"粮食安全保障"包括粮食供给平衡（即"保证粮食供求基本平衡"，"居民生活和社会生产对粮食的需求得到基本满足"）、粮食质量安全（即"粮食质量安全符合国家规定"）、粮食价格合理（即"市场粮食价格基本稳定"）。这个理解与本书的理解大致一致。

国内对粮食安全的学理理解。例如，提出粮食安全评价指标包括粮食自给率、粮食储备水平、粮食产量波动系数、人均粮食占有量、粮食市场价格稳定性等[1]；提出粮食综合安全体系"政府—市场—企业—消费者"四位一体协调运行模式[2]；界定粮食安全是指"国家满足人民日益增长的对粮食的需求和粮食经济承受各种不测事件的能力"[3]；提出着眼于全产业链，粮食安全的核心是"统筹协调粮食作为私人属性和安全作为公共属性之间的矛盾"[4]；等等。本书认为，粮食安全是粮食问题的战略安全，包括粮食供给平衡、粮食质量安全、粮食价格合理三大"安全"维度。

（三）与"粮食"并列的概念区分

"按农业/畜牧/林业企规模分类的每个劳动单位的生产量"是联合国粮农组织、世界银行的重要托管指标（级别Ⅲ）。长期以来，我国偏重种植业尤其是粮食生产，本身无可非议，但要大力开拓林业、畜牧业、渔业，"向山林要食物""向草原要食物""向海洋要食物"。值得重点关注的是，渔业不仅提供食物来源，而且附带就业、休闲、生态保护、社会福利

---

[1] 详见何蒲明：《粮食安全与农产品期货市场发展研究》，127～134 页，北京，中国农业出版社，2009。

[2] 参见王国丰：《中国粮食综合安全体系研究》，170 页，北京，中国经济出版社，2009。

[3] 余莹：《西方粮食战略与我国粮食安全保障机制研究》，4 页，北京，中国社会科学出版社，2014。

[4] 彭俊杰：《产业链视角下我国粮食安全战略再认识》，载《中州学刊》，2017（4）。

等诸多功能。渔业发展必须从江河湖泊走向浩瀚大海,在现有《海洋环境保护法》《渔业法》等法律的基础上,我国应当制定海洋基本法,全面保护海洋资源,实现从政治军事意义到经济社会意义的全覆盖。

1. 粮食与种植业产品

种,借助土壤促进生长;植,耕作栽培。种植业是基本的农业类型,强调田间劳作、周而复始。其中,粮食又是基本的、首要的种植业产品。然而,除了稳定粮食生产之外,种植业要加快发展经济作物、饲料作物等,形成"粮—经—饲"三元结构。

一是经济作物。根据农业部《全国种植业结构调整规划(2016—2020年)》的部署,2020年力争实现棉花面积5 000万亩、油料面积2亿亩、糖料面积2 400万亩、蔬菜面积3.2亿亩的整体目标。目前重点促进措施是:建设优质经济作物规模化生产基地(如"双低"油菜、高产高糖甘蔗、新疆棉花基地),因地制宜发展小宗油料作物,促进"菜篮子"工程智能化、常年均衡供应,等等。

二是饲料作物。根据农业部《全国种植业结构调整规划(2016—2020年)》的部署,2020年力争实现饲草面积9 500万亩的目标。饲料作物要与养殖业相对接,以养带种、以种促养。目前重点促进措施是,发展优质饲料作物(如高蛋白苜蓿),不同区域错位发展(北方发展优质苜蓿、青贮玉米、饲用燕麦等,南方发展黑麦草、饲用油菜、饲用苎麻、饲用桑叶等)。

2. 粮食与森林

森林是自然界典型的生态多元统一体和气候稳定器,包括但不限于防护林、用材林、经济林、薪炭林、特种用途林。联合国"陆地生物"可持续发展目标提出"可持续管理森林"的主张。"森林面积占陆地总面积的百分比""山区绿化覆盖指数"是联合国粮农组织、联合国环境规划署的重要托管指标(级别Ⅰ、级别Ⅱ),而"实现可持续森林管理的进展情况"则是联合国粮农组织的重要托管指标(级别Ⅱ)。可见,联合国粮农组织高度重视森林问题,将其纳入粮食安全的管理范畴,充分认识森林对粮食安全的促进作用。

不能把粮食生产仅理解为田间劳作,似乎与森林无关。事实上,森林与粮食安全是密切联系的,值得我国《森林法》关注。其一,应对气候变化。森林可以有效调节与气候变化相关的基本元素(如水、土壤、空气),

稳定地球整个生态系统，避免极端气候、气候剧变对粮食生产的重大打击。其二，支持提升粮食生产环境。森林是"地球之肺"，可为粮食生产环境净化空气、涵养水分、改良土壤，提升整个粮食生产环境质量。其三，提供粮食生产用水。森林往往是江河湖泊的源头，而粮食生产需要大量的天然用水，必须从源头加以保护。其四，退耕还林。并非所有地方都适合粮食生产，在生态破坏区、生态脆弱区有必要退耕还林。通过退耕还林，充分发挥森林的优势，最终也有利于全国自然资源的最优配置。其五，促进生物多样性。森林是野生动植物、微生物最重要的生存场所，有助于减缓、遏制物种灭绝，而生物多样性是维持自然界生态平衡、减少异常病虫害所必需的，当然也是粮食生态系统平衡所必需的。其六，共同构筑大"食物"范畴。粮食与林产品均可供人类食用，是大"食物"的范畴。当发生粮食危机时，林产品可以暂时替代粮食供人类食用，成为后备的食粮。

3. 粮食与畜牧产品

我国畜禽遗传资源包括鸡、鸭、鹅、猪、牛、羊、马、驴、鹿、兔、鸽、蜂、貉貂、骆驼等。畜牧产品与粮食均为人类日常所需的食物，两者之间的关系体现为：一是猪牛羊、家禽等是主要的畜牧产品，鸡产量增幅最大。这些畜牧产品是重要的食物来源，对补充、增进粮食安全有保障作用。二是牛奶的营养价值和膳食地位在不断提升，逐渐成为国民日常的营养必需品，与粮食产品共筑人类营养基本线。《食品安全法》的诞生，与牛奶等重要食品质量问题密切相关。三是牛羊在干旱、半干旱地区发挥重要作用，甚至代替粮食产品的应有功能。因此，我国不断推进畜禽养殖标准化建设，在生猪、奶牛、蛋鸡、肉鸡、肉牛、肉羊等领域全面推广。

《农业部关于加快东北粮食主产区现代畜牧业发展的指导意见》（2017年）提出畜牧业与粮食生产协同发展的参考思路。通过发展畜牧产品来保障粮食安全，《畜牧法》重点解决以下问题：一是合理配置土地资源。畜牧成长需要相应的养殖、放牧场所，会出现"与粮争地"现象，涉及土地规划调整问题。二是合理配置饲料。畜牧饲料很多来源于粮食产品，必然会影响粮食供给、粮食安全。但畜牧饲料对畜牧成长必不可少，这里就涉及粮食生产结构调整、农业生产结构调整问题。三是共建可持续生态系统。例如，粮食生产的副产品可以用于畜牧业（如作为饲料），畜牧业的副产品可以用于粮食生产（如动物粪便可作耕肥），两者可以形成可持续生态系统。四是发生粮食危机、粮食短缺时的临时补给品。当粮食供给不足时，现有的畜牧产品可供食用，但基于畜牧产品的成长周期和营养有限性，只能定位为"临时"补给，不能完全替代粮食。

4. 粮食与都市农业

传统意义上的粮食是在乡间耕种，而都市农业是指"在城市范围内的小片区域（如空置的地块、住宅的后院和阳台）开展作物和牲畜生产"①。不能简单地将都市农业理解为休闲生活方式，而应当把都市农业与粮食安全有效对接，通过推进都市农业来解决粮食问题。一方面，日常情况。都市农业的生产者既可以自用，也可以出售获得收入，创造就业机会，这对城市弱势群体尤其有利。都市农业生产率高，中间成本（如运输成本、储藏成本）低。都市农业提供更多的食物选择，帮助普通老百姓节约生活成本。都市农业提供本地化的食物类型，更加新鲜健康，提高饮食质量。都市农业提倡绿色环保，建设绿色城市，形成城市品牌。另一方面，粮食危机或粮食短缺发生时。都市农业夯实食物自给的基础，可谓"藏粮于市"。当发生粮食危机或粮食短缺时，可以持续提供作为粮食替代品的都市农产品，缓解粮食供给压力。

我国正在推进城乡一体化，都市农业发展可期。"这条道路将会以你无法想象的方式改变你的生活。"② 目前最麻烦的问题是，国内很多地方并没有意识到都市农业对粮食安全的正能量，过多地定位都市农业的休闲观光功能、绿色环保功能等。都市农业的生产、经营存在违法问题（如环境污染）或灰色地带（如无证经营），需要《农业法》重点关注并与《粮食法》形成监管并进。从长远来看，必须制定《都市农业促进法》，明确界定都市农业、都市农产品的概念，将都市农产品作为特色农产品类型来加以保护、促进，实现潜在的粮食安全保障功能。

5. 粮食与渔业

"在生物可持续水平范围内的鱼类种群比例""各国在执行旨在打击非法、不报告和不管制捕捞的国际文书方面的进展""各国在通过和实施承

---

① 联合国粮农组织官方网站"主题"之"都市农业"栏目，见 http://www.fao.org/urban-agriculture/zh/，访问时间：2017-08-11。

② ［澳］比尔·莫利森：《永续农业概论》，李晓明、李萍萍译，207页，镇江，江苏大学出版社，2014。

认和保护小型渔业获取权的法律/监管/政策/体制框架方面取得的进展"等，分别是联合国粮农组织的重要托管指标（级别Ⅰ、级别Ⅱ、级别Ⅲ）。联合国粮农组织渔业和水产养殖部通过致力于加强全球渔业治理，推动全球渔业可持续发展来保障粮食安全，增进人类福祉。联合国粮农组织《负责任渔业行为守则》（1995年）第2条提出"促进渔业对粮食安全和粮食质量作出贡献，优先注意当地居民的营养需要"的目标，第6条提出"结合粮食安全、减轻贫困和可持续发展"的原则。联合国粮农组织《国家粮食安全范围内土地、渔业及森林权属负责任治理自愿准则》（2012年）、《粮食安全和扶贫背景下保障可持续小规模渔业自愿准则》（2015年），均体现渔业与粮食安全的重大关联。

我国《渔业法》第2条规定了渔业的适用范围。其一，地域。渔业的地域在内水、滩涂、领海、专属经济区等之外加上管辖权的兜底条款。亦即，渔业应当包括内地渔业与海洋渔业。其二，渔业生产方式。渔业生产方式主要是养殖、捕捞。其三，渔业种类。渔业种类包括水生动物、水生植物等。渔业发展要解决与粮食安全相关的几个问题：一是渔业与粮食安全的关联性。目前有"海上粮仓""海上牧场"的提法，渔业可辅助保障粮食安全、促进保障粮食安全。二是渔业危机问题。不仅粮食安全面临粮食供给短缺、粮食质量低劣、粮食价格高涨等问题，渔业资源同样面临水产品物种退化乃至灭绝、水产品质量下降、水产品价格高涨等问题。三是外来物种问题。不能为了丰富本地渔业资源而随意引入外来物种，务必慎重对待外来物种，突出保护本地特色渔业资源。

联合国可持续发展目标14也关注了保护和可持续利用海洋和海洋资源问题。"向海洋要食物"，构建"海上粮仓""海上牧场"。21世纪是海洋世纪，中华民族强国之梦必须通过海洋强国战略来实现。我国充分意识到海洋资源的战略意义，各地纷纷推出"海上粮仓"建设规划。例如，山东省"海上粮仓"建设规划（2015—2020年）就提出建设"海上粮仓"的首要意义是保障粮食安全，并梳理了五大主导产业，即提升水产养殖业、做大渔业增殖业、优化海洋捕捞业、做强加工流通业、拓展休闲渔业产业。"海上粮仓"建设必须符合粮食安全的辅助功能定位，而不能停留在渔业发展本身。

联合国粮农组织《关于港口国预防、制止和消除非法、不报告、不管制捕鱼的措施协定》（2009年）致力于消除非法、不报告和不管制捕捞

(IUU)问题。事实上,"海上粮仓"建设要注意应对以下几种情形:其一,过度利用。过度利用是指开发利用的行为本身符合法律法规规定,但超过合理额度、安全阈值,造成对海洋资源的严重损耗。例如,在法定海域捕捞海洋生物是合法的,但不得过度捕捞。其二,非法利用。非法利用是指开发利用行为本身就违反法律法规规定,无论是否破坏、损耗海洋资源,均构成非法利用。例如,在禁渔期捕捞海洋生物或者使用违禁毒物捕捞海洋生物,捕捞行为本身就违法。其三,破坏性利用。过度利用可能造成破坏性利用,但破坏性利用不一定是过度利用。即使未过度利用,也可能造成破坏性后果。破坏性利用未必是非法的,也可能以合法的形式进行。破坏性利用最终的结果不一定是海洋生物本身,也可以是整个海洋环境、海洋资源。其四,不报告问题。不报告行为本身是违法的,但开发利用海洋资源的行为可能是合法的。国家必须对海洋资源利用、海洋生物捕捞进行整体统计监管,不报告行为的危害在于躲避国家监管,造成国家数据收集的不完整、不正确,影响国家整体的海洋宏观调控部署。

二、"粮食"外延拓新:以广义说为宽限

"外延"一词,指向"包括哪些"。"粮食"的外延,是指"粮食包括哪些"。首先是归纳《粮食法》应涵括的粮食类型,其次是考察上述粮食类型随着经济社会发展应进行的结构调整,再次是对具体粮食类型进行解析,真正明晰"粮食"的外延。

(一)《粮食法》应涵括的粮食类型

不能把所有的食物都归为"粮食",这样"粮食"概念本身就没有意义了。但"粮食"类型确实越来越广泛,这是不争的事实。与"粮食权"的"粮食"特性对应,《粮食法》的"粮食"客体包括狭义说、中义说、广义说、最广义说。之所以要反复区分,是为了理解人类对自然界开拓发展的历程和粮食安全保障的宽度、广度,最终是为了"人"本身。

1. 狭义的粮食类型

狭义的"粮食"仅指主粮,即大米、小麦、玉米。世界各国都很强调主粮的作用,但不同国家各有偏重点,比如我国和东南亚国家喜种稻谷,欧洲国家种植小麦,拉丁美洲国家种植玉米。与此同时,同一国家不同区域的种植喜好也不同,如我国南方多种稻谷,但北方种植小麦、玉米较多。

2. 中义的粮食类型（谷物）

中义的"粮食"是指谷物，除了大米、小麦、玉米三大主粮及其成品，还包括狭义的杂粮（即谷物类杂粮）。从严格意义上讲，谷物才是传统意义上的粮食，是在粮食供应充足时首选的粮食品种。

3. 广义的粮食类型

广义的"粮食"除了大米、小麦、玉米三大主粮及其成品，还包括广义的杂粮（谷物类杂粮、薯类、豆类）。《国家粮食安全中长期规划纲要（2008—2020年）》界定"粮食"是指"谷物（包括小麦、稻谷、玉米等）、豆类和薯类"。《粮食流通管理条例》第2条界定"粮食"是指"小麦、稻谷、玉米、杂粮及其成品粮"，这里的"杂粮"应偏向于广义理解。我国《粮食法（征求意见稿）》《粮食法（送审稿）》第2条均界定"粮食"是指"谷物及其成品粮、豆类和薯类"，体现了国家立法思维的发展趋势。必须指出，本书"粮食"范畴的宽限只能到此。

4. 最广义的粮食类型

最广义的"粮食"除了大米、小麦、玉米三大主粮及其成品，还包括广义的杂粮（谷物类杂粮、薯类、豆类）、食用植物油、油料作物等。例如，国家质量监督检验检疫总局《进出境粮食检验检疫监督管理办法》（2016年）第2条界定"粮食"是指"用于加工、非繁殖用途的禾谷类、豆类、油料类等作物的籽实以及薯类的块根或者块茎等"；国家发改委《粮食质量安全监管办法》（2016年）第2条界定"粮食"是指"谷物（包括小麦、稻谷、玉米、杂粮等）及其成品粮、食用植物油、油料、豆类和薯类"；等等。

（二）粮食结构调整

古罗马学者认为，农作物要考虑"播种什么东西最好"，"往哪些地里种最适宜"[①]。从农业生态学考虑，农业生态系统可以分为：作物的生命形式（一年生作物、多年生作物）、经营强度（粗放农作制、集约化农作制）和土地利用的持续时间（转换系统、持久系统）。[②] 农业发展会推动

[①] ［古罗马］M. T. 瓦罗：《论农业》，王家绶译，71页，北京，商务印书馆，1981。

[②] 详见［德］Konrad Martin、Joachim Sauerborn：《农业生态学》，马世铭、封克译，严峰校，19~21页，北京，高等教育出版社，2011。

粮食结构调整，包括粮食内部结构调整与粮食外部结构调整。

1. 粮食内部结构调整

一方面，稳定水稻、小麦生产，确保口粮绝对安全。其一，水稻。水稻是根本，是重中之重。在稳定面积的基础上重点发展优质水稻品种，采取杂交水稻与常规稻并重。其二，小麦。大力发展优质强筋小麦（面包加工）、优质弱筋小麦（饼干蛋糕加工），带动中筋小麦（馒头、面条加工）发展。其三，玉米。加快机械化生产，调整籽粒玉米生产，推广青贮玉米，因应膳食需求而加大发展鲜食玉米。

另一方面，针对不同地区、不同自然禀赋采取不同的耕作模式，促进主粮与杂粮类协调发展。这样可以利用不同粮食品种对土壤、水分等自然禀赋的差异化要求和影响进行相互调节，从而稳定粮食生态系统，实现粮食生产的循环可持续发展。例如，冷凉区发展玉米大豆轮作、小麦大豆轮作、马铃薯大豆轮作，东北扩大豆类种植面积，干旱区改种耗水少的杂粮杂豆，南方发展高秆与矮秆、水田与旱田等间作、套种模式，调减"镰刀弯"地区玉米面积并改种杂粮杂豆，等等。

2. 粮食外部结构调整

针对不同地区、不同自然禀赋采取不同的种养模式，以促进粮食外部结构调整。与粮食内部结构调整类似，这样可以利用粮食作物与经济作物、饲料作物之间对土壤、水分等自然禀赋的差异化要求和影响进行相互调节，从而稳定农业生产系统，实现"大农业"循环可持续发展。例如，冷凉区发展玉米苜蓿轮作，农牧交错区是将节水粮食作物与牧草结合，干旱区从种粮食作物改为种耐旱牧草，西南地区稳粮扩经、增饲促牧，等等。

这里重点探讨"粮改饲"问题。我国各地正在逐步推进"粮改饲"，省级层面如山东省人民政府办公厅《山东省推进"粮改饲"试点促进草牧业发展实施方案》（2016年），市级层面如山西省大同市人民政府办公厅《关于加快全市农业结构调整粮改饲工作的指导意见》（2016年）。"粮改饲"必须在保障粮食安全的前提下统筹推进，不能盲目推广，强调种养结合、循环利用。"粮改饲"要根据本地实际，抓重点工程（如青贮玉米、优质苜蓿）。由养殖企业、生产加工企业、专业合作社等申请，通过先建后补、以奖代补等方式，用于种植补贴、基础设施建设、试验研究、技术推广、生产设备构建、储备仓库建设等。

（三）具体粮食类型解析

大体而言，日本粮食以稻类为核心，欧美国家则以小麦、大麦、玉米、燕麦、马铃薯等为主。我国主粮有大米、小麦、玉米，并且正在不断发展杂粮类。值得注意的是，青稞是藏族人民的主要粮食，形成独特的青稞文化，国家充分重视青稞这一粮食品种，倾向于提升其法律地位。

1. 主粮类

大米主要含淀粉、蛋白质、脂肪、矿物质、维生素等营养成分，淀粉是大米的主要成分。大米容易消化吸收，是中国人的基本主食。根据品种原料类型，大米分为籼米、粳米、糯米。其中，籼米是用籼型非糯性稻谷制成的，分为早籼米和晚籼米；粳米是用粳型非糯性稻谷碾制成的，分为早粳米和晚粳米；糯米是用糯性稻谷制成的，分为籼糯米、粳糯米。根据加工精度（如米胚残留、米粒表面残留皮层、背沟残留皮层），大米分为一级、二级、三级、四级。从食用品质区分，大米分为大米和优质大米。根据微量元素区分，如吉林省东部主打富硒大米，西部主打弱碱大米。自2017年3月23日起，《大米 GB/T 1354—2009》成为推荐性标准，不再强制执行。此外，我国与大米相关的国家标准包括大米自身标准、特定物质测定标准、大米设备标准、大米加工企业标准、地理标志产品标准等。

小麦是中国人的重要主食，深受北方人民的喜爱。小麦含有淀粉、蛋白质、脂肪、维生素、无机盐等。小麦蛋白质含量高，小麦粉吸水后可揉成黏弹性的面筋质，用于制作独特风味的面食品。纯天然小麦粉倡导在小麦粉生产过程中不加任何添加物。根据种皮颜色、硬度指数划分，小麦分为硬质白小麦、软质白小麦、硬质红小麦、软质红小麦、混合小麦等。根据籽粒硬质、蛋白质含量、面筋强度、延伸性等划分，小麦分为强筋小麦、中筋小麦、弱筋小麦。我国多年来采用的基本标准是《小麦 GB 1351—2008》。此外，我国与小麦相关的国家标准包括小麦自身标准、特定物质测定标准、小麦加工品标准、小麦设备标准等。

玉米种植发展史是人类社会开拓前进的历史。"玉米是人类的后裔，我们的植物亲族。"[1] 玉米富含亚油酸、谷固醇、软磷脂、烟酸、维生素、矿物质等成分，可以保护心脏、预防高血压、美容护肤、加速排泄等，其

---

[1] ［墨西哥］阿图洛·瓦尔曼：《玉米与资本主义——一个实现了全球霸权的植物杂种的故事》，谷晓静译，28页，上海，华东师范大学出版社，2005。

营养价值近年来不断被挖掘,可谓"黄金作物"。根据种皮、籽粒颜色区分,玉米分为黄玉米、白玉米、混合玉米。从用途划分,玉米分为籽粒玉米、青贮玉米、鲜食玉米。我国多年来采用的基本标准是《玉米 GB 1353—2009》。此外,我国与玉米相关的国家标准包括玉米自身标准、特定物质测定标准、玉米加工品标准、玉米设备标准等。

2. 杂粮类

谷物类杂粮是指大米、小麦、玉米以外的谷物,不包括薯类、豆类。2013年是"国际藜麦年",由联合国粮农组织、世界粮食计划署、联合国开发计划署、国际农业研究磋商组织、土著人民组织等共同推动落实,旨在推动粮食多样性和营养价值,有效抵抗饥饿、消除贫困。杂粮具有以下特征:其一,杂粮产量少。各类杂粮对种植环境有特殊要求,必须在特定环境下才能种植,所以种植面积小,产量也低。其二,特殊功用。杂粮富含特殊的营养成分,很多还是药食兼用,既有粮食功能,也可做中药材调理。这里引入一个新名称"全谷物",即未经精细加工、保留完整谷粒结构和天然营养成分的谷物。杂粮均可作为全谷物的良好来源,比精制的粮食成品具有更多的营养价值,还可以有效防治各类慢性病。其三,杂粮类型多样。杂粮的类型多样化,如燕麦、高粱、荞麦等。随着农业全球化与农业科技的发展,越来越多的杂粮品种会被端上我国老百姓的餐桌,不断丰富人们的膳食结构。

薯类包括马铃薯、红薯、芋薯、木薯等。薯类的碳水化合物、维生素、矿物质、果胶含量丰富。马铃薯在安第斯地区已有大约8000年的食物消费史,2008年是"国际马铃薯年"。马铃薯种植方式简单、热能成分高,非常适合耕地有限、人口众多的发展中国家,被认为是未来的世界主食。马铃薯更多是受本地化因素影响,受国际市场波动的影响比较小。要深挖其在粮食可持续发展系统中的潜力,充分发挥国际马铃薯年执行伙伴、非正式国际指导委员会等的作用,提升马铃薯种植者的福利,为实现联合国千年发展目标发挥关键作用。目前,我国各地均在发展薯类生产。例如,广东省重点开发珠江口"江门—茂名""惠州—汕尾"东西两翼沿海薯类优势产区。国家有把薯类主粮化的趋势,学界也纷纷作出回应,但不能动摇三大主粮的基础地位。

豆类品种其实也很多。其中,大豆是重要的蛋白食品原料、蛋白饲料来源,是最重要的豆类产品。我国目前是世界上最大的大豆进口国,对外依存度高，产业发展形势非常严峻。早在 2008 年，国家发改委发布《促进大豆加工业健康发展的指导意见》，提出建立引导大豆有序进口的安全保障机制、大豆商业周转储备制度、大豆产业信息发布制度等。2009 年，农业部办公厅发布《大豆产业发展机制创新试点工作方案》，提出健全大豆产业组织体系、大豆产业服务机制、大豆产品质量安全全程保障体系、共创品牌与共享收益的质量价格机制。2014 年，财政部又提出《关于大豆目标价格补贴的指导意见》，将价格补贴改为对农民的直接补贴，发挥市场的决定性作用。2016 年是国际豆类年，重点是推广豆类蛋白，促进耕种轮作，应对世界营养不良。我国应当有效区分食用大豆与油用大豆，发挥特色，错位发展，应对国外进口大豆的激烈竞争。2017 年中央一号文件则提出"调整大豆目标价格政策"的制度安排。目前要完善国产大豆补贴管理办法，如补贴主体、补贴条件、补贴标准、补贴程序等，建立大豆商业周转储备、大豆进口安全预警、转基因标识等制度。

杂粮类的"杂"要求完善相应的品种登记制。一方面，完善品种登记制的程序机制。主粮以外的粮食作物品种一般都要进行登记，而且是在推广前登记。建立粮食品种登记信息平台，建立健全登记目录和品种登记指南。加强对申请者、试验机构的资质审查，加强粮食品种测试。品种登记实行属地管理，按省份申请登记。如出现几个申请主体时，优先受理最先提出者；如同时申请的，优先受理育种者的申请。品种登记必须进行信息公开，如粮食作物种类、粮食品种名称、粮食品种来源、粮食品种特征、适宜种植区域、适宜种植时段、申请者、育种者等。另一方面，完善品种登记制的实质条件。其一，人工因素。该粮食品种必须经过人工选育或发现，并经过人工改良，祛除自然繁衍的某些弊端（如味道怪异、难以下咽）。其二，特异性。该粮食品种必须具有与现有粮食品种不同的特殊性，才能与现有粮食品种有效区分。其三，一致性。该粮食品种生产出来的粮食作物必须具有一致性，如特征差异过大则不能成为同一品种。其四，稳定性。该粮食品种生产出来的粮食作物代际之间必须具有稳定性，不能出现明显的变异。

第二节　特定粮食服务行为：区别于粮食法律行为

作为粮食法律客体的"粮食服务行为"与粮食法律行为有本质区

别。其一，归属性。特定粮食服务行为属于法律客体，粮食法律行为属于法律行为。其二，对价性。特定粮食服务行为强调行为本身具有对价、给付意义，粮食法律行为强调以意思表示发生粮食法效果的行为。其三，与权利义务的关系。特定粮食服务行为是粮食权、粮食法律义务指向的对象，不直接关注粮食权、粮食法律义务的变化。粮食法律行为则是为了设立、变更或终止粮食权与粮食法律义务，强调媒介与变化过程。具体而言，特定粮食服务行为包括粮食生产领域的服务行为与粮食流通领域的服务行为。

一、粮食生产领域服务行为：引入"互联网＋"

原本意义的"粮食生产领域的服务行为"是指与粮食生产直接相关的服务行为。随着信息化时代的迅速发展，"互联网＋"模式进入粮食产业，形成势不可挡的良好态势，"互联网＋粮食"服务全面铺开，甚至可以说是引领粮食服务业的潮流。因此，解析粮食生产领域的服务行为必须从"与粮食生产直接相关的服务行为""粮食生产延伸的'互联网＋粮食'服务行为"两个方面展开。

（一）与粮食生产直接相关的服务行为

农民获得新知识和技能的方式有三种，即"试验和错误""在职培训""教育"[①]。因此，加强新型职业农民培训服务是必不可少的，而且相当紧迫。未来重点是完善培训服务机构设置、创新培训服务模式、规范培训成效认定。与此同时，随着粮食生产规模化发展，单一个体、单一家庭不足以承担相应的劳动量，粮食生产雇佣活动逐步兴起。未来趋势是从雇用闲工到粮食生产托管，并可以雇用第三方机构负责粮食生产环境治理。

1. 新型职业农民培训服务

世界粮食安全委员会《农业和粮食系统负责任投资原则》（2014年）原则4为"青年人参与和赋权"。联合国粮农组织全力打造全球农民田间学校平台，提供国际经验借鉴。田间学校具备以下特征：其一，全球性。田间学校始于亚洲，在全球推广，助推形成国际、区域、国家等不同层面

---

① ［美］西奥多·W. 舒尔茨：《改造传统农业》，2版，梁小民译，147～148页，北京，商务印书馆，2007。

的教育平台。其二，内容丰富。田间学校包含粮食生产至消费全过程产业链，涉及生产技能、农业技术、管理技巧、营养知识、权利保障等方方面面。其三，教育形式。田间学校倡导终身教育理念，形成专业化的教育团队，大规模开展田间地头的非正式教育形式，将知识传播与本地实践紧密结合。

新型职业农民的"职业"性要求有该职业特有的职业道德、职业知识、职业技能。除了自学、在生产实践中摸索之外，还必须建立对应的培训服务体系，进行有针对性的培训。其中，粮食生产领域的培训服务是以种粮大户、家庭农场主、农民合作社带头人、返乡涉粮创业者为重点培训对象。在粮食产业化发展的同时，新型职业农民培训服务也要在市场化、产业化的基础上实现"职业"化发展，充分体现培训服务行为本身的市场价值。

第一，完善培训服务机构设置。新型职业农民培训服务机构呈现多元化趋势，如建设新型职业农民培养示范基地、创业孵化基地、农民田间学校，可以由粮食产业园区、粮食龙头企业投资设立，与涉粮院校、粮食科研机构、农技推广机构等相对接。建立新型职业农民培训师资库，对专职师资、兼职师资进行合理分类。建立师资考核评价机制，实行师资动态管理。条件成熟时，建立一批全国性、区域性的粮食职业教育集团。

第二，创新培训服务模式。实行菜单式学习，提供集中培训与现场实训、线上培训与线下培训的"组合菜单"。在一个培训周期内分阶段安排实践学习，如生产实践、教学观摩、参观考察、创业孵化等。科学设定集中培训的内容，如创新意识、职业道德、人文科学、生产技能、经营技能、法律知识等课程。合理配置教学资源，全国层面可制定培训规划（如农业部《"十三五"全国新型职业农民培育发展规划》），编制通用教学资源，各地可根据本地粮食生产特色采用针对性的教学资源。

第三，规范培训成效认定机制。以创新意识、职业道德、人文科学素养、生产技能、经营技能、法治思维等作为认定标准。探索建立初级、中级、高级的分级认定机制，鼓励粮农参与分级认定，但不得强制或限制粮农参加分级认定。条件成熟时，新型职业农民分级认定应当被纳入国家职业技能鉴定体系，真正成为"职业"技能鉴定。各地应将新型职业农民培训成效纳入粮食安全省长责任制的考核指标体系，建立培训服务的督导制度，强化分类指导。

2. 粮食生产雇佣活动

一方面，从雇用闲工到粮食生产托管。粮食生产是季节性的，有农忙时分，也有闲歇时候。普遍认为，"许多的农民在耕作自己的土地时会使用雇佣劳动力来代替家庭劳动力或作为家庭劳动力的补充"[①]。闲歇时候，粮食生产者自身都可以从事其他劳作；农忙时分，粮食生产者则根本忙不过来，需要雇用闲工（包括刚好赋闲的新型职业农民）帮忙。这样可以充分提高人力资源利用效率，调动广大农村的劳动力市场和社会化服务市场，也间接推动新型职业农民建设。雇用闲工属于雇佣关系，而不是劳动关系，要充分保障其劳作过程中的身体健康、及时获得劳作报酬。从长远来看，雇用闲工会发展为粮食生产托管，将粮食生产全部或部分环节委托给特定第三方服务组织完成。这样有利于整合粮食生产资源、促进规模化生产，从根本上解决农村劳动力不足问题，全力保障粮食安全。

另一方面，雇用第三方机构负责粮食生产环境治理。粮食生产环境污染实行"谁污染、谁治理"和终身责任制。雇用第三方机构负责粮食生产环境治理，基于以下原因：其一，专业性。第三方机构是具有环境污染治理专业技能的企事业单位，可以更为专业地解决污染问题。其二，效率性。第三方机构有足够的治理经验，可以与粮食生产经营者一道协同治理环境污染，节约治理成本，提高治理效率。从法律角度考虑，雇用第三方机构关键是促进第三方治理合同的标准化，如建设运营模式、委托运营模式。建设运营模式强调权利义务、项目建设、运营维护、计价结算、项目移交、项目拆除、违约责任等。委托运营模式强调权利义务、委托范围、委托运营期、岗位配置、运行维护、配件供应、价款支付、违约责任等。

（二）粮食生产延伸的"互联网＋粮食"服务行为

"互联网＋"是近年兴起的热门话题，农业部《关于加快推进"互联网＋农业政务服务"工作方案》（2017年）全力推进"互联网＋农业"服务。应当逐步吸引高端人才（如高校研究生、高科技产业的企业主、粮食研究人员、留学归国人员等）从事粮食生产延伸的"互联网＋粮食"服务。从发展趋势看，"互联网＋粮食"服务应当从"互联网＋粮食信息"模式走向"物联网"模式。

[①] ［丹麦］埃斯特·博塞拉普：《农业增长的条件：人口压力下农业演变的经济学》，罗煜译，97页，北京，法律出版社，2015。

1. "互联网＋粮食信息"模式

联合国粮农组织积极推动"交流促进发展"行动，采用多种形式的信息合作工具提高粮食产业信息化水平，本质上即为"互联网＋粮食信息"，如在非洲、亚洲、拉丁美洲创建三大区域网络平台等。2016年，我国玉米市场化电子交易暨黑龙江省农民粮食购销专场在黑龙江省哈尔滨市启动，构建直接面向种粮农民的国家级粮食网上购销平台，这是"互联网＋粮食信息"的标志性成果。

一是政府粮食服务平台，包括国家粮食服务平台和地方粮食服务平台。国家粮食服务平台是全国粮食信息化服务的核心，平台建设关系全国粮食行业的发展大局。地方粮食服务平台承担上传下达、具体实施的重任，实现区域内全普及。具体而言，政府粮食服务平台包括：粮食政务平台，如粮食风险防控系统、粮政执法系统、粮食动态监管系统等；粮食业务平台，如储备粮远程监管系统、粮食物流动态监测系统、粮食仓储智能管理系统等；粮食商务平台，如国家粮食网上交易系统等；公共服务平台，如粮食行政微信（微博）公众平台、粮食公共信息发布平台等。总之，粮食企业可以购买政府的粮食公共服务，不能理解成仅购买粮食信息，而应还包括信息咨询、分析、解决等一系列配套服务。

二是商业性粮食服务平台。商业性粮食服务平台包括粮食企业开发的服务平台与第三方商业性机构开发的服务平台。粮食企业开发的粮食服务平台如电子商务交易系统、业务管理系统、资金运行系统等。第三方商业机构为粮食企业决策提供信息咨询、分析、解决等一系列配套服务。粮食企业可以购买商业性机构的信息化服务，政府同样可以购买商业性机构的信息化服务或与商业性机构建立沟通合作关系。粮食企业开发的服务平台更多是为了自身发展需要，而第三方商业性机构开发的服务平台才是纯粹提供粮食服务。

"互联网＋粮食信息"模式的落脚点是提供"大数据"服务。联合国粮农组织正致力于推进全球和国家层面的大数据服务体系。就我国而言，提供"大数据"服务具体包括：其一，"大数据"标准化。"十三五"期间，我国粮食行业信息化标准数量将达到50项。未来要建立国家治理大数据中心，纳入粮食服务平台的数据应用。建立健全"大数据"采集、管理、交换、体系、评估、认证等标准。其二，建立"大数据"交易市场。推动开发粮食"大数据"交易市场，实现粮食现货市场与粮食期货市场的有效对接。其三，注重"大数据"保护。在制定粮食行业"大数据"共享开放制度的同时，实行采集、传输、存储、脱密、使用、备份、销毁等"全过程"的安全保护。严厉打击影响粮食安全的非法泄密行为、非法买卖数据行为。其四，实施"大数据"国际化战略。建立全球粮食产业基础数据库及相应的采集分析平台，健全全球粮食产业数据采集、分析、运用程序，完善世界粮食安全预警指标体系和预警分析模型，定期发布重点国家特色粮食品种信息。

2. "物联网"模式

早在2013年，《国务院关于推进物联网有序健康发展的指导意见》就明确了对物联网领域的支持政策。"物联网"的雏形是电商服务高端化，如构建直接面向粮农的粮食网上购销平台。国家物联网建设的长期目标是形成安全可控、具有国际竞争力的物联网产业体系，而粮食产业的目标则是实施物联网智能工程，推进物联网应用，提高粮食产业的智能化水平。未来粮食产业要积极借助中国物联网发展部际联席会议这一平台，加强物联网发展的政策协调与资源共享。因此，未来提供的粮食物联网服务可从以下方面进行机制完善，具体如下：

首先，物联网技术创新。一是加快物联网技术研发。例如，遥感监测土壤墒情、粮食生长态势、自然灾害，联合收割机工况传感器，等等。二是制定物联网基础标准。例如，建立粮食品种DNA身份鉴定标准，等等。三是完善物联网技术规范。例如，粮食物联网核心芯片、软件、设备等的使用规范。涉及国家层面的粮食安全因素，必须具备相应的安全预警和系统解决方案。

其次，物联网平台构建。一是物化层。物化层是粮食产品本身的生产、收购、运输、加工、储存、销售、进出口。从土地承包经营权确权登记开始，在粮食生产中构建物联网测控体系，推进粮食流通全面市场化改革。二是感知层。感知层包括粮食信息管理系统、生物识别、GPS定位等。设立粮食产品感知代码，健全粮食生产、收购、储存、运输、加工、销售、进出口的可追溯体系。三是网络层。网络层是粮食信息传输有线网络、无线网络。四是支撑层。支撑层包括粮食安全数据库、云计算、数据共享等，应与粮食电子交易平台、粮食信息化服务体系乃至国家治理大数据中心有效对接。五是应用层。应用层包括粮食风险监控、风险预警、风险跟踪、风险决策等。例如，加强粮食物联网项目的投资效益分析、投资风险评估，防范和化解粮食风险。

再次，政府扶持。建设粮食物联网试验示范省、示范市、示范区、示范基地。完善物联网发展专项资金管理办法（如支持范围、支持方式、资金申请、资金审核、监督检查等），为高新物联网企业提供所得税优惠，对粮食重大物联网项目优先给予信贷支持，支持海外资本市场直接融资，设立粮食物联网股权投资基金、创业投资基金等。开展粮农物联网技能培训，提高粮农利用物联网进行生产经营的能力。

二、粮食流通领域服务行为：全面市场化之要求

粮食流通是粮食生产、粮食消费的中间阶段，其中很多阶段是可以借助第三方服务完成的，如粮食储存服务、粮食运输服务、粮食加工服务。这些服务的共同点是对人员、技术、场所（设施）的专业要求高，不是一般的粮食生产经营者能够胜任的。借助第三方服务可以优势互补，最大限度地提高效能，更好地促进粮食流通全面市场化改革。

（一）粮食储存服务

粮食储存与粮食储备有本质区别，前者强调商业性、暂时性，后者强调战略性、长期性。从服务行为角度讲，应该是粮食储存服务而非粮食储备服务。粮食储存包括对自身拥有的粮食进行储存，也包括委托粮食储存企业进行储存。粮食储存服务作为粮食法律关系的客体，强调的是储存服务行为本身，要求优质储存、智能储存。

1. 粮食优质储存

粮食优质储存需要注意以下几点：

第一，健全粮食储存标准。粮食最低库存量、最高库存量是以上年度月平均收购量、加工量、销售量等来计算的。一般情况下，粮食生产经营者同时经营粮食流通领域的多种业务，应执行相关业务最低库存量的最高标准；出现粮食应急状况时，应执行相关业务最高库存量的最低标准。

第二，加强粮食质量保障。一是合理利用储存地域。我国粮食储存地域可以根据温度分为高寒区、低温区、中温区、高温区，根据湿度分为干燥区、低湿区、高湿区。二是有效区分粮食品质。有效区分粮食水分含量，如安全水分、半安全水分、危险水分、高水分。有效区分虫粮密度等级，如基本无虫粮、一般虫粮、严重虫粮。禁止混存不同生产年份的粮食，禁止与有毒有害物质混存。三是加强储存设施建设。有效区分粮仓类

型（如房式仓、立筒仓），有效区分储藏条件（如低温、低氧、低剂量熏蒸），完善粮食储存设施档案制度。粮食储存设施建设专项资金（如更新改造资金、大修资金）坚持专款专用，及时进行维修保养。

第三，严格规定粮食储存环境检测措施。一是温度检测。应当合理设置检测点（上下分层、四周、中心），定期检测粮堆、仓内、仓外的温度。二是水分检测。水分会直接影响粮食质量，应定期检测并及时应对危险情形。三是相对湿度检测。相对湿度同样会直接影响粮食质量，可利用湿度传感器、干湿球温度计等加强相对湿度检测。四是害虫检测。害虫对粮食的侵蚀是致命的。根据害虫密度，采取筛检、诱捕检测等检测方法，安排每周或至少每月检测一次。

2. 粮食智能储存

"十三五"期间，我国国有粮食收储企业信息化升级改造覆盖率将达到80％以上。专业的粮食储存场所必须配备智能化设施，提供智能化服务。从技术类型划分，粮食储存场所要引入传感技术、自动化技术、物联网技术等高科技手段并赋予保障措施。从系统类型划分，粮食储存场所要建立远程监管、自动化办公、自动化作业等智能系统。从储存类型划分，粮食储存场所可以分为收纳库、储备库、示范库。

要实现粮食智能储存，必须加快制定智能技术促进措施。相关措施具体如下：其一，优化组合。鼓励通过智能技术实现降温、通风、气调相结合。其二，有害生物控制。鼓励通过智能技术对害虫采取物理、生物、化学等多种控制方式，对微生物采取智能化预防措施，对鼠类采取智能诱捕方式。其三，特殊情况的处理。例如，高温粮应采用现代化、智能化的通风、倒仓方式，发热粮应考虑智能化降温，污染粮要智能化封存，等等。

（二）粮食运输服务

粮食运输包括对自身拥有的粮食进行运输，也包括委托粮食运输者进行运输。粮食运输服务作为粮食法律关系的客体，强调的是运输服务行为本身。我国粮食运输成本过高，甚至是发达国家的几倍，所以委托运输服务必须从宏观层面、微观层面同时加强。其中，宏观层面要健全粮食运输体系，微观层面要升级粮食运输工具。

1. 宏观层面：粮食运输体系的健全

一方面，健全粮食运输通道保障机制。"十三五"期间，我国原粮跨省散运比例将达到50%。合法装载出省外销粮食整车运输车辆实行鲜活农产品绿色通道机制，对省内粮食外销整车运输减免路桥通行费，加强监督落实。做好绿色通道统计工作，合理调整粮食多种运输比价关系，以优先审批、财政投入、贷款优惠等方式扶持"四散化"粮食现代物流体系。严格执行国家粮食运输技术规范，发展国家级粮食运输示范单位。建立全国粮食运输信息平台，探索粮食运输信息平台与国内外粮食电子交易平台的有效对接。

另一方面，建立粮食运输节点促进机制。2016年，黑龙江省启动玉米市场化改革，重新盘活南北通道。我国的目标是，未来五年实现全国粮食运输一级节点50个、二级节点110个。有效划分粮食运输通道，从中推进横线和纵线。积极改建、扩建、新建粮食中转仓、铁路专用线、粮食码头、快速中转仓等，相应建立粮食物流园区。根据"南粤粮安工程"主要指标，广东到2020年将在珠三角、粤东、粤西、粤北各建成1个以上含物流在内的综合性粮食产业集聚区。其中，在京广线、广梅汕、广茂湛沿线建设跨省铁路粮食中转项目，在珠江沿线、东西部沿线建设跨省港口散粮中转项目。应当清理和取消粮食运输节点的各项不合理收费，加大对粮食运输节点涉黑犯罪的惩罚力度。与粮食进出口贸易对接，建立粮食跨境节点的沟通联络机制。

2. 微观层面：粮食运输工具的升级

随着粮食流通实行全面市场化改革，粮食运输从省内运输到省际运输再到国际运输，对粮食运输工具的要求也越来越高。应当加强粮食运输工具及其负责人、服务企业的准入管理，提高粮食运输工具的技术规范、操作规范，加强粮食运输人员的技能培训，加强海路（水路）、公路、铁路等粮食运输工具的衔接。从粮食多品种、多等级、小批量的角度出发，引入粮食集装箱运输，实现灵活方便、简单高效。常规化加强粮食运输工具检查，每次检查粮食运输工具时，检查人员不得少于2人，验货部位不得少于3点。不得使用被污染的包装材料运输粮食，不得使用被污染的运输工具运输粮食，不得与有毒有害物质混装运输。

（三）**粮食加工服务**

粮食加工包括对自身拥有的粮食进行加工，也包括委托粮食加工企业进行加工。粮食加工服务作为粮食法律关系的客体，强调的是加工服务行为本身。在加强粮食正常加工服务的同时，要慎重发展生物能源。

1. 粮食正常加工服务

"十三五"期间，我国粮油加工业主管业务收入将达到4.1万亿元，面制主食品工业化率达到30%，米制主食品工业化率达到20%。《粮油加工业"十三五"规划》预测我国2020年将形成30家以上主营业务收入超过100亿元的骨干粮油企业。粮食正常加工服务着重要解决加工产品目录、特色品种加工、产业集群建设等。

第一，设立粮食加工产品目录，分为鼓励类、限制类、禁止类。鼓励类项目包括：大米加工，如大米应急加工项目、大米保鲜技术研发、大米加工技术研发、大米副产品研发；小麦加工，如小麦出粉率、糕点粉制作、功能性副产品研发；等等。限制类项目包括小作坊大米加工、小规模面粉生产等。禁止类项目包括高污染、高消耗的面粉厂建设等。积极发展新型粮食加工品，如方便粮食加工品、休闲粮食加工品、速冻粮食加工品，开发高科技膳食产品，提高粮食加工副产物利用率。

第二，粮食分品种进行特色加工，建立特色加工促进机制。一是大米产品。积极发展特色大米产品，如发芽糙米、改性糙米、留胚米、营养强化米等，形成发电、生产环保材料等循环利用模式。二是小麦产品。积极发展特色小麦产品，如全麦粉、预拌粉等，形成小麦粉、面制品等循环利用模式。三是谷物类杂粮产品。根据区域特色积极发展优质杂粮品种，如青稞、燕麦、荞麦、高粱等。四是薯类产品。充分发挥薯类产品的特性，积极开发薯饼、粉丝、薯片、薯条等特色薯制品。

第三，粮食加工产业集群建设。引导加工企业向主产区、优势产区、产业园区集中，打造粮食加工产业集群。例如，广东打造珠三角主食加工体系、客家主食产业集聚区、潮汕主食产业集聚区等。向产业链上游拓展，可建立粮食加工企业与种粮大户、家庭农场、农民合作社的利益联结机制（如入股、订单收购、社会服务），建立粮食产后服务中心，创新粮食产后服务新模式，让粮农分享增值。向产业链下游拓展，可建立产购销全过程物流体系，建立直营店、销售专柜，等等。

2. 发展生物能源的争议

人类社会能源利用的发展，经历了从薪柴阶段、化石能源阶段到可再生能源（新能源）阶段，本质上是能源利用技术、理念的提升历程。联合国可持续发展目标提出"经济适用的清洁能源"。联合国粮农组织组建"能源智能型粮食计划"，如获取现代能源服务、提高能源效率、推进可再生能源、"水—能源—粮食"模型等方式。生物能源充分利用现有的生物资源，为人类持续提供更多的能源，同时也有助于生态环境保护，应对气候变化的挑战，在有限的地球资源中拓展人类的发展空间。

我国《可再生能源法》规定可再生能源包括生物质能。作为新能源，生物质能是满足多元能源需求、应对全球气候变化的基本能源类型，具体分为生物质发电、生物质成型燃料、生物质燃气、生物液体燃料。《生物质能发展"十三五"规划》提出，到2020年，生物质年发电量900亿千瓦时，生物质成型燃料年利用量3 000万吨，生物天然气年利用量80亿立方米，生物液体燃料年利用量600万吨。目前的趋向有二：一是制定统一的《能源法》，把生物质能纳入其中；二是制定《生物能源法》，专门规定生物能源问题。无论如何，生物能源法定化、能源权设立均是必然趋势。

关于能否将粮食尤其是主粮纳入生物能源的发展范畴，目前争议很大，值得立法关注。我国的粮食生产处于紧平衡状态，如果实行粮食能源战略，将严重威胁现有的粮食供给格局。第一，非主粮的粮食品种可适度发展。有学者建议，"推动国际范围内的生物能源可持续标准的建立，引导生物能源产业以非粮作物为原料。"[①] 哪些"非主粮"可以适度发展，对此必须有科学的评定标准。要加强投资分析和环境社会影响评价，建立健全粮食深加工动态调整机制。第二，禁止主粮能源化。有学者强调"扭转生物燃料政策"，"使食物、土地和水资源被用来养活民众"[②]。近年来粮食高库存问题严重，尤其是玉米"去库存"成为重要任务，从中产生很多法律难题。国家目前是控制总量发展粮食燃料乙醇，但从长远来看有必要禁止主粮能源化。基于国内外粮食安全的严峻形势，对"与粮争地"、违法以主粮为原料进行深加工的行为要坚决取缔，并追究法律责任。第三，有效发展"问题粮食"能源。界定"问题粮食"的范围，如"镉大米"、霉变玉米、毒素超标小麦，制定"问题粮食"能源开发利用目标导向。

[①] 余莹：《西方粮食战略与我国粮食安全保障机制研究》，299 页，北京，中国社会科学出版社，2014。

[②] ［美］莱斯特·R.布朗：《饥饿的地球村：新食物短缺地缘政治学》，林自新等译，96 页，上海，上海科技教育出版社，2012。

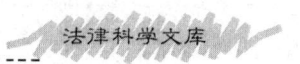

第三节 粮食智力财产：智力财产之粮食法保护

我国《民法总则》第123条明确规定知识产权的客体包括发明、实用新型、外观设计、商标、地理标志、商业秘密、植物新品种等。从法理上讲，智力财产是现代化的法律客体。相应的，粮食智力财产是现代化的粮食法律客体，具体包括传统粮食智力财产与新型粮食智力财产。其中，传统粮食智力财产如粮食科技与专利、粮食商标与品牌战略、涉粮商业秘密等，新型粮食智力财产涉及植物新品种、粮食地理标志与非物质文化遗产等。

一、传统粮食智力财产：智力财产传统模型构建

传统的智力财产包括信息、科技与知识产权客体等。其中，信息在本书中体现为特定粮食服务行为中的信息服务，这里重点探讨粮食科技、粮食知识产权客体。粮食科技重在科技创新，科技创新又与粮食专利保护密切联系。粮食科技创新，可以有效提升粮食品牌，需要相应的商标保护、中华老字号保护。由于粮食智力财产的多样化，传统的知识产权保护未必足够，需要有完善的涉粮商业秘密保护。

（一）粮食科技与专利

"加剧世界农业不均衡的基本原因，是欠发达国家由自然资源型农业向科学型农业转变方面的落后状况。"[①] 科技是第一生产力，应当倡导"藏粮于技"战略。粮食科技重在创新，包括粮食科技研发、粮食科技应用、粮食科技推广、粮食产业机械化、粮食国际科技合作等。与之对应，粮食专利保护必须明晰涉粮发明、涉粮实用新型、涉粮外观设计等的法律特征，更好地推动粮食科技创新。

1. 粮食科技

粮食科技创新是粮食科技研发、科技应用、科技推广、产业机械化、

---

① [日] 速水佑次郎、[美] 弗农·拉坦：《农业发展：国际前景》，吴伟东等译，王广森、佟蔚校，302页，北京，商务印书馆，2014。

国际科技合作的有机统一体。

第一，粮食科技研发。建立粮食科技创新中心、粮食科技创新联盟，推进资源开放共享与服务平台基地建设。根据具体品种对粮食科技研发加以支持，如大米副产物综合利用、高效节能小麦加工技术、木薯非粮燃料乙醇技术。支持开展地方特色优势粮食科技研发，如湖北将葛根粉制作成营养米。发展高科技农机设备，如测土配方施肥、水肥一体化精准灌溉、航空施药等。推广产学研合作，健全粮食科技研发的科研机构、学科带头人、创新团队等激励机制。健全粮食科技研发专家库制度，相关专家可担任粮食企业的首席科学家、总工程师、技术顾问、研发部主任等职。

第二，粮食科技应用。建立粮食产业技术创新联盟、现代粮仓科技应用示范库，制定多元化的科技成果转化收益制度、差别化的科技评价制度，创新科技转化共赢机制、科技应用保障机制，鼓励以转让、许可、作价投资等方式向粮食企业转让科技成果。

第三，粮食科技推广。支持农技推广人员与种粮大户、家庭农场、农民合作社、粮食龙头企业等开展技术合作，推行科技特派员制度。推广低温储粮技术、粮食"四散化"技术、粮食质量安全保障技术、粮食高品质加工技术等；推广粮食科技活动周，推动粮食科技成果转化对接推介活动。

第四，粮食产业机械化。机械化的优势在于减轻劳动强度，最有效率地利用农业资源，带动提高整个粮食产业的运作效率。机械化应当是粮食产业的一项战略，极大地促进粮食流通全面市场化改革，助推我国成为新时代粮食产业强国。

第五，粮食国际科技合作。联合国粮农组织的技术合作计划（TCP）根据国别实际情况，弥补重大技术空白，推动技术创新，促进粮食产业可持续发展。技术合作计划项目的标准包括"使命一致""填补关键空白""可持续影响""加强政府承诺""对性别敏感"等。目前的短期项目有响应需求、传授专门技能、促进可持续性、帮助筹集资源等，计划合作项目包括发展支持、紧急援助和对早期恢复的支持。[①] 粮食国际科技合作必须区分最不发达国家、发展中国家、发达国家，适用不同的准入资格标准。

---

① 参见联合国粮农组织"主题"之"技术合作计划"栏目，见 http：//www.fao.org/technical-cooperation-programme/at-work/zh/，访问时间：2017-08-14。

2. 粮食专利

根据《专利法》第 25 条的规定，对粮食品种不授予专利权，但对粮食生产方法可以授予专利权。事实上，粮食专利保护的范围很广，应当明确以下几点：第一，粮食专利保护不局限于保护"粮食产品"，而且保护与粮食产业相关的技术、设施、方案、设计等。第二，粮食专利保护不仅保护粮食生产阶段，而且保护粮食"全过程"产业链。第三，粮食专利保护不仅保护涉粮发明创造，而且保护涉粮实用新型、涉粮外观设计。第四，对违反法律、公序良俗者不得授予专利权，可以申请宣告专利权无效。

涉粮发明必须具备以下法律特征：其一，新颖性。所申请的涉粮发明不属于现有技术，也没有任何粮食生产经营者在申请日以前依法提出过申请并记载在相关法律文件中。其二，创造性。所申请的涉粮发明具有突出的实质性特点和显著的进步。其三，实用性。所申请的涉粮发明具有可操作性，在粮食行业产生积极的经济和社会效果。

涉粮实用新型必须具备以下法律特征：其一，新颖性。所申请的涉粮实用新型不属于现有技术，也没有任何粮食生产经营者在申请日以前依法提出过申请并记载在相关法律文件中。其二，创造性。所申请的涉粮实用新型具有实质性特点和进步。其三，实用性。所申请的涉粮实用新型具有可操作性，在粮食行业产生积极的经济和社会效果。

涉粮外观设计必须具备以下法律特征：其一，新颖性。所申请的涉粮外观设计不属于现有设计，与现有设计（组合）相比能够明显区分、有效区分，没有任何粮食生产经营者在申请日以前依法提出过申请并记载在相关法律文件中。其二，实用性。所申请的涉粮外观设计必须具有可操作性，适于工业应用。其三，美感性。所申请的涉粮外观设计是色彩、形状、图案及其组合，必须富有美感，赏心悦目。

（二）粮食商标与品牌战略

粮食产品逐步发展，需要有相应的商标登记对粮食产品、粮食生产经营者加以保护、提升。从长远来看，只有把粮食商标发展为粮食驰名商标，才能有助于市场推广和提升市场竞争力。经过岁月熏陶，粮食商标可以发展为中华老字号，成为粮食传统文化与时代发展的品牌结晶。

1. 粮食商标

商标是粮食产品的形象代言，对形成优质产品、保障粮食安全有战略性意义。根据商标属性，可以分为商品商标与服务商标，粮食商标属于商品商标。另外，粮食集体商标是指以粮食社会组织的名义注册，供该组织成员在粮食"全过程"产业链中使用的商标，是成员资格的象征。粮食证明商标是指由对粮食产品有监督能力的组织机构控制，而由相关单位或个人使用于粮食产品，用以证明粮食产品特定品质的商标。仅直接表示粮食产品的基本特点（如质量、重量、数量），一般不能作为粮食商标注册。

粮食商标保护的关键是加强粮食驰名商标保护，借此树立民族品牌，提升国际竞争力。根据《商标法》及其相关规定，粮食驰名商标必须形象生动、独具特色、浅显易懂、便于传播。与粮食驰名商标对应的产品，可以是粮食，也可以是粮食制品、粮食深度加工品。粮食驰名商标的注册人包括农垦集团、粮食企业、食品企业、粮食科技推广中心、粮食行业协会等。对粮食驰名商标的保护，实际上就是对粮食生产经营者劳动成果的品牌保护和战略推进，有助于保障整体粮食安全。

2. 粮食中华老字号

顾名思义，中华老字号必须有足够的时间沉淀与文化底蕴。根据最高人民法院指导案例第 58 号关于侵害商标权及不正当竞争纠纷案的裁判要点，中华老字号注册问题可以分两种情况讨论：一是与"老字号"无历史渊源的个人或企业。如将"老字号"注册为商标，以"老字号"的历史进行宣传，应认定为虚假宣传。二是与"老字号"具有历史渊源的个人或企业。如将"老字号"注册为个体工商户字号或企业名称，未引人误认，未突出使用该字号，符合诚实信用原则，属于合法行为。因此，必须对中华老字号与商标、字号、企业名称、商誉等加以正确区分。

结合上述案例，粮食中华老字号保护需要重点解决以下问题：其一，粮食品牌传承保障机制。例如，推动中华老字号、地方老字号品牌传承升级，在交通工具、重要商贸区等加大广告宣传力度。其二，优质品牌促进机制。树立优质品牌（如中国年度十强、中国名牌），包括大米加工企业、小麦粉加工企业、玉米加工企业、杂粮加工企业、挂面加工企业、粮食机械制造企业等。其三，国际化发展。鼓励粮食品牌企业开展国际交流活动，参加国际展览展销。例如，"浙粮"牌醇鲜五常香米为 G20 杭州峰会西子国宾馆欢迎晚宴主食专用大米。

（三）涉粮商业秘密

我国《反不正当竞争法》的修改强化了对商业秘密的保护，未来有必要制定《商业秘密保护法》，专门保护商业秘密。其中，涉粮商业秘密包括涉粮经营信息和涉粮技术信息，具有涉粮性、秘密性、利益性、实用性、保密性等特征。由于涉粮商业秘密属于私人利益或集体利益，而国家安全属于国家利益，因而需要进行利益博弈、利益衡平。

1. 涉粮商业秘密的类型

商业秘密是我国《民法总则》第123条明确规定的知识产权客体。我国《反不正当竞争法》第9条详细规定了商业秘密问题。具体到粮食行业，涉粮商业秘密包括涉粮经营信息和涉粮技术信息。其一，涉粮经营信息。例如，粮食生产经营规划，粮食生产经营的财务信息，粮食企业管理方法，粮食企业上市并购信息，粮食企业的投融资决策、产权交易，粮食储备信息，客户名单，等等。其二，涉粮技术信息。例如，粮食种植技术、粮食产品配方、粮食加工工艺、粮食储备诀窍，等等。

涉粮商业秘密具有以下法律特征：其一，涉粮性。涉粮商业秘密必须与粮食行业密切相关、与粮食安全保障密切相关。如果与粮食行业无关，或者不影响粮食安全保障，则属于其他领域的商业秘密。其二，秘密性。涉粮商业秘密必须不为公众所知悉，宁愿采取商业秘密形式也不申请专利保护。如果为公众所周知，则不构成"秘密"。其三，利益性。涉粮商业秘密必须为权利人带来经济利益才符合"商业"本质，难以带来经济利益的不构成商业秘密，仅仅带来其他非经济层面利益的也不构成商业秘密。其四，实用性。涉粮商业秘密必须具有实用性，能够实现相应的商业价值。如果仅处于理论研究阶段，则未必具有实用性。其五，保密性。涉粮商业秘密必须经权利人采取保密措施，以防止他人非法获得。

2. 涉粮商业秘密背后的国家安全考量

《宪法》第53条规定，我国公民必须"遵守宪法和法律，保守国家秘密"。《国家情报法》第1条规定了"维护国家安全和利益"的宗旨，第19条则规定国家情报工作"不得泄露国家秘密、商业秘密和个人信息"。可以看出，国家秘密、商业秘密、个人信息是三类基本的保护类型，必须依法充分保护国家秘密。《保守国家秘密法》第9条列举了国家秘密的范围，在粮食行业体现为：国家粮食安全重大决策中的秘密事项、粮食外交（外事）秘密事项、粮食产业发展中的秘密事项、粮食科技秘密事项，等等。

《宪法》第28条、第40条规定了国家安全问题。涉粮商业秘密一般属于粮食生产经营者的私人利益，最多是集体利益，而国家安全则是考量国家利益。根据《国家安全法》第 2 条、第 3 条的表述，国家安全是广义的范畴，包括但不限于政治、经济、军事、文化、社会等诸多方面。该法将粮食安全纳入其中，第 22 条规定了"国家健全粮食安全保障体系"，"健全粮食安全预警制度"，"保障粮食供给和质量安全"。《反垄断法》第 31 条规定，对外资并购应当进行"国家安全审查"。当私人利益、集体利益与国家利益冲突时，应当优先考虑国家利益、国家安全。

二、新型粮食智力财产：智力财产之时代趋势

随着科技进步与经济社会的全新发展，新型智力财产应运而生。与传统智力财产相比，新型智力财产是经济社会发展到一定阶段才会产生，也必然产生的。按道理，非物质文化遗产可以被纳入新型粮食智力财产，但植物新品种、粮食地理标志为什么也被纳入其中呢？这是粮食法学与知识产权法学的前沿交叉领域，需要一一论证明晰。

（一）植物新品种

植物新品种具有新颖性、特异性、一致性、稳定性、可辨识性等法律特征，蕴含人类的智力创造，可以归入智力财产范围。植物新品种可以采取专利权或植物新品种权两种权利保护形式。有学者提出，"要对《专利法》第 25 条进行扩大解释，给予转基因的植物品种以专利保护"[①]。应当完善新品种获取的法律规定，让植物新品种更好地服务于粮食智力财产建设。

1. 植物新品种的法律特征

植物新品种是我国《民法总则》第 123 条明确规定的知识产权客体，应当具有新颖性、特异性、一致性、稳定性、可辨识性等法律特征。其一，新颖性。新颖性是指品种性状特征不属于现有的性状特征，需要有法定期限、应用事实的限制。其二，特异性。特异性是指必须有明显区别于已知品种的性状特征，从而独立于已知品种。其三，一致性。一致性是指同一具体品种类型必须具有一致的特征，可预期的自然变异等除外。其

[①] 余莹：《西方粮食战略与我国粮食安全保障机制研究》，307 页，北京，中国社会科学出版社，2014。

四，稳定性。稳定性是指在繁殖规律之下的主要性状特征保持不变。其五，可辨识性。可辨识性是指品种具有一定命名，性状特征可以明显辨别。最高人民法院指导案例第92号侵犯植物新品种权纠纷案引入《玉米品种鉴定 DNA 指纹方法》NY/T1432—2007 检测及判定标准，分为"近似品种""不同品种""不足以认定不是同一品种"以及综合判断等情形。

《国际植物新品种保护公约》在不断修订完善，旨在承认和保证育种者及其合法继承者的权利。我国在加入该公约的同时，不断完善国内相关立法。我国《种子法》规定了植物新品种保护制度，制定、修订《植物新品种保护条例》及其实施细则、保护名录。农业部陆续出台《农业部植物新品种复审委员会审理规定》（2001年）、《农业植物新品种权侵权案件处理规定》（2002年）、《农业植物新品种测试指南研制管理办法》（2007年）、《关于台湾地区申请人在大陆申请植物新品种权的暂行规定》（2010年）等规定。具体而言，我国农业植物新品种保护名录第一批有水稻、玉米、马铃薯，第二批有普通小麦，第四批有甘薯、谷子。总之，我国明确把"粮食"纳入农业植物新品种，但是对危害公共利益、生态环境的不授予品种权。

2. 植物新品种的获取

粮食产品的植物新品种申请文件包括请求书、说明书、照片等。其中，请求书要求说明品种暂定名称、培育人、培育地、培育起止时间、优先权声明、新颖性说明、保密请求等。说明书要求说明品种基本特征性状、同类品种对比的背景材料、品种培育过程和方法、品种销售情况、适宜种植的环境要求等。植物新品种权审批需要经过递交申请、形式审查、初步审查、实质审查、授予品种权等阶段。申请品种属于转基因品种的，应当通过农业转基因生物安全的相关认证。如果出现权利冲突，可以经过法定的证明条件后申请强制许可，但只能供自身使用。

根据《最高人民法院关于审理植物新品种纠纷案件若干问题的解释》（2001年）的规定，人民法院受理的植物新品种纠纷案件主要包括新品种权授予及其权利归属、新品种权无效、新品种权维持、新品种更名、强制许可、新品种权转让等问题。最高人民法院指导案例第86号关于侵害植物新品种权纠纷案的裁判要点指出："为维护社会公共利益，保障国家粮食安全"，"在衡量父本与母本对植物新品种生产具有基本相同价值基础上"，可以直接判令"双方当事人相互授权许可并相互免除相应的许可费"。该裁判的理论依据是维护粮食公共利益、保障国家粮食安全，粮食公共利益与国家粮食安全本质上一致，最终为了实现粮食权。类似纠纷的解决思路分为两种情形：一是促进植物新品种转化实施，而非束之高阁，难以实施；二是确保已广为种植的新品种继续生产，而非恶意垄断、阻碍粮食产业发展。

（二）粮食地理标志与非物质文化遗产

粮食地理标志本来应当是自然属性的东西，却由人文因素决定、交织，而人文因素之中，必然蕴含人类智力因素。粮食地理标志的背后，还涉及非物质文化遗产的保护问题。非物质文化遗产则实实在在地关乎"文化"这一人类智力财产问题。很欣喜地看到，涉粮非物质文化遗产其实数量不少、范围广泛，而且正在逐步申报中。

1. 粮食地理标志

地理标志是我国《民法总则》第123条明确规定的知识产权客体。粮食地理标志具有以下法律特征：其一，地域性。粮食地理标志标示某粮食产品来源于某地区（一般是陆地），有明显的地域性特征。其二，品质性。粮食地理标志指向的粮食产品具有特定质量和良好的信誉、知名度。其三，独特性。粮食产品的特定质量、信誉等主要由该地区独特元素决定，包括自然因素（如耕地质地、气候条件）或者人文因素（如本地饮食习惯、民族风俗）。这种独特性有助于推动食物本地化运动，提供新鲜、健康的本地膳食。其四，粮食性。该地理标志必须指向粮食产品，大米、小麦、玉米或广义的杂粮均可。其中，青稞地理标志如甘孜青稞、香格里拉青稞、隆子黑青稞、门源青稞、玉树黑青稞。未来需要专门制定《地理标志保护法》，确立地理标志权，充分保护包括粮食地理标志在内的各类地理标志。

粮食地理标志与粮食商标有着千丝万缕的联系，涉及粮食地理标志优先于粮食商标、粮食商标优先于粮食地理标志之辩争。这里要注意几点：其一，粮食地理标志倾向于保护区域公共利益，普通粮食商标倾向于保护私人利益、集体利益。其二，可以将粮食地理标志作为粮食证明商标加以保护。粮食证明商标的注册人包括粮食行业协会、粮食科技推广中心、农村合作经济组织、政府管理机构等。粮食证明商标对应的产品，大米类如米、大米、免淘洗大米、香米、米（半磨过的）等。其三，可以将粮食地理标志作为粮食集体商标注册。不要求参加以粮食地理标志作为集体商标注册的,也可以正当使用粮食地理标志。其四,善意取得注册。粮食商标中有粮食地理标志,而该粮食产品并非来源于粮食地理标志所标示的地区,因误导公众而不予注册并禁止使用。但是,已经善意取得注册、在公众心目中有良好的辨识度和声誉的,则需得到应有保护。

2. 涉粮非物质文化遗产

联合国教科文组织大会通过的《保护非物质文化遗产公约》(2003年)对加强世界非物质文化遗产保护有历史性意义。世界粮食安全委员会《农业和粮食系统负责任投资原则》(2014年)原则7为"尊重文化遗产和传统知识,支持多样性与创新"。全球重要农业文化遗产计划(GIAHS)的基本标准包括"粮食和生计安全""生物多样性和生态系统功能""知识体系和适用技术""文化,价值体系和社会组织(农业文化)""农业景观及土地和水资源管理功能"等。中国是GIAHS首批加入国家,与粮食产业相关的有浙江青田稻鱼共生系统、云南红河哈尼稻作梯田系统、江西万年稻作文化系统、贵州从江侗乡稻鱼鸭系统、内蒙古敖汉旱作农业系统、江苏兴化垛田传统农业系统等。农业部《重要农业文化遗产管理办法》(2015年),详细规定重要农业文化遗产的申报和保护问题。涉粮非物质文化遗产保护有助于推进粮食文化建设,助推粮食安全保障,同时也有助于促进食物本地化,倡导新鲜、健康的本地膳食。

根据我国《非物质文化遗产法》第2条关于"非物质文化遗产"的界定,结合已经公布的四批国家级非物质文化遗产名录,涉粮非物质文化遗产主要包括民间文学、传统音乐、传统舞蹈、传统戏剧、传统美术、传统技艺、民俗等。其中,民间文学主要是农耕歌谣,传统音乐是农耕音乐,传统舞蹈是反映农耕文化的舞蹈,传统戏剧是反映农耕文化的戏剧,传统美术是利用粮食副产物进行创作,传统技艺包括水车制作技艺、磨坊制作技艺、粮食相关产品制作技艺等,民俗则是与农耕时节有关的风尚、习俗,如节气、佳节、历算,等等。

从保障粮食安全、推动粮食产业发展的角度出发,有必要加强涉粮非物质文化遗产的申报。其一,调查制度。各级文化行政管理部门负责组织调查,农业、粮食等行政管理部门在工作领域内也可进行调查,应当健全调查信息共享机制。涉粮非物质文化遗产往往在乡土民间,必须尊重当地粮农的风俗习惯。其二,抢救性保存措施。鉴于涉粮非物质文化遗产濒临灭失问题,农耕文化具有长远价值,应当采取抢救性保存措施。其三,遗产名录。遗产目录分为国家级名录与地方名录，国家级名录体现中华民族优秀农耕文化，地方名录在本行政区域内体现中华民族优秀农耕文化。其四，代表性传承人。代表性传承人必须符合熟练掌握、代表性、较大影响力、积极传承等条件。应当完善传承场所提供（如乡间祠堂）、经费资助、活动开展等具体支持措施，督促代表性传承人履行传承义务，进行公益宣传。

从非物质文化遗产保护出发，利用"旅游＋""生态＋"等模式，推进粮食生产与旅游、教育、文化、康养等产业深度融合。联合国"负责任消费和生产"可持续发展目标特别提出"促进地方文化和产品的可持续旅游业"的观点。例如，山西省可以挖掘面食文化，发展特色面食（如刀削面），提高山西面食的知名度，弘扬山西悠久的粮食文化，带动文化旅游的发展；云南省则开发米线、饵块、饵丝等特色饮食，带动云南民族风情旅游；等等。鼓励创办农民合作社或与社会资本联办"粮食生产基地＋旅游养生基地"，改善基地设施条件。支持传统村落保护，维护少数民族特色风貌。

同样从非物质文化遗产保护出发，粮食地理标志应当与区域公共文化品牌建设有效结合。各地要借保护非物质文化遗产之机，打造粮食区域公共文化品牌，如中国稻米文化之乡、中国小米文化之乡、中国挂面文化之乡、中国玉米文化之乡、中国杂粮文化之乡、中国黄米文化之乡、中国苦荞文化之乡等。制定区域公共文化品牌建设促进机制，不断推动粮食地理标志与区域公共文化品牌的协同发展。例如，设计粮食区域公共文化品牌标识系统，注册粮食区域公共文化品牌商标，著书立传，拍摄纪录片，建设粮食区域公共品牌网，健全地方土特产品销售体系，推广农博会、粮展会平台，等等。因此，粮食地理标志与非物质文化遗产保护是有机统一的。

第四节 粮食金融：粮食产业发展之金融保障

联合国粮农组织《世界粮食安全首脑会议宣言》（2009 年）原则 1 为"投资于国家自主计划，旨在向精心设计且注重实效的计划及伙伴关系提供资源"，而原则 5 为"确保所有伙伴对农业、粮食安全及营养领域的投资持续做出实质性承诺,及时可靠地提供必要资源,以期执行多年计划和方案"。世界粮食安全委员会《长期危机中保障粮食安全和营养行动框架》(2015年)原则8为"促进有效供资"。未来,这里的"投资""资源""供资"不能单方面依靠国际捐助、国家财政支持,很大程度上要通过金融市场进行市场化配置。粮食金融是粮食产业发展的金融保障,归于粮食法律客体,强调的是与粮食相关的金融品种,即重在"金融";而粮食金融化指向"粮食"发展趋势,重在强调"粮食"自身,两者有本质区别。

一、初级体现:"粮食"属性依赖

粮食金融可以分为初级阶段与高级阶段。粮食金融的初级阶段体现为粮食信贷、粮食基金、粮食保险等。为什么粮食信贷、粮食基金、粮食保险这三者是初级阶段?那是因为这三者还比较依赖粮食的原有属性(生活必需品),最终也是服务于粮食的原有属性,缺乏更为高端的资本属性、资本需求,所以是粮食金融的初级体现。

(一)粮食信贷

粮食信贷是最传统的粮食金融模式,甚至有时候都不归属于未来粮食金融化的发展趋势。从信贷性质划分,粮食信贷包括政策性信贷与商业性信贷。其中,政策性信贷要紧紧抓住"政策性"三个字做文章,牢牢把握粮食安全底线;商业性信贷要积极发展粮食小额信贷、农村合作金融、银企商合作关系,并妥善解决民间借贷问题,利用市场化运作推动商业性信贷模式发展。

1. 粮食政策性信贷

粮食政策性信贷倾向于政策性银行的政策性信贷,但也包括一般商业信贷机构的政策性参与。就政策性银行而言,我国政策性银行在进行商业化转型的同时,必须严格区分政策性业务与商业性业务,警惕牺牲政策性业务来实现短期发展,杜绝违法利用政策性业务从事商业化运营。其中,中国农业发展银行是唯一的农业类国家政策性银行,下设粮棉油部,专门负责粮食政策性信贷,服务于国家粮食安全、农业现代化、城乡一体化,应致力于打造成一流的现代农业政策性银行。

目前,我国对政策性银行带动"三农"发展的认识还远远不够,对"政策性"的理解和规制也存在许多盲区。政策性银行与商业银行有着本质区别,现有的《商业银行法》无法合理调整政策性银行,《中国人民银行法》《银行业监督管理法》虽然有所涉及但并非专门立法。未来亟待制定《政策性银行法》，具体规定政策性银行的市场准入、市场运行、市场退出及相应的监督管理、法律责任。该法应当体现"政策性"特色，将国家政策性经济意图（含粮食安全保障）法定化，保障粮食政策性信贷权益。

2. 粮食商业性信贷

我国积极推进农村小额贷款，发展普惠金融。各地纷纷制定地方性规定加以贯彻落实，如四川省阿坝藏族羌族自治州人民政府《阿坝州创新发展扶贫小额信贷实施意见》（2016年）。目前，个体粮农、家庭农场、粮食个体户等的信贷需求量并不大，往往可以通过粮食小额贷款解决，在粮食金融体系中实现错位发展。粮食小额信贷应与扶贫认定标准、扶贫资金投入、贫困退出标准等相结合，简化续贷申请程序，实现粮食安全与扶贫开发的有机统一。同时，要落实风险补偿资金，分摊粮食风险、信用风险、道德风险，完善不良贷款追偿机制。

除此之外，各类新兴的粮食商业性借贷模式也要不断开拓发展。其一，农村合作金融。农村合作金融要发挥"合作"机制的优势，利用在广大农村的普及面推进粮食商业性信贷。其二，银企商合作关系。粮食商业性信贷不仅仅是借贷双方的关系，更要建立多层次的信贷链条——银企商合作关系。其三，民间相互借贷。温州民间借贷危机爆发之后，国内外对民间借贷问题争议很大。《最高人民法院关于审理民间借贷案件适用法律若干问题的规定》（2015年）第11条肯定"法人之间、其他组织之间以及它们相互之间为生产、经营需要订立的民间借贷合同"的合法性。民间借贷的法律关系主体如不违反强制性规定，也未损害公序良俗，应当倾向于认定借款合同合法有效。

（二）粮食基金

粮食基金既具有基金的一般属性，又与粮食行业密切相关。根据基金性质划分，粮食基金可以分为政府基金、商业基金、公益基金等。粮食基金应当以粮食风险基金为核心，充分运用于粮食价格支持体系、政策性粮食储备、稳定粮食市场、粮食流通基础设施建设、粮食突发事件应急等。在此基础上，大力拓展新兴的粮食基金，并且有效利用国际社会新兴的涉粮基金。

1. 粮食风险基金

建立健全粮食风险基金中央、省、市、县四级责任体制，与粮食储备四级体系相对应，并纳入省长责任制考核内容，对基金用途加强监管，防止挤占挪用。具体如下：

第一，粮食价格支持体系。粮食生产是粮食行业的起点，需要国家财政的持续支持。国家财政支持方式很多，如补贴、税收优惠、收费减免等。目前，国家财政支持的核心是农业支持保护补贴（"绿箱"趋向），通过保障粮农收入来提高粮农种粮积极性。当然，过度依赖国家补贴不是长久之计。从长远趋势看，需要通过使用粮食风险基金来构建粮食价格支持体系，为稳定粮食生产提供保障。

第二，政策性粮食储备。在粮食流通全面市场化改革以后，国家对粮食市场的调控与监管必须以粮食安全保障为宗旨。政策性粮食储备具有市场调节、备荒应急、保护粮农等诸多功能，是国家基本的粮食调控手段，也是解决粮食问题的最后保障手段。"政策性"导致粮食储备的非营利趋势，从功利主义考虑会带来低效乃至无为的现象，最终丧失应有的政策性制度价值。因此，必须通过粮食风险基金来弥补"政策性"不足，最终实现国家粮食安全保障。

第三，稳定粮食市场。广义的粮食市场包括粮食现货市场与粮食期货市场。粮食现货市场又包括粮食收购市场、粮食批发市场、粮食销售市场、粮食进出口市场等。在粮食流通全面市场化改革过程中，市场决定性作用体现为粮食市场能够解决的事情，国家不要随意干预。稳定粮食市场，并非要一味强行干预粮食市场，而是在尊重市场规律的基础上运用政策等杠杆保持粮食市场的有序运行。稳定粮食市场，目前更多的是指粮食现货市场，但从长远趋势看，还应该包括粮食期货市场。鉴于粮食现货市场与粮食期货市场的对接互动，稳定粮食市场必须对现货市场与期货市场进行审慎监管和有效调控，实现两者协同并进。

第四，粮食流通基础设施建设。粮食流通基础设施建设包括粮食仓储、粮食物流、粮食批发市场、粮食信息化等。基础设施建设关系整个粮食流通全面市场化的改革进程，是未来粮食风险基金的崭新用途，对提高国家粮食安全保障水平具有至关重要的作用。凡是利用粮食风险基金投资的基础设施建设，不得随意改变用途、权属，更不得随意破坏。

第五，粮食突发事件应急。粮食安全包括粮食供给平衡、粮食质量安全、粮食价格合理。与之对应，粮食突发事件应急具体可体现为粮食紧缺应急、粮食污染应急、粮价剧烈波动应急等。与安全对立的是"不安全"，粮食突发事件本身就是不安全问题。粮食风险基金的"风险",正是为了应对粮食突发事件的不安全因素,并使之转化为安全状态。可见,粮食突发事件应急是粮食风险基金最核心、最关键的用途。

2. 新兴的粮食基金

粮食风险基金带有很强的政策性,重在应对"风险"而非促进"发展"。随着经济社会的发展,市场化、多元化的新兴粮食基金应运而生,旨在推动粮食产业现代化发展,通过"发展"保障"安全"。中国农业产业发展基金由财政部、中国农业发展银行、信达资产、中信集团共同设立,重点推进农业产业化建设。国家应积极鼓励设立各种类型的农业投资公司、农业开发公司,发展不同层级的粮食产业投资基金、粮食私募股权基金,最大限度地吸收社会资金。现有与粮食安全相关的全国性政府基金还包括国家重大水利工程建设基金、水利建设基金、可再生能源发展基金等。

国际层面也涌现很多新兴的涉粮基金,试例举如下:其一,国际农业发展基金。作为农发基金贷款的统一管理机构,财政部致力于推进国际农业发展基金项目在中国的实施。其二,国际粮食信托基金。例如,中国提供信托基金支持中国—粮农组织南南合作项目。其三,气候变化应对基金。例如,绿色气候基金支持各国应对适应气候变化,发展气候智能型农业,防治土壤退化,减少自然灾害;全球环境基金(GEF)致力于投资全球环境项目,解决农业与环境相关联的重大问题;等等。其四,全球农业及粮食安全计划。该计划实际上是以世界银行为受托人的金融基金,分为公共部门窗口和私营部门窗口。公共部门窗口致力于国家、区域的粮食产业发展,私营部门窗口致力于粮食生产经营者发展。

(三) 粮食保险

粮食保险的立法焦点是将《农业保险条例》升级为《农业保险法》,成为《保险法》以外的保险特别法。粮食作物保险要在现有农业保险立法的基础上体现粮食作物特色,不断提高整体保障水平。除此之外,要健全涉农保险类型,发展产品责任险,确立转基因保险,守住"舌尖上的安全"。

1. 粮食作物保险

农业保险可以分为种植业保险与养殖业保险,其中种植业保险包括粮食作物保险、经济作物保险、饲料作物保险、蔬菜作物保险、园艺作物保险、水果（果树）保险、林木保险、种子保险等。粮食生产阶段要在现有农业保险立法的基础上体现粮食产品特色。例如，非洲风险能力（ARC）以旱灾风险为基础，综合考虑天气多样性，统筹非洲国家金融资源，将应对风险、保护财产、促进生计等结合起来，及时应对严重旱灾等自然灾害。我国应当扩大粮食作物保险覆盖面（如薯类作物保险），创新地方特色粮食作物保险、粮食价格指数保险、天气指数保险试点，与畜牧保险、森林保险、渔业保险等实现有机统一，结合扶贫开发保险品种，以挖掘粮食作物保险的社会价值。

在此基础上，不断提高粮食作物保险的整体保障水平。开展农业互助合作保险，拓展创新巨灾风险分散机制，健全粮食作物保险的再保险共同体。建立粮食作物保险与粮食补贴、粮食信贷、粮食基金、粮食期货的联动机制，深入推广"保险＋期货"试点。加强粮食作物保险机构与气象部门、自然灾害防治部门、粮食行政管理部门、农业行政管理部门的合作，借"互联网＋粮食信息"之机建设粮食作物保险的信息共享平台。

2. 粮食作物保险之外的保险类型

除粮食作物保险以外，与粮食安全相关的保险类型包括：其一，财产保险。财产保险涉及粮食生产、收购、储存、运输、加工、销售、进出口等方方面面。其二，人身保险。人寿保险涉及粮农、粮食生产经营者、粮食消费者的生命健康问题。本书重点探讨食品安全责任险与转基因保险这两种特殊情形，借此探寻粮食保险制度的走向。

第一种是食品安全责任险。《国务院食品安全办、食品药品监管总局、保监会关于开展食品安全责任保险试点工作的指导意见》（2015年）提出全面推进食品安全责任保险试点。食品安全责任保险具有以下特征：其一，存在缺陷。就粮食行业而言，这里的"缺陷"是针对被保险人生产经营的粮食产品而言的。其二，造成损失。这里的"损失"包括人身伤亡与财产损失两种情况，"造成"强调缺陷与损失的因果关系。粮食是每日三餐基本必需品，人身伤亡问题会影响千家万户，造成巨大的社会负面影响。其三，责任承担。这里的"责任"是经济赔偿责任，强调经济性特征。未来要加强食品安全责任保险立法，重点规定责任范围、责任限额、保险费率、责任鉴定、理赔效率等问题，统一适用于粮食行业。

第二种是转基因保险。转基因保险的提出是因应转基因的巨大争议。转基因保险不是仅针对粮食产品，但粮食确实是最不应进行转基因的。从横向看，转基因粮食的涉及面广，风险影响面大。转基因粮食如果推广的话，将直接进入全体老百姓一日三餐，所有人都会被波及。从纵向看，转基因粮食的危害潜伏期长，相关风险难以预测。转基因粮食的危害不会立即呈现，而是长期潜伏，在几年甚至几十年之后才体现出来。另外，即使当时当地的科技水平能够监测、预警、应对转基因问题，也是不确定的。总而言之，有必要建立转基因保险，纳入《转基因生物安全法》，通过分散转基因风险来应对和解决转基因问题。

二、高级体现："金融"属性彰显

粮食金融的高级阶段体现为粮食期货、"粮食银行"业务、粮食债券、粮食互联网金融等。与初级阶段相比，为什么这四者是粮食金融的高级阶段？那是因为这四者都是崭新事物，体现更为高端的资本属性、资本需求，甚至可能摆脱了粮食属性的诸多束缚。尤其是粮食互联网金融，它是粮食金融的前沿领域。随着经济社会的发展，人类必将迎来粮食金融的高级阶段。

（一）粮食期货

粮食期货的立法焦点是制定《期货法》。粮食期货是最原始、最基本的期货类型，凸显粮食品种在期货行业的基础性地位。与此同时，以粮食期货发展带动粮食生产发展，实现粮食现货市场与期货市场的互动。《期货法》应当拓展粮食期货品种，推动粮食期货市场的延伸发展。

1. 粮食期货品种的拓展

粮食期货品种的拓展可以从以下方面进行论证：

第一，粮食期货。目前，大连商品交易所的涉粮期货品种包括玉米、玉米淀粉、黄大豆1号、黄大豆2号、豆粕等。郑州商品交易所的粮食期货交易品种则包括强麦、普麦、早籼稻、粳稻、晚籼稻等。可以看出，粮食期货品种既包括原粮期货，也包括粮食加工品期货，而且未来的重心是发展粮食加工品期货。以玉米淀粉为例，玉米淀粉是国内产量最大的淀粉品种，分为原淀粉、变性淀粉和糊精，在食品、医药、造纸、化工等多个行业广泛应用，具有重大的期货投资价值。应当完善交易单位、报价单位、最小变动价位、涨跌停板幅度、合约月份、最后交易日、最后交割日、交割等级、交割地点、交割方式、最低交易保证金等制度。

第二，粮食期货指数。目前，大连商品交易所的涉粮期货指数品种包括：综合指数（如大连商品交易所农产品期货价格综合指数）、成分指数（如大连商品交易所农产品期货价格指数）、主题指数（如大连商品交易所大豆类期货价格指数和大连商品交易所饲料类期货价格指数）、单商品指数（如大连商品交易所豆粕期货价格指数），等等。粮食期货指数要规范品种准入（如上市时间、权重下限、投资属性）、权重设置（如真实权重上下限、固定权重调整、临时权重调整）、展期（如展期方式、强制展期）、计算方法（如最新价指数、结算价指数）、异常情况处理（如强制摘牌）等。

第三，粮食现货指数。目前，大连商品交易所的涉粮现货指数品种主要是温度指数。温度指数反映两种地域的温度变化：一是大区域，如我国东北地区；二是大城市，如北京、上海、广州、哈尔滨、武汉。温度指数包括"日"与"月"两类：一是"日"，如日平均温度、日制冷指数、日制热指数；二是"月"，如月平均温度、月制冷指数、月制热指数。

第四，粮食期权。粮食期权是国内期货交易所的创新品种，正在摸索前行。目前，大连商品交易所的涉粮期货品种主要是豆粕期权。应当完善合约类型（看涨期权和看跌期权）、交易单位、报价单位、最小变动价位、涨跌停板幅度、合约月份、最后交易日、到期日、行权价格、行权方式等制度。

2. 粮食期货市场的延伸

一方面是粮食期货市场与其他类型期货市场的对接。在经济全球化过程中，粮食、金融、能源是当今社会三大经济命脉，互联互通、协同并进。其中，粮食经济是基础，金融经济是动力，能源经济是保障。粮食从国计民生的日常必需品升级为战略投资品，推动了粮食金融市场的发展；粮食从国计民生的日常必需品升级为新型能源产品，推动了粮食能源（即生物能源）市场的发展。与之对应，在诸多期货市场中，粮食期货、金融期货、能源期货也是有机统一体，任何一类期货市场的波动都会影响其他类型的期货市场。《期货法》必须建立粮食、金融、能源等不同期货市场的联动监测、紧急阻断、信息共享与沟通合作机制，审慎监管国际游资。

另一方面是粮食期货市场与粮食现货市场的对接。在这个过程中，大家过多关注虚拟市场的风险，容易忽视现货市场的不安全因素，应有效区分粮食期货法律行为与现货法律行为，正确适用《期货法》与《粮食法》。《期货法》中必须有适应粮食期货的规定，并且可以助推粮食现货市场发展。《粮食法》中必须有对期货市场的规定，并且与现货市场有效连接。《期货法》与《粮食法》的呼应，将发挥期货市场对现货市场的辐射带动作用。

（二）"粮食银行"业务

"粮食银行"以粮食企业为载体，融入现代金融理念。"粮食银行"既可以解决粮食储存问题，又可以解决粮食融资问题。我国各地都在推进"粮食银行"建设，新生事物势不可挡。值得一提的是，《银川市"粮食银行"经营奖励办法（试行）》（2016年）对"粮食银行"经营制定了一系列的激励机制。我国应当承认并促进"粮食银行"的发展，并将其纳入粮食流通市场体系中。

1. "粮食银行"的设立

粮食银行重在鼓励"设立"，"设立"是市场准入问题，要凸显"粮食银行"与一般商业银行完全不同之特殊性。"粮食银行"可以包括国有"粮食银行"与民营"粮食银行"，具体包括几种类型：一是全国统一的"粮食银行"，一般是国有性质。可以创建中国"粮食银行"，作为独立实体，对外独立承担法律责任。在各省设立中国"粮食银行"分行（即分公司），形成全国统一的"银行"体系。二是以省为单位，各省分别设立某省"粮食银行"，作为独立实体，以此类推则在市级层面设立分行（即分公司）。三是在县（市）、乡镇层面设立独立的"粮食银行"，鼓励民营"粮食银行"的发展。船小好掉头，其实更适合地方特色的粮食储存。

目前可以构建多层次的"粮食银行"体系，但需要有相应的政府监管机制（如市场准入、风险防范、日常检查等），可以在各级粮食行政管理部门下设"粮食银行"管理机构，加强对"粮食银行"的行政管理。一是要完善"粮食银行"存折制度，健全客户名称、粮食种植面积、粮食品种、粮食储存数量等内容。二是要完善"粮食银行"经营台账制度，依法报送粮食储存情况并接受现场检查，维持粮食库存量的法定比例。三是要加强对"粮食银行"的筹资监管，严厉惩治利用"粮食银行"向粮农、粮食生产经营者和广大消费者进行非法集资的行为，避免把设立"粮食银行"变成圈钱工具。

2. "粮食银行"的发展

"粮食银行"除了支付粮农利息，还有运行成本，因此必须有营利手段，通过盘活粮食资源实现保值增值，如加工销售、套期保值、电子交易等。目前过于夸大"粮食银行"的营利性,又缺乏相应的准入规制,导致鱼龙混杂、参差不齐。未来关键是给予"粮食银行"法定"名分",便于工商登记,在此基础上不断提高准入门槛并加强审慎监管。未来"粮食银行"要统筹考虑粮农权益、粮食生产经营者权益、粮食消费者权益,发展成订单农业、粮食流通、农资服务、粮农互助、城乡对接、绿色消费的统一体,打造中国特色的粮食企业模式。

"粮食银行"是新兴事物,必须制定一系列激励措施(如"粮食银行"经营奖)加以推进。由粮食、财政、农业等部门协调确定激励方案,依法公示并接受社会监督。制定资格要求,如本地自产的特定粮食品种、辖区内的"粮食银行"、连续盈利年限、完善的内控机制与风控管理、法定储存量、诚信记录等。以年为计算单位,可以每年评定一次,也可以三年评定一次。按照"粮食银行"储存粮食量进行激励,相关激励资金在"三农"专项资金中列支,各级财政予以保障。

(三) 粮食债券

我国《证券法》虽然适用于债券管理,但仍有必要完善债券特别规定。债券可以分为政府性债券与商业性债券。从北京粮食集团相关债券项目、重庆粮食集团发行 10 亿境外人民币债券项目中可以探寻国内层面、国际化层面的粮食债券现状。在此基础上,梳理政府性债券、商业性债券的制度性要求,探讨粮食债券的信用等级划分及其信用展望。

1. 发展例举

一方面,国内例举,如北京粮食集团相关债券项目。这里主要跟踪 13 京粮债/ 13 京粮食、14 京粮 MTN001、15 京粮 MTN001、16 京粮 MTN001。每只债券发行额度是 5 亿~7 亿元,发行期限包括定期(如 5~6 年)与不定期,募集资金用于固定资产投资、补充公司营运资金、偿还银行借款。[①] 北京粮食集团的债券发行,首先要考虑首都粮食安全、军粮供应,引领北京市粮食流通市场化改革;其次才考虑金融安全、金融稳定。

[①] 参见大众国际资信评估有限公司:《北京粮食集团有限责任公司主体与相关债项 2017 年度跟踪评级报告》,载中国债券信息网"业务操作"频道,见 http://www.chinabond.com.cn/cb/cn/ywcz/fxyfxdf/zqzl/qyz/pjwj/20170630/147695693.shtml,访问时间:2017-10-14。

另一方面，国际化例举，如重庆粮食集团发行 10 亿境外人民币债券项目。2016 年 7 月 8 日，星展银行为重庆粮食集团牵头发行中新（重庆）战略性互联互通示范项目的境外人民币债券。此次债券为 10 亿元 3 年期境外人民币债券，发行价格为 4.02 ％。① 该项目有助于中国粮食企业与国际资本市场有效对接，也让国际投资者进一步了解中国粮食行业。该项目既是粮食金融化的产物，也是粮食国际化的产物，目的在于实现双赢。

2. 制度需求

目前，我国关于债券的一般性规定比较多。一类是政府性债券。财政部《地方政府一般债券发行管理暂行办法》（2015 年）、《地方政府专项债券发行管理暂行办法》（2015 年）对地方政府发行专项债券作了基本规定，从中又衍生出一系列的专项债券。例如，财政部、交通运输部《地方政府收费公路专项债券管理办法（试行）》（2017 年），财政部、国土资源部《地方政府土地储备专项债券管理办法（试行）》（2017 年），等等。另一类是商业性债券。国务院《企业债券管理条例》（2011 年）、中国证监会《公司债券发行与交易管理办法》（2015 年）对公司债券作了基本规定，直接适用于粮食债券。

信用等级划分是粮食债券正常运行的关键，必须完善粮食债券信用等级制度。按照偿债能力及受经济环境的影响程度，粮食债券信用等级可以划分为 AAA 级、AA 级、A 级和 BBB 级、BB 级、B 级及 CCC 级、CC 级、C 级。尽量争取达到 AAA 级，即偿债能力强、基本不受不利经济环境的影响、违约风险低。每一个信用等级还可进行微调，显示略高于或略低于相关等级。另外，根据信用状况及未来信用等级调整趋势，可以对粮食债券进行正面、稳定、负面的信用展望，从中也可指引粮食安全保障的方向。

（四）粮食互联网金融

互联网金融是随着互联网经济、信息化时代发展而迅速发展的。中国人民银行《关于促进互联网金融健康发展的指导意见》（2015 年）界定了"互联网金融"的基本概念。《网络安全法》第 31 条强调国家对"金融"

---

① 参见王刚：《星展银行为重庆粮食集团发行 10 亿境外人民币债券》，载和讯网银行频道，见 http：//bank.hexun.com/2016-07-08/184833535.html，访问时间：2017 - 10 - 13。

等重要行业和领域"实行重点保护",互联网金融自然如斯。传统金融机构、传统互联网公司、新兴互联网金融机构、粮食企业集团都可以成为互联网金融的主体,而互联网金融业务则包括互联网银行、互联网投资、互联网保险等具体模式。

1. 互联网金融主体

(1)传统金融机构。在互联网金融冲击之下,传统金融机构的传统金融业务已经难以招架,这些机构应当审时度势调转方向进军互联网金融市场。目前,传统金融机构内部不同业务部门之间的竞争也很激烈,国家对传统金融机构发展互联网金融的支持力度还不够,需要进一步明确互联网金融的发展方向,鼓励支持传统金融机构从事加强粮食安全、农业安全的互联网金融业务。

(2)传统互联网公司。传统互联网公司看到粮食产业的战略地位,借进军互联网金融市场之机拓展粮食金融业务。互联网公司关键是要夯实金融"基因",提升金融业务的整体竞争力。目前的路径是与金融机构结盟,尤其是与有"三农"背景的金融机构结盟,如中国农业银行、中国农业发展银行、邮政储蓄、农信社等,可以采取战略合作、入股等形式。

(3)新兴互联网金融机构的发展。由于市场准入门槛低,新兴互联网金融机构纷纷成立、蓬勃发展。这些金融机构往往热衷于大众金融、高科技金融,对第一产业的粮食金融关注度不够,有必要引导其进入粮食领域。但这些金融机构的机构设置、风控措施、制度建设等都不够完善,容易引发金融风险乃至破产倒闭,一旦涉足粮食领域则会影响粮食安全。

(4)粮食企业集团。粮食企业集团可以拥有金融机构,这是金融综合经营的发展趋势。与此同时,粮食企业集团应加强信息产业链建设,形成"粮食+互联网+金融"的宏观格局。在这个模式中,粮食企业集团的强项当然是粮食业务,要重点发展的是互联网业务、金融业务。互联网业务的核心是粮食电商,金融业务的核心就是互联网金融。如果粮食企业集团的金融资源不够强大,则有必要与传统金融机构合作,共同开拓粮食互联网金融业务。

2. 粮食互联网金融发展模式

首先,互联网银行模式。互联网银行是利用互联网手段进行银行业务办理,如互联网支付、互联网借贷等。其中,互联网支付是利用互联网手段提供小额的粮食金融支付,方便粮食生产经营者办理粮食经营业务;互联网借贷是利用互联网手段提供小额的粮食金融借贷，包括粮食生产经营者之间的借贷、互联网贷款公司与粮食生产经营者之间的借贷两种情形。

其次，互联网投资模式。互联网投资是利用互联网手段进行筹资、投资，如互联网众筹、互联网基金、互联网信托等。其中，互联网众筹是利用互联网手段公开进行小额股权融资；互联网基金是利用互联网销售粮食基金产品，不得违法承诺收益；互联网信托是利用互联网手段开展信托业务，重点是客户风险承受能力评估。必须建立互联网媒介作为筹资、投资平台，不断创新筹资、投资模式，推进粮食行业的多层次资本市场的发展。互联网投资模式的基本主体可以是粮农、家庭农场、粮食个体户等，需要对其进行正确的引导和教育，防止其被误导或欺诈；同时，要依法惩治传销行为。

再次，互联网保险。互联网保险是利用互联网手段从事保险业务。应当坚持保障粮食安全的基本定位，考虑农村实际情况，服务"三农"发展。量身定做，以粮食作物保险为基础，不断创新粮食行业"全过程"保险体系（财产保险与人身保险）。有效区分保险业务与非保险业务、互联网保险业务与传统保险业务、粮食互联网业务与其他互联网业务等，建立必要的防火墙机制。加强信息披露，禁止虚构、夸大损失赔偿。

第五章 粮食法律行为之类型化

法律行为类型化是对具体法律行为的抽象归纳与提升。与粮食权的权利内容（供给平衡、质量安全、价格合理）相对应，粮食法律行为的类型化可以分为粮食供给保障、粮食质量保障、粮食价格保障。其中，粮食供给保障是首要的粮食法律行为，粮食质量保障是核心的粮食法律行为，粮食价格保障是粮食法律行为的落脚点。粮食法律行为的类型化，可以形成《粮食法》的三大基本篇章，脉络清晰地推进粮食安全保障。

第一节 首要：粮食供给保障行为

联合国"零饥饿"可持续发展目标的愿景之一，即到2030年确保所有人"全年都有安全、营养和充足的食物"。在已实现或即将实现饥饿相关国际目标的国家中，中国属于"已实现世界粮食首脑会议目标及千年发展目标 1c"的国家。根据供给情形划分，粮食供给保障行为包括日常供给保障行为与应急供给保障行为。目前，我国对日常供给保障行为已经有比较完善的立法，但对于应急供给保障行为必须不断加强相应的立法。

一、粮食日常供给保障行为：《粮食法》之骨干

粮食日常供给是从生产到消费的"全过程"产业链，可以归纳为粮食生产、粮食流通两大关键阶段，加上粮食储备的必要性、粮食国际化的前瞻性，合为四大环节。相应的，粮食日常供给保障行为包括粮食生产保障、流通保障、储备保障、国际化保障等。四大法律行为必须有详细的制度措施加以具体落实，可以说这是《粮食法》最基本的内容了。

（一）粮食生产保障行为

古罗马学者已经认定农业的要素包括"水""土""空气""阳光"[1]。世界粮食安全委员会《农业和粮食系统负责任投资原则》（2014年）原则5为"尊重土地、渔业和森林权属以及水资源的获得"。"全面生产要素"包括"土地""一切再生产性的物质生产资料"和"人力"[2]。"体制改革"是"对由技术进步为人力和物质资源的生产性使用开辟的新机会的反应"[3]。具体而言，粮食生产保障行为包括耕地保障、水资源保障、财税保障等。

1. 耕地保障行为

古罗马学者认为，农庄的土地包括"构造""种类""范围""圈护"四大要素。[4] 国家提出实施"藏粮于地"战略，具体包括耕地用途管制、耕地整治、耕地承包经营权"三位一体"。

---

[1] [古罗马] M.T. 瓦罗：《论农业》，王家绶译，30页，北京，商务印书馆，1981。

[2] [美] 西奥多·W. 舒尔茨：《改造传统农业》，2版，梁小民译，123页，北京，商务印书馆，2007。

[3] [日] 速水佑次郎、[美] 弗农·拉坦：《农业发展：国际前景》，吴伟东等译，王广森、佟蔚校，319页，北京，商务印书馆，2014。

[4] 参见[古罗马] M.T. 瓦罗：《论农业》，王家绶译，34页，北京，商务印书馆，1981。

第一,耕地用途管制。《全国国土规划纲要(2016—2030年)》提出,2030年全国耕地保有量不低于18.25亿亩(约1.22亿公顷),永久基本农田保护面积不低于15.46亿亩(约1.03亿公顷)。从耕地保有量、基本农田面积、耕地补充量等角度确定耕地数量指标,逐步划定永久基本农田。综合统筹地上资源与地下空间资源,在优先布局国土安全和生态屏障用地的基础上,发挥耕地多重功能。对耕地和基本农田保护落实情况进行土地利用总体规划实施评估,不得违法改变或者占用耕地、基本农田,禁止在基本农田上从事非农生产行为。

第二,耕地整治。耕地整治对象包括未利用、不合理利用、低效利用、严重损毁等情形。通过耕地整治可以盘活耕地资源,促进城乡土地综合配置改革。必须完善耕地整治审批程序,确保建设高标准农田面积,加快农用地整治补充耕地、土地复垦补充耕地、未利用地开发补充耕地、农村建设用地整理补充耕地的可操作性立法。在耕地整治过程中,必须充分尊重粮农的知情权、参与权,最终提升粮农种粮积极性。

第三,耕地承包经营权"三位一体"问题。联合国粮农组织《国家粮食安全范围内土地、渔业及森林权属负责任治理自愿准则》(2012年)在第13部分提出"土地整理和其它调整方式"建议,"通过土地整理、交换或其他自愿方式对地块或土地进行调整","可持续地促进粮食安全和农村发展"。就我国而言,必须完善所有权、承包权、经营权分置办法,保持土地承包关系稳定长久,创新代耕代种、联耕联种、土地托管、股份合作等方式。从长远来看,应当建立土地股份合作企业,对土地股权加以特殊保障,赋予耕地流转履约保证保险,促进粮食生产。放活经营权,明晰家庭农场的认定标准,对"规模适度"的家庭农场制定扶持措施。

2. 水资源保障行为

水是生命之源,水对人类的作用不言而喻。"随时间变化的用水效率""缺水压力水平:淡水回收占可用淡水资源的比例"分别是联合国粮农组织代表联合国水机制的重要托管指标(级别Ⅲ、级别Ⅱ)。联合国可持续发展目标中的"清洁饮水和卫生设施"是针对饮用水而言的,但对粮食生产的水资源保障也有启迪。世界粮食安全委员会《全球粮食安全和营养战略框架(第五版)》(2016年)第四章P提出,"提高水资源与粮食安全和营养相关政策、战略、计划的一致性"。水资源保障关键要解决两大问题:一是水权,二是节水灌溉。

水权应当包括所有权、用益物权和担保物权，具有占有、使用、收益、处分等诸多权能，并分离出多元化的水权主体。粮食生产要考虑水资源综合承载能力，重点是界定粮食生产初始水权，进而规范水权交易。其一，明确界定初始水权。当特定水域存在数个水权时，应遵循生活水权、应急水权、生态水权、粮食生产水权、非粮生产的农业水权、航运水权、工业水权、第三产业水权的顺序。当出现同类水权时，适用先取先得原则。若取得时间也相同时，实行粮食安全公共利益优先。其二，确立粮食生产水权交易法律制度。目前可以推广粮食生产的水权交易，构建粮食生产水权交易协商制度、登记制度，并逐步探索国际水权交易模式。当粮食生产水权交易影响公共利益（如影响当年粮食收成）时，可提起粮食安全公益诉讼。国家为粮食安全公共利益的需要可以中止水权交易或征用水权。另外，应当将严重违法的水权交易行为纳入刑法规制。其三，与粮食生产相关的流域管理问题。必须指出，流域管理往往涉及不同省份的水权纠纷。应当建立由国家级、流域级和支流域级组成的流域管理体系，同时完善国内层面的流域生态补偿机制和国际层面的流域补偿纠纷解决机制。

发展节水型农业要创新粮食生产节水灌溉促进机制。其一，加大调控力度。品种方面，农业水价应当低于其他用水水价，粮食生产水价应当低于经济作物用水水价，探索定额内优惠、超额累进加价的办法；空间方面，要与国家主体功能区配置接轨，协调好粮食生产不同区段、地表水与地下水、末级渠系的定价机制，实行高成本工程适当加价制度；时间方面，拉开年度、季节差价。其二，节水灌溉技术保障机制。以色列以高科技的节水农业闻名于世，不断提升节水灌溉技术含量，如高效的灌溉设备、充分利用再生水等。我国应当建立节水灌溉强制性标准（如喷灌标准、滴灌标准），通过节水信贷、节水补助、节水奖励等激励机制提升节水灌溉技术，重点扶持缺水地区发展节水型农业。其三，实施节水灌溉工程审慎运行机制。完善立体化的水资源调配体系、重大水利工程调度管理制度和人工降雨管理的协调机制，加强灌区末级渠系建设及其相关配套设施，引入粮食社会力量促进审慎管理，建立商品粮节水生产示范区。完善粮食生产节水灌溉工程监理制度，严厉打击霸用、破坏粮食生产节水灌溉设施的行为，促进粮食"安全"生产。贯彻我国抗旱、防洪的立法规定，加强抗旱防洪应急工程管理。其四，革新社会化服务机制。完善水利改革相关的征地补偿、移民安置制度，逐步引入特许经营制度，建立返乡农民工从事粮食生产节水灌溉的激励机制,大力发展粮食生产用水合作组织,拓展基层水利服务机构。

3. 财税保障行为

"涉及政府支出的农业导向指数"是联合国粮农组织、国际货币基金组织的重要托管指标(级别Ⅱ),而"给农业部门的官方现金总流量"是经合组织、联合国粮农组织、世界卫生组织的重要托管指标(级别Ⅰ)。联合国粮农组织投资方面的工作领域包括投资项目支持、投资政策支持、宣传和促进、分享知识与学习。世界各国的财税保障行为本质上也是增强国家影响力、提高规模效益的行为,与联合国粮农组织投资战略框架是一致的。

首先,粮食生产财政补助。有学者建议,"最终形成一个以《农业法》和《农业国内支持法》为统领"的农业国内支持立法体系。[1] 粮食生产财政补助主要用于耕地保护、适度规模经营、优势特色粮食生产发展、绿色粮食科技推广、新型职业农民培育等方面(见表5-1)。综合运用直接补助、贴息、先建后补、以奖代补、资产折股量化、担保补助、设立基金等方式。扩大"绿箱"补贴规模和范围,调整改进"黄箱"政策。将农业"三项补贴"合并为农业支持保护补贴,与高标准农田建设、农业综合开发、现代农业生产发展等配套资金相衔接,向粮农、新型经营主体、主产区、绿色生态倾斜。完善粮食主产区利益补偿、产粮大县奖励、产粮大省奖励。

表5-1　　　　　　　　近十年涉粮补助资金规定例举表

文件名称	资金类型
财政部、农业部《中央财政农作物病虫害防治补助资金管理暂行办法》(2006年)	农作物病虫害防治补助资金
财政部《中央财政新型农民科技培训补助资金管理暂行办法》(2006年)	新型农民科技培训补助资金
财政部《完善退耕还林政策补助资金管理办法》(2007年)	退耕还林政策补助资金
农业部、财政部《华北黄淮等地小麦抗旱浇水补助资金实施指导意见》(2011年)	抗旱浇水补助资金

---

[1] 参见王军杰:《WTO框架下农业国内支持法律制度研究》,230页,北京,法律出版社,2012。

续前表

文件名称	资金类型
农业部办公厅、财政部办公厅《北方冬麦区小麦抗旱浇水补助资金实施指导意见》（2011年）	抗旱浇水补助资金
农业部办公厅、财政部办公厅关于印发《主产区冬小麦弱苗施肥补助资金实施指导意见》（2011年）	弱苗施肥补助资金
农业部办公厅、财政部办公厅《长江中下游五省农业抗旱减灾恢复生产补助资金实施指导意见》（2011年）	农业抗旱减灾恢复生产补助资金
财政部、中国气象局《中央财政人工影响天气补助资金管理暂行办法》（2012年）	人工影响天气补助资金
农业部办公厅、财政部办公厅《农业生产防灾减灾稳产增产补助资金实施指导意见》（2012年）	农业生产防灾减灾稳产增产补助资金
财政部、农业部《中央财政农业资源及生态保护补助资金管理办法》（2014年）	农业资源及生态保护补助资金
财政部、水利部《农田水利设施建设和水土保持补助资金使用管理办法》（2015年）	农田水利设施建设和水土保持补助资金
财政部、水利部《中央财政水利发展资金使用管理办法》（2016年）	水利发展资金
财政部、农业部《农业支持保护补贴资金管理办法》（2016年）	农业支持保护补贴资金
财政部、农业部《农业生产发展资金管理办法》（2017年）	农业生产发展资金

其次，粮食税收改革。我国已经取消农业税，极大减轻了粮农的税负，但并不意味着粮食产业全过程免税。相反，我国现有的诸多税种依然适用于粮食产业，包括粮食生产环节（如耕地占用税有效保障耕地资源）。当然，粮食生产（不包括规模化养殖）排放应税污染物，暂予免征环境保护税。应当统一在资源税体系中增加水资源税，替代水资源费。农村集体经济组织自身水塘水库用水、自然灾害防治和环保用水等免征水资源税。另外，粮食龙头企业要依法享受税收优惠，如列入本省委托商品储备业务企业名单的，则给予免交房产税、城镇土地使用税待遇。

再次，涉粮收费改革。国家多年来不断取消、停征和免征行政事业性收费，或者降低部分行政事业性收费标准，或者清理规范行政事业性收费政策（见表5-2）。应当严格限定粮食生产环节的收费项目，保障粮农的合法权益。取缔中间环节乱加价、乱收费行为，不得贪污挪用。建立费用调整协商机制和费用调整标准，加强听证参与、信息公开。

表5-2　　　　　　　　中国近年来涉粮收费相关文件例举表

文件名称	改革项目	改革情况
财政部、国家发改委《关于免征小型微型企业部分行政事业性收费的通知》（2011年11月14日）	农业部门收取的农机监理费（含牌证工本费、安全技术检验费、驾驶许可考试费等）	小型微型企业免征
财政部、国家发改委《关于公布取消253项涉及企业行政事业性收费的通知》（2011年11月30日）	江西农药质量监督检验收费、湖南农业环境与产品质量检验收费、重庆农药监督检验费、贵州新增耕地指标流转专项资金、宁夏环境检测服务费、新疆农机试验鉴定收费	取消
财政部、国家发改委《关于公布取消和免征部分行政事业性收费的通知》（2012年12月19日）	地方水电经营管理费（吉林省）、水利工程水费管理费（吉林省）	免征
财政部、国家发改委《关于公布取消和免征一批行政事业性收费的通知》（2013年6月25日）	水利部门的占用农业灌溉水源及设施补偿费	取消
国家发改委、财政部《关于降低部分行政事业性收费标准的通知》（2013年8月2日）	农业部门降低种子调运检疫费和产地检疫费、农机产品测试检验费	降低收费标准
财政部、国家发改委《关于公布取消314项行政事业性收费的通知》（2013年10月16日）	内蒙古农电管理费，山东《联合收割机牌证》工本费、农作物种子检验收费、农村土地承包经营权证工本费，湖北联合收割机号牌工本费、农业机械及其他机械号牌工本费、农机学校驾驶培训费、技术合作项目收费、防汛费，广西农业技术承包费、拖拉机特殊检验费，西藏种子质量合格证，新疆土地承包经营权证工本费、水利工程破坏补偿费	取消

续前表

文件名称	改革项目	改革情况
财政部《关于取消、停征和免征一批行政事业性收费的通知》（2014年12月23日）	中国贸促会和地方贸促会的货物原产地证书费	取消
	农业部门的国内植物检疫费、拖拉机号牌（含号牌架、固定封装置）费、拖拉机行驶证费、拖拉机登记证费、拖拉机驾驶证费、拖拉机安全技术检验费、拖拉机驾驶许可考试费，环保部门的环境监测服务费	小微企业免征
财政部、国家发改委《关于清理规范一批行政事业性收费有关政策的通知》（2017年3月15日）	环境部门的环境监测服务费、农业部门的农业转基因生物安全评价费	取消
	农业部门的植物新品种保护权收费、农药登记费、农作物委托检验费、农机产品测试检验费、农业转基因生物检测费	停征

（二）粮食流通保障行为

粮食流通是粮食"全过程"产业链最为漫长的环节。当前的趋势是加强粮食流通对生产、消费的引导，即中间阶段对起点与终点两个阶段的引导和促进。联合国可持续发展目标强调"产业、创新和基础设施"。具体而言，粮食流通保障行为包括粮食产销合作、粮食国有企业改革、粮食民营龙头企业扶持、粮食现货市场体系建设等。

1. 粮食产销合作行为

首先，区分粮食主产区、粮食主销区、产销平衡区。粮食主产区重在提升收储能力、调整仓储结构，粮食主销区重在提升储备能力和应急保供能力，产销平衡区重在平衡仓储空间、提升收购能力。其中，东北地区发展水稻、玉米，黄淮海平原发展优质小麦、专用玉米，长江经济带地区发展双季稻、籼改粳、优质专用小麦，西北地区发展优质小麦、玉米、马铃薯，西南地区发展水稻、小麦、玉米、马铃薯，华南地区发展优质双季稻、马铃薯，等等。建立粮食主产区、粮食主销区、产销平衡区供需协调机制，明确各方当事人的权利（职权）、义务（职责）、责任，完善产销合作过程中的纠纷解决机制。

其次，主销区"走出去"发展。粮食主销区要加强地方立法，支持走出本省、本区域，与主产区开展粮食购销贸易、库场租赁、资产联营、粮食代收、粮食代储、粮食代销、订单生产，建立粮食生产基地和粮食加工基地等合作形式，充分利用主产区粮食资源，强化"走出去"战略。2017年11月，广东省、黑龙江省签署粮食安全战略合作协议，创新产销合作机制，进一步构建省级之间粮食安全共赢格局。

再次，大城市保障机制。针对中国特大城市、大城市的特色，以首都粮食安全为首要保障，重点保证京津、长三角、珠三角、成渝等地区的粮食供应。推广"农户+农民合作社+基地+龙头企业+直营店""生产基地+中央厨房+餐饮门店""生产基地+加工企业+商超销售"等产销模式，形成大城市粮食保障体系、粮食保障网络。

2. 粮食国有企业改革

粮食国有企业改革的前提是政企分离，确立粮食国有企业的法定地位。在具体案件中，地方各级粮食行政管理部门作为粮食国有资产的出资人和监管者，享有对粮食国有企业（公司）的股权。与此同时，粮食国有企业（公司）具有独立的法人资格，享有对该国有资产的诸多权利，独立承担法律责任。而在另外一些案件中又要注意，地方各级粮食行政管理部门是权利义务主体，下属粮库负责具体落实。

粮食国有企业改革的方向是混合所有制，建立世界一流的粮食企业。其一，战略合作。实施强强联合、以强带弱，形成产供销一体化的战略联盟，稳妥处置长期亏损、基本停产的"僵尸企业"。其二，战略重组。以收购、兼并、参股、租赁等多种形式，组建跨产业、跨区域、跨所有制性质的混合所有制粮食集团。制定一系列激励机制，促进战略重组。例如，资本性补助用于增资扩股方式重组，补助新增建仓资金，增加储备粮异地储备指标，实行委托代储储备粮补贴年度定额包干，奖励"北粮南调"超基数部分，等等。其三，整体上市。地方国有粮食企业可以通过股权受让收购民营上市公司股权，完成定向增发方案，实现资本运营平台的搭建，最终成为全国性上市公司。在此基础上，要建立健全相应的内部控制、经营决策、组织管理机制。

3. 粮食民营龙头企业扶持机制

首先，多元化经营。粮食民营龙头企业的认定资格包括企业性质、资产规模、信用评定、加工能力、产量、销售额、带动农户数量、增收额等。制定财政补助、贷款贴息、税收优惠等制度，支持粮食民营龙头企业发展，推动合理的融资、上市、收购、控股、兼并、重组。以规模化生产基地为基础，依托粮食龙头企业带动，建立农商联盟机制，建设现代粮食产业园，鼓励粮农通过订单农业、股份合作、入园创业就业等多种方式参与建设、分享收益。

其次，善待员工，培养工匠精神。联合国可持续发展目标的"优质教育"目标，具体是确保包容和公平的优质教育、让全民终身享有学习机会；"体面工作和经济增长"则鼓励以发展为导向的创新。民营企业最大的问题是家族式管理，优秀人才难以得到重用，难以进入决策层。粮食民营龙头企业对粮食经纪人、粮食技术人员、粮食加工技师、粮食保管员、粮食质量检验员等要加强培养，塑造工匠精神，提供有竞争力的薪酬机制、社会保障和良性的上升空间。

再次，接班问题。目前中国的民营企业普遍存在家族血缘关系的接班现象，如果接班人未能培养好，在接班之后难以有效管理企业甚至会搞垮企业，使先辈心血付之东流，类似教训数不胜数。基于粮食安全的特殊战略意义，粮食民营企业要肩负更为重大的社会责任，维护粮食公共利益。应当探索家族企业社会化、国际化机制，实现控股权与经营权分离，完善职业经理人制度，不断提升粮食民族品牌的国际竞争力。

4. 粮食现货市场体系建设行为

首先，推进粮食收购市场改革。完善入门登记、扦取样品、封闭检验、计量毛重、收货监卸、计量皮重、收购结算、资金统一支付等相关程序。必须妥善保管代购粮食，在粮食出库时双方共同检验，按期付款提货，并在必要时应急处置粮食问题。国家趋向于放松粮食收购准入门槛，尤其是放开个人、个体户的田间收购，但对主粮和特定粮食（如青稞）还是应规定资金、设备、场所、人员、信用记录等资质要求，体现对粮食安全的充分重视。完善跨省收购报告制度，如粮食品种、数量、价格、产地等。

其次，健全粮食交易市场体系。国家粮食交易中心、省级粮食交易中心、市级粮食交易中心等可共同组成粮食交易市场体系，各级交易中心承担辖区内粮食交易的市场准入、会员管理、交易监管、资金结算等工作。以广东为例，逐步形成以广东华南粮食交易中心为龙头、省内区域性粮食批发市场为骨干、市县粮食批发市场为基础的粮食交易市场体系。根据"南粤粮安工程"主要指标，广东必须在珠三角、东西两翼、粤北山区不断建设大型粮食批发市场（即年交易量超过100万吨）。鼓励通过国家粮食交易中心进行政策性粮食的收购、销售、轮换,推进地方储备轮换销售的公开网上交易。整合粮食交易中心、粮农、粮食经营者、粮食应急保障中心的资源,发展金融衍生服务。

再次,创新发展粮食超市。应当完善"农超对接"的准入资格、权利义务、违约责任等规定,合理定位各个环节经营商的权利义务关系,通过《反不正当竞争法》规范超市的日常经营行为,通过《反垄断法》规制超市的滥用市场支配地位行为,降低超市进场费,加强粮食超市的质量监管(尤其是转基因粮食监管),建立超市行业协会行业自律机制。

最后,发展粮食电商市场。发展国家粮食电子交易平台,充分发挥淘宝等现有电商平台,建立专门的粮食民营电商平台,开发粮食微信商城,鼓励地方发展粮食电商产业园。拓展线上注册发展会员、线下体验配送粮食的"O2O"营销模式。建立网上专家厨房,为国家机关、大型企事业单位、餐饮连锁企业等提供粮食一站式服务平台。粮食电商市场必须与粮食现货市场互联互通,最大限度地发挥互联网信息化的优势。

(三)粮食储备保障行为

在美国金融危机爆发的同时,全球粮食储备"只够维持53天","降至1980年以来的最低水平"[1]。即使以大米为核心的日本农业,2010年的大米库存水平也下降至粮食安全线以下(仅为10%)[2],至今发人深省。有学者总结,"我国粮食储备调控的目标应定位于保障粮食安全"[3]。具体而言,粮食储备保障由政策性储备与商业性储备构成,以政策性储备为基础,全面推进商业性储备。

1. 粮食政策性储备保障行为

政策性粮食是从广义上理解的,即国家采取政策性支持措施的粮食,包括但不限于政策性储备粮。粮食政策性储备保障行为具有重要的粮食安全意义,体现为:其一,市场调节。通过政策性收购、政策性销售,维持原粮价格的起伏区间,应对波动的国际市场粮价,稳定整体粮食市场。其

---

[1] 唐风编著:《新粮食战争》,17页,北京,中国商业出版社,2008。

[2] 参见姚凤桐、李主其:《日本的粮食》,100页,北京,中国农业出版社,2014。

[3] 刘颖等:《新时期我国粮食储备政策与调控体系研究》,199页,北京,人民出版社,2016。

二，备荒应急。通过反周期运作，实现丰年与歉年的协调、高价与低价的中和，应对各类重大自然灾害和粮食突发事件。其三，保护粮农。通过国家保护性收储，有效防止谷贱伤农，逐步提升粮农收入水平，极大地提高粮农种粮积极性。

中央储备粮在我国粮食储备体系中占据核心地位。20世纪60年代，国家建立"甲字粮""506粮"等战略储备，应对重大自然灾害和突发事件。90年代初，国家逐步建立专项粮食储备，在全国范围内加强粮食宏观调控。2000年，国家全面改革中央储备粮管理体制，组建中国储备粮管理总公司，真正实现政企分开、企业化运作。中储粮坚持两个"确保"，即"确保储备粮数量真实、质量良好"，"确保国家急需时调得动、用得上"。中储粮是独立企业实体，必然要追求企业效益。但中储粮又是以政策性业务为主导，不能片面、过度地追求企业利润，不宜过度地延伸产业链。

第一，代储资格。国家发改委、财政部《中央储备粮代储资格管理办法》（2017年）专门就中储粮代储资格作出详细规定，体现国家对代储问题的崭新认识。中央储备粮代储资格认定由国家粮食行政管理部门直接受理，分为新申请、延续申请、变更申请等。代储资格的认定标准包括仓容、仓房条件、仓管人员、经营管理水平、信用状况等。中央储备粮代储企业不得将中央储备粮轮换业务与其他业务混合经营。本质上讲，代储资格并非隶属关系，而是民事委托关系，粮食行政部门、农发行作为监管单位加以督促。

第二，在库监管。建立"总公司质监中心—分（子）公司质监中心—直属企业监管科"三级在库监管体系，实现动态管理（"常态化检查"）与静态管理（"远程平台监控"）的结合。我国提出"产区保持3个月销量、销区保持6个月销量"的储备要求，还要加上产销平衡区4~5个月销量要求，规定轮换时间、轮换数量（如每年20%）。应当建立储备粮轮换、拍卖与粮食收购、进出口的紧密衔接工作机制。

第三，出库监管。明确界定中央储备粮动用条件，包括粮食供给明显紧张、重大粮食质量事故、粮食价格异常波动等。不得擅自动用中央储备粮，不得拒绝执行或者擅自改变中央储备粮动用命令。从粮食种类、品质与现实市场需求出发，运用网上交易、定向销售、邀标销售、轮换销售等多种方式加强"去库存"。全面核实拟出库粮食的数量、质量，杜绝标实不符、不具备出库条件等问题，杜绝设置出库障碍或额外收费。中储粮直属库负主体责任，应加强现场督导，协调解决好各类矛盾和问题。

在完善中央储备粮管理的基础上，要逐步强化地方储备粮的地位，形成省直属粮库为核心、市县粮库为骨干的地方储备粮体系。以广东为例，广东省积极采取措施加快省储备粮东莞、顺德、韶关、罗定等直属库扩建工程建设，把东莞直属库建成全省粮食安全保障基地。广东每个地市级应建成仓容规模5万吨以上的中心粮库，县级应建成仓容规模2.5万吨以上的骨干粮库。

第一，代储资格。未来趋势是向民营企业开放地方储备粮代储资格。一是代储资格申报。地方储备粮管理要坚持粮食省长责任制原则，由本级储备粮总公司组织储存。需要委托承储的，应当符合法定条件，通过招标方式确定。二是代储条件变更。如有效期内代储条件变化，必须进行代储条件变更申请。三是申请代储资格延续。有效期满前，代储企业必须申请延续，签订续储合同。四是代储资格提前终止。代储企业可以申请代储资格提前终止，经法定程序进行公开竞价销售或实施移库，并承担相应违约责任。如不批准代储企业提前终止的申请，应督促代储企业继续履行合同。如因严重违规违约行为而不宜继续代储粮食，经粮食行政管理部门批准同意后，进行竞价销售或实施移库，并提前终止代储资格。五是代储资格期满终止。有效期满后，代储企业不再继续代储，必须组织公开竞价销售或实施移库，确认代储资格期满终止。

第二，在库监管。关于在库监管，应注意以下几点：一是合理配置储备品种。地方储备粮的储备品种结构应与当地粮食消费结构相匹配，满足居民口粮消费需求，适当增加优质大米、小麦、玉米。二是创新储存形式。创新储存形式，如可以租用社会仓容储存地方储备粮，到外省租用仓容储存地方储备粮等。一旦本省粮食供应短缺，立即将异地储备粮快速调回，确保本省粮食供应。三是创新奖励机制。鼓励地方粮库争当全国粮食系统弘扬"四无粮仓"精神先进单位、全国粮食系统传承"四无粮仓"精神先进个人。四是完善监管措施。加强实粮检查、账务检查、仓库安全检查、储备粮管理制度执行情况检查等，重点检查代储企业是否符合代储资格、代储条件是否发生重大变化等。发现重大问题要及时上报省政府，并在区域内同行业进行通报警示。

第三，出库监管。关于出库监管，应注意以下两点：一是动用制度。地方储备粮经本级人民政府批准方可动用。应当明确界定地方储备粮动用条件，如区域性的严重自然灾害、粮食供给明显紧张、重大粮食质量事故、粮食价格异常波动等。市、县人民政府需要动用上一级储备粮的，应当向上一级人民政府申请。二是轮换制度。地方储备粮轮换采取包干轮换，代储企业承担盈亏。轮换期限一般为 2 年，调整轮换期限必须经申请批准方可实施，不得任意调整轮换期限。坚决执行年度轮换计划，依法轮换相应品种、等级、数量的粮食。不得非法套取轮换差价、骗取轮换补贴，坚决打击以旧粮顶替新粮、虚构入账价格、虚增入库成本等违法行为。

如何才能正确处理中央储备粮与地方储备粮之间的关系？这是当前必须回答的根本问题。其一，分级体制。我国实行以中央储备为主、地方储备多元化发展的分级储备体制，必须凸显中央储备粮的"全国一盘棋"调控功能。其二，粮权配置。中央储备粮的粮权属于中央，由中储粮总公司具体负责落实。地方储备粮的粮权属于地方政府，由地方储备粮公司具体落实。其三，目标定位。中央储备粮的目标是实现全国范围内的市场稳定和供销平衡，地方储备粮的目标是实现区域层面的市场稳定和供销平衡。

2. 粮食商业性储备保障行为

我国近年来粮食丰收，在保障国家粮食供给的同时也产生了阶段性过剩问题，粮食库存长期处于高位。根据"南粤粮安工程"主要指标，广东到 2020 年预计新建仓容 700 万吨，维修仓容 350 万吨。全国均要积极推动粮食商业储备，发展农户储粮、企业储备、"粮食银行"等多种新兴储粮形式，形成粮食政策性储备与商业性储备有机统一的体系。

农户储粮是最基本的粮食储备模式，是粮食储备的起点，却往往被立法者忽视，难以在基本法律层面得到确认和保障。应当建立农户科学储粮专项建设与资金筹措机制，执行专项统一标识，明晰管理职责与程序，做好验收与监督工作。支持种粮大户、家庭农场、农民合作社、粮食龙头企业等建设绿色储粮设施、设备。完善烘干、防霉、防虫等储粮技术服务体系，加强储粮知识培训、储粮技术指导。

企业储备是商业性储备的核心主体。国家立法在考虑粮食商业企业时，往往倾向于企业的营利性生产销售，忽视了相应的商业性储备功能。粮食企业必须保持必要的库存量，相关人民政府可以规定最低和最高库存量的具体标准。当前,对从事粮食特别是主粮收购、加工、储存、销售的经营者应当核定最低和最高库存量,并定期检查。违反相关库存量规定的,严重者可取消其粮食收购资格,乃至吊销工商营业执照。

(四) 粮食国际化保障行为

联合国粮农组织制定新的国别规划框架(CPF),包括促进可持续的农业贸易、培育国际和区域间的农业合作等优先领域,重点是推动区域粮食贸易,而且往往与气候应对谈判结合起来。"全球农业战略"应当包括"进口多元化""境外农业投资""新型农业国际合作""直接贸易""全球交易中心"[①]。同样是东亚农业经济,日本农业的出路是"具有国际化的视角"[②],但与自给率割裂的食物安全保障论是"亡国的食物安全保障论"[③]。我国必须积极加入国际粮食贸易规则的制定(如WTO、多边、双边等多个层面),更多地掌握贸易制度话语权。具体而言,粮食国际化保障行为包括粮食进口许可、粮食出口许可、新型非关税壁垒、国际粮食投资拓展等。

1. 粮食进口许可

印度农业的长足进步并非因为"粮食作物的自给自足以及长期的进口禁止政策"[④],相反有必要适度有序推进农产品贸易自由化。从我国近年来《进口许可证管理货物目录》看,涉粮进口许可证管理货物包括电力电气设备、食品加工及包装设备、农业机械类等。其中,电力电气设备主要涉及依靠以粮食为原料的生物质生产电力的发电机组,食品加工及包装设备主要涉及糕点、通心粉、面条,农业机械类主要是联合收割机、其他收割机、脱粒机(见表5-3)。

[①] 程国强:《全球农业战略:基于全球视野的中国粮食安全框架》,129页,北京,中国发展出版社,2013。

[②] [日]神门善久:《日本现代农业新论》,董光哲、苏小双、韩永哲译,114页,上海,文汇出版社,2013。

[③] [日]田代洋一:《日本的形象与农业》,杨秀平等译,46页,北京,中国农业出版社,2010。

[④] [印度]A.古拉蒂、[中国]樊胜根主编:《巨龙与大象:中国和印度农业农村改革的比较研究》,216页,北京,科学出版社,2009。

表 5-3　　　　　　近三年涉粮进口许可证管理货物列表①

年份	货物类型	货物名称
2015	食品加工及包装设备	糕点生产线；通心粉、面条的生产加工机器（包括类似产品的加工机）
	农业机械类	功率≥160马力的联合收割机；功率＜160马力的联合收割机；其他收割机及脱粒机
2016	电力、电气设备	依靠可再生能源（生物质）生产电力的发电机组
	食品加工及包装设备	糕点生产线；通心粉、面条的生产加工机器（包括类似产品的加工机）
	农业机械类	功率≥160马力的联合收割机；功率＜160马力的联合收割机；其他收割机及脱粒机
2017	电力、电气设备	依靠可再生能源（生物质）生产电力的发电机组
	食品加工及包装设备	糕点生产线；通心粉、面条的生产加工机器（包括类似产品的加工机）
	农业机械类	功率≥160马力的联合收割机；功率＜160马力的联合收割机；其他收割机及脱粒机

小麦、玉米、大米属于实施进口关税配额管理的农产品。粮食进口关税配额分为国营贸易配额和非国营贸易配额。国营贸易配额须通过国营贸易企业进口；非国营贸易配额通过有贸易权的企业进口，有贸易权的最终用户也可以自行进口。从近年来《粮食进口关税配额申领条件和分配原则》看，国营贸易比例仍较大，但表现出多元化趋势（见表 5-4）。

表 5-4　　　　　　近三年粮食进口关税配额量列表②

年份	粮食类型	配额量
2015	大米	532万吨（其中：长粒米266万吨、中短粒米266万吨），非国营贸易比例50%
	小麦	963.6万吨，非国营贸易比例10%
	玉米	720万吨，非国营贸易比例40%

---

① 参见商务部、海关总署、质检总局《2015年进口许可证管理货物目录》（2014年第95号）、《2016年进口许可证管理货物目录》（2015年第75号）、《2017年进口许可证管理货物目录》（2016年第85号）。

② 参见国家发改委《2015年粮食进口关税配额申领条件和分配原则》（2014年第22号）、《2016年粮食进口关税配额申领条件和分配原则》（2015年第22号）、《2017年粮食进口关税配额申领条件和分配原则》（2016年第23号）。

续前表

年份	粮食类型	配额量
2016	大米	532 万吨（其中：长粒米 266 万吨、中短粒米 266 万吨），非国营贸易比例 50%
	小麦	963.6 万吨，非国营贸易比例 10%
	玉米	720 万吨，非国营贸易比例 40%
2017	大米	532 万吨（其中：长粒米 266 万吨、中短粒米 266 万吨），非国营贸易比例 50%
	小麦	963.6 万吨，非国营贸易比例 10%
	玉米	720 万吨，非国营贸易比例 40%

粮食进口关税配额的分配原则包括生产加工、进口、经营等商业指标，包括基本申请条件与特殊申请条件。基本申请条件大致分为：工商登记注册、良好的财务纳税状况、良好的诚信记录、社会责任履行，等等。其中，大米进口关税配额申请者必须是国营贸易企业、有进口实绩的企业、超过大米最低销售额的粮食企业、超过大米最低用量的食品生产企业，或者具有进出口经营权并从事大米加工贸易等；小麦进口关税配额申请者则必须是国营贸易企业、有进口实绩的企业、超过小麦最低用量的面粉生产企业和食品生产企业，或者具有进出口经营权并从事小麦加工贸易等；玉米进口关税配额申请者必须是国营贸易企业、有进口实绩的企业、超过玉米最低用量的生产企业，或者具有进出口经营权并从事玉米加工贸易等。

2. 粮食出口许可

我国对小麦、玉米、大米、小麦粉、玉米粉、大米粉进行出口配额管理，对玉米、大米进行出口国营贸易管理，对小麦、玉米、大米、小麦粉、玉米粉、大米粉进行"非一批一证"制管理。事实上，除了《出口许可证管理货物目录》以外，近年《边境小额贸易出口许可证管理货物目录》也对粮食产品作了出口许可规定。其一，大米。大米具体包括种用籼米稻谷、其他种用稻谷、其他籼米稻谷、其他稻谷、籼米糙米、其他糙米、籼米精米、其他精米、籼米碎米、其他碎米。其二，大米粉。大米粉具体包括籼米大米细粉、其他大米细粉、籼米大米粗粒、籼米大米粗粉、其他大米粗粒、其他大米粗粉。其三，小麦。小麦具体包括种用硬粒小麦、其他硬粒小麦、其他种用小麦及混合麦、其他小麦及混合麦。其四，小麦粉。小麦粉具体包括小麦细粉、混合麦细粉、小麦粗粒、小麦粗粉、小麦团粒。其五，玉米。玉米具体包括种用玉米、其他玉米。其六，玉米粉。玉米粉具体包括玉米细粉、玉米粗粒、玉米粗粉、滚压玉米、制片玉米、经其他加工的玉米。

至于粮食出口配额总量，近年来《工业品和农产品出口配额总量》中的农产品主要针对猪、牛、鸡、锯材、蔺草及蔺草制品，没有涉及粮食领域。

3. 新型非关税壁垒

随着粮食国际贸易的发展，传统的关税壁垒已经不足以加强粮食贸易保护，各种新型的非关税壁垒形式不断涌现，诸如绿色贸易壁垒、社会保障壁垒、知识产权壁垒、动物福利壁垒。这些新型的非关税贸易壁垒具有以下特征：一是严苛性。这些壁垒制定非常高的标准，难以企及。二是歧视性。这些壁垒并没有全球统一的标准，各国根据情况具体制定和实施，隐性造成对发展中国家的歧视性待遇。三是多样性。新型非关税壁垒的形式多样化，会有越来越多的壁垒形式涌现，但万变不离其宗，都是为了维护本国的粮食安全利益。

第一，绿色贸易壁垒。绿色贸易壁垒是以绿色环保、人类健康为名进行的粮食贸易保护。相关制度、标准都是从绿色粮食的角度出发，如农药残留量、重金属含量等。这些规定大多为技术性标准，要求非常苛刻，往往高于国际公约、国际协定的标准，包括中国在内的发展中国家往往难以达到要求。这些规定对不同的国家适用标准不一，明显带有歧视性，而非简单地维护绿色环保、人类健康。这些规定可能引导乃至干预发展中国家国内的粮食政策、粮食立法，最终不利于发展中国家的粮食安全保障。

第二，社会保障壁垒。社会保障壁垒是以粮农权益、社会保障、劳工保护等为名进行对粮食贸易保护。相关制度、标准都是从社会公平的角度出发，如粮农收入保障、粮农养老、粮企员工社会保险缴纳、粮企员工劳动保护等。这些规定从发达国家的经济社会发展水平出发，明显高于国际公约、国际协定的标准，甚至发达国家自身都难以企及，发展中国家则完全达不到标准。这些规定严苛地要求发展中国家国内的粮食政策、粮食立法必须与高福利的社会保障立法配套，容易导致立法与实际的脱离。

第三，知识产权壁垒。知识产权壁垒是以技术创新、知识产权保护等为名进行的粮食贸易保护。相关制度、标准都是从知识产权保护的角度出发，如粮食生产经营技术保护、粮食商标保护与品牌塑造、粮食地理标志保护等。这些规定从发达国家的知识产权保护水平出发，高于国际公约、国际协定的标准，发展中国家的知识产权保护程度显然是不足的，而且有诸多立法漏洞（如缺乏转基因基本法）。这些规定严苛地要求发展中国家制定高规格的知识产权保护政策与法律来推动粮食贸易发展。发展中国家致力于提高知识产权保护水平，但这是一个逐步推进的过程，不能一蹴而就。

第四，动物福利壁垒。动物福利壁垒是以保护动物为名进行的粮食贸易保护。进口粮食除了供人食用之外，也包括供牲畜食用。动物福利保护的相关制度、标准都是从动物保护的角度出发，如营养充足、人道对待、健康生活、疾病治疗等。动物福利是法律主体与法律客体研究的前沿领域。应当肯定动物福利保护背后体现的社会进步与法律进步，但过度强化动物福利、不切实际地强化动物福利，真的适合所有国家尤其是发展中国家、落后国家吗？显然是有疑义的。将某些国家高标准的动物福利待遇强加到粮食贸易中，影响供牲畜食用的粮食进口，最终将不利于动物福利的维护、提高。

4. 国际粮食投资拓展

近年来，我国央企海外投资一直处于尴尬状态，可谓"水土不服"，既包括人员、经营管理的"水土不服"，更缺乏法律制度层面的本地化适应。广义的国际粮食投资，包括直接投资与间接投资。这里是从狭义的角度探讨投资（即直接投资），如收购国外现有粮企、投资国外粮食生产基地。联合国粮农组织指出："改善治理、增加透明度和强化问责以及完善各部门的法律规则将提升 FDI 对当地和东道国的积极影响。"[①] 基于国内有限的粮食资源，虽然必须坚持谷物基本自给、口粮绝对安全的方针，但能够对外拓展，可以缓解国内耕地紧张、粮食紧张的形势。况且，从长远角度考虑，在国外有一定的粮食资源储备，在国际粮食合作中更有底气，才能真正掌握粮食定价权和制度性话语权。

第一，事前监管。有学者建议，培育农垦国际大粮商的战略重点包括"社会化服务农业""合作化共享农业""预售制众筹农业""种养加

---

① 联合国粮农组织编著：《发展中国家的农业外资：趋势及影响——来自案例研究的证据》，刘武兵等译，379 页，北京，中国农业出版社，2017。

循环农业""消费者体验农业""互联网智慧农业""金融化资本农业"等。① 我国应当发布相关的对外投资合作国别（地区）指南和产业导向目录，先以原料采购方式满足国内加工需求，再逐步实现国外规模种植、产地初加工、国内加工销售的跨国粮食产业链，最终打造中国海外粮食产业园区，推广中国特色粮食文化。规定粮食产业境外投资的资质条件，审查项目投资、项目决策、项目融资、风险防控等，对予以核准的粮食企业颁发境外投资证书。

第二，事中监管。为防止土地掠夺、应对生物能源挑战、保障粮食安全，有学者提出"设计综合的模拟自然生态系统的粮食生产系统"的建议。② 应当选择种粮条件较好的国家订立境外友好投资协议，建立长期的粮食生产基地，可与当地政府和农民成立农业合作社、粮食合作企业，采取"持股不控股""订单农业"等形式。建立粮食产业境外投资信息服务系统，必要时专设境外投资监管（调控）部门。对央企的境外投资实行随机监督检查（如合法性、合规性）和跟踪分析，发现问题及时整改，对投资不利情形要有应对方案，详细规定中止、终止或退出机制，并全程追责。加强与该国投资管理部门、粮食行政管理部门的合作。

第三，事后监管。我们现在比较强调事前监管、事中监管，反倒轻视传统的事后监管。事后监管要求编制境外粮食基地年度投资报告，包括投资完成情况、效果分析、存在问题及建议等。开展项目后评价和投资审计，促进评价结果的信息公开。完善海外投资保险制度，与政策性出口信用保险、巨灾保险等相衔接。建立健全境外安全工作责任制，有效保护境外劳动权益和社会保障权益。

二、粮食应急供给保障行为：关键时刻之映照

世界粮食安全委员会《农业和粮食系统负责任投资原则》（2014 年）原则 6 为"保护和可持续管理自然资源，增强抵御能力，减少灾害风险"，

---

① 详见邵腾伟：《培育农垦国际大粮商研究》，37~118 页，北京，科学出版社，2017。

② 参见［津巴布韦］普罗斯珀·B. 马通迪、［挪威］谢尔·海威尼维克、［瑞典］阿塔基尔特·贝耶内：《生物燃料、土地掠夺和非洲的粮食安全》，孙志娜译，289 页，北京，民主与建设出版社，2015。

而《长期危机中保障粮食安全和营养行动框架》(2015年)提出原则1"满足当前人道主义需要和建设生计抵御能力"、原则3"抵达受影响人口"、原则4"保护受长期危机影响或因长期危机面临风险的群体"、原则6"保证和支持综合全面的循证分析"、原则10"可持续管理自然资源,降低灾害风险"。联合国粮农组织向处于紧急状况下的人口提供的援助有:预警与提前行动、投资当地人口与经济、帮助自给自足、发展有恢复能力的生计、主动移民等。具体而言,粮食应急供给保障行为包括日常预防、当期应对、后期处理等。

(一) 日常预防

防患于未然,预防胜于治理,日常预防非常重要。日常预防包括确立应急预案与健全日常保障措施两个层面。日常预防需要确立粮食应急预案,构建横向到边、纵向到底的预案脉络。在此基础上,加快完善日常保障措施,如粮食应急管理体制、粮食应急指挥机构、粮食应急配送日常保障、自然灾害发生前的日常防范措施等。

1. 粮食应急预案确立

粮食应急预案需要参考、引入国际社会的应急经验措施。例如,联合国粮农组织2017年在马拉维帮助政府制定粮食安全应急预案。我国《国家粮食应急预案》规定了组织机构和职责、预警监测、应急响应、应急保障、后期处置等内容。应当适时修订各级粮食应急预案,建立横向到边、纵向到底的粮食应急情形,适应粮食安全保障的形势要求。

一方面,横向到边的粮食应急情形,分为一般情形、较大情形、重大情形、特别重大情形。其中,一般情形包括粮食损失(10吨以下粮食)、涨幅(如粮价1周内上涨幅度超过10%)、涨价天数(如超过1天)、抢购(如个别区域粮食抢购)等;较大情形包括粮食损失(10吨以上100吨以下粮食)、涨幅(如粮价1周内上涨幅度超过30%)、涨价天数(如超过3天)、抢购(如区域性粮食抢购)等;重大情形包括粮食损失(100吨以上1 000吨以下粮食)、涨幅(如粮价1周内上涨幅度超过50%)、涨价天数(如超过10天)、抢购(如较大范围抢购甚至出现粮食脱销)等;特别重大情形包括粮食损失(1 000吨以上粮食)、涨幅(如粮价1周内上涨幅度超过100%)、涨价天数(如超过15天)、抢购(如全面抢购造成群众情绪极度恐慌)等。

另一方面,纵向到底的粮食应急情形,分为国家层面、省级层面、市级层面、县级层面。其中，国家级粮食应急情形是指 2 个以上省份出现粮食应急状态；省级粮食应急情形是指本省 2 个以上城市出现粮食应急状态；市级粮食应急情形是指市级行政辖区或城区内较大范围出现粮食应急状态；县级粮食应急情形是指县级行政辖区或县城内较大范围出现粮食应急状态；等等。

2. 日常保障措施健全

首先，建立统一领导、分级负责的粮食应急管理体制。坚持粮食安全省长责任制，省级一把手要亲自抓本省粮食突发事件应急工作。如果涉及两个以上行政区域的，由共同的上一级人民政府负责。设立粮食应急指挥机构，统筹应急工作。上级人民政府相关行政管理部门应当指导、协助下级人民政府及其相关部门做好粮食应急管理工作，推动强化日常应急培训、应急演练。

其次，明确粮食应急指挥机构的具体职责。粮食应急指挥机构的总体职责包括：确定粮食应急级别，下达应急措施指令，督查协调粮食应急工作重大问题，报告、通报发展情况，等等。粮食应急指挥机构办公室履行以下职责：日常监测粮情，提出行动建议，指导粮食应急文件编制，联系成员单位，提出奖惩意见，等等。相关成员单位中，发展改革部门负责粮食应急供应部门间的综合协调，应急行政管理部门充分发挥作用，粮食行政管理部门负责粮食应急日常工作的组织协调工作，市场监督管理部门负责粮食市场秩序的维护，财政部门负责应急经费的落实，交通运输部门负责保障应急粮食运输，宣传部门正确引导舆论，网络管理部门负责网络信息监督，公安部门负责维护社会治安秩序，民政部门组织应急救助粮食的发放，等等。

再次，确保粮食应急配送日常保障。粮食应急保障能力具有三大指标，即应急加工企业数量、应急供应网点数量、改建区域性配送中心数量。依据粮食应急预案设立粮食应急配送中心，建立与应急加工企业、应急供应网点、大型粮库的协作机制，即时掌握各方库存、供需情况。大中城市成品粮储备应急要达到 15 天的市场供应量，保障每 3 万人有至少 1 个粮食应急供应点。在现有应急供应点的基础上，从成品粮批发市场、军粮供应站、放心粮油店、粮油平价店、超市、便利店、菜场等择优选定新的应急供应点。要强化贫困地区、边远山区、生态环境恶劣地区的粮源筹措，从便利店、粮油经销店、军粮供应站等择优选定新的应急供应点，实现乡镇全覆盖。根据军粮战略安排，建立足够数量、一定规模、有效布局的军粮应急加工企业，尤其考虑边远、海岛等特殊驻军需求。建立与应急行政管理部门的联通机制，接受粮食行政管理部门的日常监督、应急调度并实时反馈。

最后，做好自然灾害发生前的日常防范措施。联合国可持续发展目标中"无贫穷"目标的愿景之一是增强穷人和弱势群体的抵御灾害能力，降低极端天气、自然灾害的概率和易受影响程度，而"产业、创新和基础设施"目标则包括"发展优质、可靠、可持续和有抵御灾害能力的基础设施"。联合国粮农组织制定"早期预警/早期行动系统"，在粮食危机升级为紧急情况之前采取行动，增强受威胁人口的应灾能力，降低可预见的灾害损失。必须将自然灾害防范知识与粮农种植经验相结合，提高粮农应对气候变化的能力。完善各类工程投资机制，如建（修、挖）水窖、池塘、堤坝、大棚、排灌站、水库、井、排水沟等。建立日常抗旱激励机制，如畦灌沟灌、地膜覆盖、间歇灌溉、调整排灌强度等。加强气候预测，评估决定作物的适宜播种期，避开高温干旱时期。

（二）当期应对

当期应对是在粮食风险（危机）发生之后采取的措施。只有借鉴全球粮食和农业信息及预警系统，加强我国粮食应急预警，及时发现粮食风险（危机），才能进一步采取应对措施。在应急预警之后，必须及时启动粮食应急预案并加以全面实施，关键是根据不同危险状况采取对应的应对措施。

1. 粮食应急预警

20 世纪 70 年代初发生严重粮食危机，全球粮食和农业信息及预警系统（GIEWS）应运而生，持续监测全球粮食生产、消费和贸易等方方面面情况并及时进行预警。具体而言，全球粮食和农业信息及预警系统是信息网络、信息分析、产品与服务等的统一体。[①] 其一，信息网络。信息网络包括预警与粮食信息系统、粮农组织权力下放办公室、国家代表与实地项目、粮农组织技术部门、联合国、各类国际组织、快速评估团、政府机

---

① 详见联合国粮农组织官方网站"主题"之"全球粮食和农业信息及预警系统（GIEWS）"栏目，见 http://www.fao.org/giews/background/zh/，访问时间：2017 - 08 - 19。

构、非政府机构、媒体等。其二，信息分析。信息分析涵括作物监测、地球观测、作物展望、市场与贸易、价格与政策、供需平衡、脆弱性与风险等。其三，产品与服务。产品与服务包括报告、数据库、方法论、工具、能力建设等。

GIEWS 开发以网络为基础的信息化工程，方便数据获取与统计，大致包括：其一，遥感作物监测。利用遥感数据统计粮食生长季节供水量、植被健康状况，开发农业应力指数（ASI），以便早期识别旱灾地区。其二，国家谷物平衡表（CCBS）。该系统统计世界各国粮食年度生产、消费情况。其三，粮食价格监测与分析（FPMA）。该系统可以统计具体国家粮食月度国内零售和（或）批发价格序列、粮食国际贸易品种的周度（月度）价格。其四，粮食援助交付量。世界粮食计划署提供相关数据，并根据联合国粮农组织的需要进行再处理。

联合国粮农组织《世界粮食安全首脑会议宣言》（2009 年）第 28 条要求"提高国家农业统计及粮食不安全和易受害性预警预报系统的质量"。世界粮食计划署粮食应急计划中也有专门的"准备工作"阶段（第一阶段），加强风险监测、风险管理。粮食应急预警内容包括严重自然灾害、粮食供给明显紧张、粮食生产环境污染、重大粮食质量事故、粮食价格异常波动、粮食期货市场波动等。各级人民政府负责发布相应级别的粮食突发事件警报，决定并宣布有关地区进入预警期，同时向上一级人民政府报告，必要时可以越级上报。各级人民政府应当根据事态的发展，适时调整预警级别。建立适应气候变化、自然灾害预防与粮食应急预警的协调机制。

2. 粮食应急预案的启动和实施

在粮食应急预警之后，必须相应启动粮食应急预案。世界粮食计划署粮食应急计划第二阶段"00 到 48 小时"，在接到求助之后收集分析风险信息，与相关国家、伙伴关系协商部署，提供后勤和空中服务。就我国而言，粮食应急预案由本级发展改革部门及粮食、应急等行政管理部门提出建议，报本级人民政府批准后实施。这里的建议权应当以粮食行政管理部门专门行使为妥，以便更好地发挥其监管职责。启动情形包括发生严重自然灾害、粮食供给明显紧张、重大粮食质量事故、粮食价格异常波动等。强化地方人民政府的主体责任，进一步明确中央和地方粮食应急供给的事权划分。

在启动粮食应急预案之后，必须全面实施预案。世界粮食计划署粮食应急计划第三阶段"48到72小时"是进行初期快速需求评估，如制定初步应变计划、分发紧急粮食援助、设立监测和评估系统。第四阶段"第一周"是设计全方位紧急援助行动，如供应青少年营养食品，呼吁国际筹资，设立运输和通信渠道等。根据危险程度，我国可采取国际调度、省际调度、城际调度、城乡调度的结合，建立粮食应急资源多层次紧急调用机制。例如，广东有针对性地制定广佛肇、深莞惠、珠中江、汕潮揭等省内城际粮食应急联动机制。针对粮食突发事件的类型和危害程度采取相应的应急措施。有多种措施可供选择的，应当选择最大程度保护粮食安全公共利益的措施。其中，出现"重大"危险状况时，可以动用政府储备粮，加大粮食进口，实施企业粮食最高库存量限制；出现"特别重大"危险状况时，可以实行临时价格干预、统一粮食销售、紧急征用等，务必保障老弱病残等困难群体的口粮供应。粮食危险性质特别严重，现有应急措施失灵时，由全国人大常委会或者国务院依照我国《宪法》规定决定国家进入紧急状态。

（三）后期处理

"直接灾害经济损失与全球国内生产总值（GDP）对比"是联合国国际减灾战略署、联合国粮农组织、联合国环境规划署的重要托管指标（级别Ⅱ）。世界粮食安全委员会《长期危机中保障粮食安全和营养行动框架》（2015年）提出"以治本方式改善受长期危机影响或处于其风险中的人口的粮食安全和营养"的目标。具体而言，后期处理包括国内层面的积极应对与国际层面的多渠道援助。

1. 国内层面

当粮食突发事件危险程度降低时，要相应调低粮食应急等级。当粮食危险状况消除时，发布警报的人民政府应当宣布解除警报，进行粮食突发事件损失评估，恢复社会治安秩序，恢复日常生活，及时返还粮食突发事件中征用的财产并给予相应补偿。采取或者继续实施必要措施，防止发生自然灾害、粮食突发事件的衍生事件或者引发新一轮自然灾害、粮食突发事件。当粮食市场确实供不应求时，当地政府应当依法将当期生产经济作物的耕地转为从事粮食生产，并组织落实粮食生产投入品供应。立足自身能力，稳步推动本地重建，及时调解粮食突发事件引发的社会矛盾纠纷。建立健全社会组织、志愿者等社会力量参与重建的制度平台，完善政府与社会力量的联动机制（如财政支持、税收优惠、教育培训、政府购买服务等），建立社会力量参与重建的评估体系并加强监管。

如果出现无法恢复的情况时，有必要启动移民。联合国粮农组织认为移民可以实现零饥饿的最终目标。2017世界粮食日的主题是"改变移民未来，投资粮食安全，促进农村发展"。移民包括国内移民与国际移民，这里指的是国内移民。国内移民不仅要解决基本生计问题，保障移居之后的粮食安全保障水平不降低，而且要借此进行资源整合，改善移入地的生态环境，促进移入地粮食生产、粮食流通的发展。

完善粮食应急的奖惩机制，将其纳入守信激励、失信惩戒的粮食信用体系建设，发挥鼓励抢险救灾、惩治违法违规的作用。应予表彰的情形主要包括出色完成应急任务和重要建议的实施效果显著。应予惩治的情形包括未达到日常应急保障要求、不依法实施粮食应急措施、拒不承担应急任务、扰乱市场秩序、贪污受贿、玩忽职守等。奖惩机制既是对已有情形的认定，也是对未来情形的预示。

2. 国际层面

首先，联合国的整体制度框架。联合国是协调全球合作的基本力量，应当在国际粮食安全合作中发挥更大的作用。例如，联合国设立南南合作办公室，专设"南南合作日"（9月12日），并形成对应的南南合作与三方合作制度。建立包容性伙伴关系，完善短期、中期、长期的合作交流，提高联合国系统支援的战略一致性。此外，应积极推进联合国发展援助框架（UNDAF），加强与成员方的人道主义合作。

其次，联合国粮农组织的制度框架。联合国粮农组织《世界粮食安全首脑会议宣言》（2009年）原则4为"通过不断提高效率、反应、协调和实效，确保多边机构发挥强有力作用"。粮农组织积极促进粮食危机发生地区恢复粮食生产，通过种子分配、种子优惠券、种子交易会等让粮农获得优良种子，加强生产自救，减少对粮食援助的依赖。粮农组织推出技术合作计划紧急项目，包括专家建议、技术支持、设备配套、服务配套等，考虑农业周期，推动当地迅速恢复生产和生计，使受灾群众普遍受益。粮农组织帮助中美洲干旱国家增强家庭、社区、机构应对厄尔尼诺的重建能力，减少粮食不安全威胁。值得关注的是，最新的AIDmonitor是首个全面监测官方发展援助（ODA）资金流动情况的工具，也是集中分析全球粮食安全资金流动的工具。如何将各类工具性手段统一纳入粮农组织的制度框架，是未来的重要议题。

再次，世界粮食计划署的制度框架。世界粮食计划署粮食应急计划第五阶段"第三个月"是延长紧急救援行动或转换为复原行动，如增强恢复力、确保弱势群体的粮食权益、设立定期分发点等。《联合国世界粮食计划署在中国：国别战略计划（2017—2021）》则强化世界粮食计划署中国办公室作为卓越中心，以推动南南及三方合作。世界粮食计划署依赖自愿捐赠，向世界饥饿人口提供粮食援助。世界粮食计划署更多依赖行动计划，制度建设有待进一步完善。

第二节 核心：粮食质量保障行为

联合国"零饥饿"可持续发展目标的愿景不仅仅是停留在保障粮食供给，而且是"消除一切形式的营养不良"。联合国粮农组织《营养问题罗马宣言》（2014年）重申，"消除一切形式的营养不良"。世界粮食安全委员会《农业和粮食系统负责任投资原则》（2014年）规定了原则1"促进粮食安全和营养"、原则8"推动建立安全健康的农业和粮食系统"，而《长期危机中保障粮食安全和营养行动框架》（2015年）原则2为"关注营养需要"。粮食质量保障首先是种子质量保障，其次才是粮食质量保障，而粮食质量保障不仅仅是普通粮食质量保障，更是转基因粮食应对问题。相应的，粮食法不仅是粮食质量保障行为法，更是转基因粮食应对行为法。

一、普通粮食质量保障：粮食质量保障行为法之实现

联合国粮农组织生态农业十项要素包括效率、平衡、多样性、共创知识、循环利用、协同作用、个人和社会价值、循环经济、文化和饮食传统、土地和自然资源治理。"永续农业"涵括"对自然系统的观察""传统农业系统中的智慧""现代科学和技术知识"[①]。具体而言，普通粮食质量

---

① ［澳］比尔·莫利森：《永续农业概论》，李晓明、李萍萍译，1页，镇江，江苏大学出版社，2014。

保障包括粮食种子质量保障、耕地质量保障、粮食生产投入品使用管理、成品粮质量保障等。

（一）粮食种子质量保障

粮食种子其实属于粮食生产投入品的范畴，因与粮食质量密切相关，故单列出来论证。小小一粒种子，蕴含并保障全人类的生存与发展。种子质量保障是联合国"零饥饿"可持续发展目标的愿景，既包括多样化的种子库与基因多样性，也包括公正、公平地分享利用基因资源。"中长期保护设施中粮食和农业动植物遗传资源数量""被列为处于濒临灭绝风险、无风险或未知风险水平的地方品种比例"均是联合国粮农组织、联合国环境规划署的重要托管指标（级别Ⅱ）。从更深远的角度看，粮食种子质量保障不仅是种质资源保护，也包括种子生产经营监管。

1. 种质资源保护

何谓"种质资源"？联合国粮农组织《国际植物保护公约》（1999年）第2条界定"植物"是指"活的植物及其器官，包括种子和种质"，特别强调对种子、种质的保护。联合国《生物多样性公约》（1992年）第2条界定"遗传资源"是指"具有实际或潜在价值的遗传材料"。该公约倡导生物多样性保护，基础即是保护种质遗传资源。我国《种子法》第92条界定"种质资源"是指"选育植物新品种的基础材料"，这种基础材料包括"栽培种""繁殖"以及"人工创造"等诸多类型。

何谓"粮食种质资源"？联合国粮农组织《粮食和农业植物遗传资源国际条约》（2001年）第2条界定"粮食和农业植物遗传资源"是指"对粮食和农业具有实际或潜在价值的任何植物遗传材料"。该条约附件Ⅰ"多边系统中包括的作物清单"中的粮食作物包括面包果、燕麦、甜菜、木豆、鹰嘴豆、芋头、山药、小米、大麦、甘薯、草香豌豆、小扁豆、木薯、稻谷、御谷、豌豆、黑麦、马铃薯、高粱、黑小麦、小麦、蚕豆/野豌豆、豇豆、玉米等。该条约详细规定粮食和农业植物遗传资源的保存、考察、收集、特性鉴定、评价、编目、利用、分享等具体问题。与此同时，联合国《名古屋遗传资源议定书》（2010年）则重在遗传资源获取与惠益公平分享。我国《种子法》第92条特别强调"主要农作物"包括稻、小麦、玉米等，体现对主粮的重视。亦即，粮食种质资源保护应以主粮种质资源保护为基础。

如何保护粮食种质资源？朴素的农民是天然的粮食育种专家，有经验地从收获粮食中挑选最好的种子保存起来。联合国粮农组织《将生物多样性纳入营养相关政策、计划以及国家和区域行动计划主流工作自愿准则》(2015 年) 分为研究问题、实施对策、增强认识三大要素,将生物多样性纳入良好营养与粮食安全的制度框架中。其中,实施对策包括"建立具有潜在有益营养素成分的品种的遗传资源系统和基因库"。各国对粮食种质资源享有主权,应当加以充分保护。国家定期公布粮食种质资源目录,建立种质资源开发、创新与定向培育机制,重点防止稻谷、小麦、玉米种质资源流失。粮食种质资源审批权(如进出口、科研)应当收归国家层面所有,地方政府部门无权审批。任何单位和个人不得侵占和破坏粮食种质资源。完善救灾备荒种子储备机制,落实补助经费,确保应急时刻有得用、用得上。粮食种质资源不能停留在保护层面,还要开发创新。抗逆性是指粮食种子抵抗不利生产环境的能力,如抗旱、抗盐、抗寒、抗病虫害。从应对气候变化的长远趋势出发,倾向性地支持培育高效基因,提升抗逆性,纳入国家应对气候变化适应规划。

2. 种子生产经营监管

联合国粮农组织在种子生产经营方面制定开放性的制度框架,如种子生产计划、信贷计划、提高种子繁殖能力、开展增值活动、社区种子系统计划等。粮农组织在鼓励粮农、种子种植者、粮食个体户、粮食企业、粮食科研机构、粮食生产投入品经销商、粮食社会组织等参与全球种子系统建设的同时,督促各国政府加强种子生产经营监管,以此推动粮食和农业植物遗传资源全球行动计划的贯彻落实。

一方面是市场准入监管。粮食种子生产经营必须实行许可准入制度,基本准入条件是资金、生产经营设施、专业技术人员、责任承担能力等。这里要区分主粮常规种子、主粮杂交种子、非主粮种子等情况。当然,自繁自用剩余常规种子在法定场所出售、串换,设立法定分支机构,受书面委托生产、代销种子等,属于准入许可的例外情形。从事粮食种子进出口必须依法取得种子进出口许可并具中文标识,尤其加强转基因标识监管。

另一方面是市场运行持续监管。建立粮食种子生产经营"全过程"档案,完善相关的召回和可追溯机制。基本信息包括种子品种、来源、产地、质量、数量、生产经营者名称、使用区域、有效期限、检疫证明等。强化对种子基地、种子市场、种子生产经营企业的监管,重点检测转基因成分,启用种子生产经营许可信息管理系统。粮食种子生产经营许可证必须有法定期限（如5年），要完善中途变更与期满延续的申请制度。如因未达许可条件又整改不达标，或停产1年以上的，应当注销许可证。

（二）耕地质量保障

早在古罗马，"土地的地点是否有益于健康"已经是粮食生产最重视的两大问题之一。①"已退化土地占总面积的百分比"是联合国防治荒漠化公约和联合国粮农组织、联合国环境规划署的重要托管指标（级别Ⅲ）。2015年是国际土壤年，正式口号是"健康土壤带来健康生活"，通过新的《世界土壤宪章》来加强耕地质量保障。2017年，联合国粮农组织制定《可持续土壤管理自愿准则》，不断提升可持续土壤管理。我国已经制定了大气、水、固体废物、噪声等方面的环境保护法律，亟须制定《土壤环境保护法》，全方位保护包括耕地在内的土壤环境，解决耕地肥力下降、耕地污染两大难题。土壤环境保护基本法是耕地肥力提升的基本促进法，也是耕地污染防治的基本应对法。

1. 耕地肥力提升

"一个国家真实的、永久的和独立于其他一切要素的资本就是土壤"，应当"合理利用并保持土壤肥力"②。耕地肥力下降是全世界粮食生产普遍存在的问题，与人类过度开发利用耕地资源密切相关。耕地肥力下降会导致粮食质量下降，直接影响人类发育成长和身体健康。联合国粮农组织《可持续土壤管理自愿准则》（2017年）针对耕地肥力下降问题提出一系列具体措施。例如，尽量减少土壤侵蚀，提高土壤有机质含量，促进土壤养分均衡和循环，防止、尽量减少和减缓土壤盐碱化，防止和尽量减少土壤酸化，保持和加强土壤生物多样性，尽量减少覆土，防止和减缓土壤板结，完善土壤水管理，等等。

具体而言，提升耕地肥力可以通过以下途径实现：其一，功能区建设。合理划定粮食生产功能区（如水稻、小麦、玉米、青稞、马铃薯），制定功能区的土壤培育标准，推进中低产田改造，加快高标准农田建设。其二，田园共生系统建设。如中国"稻田养鱼"系统的成功实践被引入尼

---

① 参见［古罗马］M.T.瓦罗：《论农业》，王家绶译，22页，北京，商务印书馆，1981。

② ［英］艾尔伯特·霍华德：《农业圣典》，李季主译，215页，北京，中国农业大学出版社，2013。

日利亚等发展中国家，提高了水稻产量。应当建立种养结合、轮作互补的示范工程，推动粮食生产废弃物资源化利用、无害化处理。其三，休耕保护。休耕可以提升耕地肥力、调节粮食供给，只是我国耕地资源贫乏，难以全面实施。应当在生态退化地区、生态破坏地区实行休耕制度。土地休耕与耕地闲置、撂荒有本质区别。土地休耕应当根据粮食供给状况进行调整，并给予农民休耕补贴。

2. 耕地污染应对

根据污染程度划分，耕地污染可以分为轻度污染、中度污染与重度污染。这里的耕地污染，一般指向中度、重度污染。国务院《土壤污染防治行动计划》（2016年）提出，到2020年"受污染耕地安全利用率达到90%左右"，到2030年"受污染耕地安全利用率达到95%以上"。耕地肥力下降还可以继续耕作，只是耕作效果不好。而耕地污染会导致无法耕作，甚至是永久性的。因此，耕地污染比肥力下降更为严重，更加影响粮食安全。渐进式污染是耕地污染的主要形式，必须实时监测、严格监管；突发性污染是耕地污染的特殊情形，必须有完善的应对体系。

一方面是渐进式耕地污染应对。在环境污染呈现全球性、普遍性的今天，耕地污染可以说是环境污染的一个缩影。除了突发环境事件之外，耕地污染是漫长的演变过程，污染程度不断加重。对此，应当建立耕地资源承载能力监测预警长效机制，完善预警等级的标准认定。根据具体行业污染（如冶金行业、皮革行业），针对具体污染类型（如重金属污染、水污染、固体废物污染）建立相应的治理机制，完善限期治理机制。鼓励粮农自身投资治理污染，建立耕地质量保障的社会化服务机制。对于污染非常严重、不再适宜种粮的农田，应当依法转为其他用地，不再从事粮食生产。

另一方面是突发性耕地污染应对。引发突发性耕地污染的情况很多，如周边污染企业的突发事件、自然灾害引发的环境污染、粮食生产方法不当引发的突发污染等。突发性污染发生时，要及时查找污染源、污染原因，采取有针对性的应对措施。当地生态环境、农业等行政管理部门应当及时介入，履行相应的行政职能。既要防止污染进一步扩大，也要治理已经发生的污染。耕地污染是"突发性"的，但治理起来却是长期性的，要进行持续的信息公开。另外，耕地污染即使得到有效治理，耕地肥力也会下降，依然会对粮食生产造成严重影响。因此，耕地污染应对的制度建设是系统性工程，绝不仅仅是当期应对。

(三) 粮食生产投入品使用管理

农药、化肥等的不当使用，会破坏自然界的平衡，产生"寂静的春天"。"不是魔法，也不是敌人的活动使这个受损害的世界的生命无法复生，而是人们自己使自己受害。"[①] 人类必须管控好粮食生产投入品，减少对大自然的伤害，重点包括农药安全使用管理、化肥安全使用管理等。

1. 农药安全使用管理

首先，农药试验层面。国内首次生产和首次进口的农药，必须试验良好方可申请正式登记。一是健全农药试验机构资质，如试验场所、设施设备、法定人员、管理机构、管理制度、标准操作规程、试验记录等。二是完善农药安全试验机制，如试验范围、试验地点、作物安全信息、环境安全信息、安全防范措施等。三是健全农药试验紧急应对措施。制定农药试验危险因素认定体系，一旦发生法定情形必须马上停止试验乃至终止试验。

其次，农药生产层面。农药生产者必须符合法定人员、生产地点、厂房布局、生产设备、管理机构、信息管理系统、管理制度等要求。生产假农药、严重违法生产劣质农药、违法生产农药且逾期拒不整改或者整改不力、违法租借农药生产许可证等，依法吊销农药生产许可证；不具备法定条件而获得农药生产许可、违反法定程序作出农药生产许可等，依法撤销农药生产许可证；主体资格终止、有效期届满未申请延续、丧失生产许可资格等，依法注销农药生产许可证。

再次，农药经营层面。农药经营者必须符合法定人员、营业场所、仓储场所、经营设施、管理机构、信息管理系统、管理制度等要求。建立农药销售档案，包括：基本信息，如农药名称、生产日期、质量保证期、有效成分、相关含量；证件号码，如登记证号、生产许可证号、产品批号、产品质量标准号等；产品性能，如使用范围、使用方法、剂量、毒性、急救措施等。健全农药追溯系统和与之对应的召回机制，经检测不符合标准的农药不得销售，建立农药使用量零增长机制。销售假农药、严重违法销售劣质农药、违法销售农药且逾期拒不整改或者整改不力、违法租借农药经营许可证等，依法吊销农药经营许可证；不具备法定条件而获得农药经营许可、违反法定程序作出农药经营许可等，依法撤销农药经营许可证；

---

① ［美］蕾切尔·卡森：《寂静的春天》，吕瑞兰、李长生译，3 页，上海，上海译文出版社，2014。

主体资格终止、有效期届满未申请延续、丧失经营许可资格等，依法注销农药经营许可证。

2. 化肥安全使用管理

一方面是化肥生产层面。保持全国化肥供需总平衡，建立落后生产企业退出长效机制，在深挖化肥产能、开发新型肥料的基础上成立大型综合性企业集团，拓展产业链。生产假化肥、严重违法生产劣质化肥、违法生产化肥且逾期拒不整改或者整改不力、违法租借化肥生产许可证等，依法吊销化肥生产许可证；不具备法定条件而获得化肥生产许可、违反法定程序作出化肥生产许可等，依法撤销化肥生产许可证；主体资格终止、有效期届满未申请延续、丧失生产许可资格等，依法注销化肥生产许可证。

另一方面是化肥经营层面。深化化肥价格形成机制改革，鼓励多种所有制形式（包括农民专业合作社、个体工商户）进入化肥流通领域，不断完善化肥进货检验、台账、票证等相关管理制度。化肥淡季商业储备制度必须改革，例如：延长淡季储备期限，增加化肥经销商的选择空间；缩短中标有效期，提高市场竞争水平；降低考核标准，减少储备风险；降低淡季储备违约惩罚力度，提供更多的补救措施；等等。销售假化肥、严重违法销售劣质化肥、违法销售化肥且逾期拒不整改或者整改不力、违法租借化肥经营许可证等，依法吊销化肥经营许可证；不具备法定条件而获得化肥经营许可、违反法定程序作出化肥经营许可等，依法撤销化肥经营许可证；主体资格终止、有效期届满未申请延续、丧失经营许可资格等，依法注销化肥经营许可证。

（四）成品粮质量保障

与原粮相比，成品粮直接关乎人体食用，必须认真对待成品粮质量保障问题。其中，粮食质量标准分为初级标准、中级标准、高级标准；粮食质量监管是粮食流通许可、粮食质量检验、粮食质量风险监测、粮食质量档案等制度的结合；粮食污染紧急应对需要强制性检验、干预性收购、紧急召回、分类储存、定向处置等。

1. 粮食质量标准

日本学者把农产品质量标准限定为"新鲜""安全""美味""有营养""健康"[①]。事实上，粮食质量安全的"安全"标准逐步提升，可以分为低

---

① ［日］田代洋一：《日本的形象与农业》，杨秀平等译，52页，北京，中国农业出版社，2010。

级标准、中级标准、高级标准。其中，粮食质量安全的低级标准包括无害、卫生，中级标准是品质，高级标准是营养。

首先，低级标准。一是无害标准。从人体基本健康角度设定无害标准，对应的是有毒粮食、有害粮食。有毒是从毒理学角度对人体基本健康乃至生命安全的侵害，有害则是更为广泛的破坏人体健康的概念范畴。有毒有害意味着该粮食不能供人体食用，除了部分可以用于工业粮食、生物能源等用途之外，其余皆应销毁。有毒、有害的粮食可能触犯生产、销售有毒、有害食品罪，后文将详述。二是卫生标准。从人体食用角度设定卫生标准，分为卫生达标粮食与卫生不达标粮食。卫生标准是粮食的"后天"标准，是可以通过改善粮食生产条件、流通条件来提升的。卫生不达标，往往有毒有害，如储存卫生条件不达标、运输卫生条件不达标等会引发病虫害肆虐，导致粮食霉化变质。卫生标准是粮食必须达到的标准，卫生不达标意味着该粮食不能供人体食用，只能用于工业粮食、生物能源等用途。

其次，中级标准。品质标准是粮食质量安全的中级标准，从加工精度、碎粒、不完善粒、杂质最大限量、水分、互混、色泽、气味等方面体现。品质标准可以分为劣质粮食、合格粮食、优质粮食、特级粮食等。卫生不达标，不一定是品质有问题。即使是劣质粮食，卫生也可能达标。不同的粮食品种，品质完全不同，也不能硬性地进行直接比较。粮食品质表征体现为：一是粮食形状。正常粮食应该大小均匀、饱满润泽，碎粒过多或大小不均是不正常的。二是粮食颜色。正常粮食颜色正常（如小麦粉是乳白色或略带微黄色），没有虫蛀或霉变，而颜色过亮或过于暗淡都是不正常的。三是粮食味道。正常粮食会有特定味道（如大米具有清香，小麦具有麦香），有异味者是不正常的。这里要注意辨别两个概念，即陈粮与陈化粮。陈粮是非当年新生产的粮食，但符合相关品质要求，可以正常食用。陈化粮是指存放时间过长，已经不符合品质要求，不宜直接作为口粮食用的粮食。

再次，高级标准。营养标准是粮食质量安全的高级标准，广义的营养不良包括营养不足、营养过剩、微量元素缺乏等。人体需要蛋白质、脂肪、碳水化合物、维生素、水、矿物质、膳食纤维等营养成分。决定人体营养情况不是看"最长的木板"，而是看"最短的木板"。粮食不能停留在果腹，更要提升人类的健康水平，各类营养标准都非常重要。中国食物与营养发展纲要（2014—2020年）提出到2020年"基本消除营养不良现象"。大米、小麦、玉米等主粮富含人类日常生活所需的基本营养成分（如碳水化合物、蛋白质、膳食纤维、特定维生素），重点是稳定现有的营养价值，不断开发潜在的营养元素，开发绿色全谷物、有机食品等高端粮食产品。薯类等作为粮食品种还处于发展阶段，甚至只是初级阶段。未来要充分挖掘薯类等的营养潜能，满足人类多元化、特色化的营养需求，争取在区域范围内成为新的主粮品种。当然，粮食所含的营养成分也有限，不能满足人体多样化营养需求，人类必须广泛摄取各类食物才是健康之道。值得注意的是，中国人饮食长期以谷物为主，动物类摄取量不足。改革开放以来，国外肉食习惯逐渐影响我国老百姓的膳食结构，却又出现动物类摄取过多、暴饮暴食、营养过剩、"富贵病"多发等现象。如何均衡膳食营养、发展"绿色优质粮食"，是粮食质量立法重点考虑的问题。

2. 粮食质量监管

首先，完善粮食流通许可。实行粮食流通各个环节的许可证制度，明确规定例外情况（如农民个人销售其自产粮食）。建立并执行粮食流通环节从业人员健康管理制度，树立健康意识与责任担当。建立健全粮食保管员、粮食质量检验员准入制度，提高粮食保管员、粮食质量检验员的资质条件。

其次，加强粮食质量检验。"十三五"期间，我国将建立500个国家粮食质量检验监测机构。粮食质量检验检测可以分为行政检验、认证检验、自律检验。正常情形的粮食出库可由粮食经营者自行检验或委托专业粮食检验机构检验，超期粮食出库应委托专业粮食检验机构鉴定。应当完善检验技术人员考核制度，如粮食法律法规、粮食标准、粮食产业操作规程、质量控制要求、粮食实验管理、粮食数据管理等。粮食出库检验报告要规定有效期（如3个月），超期应重新检验。检测发现不符合规定的政策性粮食，不得采购和供应。得出粮食质量不安全结论时，立即停止相关生产经营，完善粮食品种退出机制。

再次，严格进行粮食质量风险监测。粮食质量检验倾向于微观层面的质量监管，粮食质量风险监测则倾向于宏观层面的质量监管。"十三五"期间，我国将建立2 500个粮食质量安全风险监测网点。广东重点建设广州、深圳、汕头、佛山、韶关、梅州、湛江等国家粮食质量监测站。我国应当形成以粮食质量安全风险监测中心为核心、粮食质量风险监测站为骨干、粮食质量风险监测点为基础的质量风险监测体系。其中，粮食质量安全风险监测的主要内容包括粮食品质（如质量等级、内在品质、水分含量）和有毒有害物质（如农药残留、重金属超标）。要健全粮食污染监测机制，增加监测样品数量，提升监测技术参数，扩大监测覆盖面。

最后，落实粮食质量档案制度。粮食质量档案的内容包括：粮食质地，如粮食品种、粮食产地、收获年度、质量等级、数量等；粮食经营当事人，如卖方、买方；粮食流通时间点，如收购时间、入库时间、出库时间；粮食流通地点，如储存仓位、销售去向；等等。粮食质量档案必须有符合规定的保存期限，一般从销售出库之日起5年内。

3. 粮食污染紧急应对

这里的粮食污染，包括从粮食生产到粮食消费"全过程"可能出现的污染，而且是广义的污染，涵括外界任何因素（如病虫害、微生物、重金属、农药、毒气）造成的污染。联合国粮农组织正在健全食物链危机管理框架（Food Chain Crisis Management Framework，FCC），这有助于粮食污染应对的全球治理合作，可供借鉴。其中，情报及协调组负责总体协调、风险分析、信息交流，紧急预防组负责动物卫生、植物保护、食品安全的预警与早期反应，紧急行动组则负责最终采取应对方案。

具体而言，粮食污染的紧急应对措施包括：其一，强制性检验。一旦发现粮食污染事件，必须对污染区域内的所有粮食进行强制性检验，从中排查、区分污染情况，掌握污染动态。其二，干预性收购。正常情况下，坚持市场决定性原则，国家不得随意干预。如发生粮食污染事件，国家可以采取干预性收购措施，及时收购被污染粮食并加以正确处置。其三，紧急召回。正在销售的被污染粮食，粮食经营者必须停止销售；已经销售的被污染粮食，可以紧急召回，并及时进行信息披露。其四，分类储存。有效识别不同类型的粮食，对正常粮食与被污染粮食采取分类储存措施，留待后续进一步处置。其五，定向处置。根据粮食污染情况，对被污染粮食采取不同的处置措施。例如，污染严重的粮食必须销毁，污染较轻的粮食可以适当处理后用于工业用粮、生物能源。

二、转基因粮食规制：转基因粮食应对行为法之前瞻

杂交水稻只是改良品质，没有改变传统粮食的本质结构，然而仍存在很大争议。而转基因粮食改变了传统粮食的基因结构，不仅改良品质，还可能改变品种或研发新品种，导致不可预测的粮食质量危机。国外学者甚

至断言,在转基因技术的运用中,转基因粮食对人类社会的危害最大。①要想了解转基因粮食,必须先对转基因粮食进行科学界定,进而加强全过程监管,在此基础上就未来立法模式加以探讨。

(一) 转基因粮食的界定

关于转基因粮食的界定,可以从中央层面与地方层面分别展开。

1. 中央层面

国家关于转基因问题制定了一系列行政法规、部门规章。其中,关于"转基因"概念界定主要是2017年新修订的国务院《农业转基因生物安全管理条例》第3条,以及农业部《农业转基因生物安全评价管理办法》(2017年)第3条。这两个条文的表述是一致的,即"利用基因工程技术改变基因组构成,用于农业生产或者农产品加工"。综观我国现有立法,"转基因"大致包括:转基因生物、转基因生物产品、转基因生物产品的直接加工品、含有转基因生物或其产品成分的产品,等等。

《粮食流通管理条例》《中央储备粮管理条例》均未规定转基因问题。目前公布的《粮食法(征求意见稿)》(2012年)第12条规定:"转基因粮食种子的科研、试验、生产、销售、进出口应当符合国家有关规定。任何单位和个人不得擅自在主要粮食品种上应用转基因技术。"该条所言之"国家有关规定"非常模糊,甚至有依赖政策之嫌。而《粮食法(送审稿)》(2014年)对转基因问题干脆采取回避策略,不敢加以具体规制。从粮食安全角度考虑,《粮食法》必须直接回应转基因问题,明确界定转基因粮食的概念,以体现立法者的社会责任感和历史担当。

2. 地方层面

我国各地也纷纷关注转基因问题,例如湖北省人民政府2003年就制定了《湖北省农业转基因生物安全管理实施办法》。但是,现有地方性法规、地方政府规章缺少关于"转基因"的概念界定,但有的地方性规范性文件作了制度尝试。例如,深圳市经济贸易和信息化委员会《深圳市农业转基因生物安全监督检查办法》(2012年)第2条对"转基因"作了明确界定,即"利用基因生物工程技术改变其基因组构成,用于农业生产或者农产品加工"。这一表述与新修订的《农业转基因生物安全管理条例》、农

---

① See Hilary Weiss. Genetically Modified Crops: Why Cultivation Matters. Brooklyn J. Int'l L., 2014 (1): 875-914.

业部《农业转基因生物安全评价管理办法》(2017年)大体一致。

(二) 全过程监管

湖南"黄金大米"、辽宁转基因玉米等事件曾频频曝光,真假难辨。全过程监管包括审慎性生产试验、强制标识、进出口等。其中,审慎性生产试验重在加强粮食试验的阶段分类、完善安全证书申请制度、实行属地管理原则,强制标识重在对"实质等同""非实质等同"的认定,转基因粮食进出口层面重在防范非法转基因粮食进口。

1. 审慎性生产试验

按照法定标准对转基因粮食试验进行阶段分类。有学者断言,"基因污染是首要风险因素"[①]。按照科学规律,转基因粮食试验一般应当经过实验室、中间试验、环境释放、生产性试验等阶段。转基因粮食试验申请表必须列明供体生物、受体生物、目的基因、标记基因、报告基因、载体、启动子、终止子、调控序列、转基因方法、安全等级、试验起止时间等内容。其中,产量情况考量株型、株高、籽粒数量、籽粒大小等;品质情况考量淀粉成分、蛋白成分、微量元素、纤维品质等;生理情况考量光合效率、营养利用率、种子活力、根系活力等;抗逆情况考量抗旱、抗盐、抗寒、抗病虫害等。转基因粮食试验的最后阶段是生产性试验,包括转化体试验、转化体与常规品种杂交衍生品试验等。对违法开展实验室、中间试验、环境释放、生产性试验的,责令立即停止相关活动,包括停止试验、停止安全评估、停止科研项目、停止品种审定等。

加强转基因粮食安全证书申请管理。在生产性试验结束后,可以向农业农村部申请领取农业转基因生物安全证书。转基因粮食安全证书申请表必须列明供体生物、受体生物、目的基因、标记基因、报告基因、载体、转基因方法、基因操作类型、安全等级、中间试验情况(如试验时间、地点、规模)、环境释放(如批准时间、地点、规模)、生产性试验情况(如批准时间、地点、规模)、申请使用范围、使用年限等。其中,生产应用型安全证书包括转化体生产证书、转化体与常规品种杂交衍生品生产证书。转化体生产证书的申请材料包括环境安全报告、食用安全报告、外源片段资料、遗传稳定性资料、生存竞争能力资料、基因漂移资料、目标性

---

① [法]玛丽-莫尼克·罗宾:《孟山都眼中的世界——转基因神话及其破产》,吴燕译,353页,上海,上海交通大学出版社,2013。

状功能资料、抗逆性评估资料等。转化体与常规品种杂交衍生品生产证书的申请材料包括生产性试验相关资料、亲本选育资料、外源片段资料、转录或翻译表达资料、目标性状功能资料等。

实行属地管理，强化省级行政主管部门的监管主体责任。督促粮食生产经营者依法持证经营，健全管理档案。落实绩效考核、约谈问责、督导检查制度，严查种子生产基地的亲本来源，开展种子加工和销售环节的抽检。严防转基因种子冒充非转基因种子生产经营。对非法转基因种子（种苗）的生产经营者，应停止生产经营、没收非法种子、没收违法所得、吊销种子生产经营许可证，依法追究刑事责任。完善转基因粮食信息报送制度（如案件查处月报、没有案件的零报告），及时在官方网站公布查处情况。建立转基因粮食安全管理部门联席会议制度，由粮食、农业、科技、生态环境、卫生、进出口等有关部门的负责人组成。

2. 强制标识

我国基本法律已经规定转基因强制标识问题。例如，《农产品质量安全法》第30条规定"属于农业转基因生物的农产品"的标识问题；《种子法》第41条规定"销售转基因植物品种种子"的标识问题；《食品安全法》第69条规定"生产经营转基因食品"的标识问题；等等。我国第一批实施标识管理的农业转基因生物目录中，涉粮品种就包括玉米种子、玉米、玉米油、玉米粉。

在地方层面，转基因专门性文件也涉及强制标识的规定。例如，《湖北省农业转基因生物安全管理实施办法》（2003年）第14条规定销售相关农业转基因生物"应当有明显的标识"，第15条规定农业转基因生物标识应当和产品的包装、标签同时设计和印制；深圳市经济贸易和信息化委员会《深圳市农业转基因生物安全监督检查办法》（2012年）第6条规定，监督检查机构开展监督检查的主要内容包括"有关单位和个人经营的农业转基因生物，是否按规定进行了标识"。

强制标识的前提是"实质等同"的认定。实质等同要考虑种属、来源、生物学特征、主要成分、食用部位、使用量、使用范围和应用人群等方面比较大体相同。"实质等同性"存在缺陷是在所难免的，如概念模糊、评估方法不全面等，需要兼用其他方法（包括软法规则）弥补其不足。原则上，以传统方法生产出来的粮食被认为是安全的（杂交水稻目前也被认为是安全的）；非传统方法生产的粮食则须与传统成分"实质等同"，才可视为安全。对"非实质等同"的转基因认定之后,必须明确标明是否含有转基因成分、含有哪些转基因成分、转基因成分百分比、各类转基因成分的危害性、何种检测技术等。

3. 转基因粮食进出口监管

我国《农业法》第 64 条规定遵守农业转基因生物的研究、试验、生产、加工、经营及其他应用的安全控制措施,而《种子法》(2015 年)第 58 条则规定从境外引进农作物种子的审定权限、农作物种子的进口审批办法、引进转基因植物品种的管理办法等。我国先后批准转基因棉花、转基因大豆、转基因玉米、转基因油菜等农产品进口安全证书。基于棉花的非食用性,转基因棉花容易被批准商业化种植,而转基因大豆、转基因玉米、转基因油菜等限于加工原料。美国大规模种植的转基因作物仅限于玉米、棉花、大豆。① 近年,我国陆续从进口美国玉米中检出未经我国农业部批准的 MIR162 转基因成分,均依法退运。值得注意的是,进口用作加工原料的转基因农产品,不得在国内商业化种植。更为重要的是,我国尚未放开转基因粮食种子进口到国内进行商业化种植。

转基因粮食进口安全证书申请要区分两种情形。其一,境外研发商首次申请转基因粮食进口。必须审查申请人资格、转基因粮食的环境安全性、食用安全性、安全等级、境外批准状况等。不断完善安全证书申请的材料受理、项目审查、入境审批、专业检测、专家评审、批件办理等程序。其二,境外贸易商申请转基因粮食进口。目前,进口用作加工原料的转基因粮食有抗除草剂转基因玉米、耐除草剂转基因玉米、抗虫转基因玉米等。必须审查转基因粮食基本情况,如供体生物、受体生物、目的基因、包装方式、储存方式、运输工具、研发公司、产地国批准文件等。境外贸易商应当提供管理登记表、境外安全证证明文件、出口商安全防范措施等。境内贸易商应当提供标识审查认可申请表、标签样式、标识说明、进口商安全防范措施等。不断完善安全证书申请的材料受理、专家评审、办理批件等程序。

(三)立法模式的思考

对转基因粮食问题进行规制,既可以采取多元立法,也可以采取专门立法。其中,多元立法的好处是在多部立法中体现对转基因粮食规制的重

---

① 参见姚凤桐等:《美国的粮食》,97 页,北京,中国农业出版社,2014。

视,优势互补,共同推进;专门立法的好处则是通过《转基因生物安全法》全方位、多角度规制转基因粮食,避免多元立法可能存在的制度冲突、制度矛盾。从长远来看,必须制定《转基因生物安全法》。

1. 多元立法:在多部立法中体现

我国《农业法》《农产品质量安全法》《种子法》《食品安全法》等基本法律都对转基因问题作了规定。例如,《农业法》第 64 条规定遵守农业转基因生物的研究、试验、生产、加工、经营及其他应用的安全控制措施;《种子法》第 7 条规定转基因植物品种的选育、试验、审定和推广的安全控制措施;等等。《黑龙江省食品安全条例》(2016 年)第 55 条作出了三大禁止性规定,即"依法禁止种植转基因玉米、水稻、大豆等粮食作物","禁止非法生产、经营和为种植者提供转基因粮食作物种子","禁止非法生产、加工、经营、进境转基因或者含有转基因成分的食用农产品"。该条例的亮点是它是第一个禁止性规定,从而引发对全面禁止转基因作物种植的热议。在多元立法中,要强化《粮食法》在规制转基因粮食中的核心地位,明确禁止转基因粮食的商业化运作。

2. 专门立法:《转基因生物安全法》

从转基因粮食的角度考虑,《转基因生物安全法》的制定具有相当的必要性。其一,国家粮食安全的需要。例如,转基因粮食种子难以再次培育,转基因粮食种植会对国家粮食安全造成严重侵害,导致粮食权受制于人。其二,生物安全与人体健康的需要。例如,转基因粮食会通过花粉传播等途径污染其他作物,通过食物链一级级传递,导致各类生物普遍"转基因化",并最终到达人体,危及人体健康。其三,生态安全的需要。例如,转基因粮食需要相应的农药、化肥等粮食生产投入品,这些粮食生产投入品会严重污染粮食生产环境,造成对整个生态系统的破坏。

从转基因粮食的角度考虑,《转基因生物安全法》的制定具有相当的可行性。其一,我国已经在《农业法》《农产品质量安全法》《种子法》《食品安全法》等基本法律中规定了转基因问题,表明国家的整体立场。其二,我国已经制定并不断修订《农业转基因生物安全管理条例》,可在该条例的基础上形成《转基因生物安全法》的基本框架。其三,我国已经制定一系列的转基因管理部门规章,可供总结提升。例如,农业部《农业转基因生物标识管理办法》(2017 年)、《农业转基因生物进口安全管理办法》(2017年)、《农业转基因生物加工审批办法》(2006年)、《农业转基因生物安全评价管理办法》(2017年)，国家质检总局《进出境转基因产品检验检疫管理办法》(2018年)，等等。其四，国际社会和发达国家有很多法律文件可供借鉴，如联合国《生物多样性公约》《卡塔赫纳生物安全议定书》等。其五，转基因问题是热门的前沿问题，国内外法学界关于转基因问题的争议很大，论著很多，可供立法参考。

未来，《转基因生物安全法》应当形成以下基本框架：其一，总则。总则中要规定保障人体健康、保护生物安全、保障生态系统的立法宗旨。其二，转基因生物研究试验。研究试验转基因生物要注意具体阶段的申请资格要求、申请程序安排，防止非法的人体试验，严格审批转基因安全证书。其三，转基因生物生产经营。生产经营转基因生物必须有法定的生产经营许可证，规范强制标识、生产经营档案、事故紧急应对的具体制度。其四，转基因生物进出口。进出口转基因生物要特别重视检验检疫程序，强化国家粮食安全的审查原则，规范进出口许可文件的发放。其五，转基因生物监督检查。监督检查转基因生物要明确具体职责和执法措施，避免行政不作为现象。其六，转基因生物法律责任。具体来讲，转基因生物法律责任是民事责任、行政责任、刑事责任、社会责任的统一体。

第三节 落脚点：粮食价格保障行为

"（粮食）价格异常指标"是联合国粮农组织的重要托管指标。早在古罗马，"劳力和费用能不能得到相应的报偿"已经是粮食生产最重视的两大问题之一。① 非洲农业政策的特点是"企图设定市场中的价格"，"损害了大多数农民的利益"②，因而引发共享收益合作策略的思考。日本粮食

---

① ［古罗马］M.T.瓦罗：《论农业》，王家绶译，22页，北京，商务印书馆，1981。
② ［美］罗伯特·H.贝茨：《热带非洲的市场与国家：农业政策的政治基础》，曹海军、唐吉洪译，刘骥、刘秀汀校，102页，长春，吉林出版集团有限责任公司，2011。

产业发展已经实现"从价格支持向农业和农村基础设施建设投资的过渡"①。具体而言，我国粮食价格保障可以从粮食价格调控与粮食安全网计划两个层面展开。

一、粮食价格调控行为：行为法之宏观调控功能

粮食补贴可以分为粮食收入性补贴、粮食生产性补贴、粮食价格支持补贴等。② 其中，粮食价格支持补贴不能停留在单纯的粮食补贴层面，而要提升为综合性的粮食价格支持体系。有学者建议，中国粮食价格调控政策体系优化选择的基本原则包括"生产者和消费者利益兼顾原则""财政可承受原则""妥善处理利用国际市场和保护粮食生产能力的关系原则""弹性原则"③。总体而言，我国粮食价格调控包括粮食价格支持体系构建、粮食价格调控手段添增等方面的内容，从中体现行为法的宏观调控功能。

（一）粮食价格支持体系

无论是稻谷、小麦的最低收购价还是玉米的"市场化收购＋补贴"，都是粮食价格支持的具体实践。目前比较令人担忧的问题是，某种粮食品种的收购价（补贴）太高，就会引导相应的粮食生产，在同一区域造成对其他粮食品种的挤压。因此，应当着眼于全国一盘棋的格局，从不同粮食品种的全国需求量、区域需求量出发，结合绿色优质粮食的质量目标，来统筹制定粮食价格支持体系。

1. 最低收购价（稻谷、小麦）

我国对稻谷、小麦实行最低收购价。例如，2018年生产的小麦（三等）最低收购价为每50千克115元。应当将最低收购价的定价标准法定化：其一，成本收益。综合考虑该粮食品种的生产成本与粮农收益情况，从中统筹分配。其二，供需平衡。综合考虑该粮食品种的生产供给与市场

---

① [日] 速水佑次郎、神门善久：《农业经济论》（新版），沈金虎等译，228页，北京，中国农业出版社，2003。

② 参见王秀东等：《改革进程中我国粮食补贴政策及实施效果研究》，5页，北京，经济科学出版社，2017。

③ 王士海：《中国粮食价格调控的政策体系及其效应研究》，142～143页，北京，中国农业科学技术出版社，2016。

需求，从中统筹分配。其三，国内外价格。综合考虑该粮食品种在国内外的价格差异，从中统筹分配。其四，粮食产业发展。综合考虑该粮食品种在国内外的产业发展状况，从中统筹分配。

在定价标准法定化的基础上，有必要规定"粮食供求关系发生重大变化"时启动粮食最低收购价政策，但不应陷于"短缺"情况，而且要在全国范围内施行，不局限于主产区或商品粮基地。不断完善粮食最低收购价执行预案，包括最低收购价格水平、执行区域和时间、启动机制、委托收储库点资格审查、执行主体的责任承担等。

2. "市场化收购＋补贴"（玉米）

2016年，东北三省和内蒙古自治区的玉米临时收储政策调整为"市场化收购＋补贴"的新机制。有学者提出玉米临储改革路径，即"减少存量""控制增量"、剥离"保收入"功能、"降低政府收储和企业用粮成本"等。[1] 应当坚定推进玉米市场定价、价补分离改革，进而推动整个粮食产业价格改革。

首先，坚持市场形成价格。发挥粮食市场的决定性作用以形成合理价差，如品种品质（优质玉米、普通玉米）、交易环节（粮食生产、收购、加工、销售、进出口）、干湿状态（如干玉米、湿玉米）、地域（南方、北方）、区域（郊区、边远地区）。未来的趋势是通过市场化发展激活全产业链。组织粮食企业签订意向购销协议，发展区域农民粮食购销专场，召开合作社卖粮大会，鼓励粮食经纪人、合作社、销区企业直接入户收购。使粮食由"就地储"变成"全国销"，加快建设南北粮食运输通道。粮食运抵价力争与进口粮食价格持平乃至占据价格优势，提高国产粮食的国际竞争力。此外，要重点解决特殊情形下的政府支持问题。例如，受灾粮农要有与巨灾保险对应的救助机制，租地种植的规模化生产者在初期要有补助资金，等等。

其次，健全生产者补贴制度。完善补贴标准，使补贴标准与种粮成本（种子成本、化肥成本、农药成本、机械作业成本等）、售粮收入、其他农产品生产者收入水平、国际农产品价格水平等相对接。这里要正确处理三个关系：一是价格与补贴的关系。在玉米价格下降的情况下加大对农民的

---

[1] 详见樊琦、祁华清：《我国粮食价格支持政策的市场化转型路径研究》，57~62页，北京，经济日报出版社，2017。

补贴力，补偿因降价导致收入损失的大部分，在基本收益有保障的情况下努力增收。二是玉米价格与农业综合价格的关系。种粮大户、合作社种植玉米亏损，可能由市场判断失误、租地成本过高、过度追求规模、经营管理不善、自然灾害等因素造成，不能强加在玉米收储制度改革上。相反，玉米市场价格下降后，横向带动农林牧渔的市场化改革，纵向带动玉米自身运输、存储、加工、销售等的市场化改革。三是短期利益与长期利益的关系。根据市场规律，供不应求则价格上涨，供过于求则价格下跌。玉米库存过多，自然导致供过于求，玉米价格下降是必然的。只有认清市场规律、主动改革突破，才能扭转这一局面，而且要进一步借助改革契机推动玉米行业的市场化进程。

再次，设立玉米收购贷款信用保证基金。中国农业发展银行等印发了《建立东北地区玉米收购贷款信用保证基金实施方案》（2016 年），各地也积极响应并出台具体措施（如《黑龙江省粮食收购贷款信用保证基金管理办法（试行）》（2017 年））。在政府层面，坚持政府主导，强化政府统领，实现多方共管。由各级粮食行政管理部门牵头，成立相应级别的玉米收购贷款信用保证基金管理小组，发展改革、财政、金融等相关部门作为成员单位。在市场主体层面，坚持自愿原则（自愿加入、自愿退出），严禁通过贷款、借入、集资等方式出资，保证加入最低期限（如 1 年）。依法取得的贷款应专项用于玉米收购，实现资源优化、共赢发展。对有效参与基金运作的企业要有相应的激励机制，如粮食基础设施建设、粮食品种增加、粮食市场拓展、粮食资金担保额度增加等。出现贷款风险时，应当共担风险、过渡性代偿并最终补偿到位。

（二）粮食价格调控手段

粮食价格支持体系多用于粮食生产、粮食收购环节，而且是一种制度体系，而非仅限于"手段"。对于粮食"全过程"产业链而言，储备粮吞吐、粮食进出口调节、粮食生产投入品价格调节、粮食期货调节等都属于必备的粮食价格调控手段。其中，储备粮吞吐、粮食进出口调节最为基本、直接、常见。

1. 储备粮吞吐

当粮价下跌时，政府及时收购储备粮，扩大有效需求，促进粮价合理回升；当粮价上涨时，政府及时抛售储备粮，增加有效供给，促进粮价合理回落。在物价飞涨的情况下，中储粮下属企业故意抢购粮食、粮不出库，助推粮价上涨，违背了国家政策性粮食储备的初衷。国家对中储粮违法商业化转型进行警告，禁止中储粮"从事与储备吞吐轮换直接相关业务以外的其他商业经营活动"。因此，必须有效区分政策性业务与商业化业务，充分发挥储备粮吞吐的调控手段。

近年来粮价上涨压力大增，必要时要严格限制大型国有粮食企业（包括中储粮）入市收粮。但是，最低收购价远低于市场价格，即使收购也难以收购到足量保质的粮食，无法发挥应有的储备调节作用。粮食储存企业以营利为目的，与国家政策明显逆反，经常出现最低收购价粮和临时存储粮"出库难"问题。在加强出库监管的基础上，构建政策性粮食出库的连带责任制，适当提高储备粮保管费用和拍卖价格，建立有效的利益补偿机制。

2. 粮食进出口调节

粮食进出口既是调节供给的基本手段，也是调节粮价的基本手段。当粮价下跌时，可以适当出口粮食，推动粮食国际化，又可以减少国内供给，促进粮价合理回升；当粮价上涨时，可以适当进口粮食尤其是特色优质粮食（注意防范转基因粮食），增加国内供给，促进粮价合理回落。如果国内粮价持续上涨，在确保国内粮食生产的基础上充分利用我国现有的海外粮食基地紧急生产、加工、进口粮食，缓和国内粮价。此外，中储粮从事国际粮食市场买卖容易引起国际粮价波动，而且事实上效果不佳。应当进一步完善多元化的粮食进口体制，完善进口代理商、中间商、服务商的保障和促进机制，这也是国际化战略的需要。

二、粮食安全网计划：社会保护问题之思考

世界粮食安全委员会《全球粮食安全和营养战略框架（第五版）》（2016年）第四章J提出"有利于粮食安全及营养的社会保护"，提出"社会保护权"的概念，要求"将社会保护纳入国家机构框架和立法"。联合国粮农组织专设社会保护司，分为战略目标、社会保护、性别、农村体面就业、农村机构及人民赋权等工作组，致力于减少贫困、加强社会保护和性别平等。粮食安全网计划是一种崭新思维，需要从日常措施与应急措施两个层面加以理解。

（一）日常措施

粮食安全网是新生事物，需要一个漫长的培育过程。首先要加强粮食

价格监测，不断调整、优化价格监测点。其次是针对粮食网上交易这一现代化手段，加强相应的价格规制，不断完善交易准入、交易类型、交易过程的制度设计。再次是解决粮食流通中的市场秩序问题，即粮食地方保护主义、跨国粮商价格垄断，从而营造良好的价格体制氛围。

1. 粮食价格监测

市场经济改革的核心是价格机制改革，价格机制改革的保障是价格监测机制。《国家粮食局办公室关于进一步加强粮食市场监测工作的通知》（2016 年）详细规定国家粮食价格监测方案，改革方向是有效区分粮食价格类型。具体而言，粮食价格类型包括原粮收购价格、原粮进厂价格、成品粮出厂价格、成品粮批发价格、成品粮零售价格、粮食深加工产品出厂价格、进口粮食完税价格。对粮食价格的监测需要对应的是监测对象、监测区域、监测品种、监测标准（见表 5-5）。

表 5-5　　　　　　　　　　粮食价格监测类型表

价格类型	监测对象	监测区域	监测品种	监测标准
原粮收购价格	大型粮食收购者	产粮大县	早籼稻、中晚籼稻、粳稻、小麦、玉米等	质量等级占比最大
原粮进厂价格	粮食加工企业	全国	早籼稻、中晚籼稻、粳稻、小麦、玉米等	购进原粮的实际等级
成品粮出厂价格	粮食加工企业	全国	早籼米、中晚籼米、粳米、米糠、小麦粉、麦麸等	成品粮销售价格
成品粮批发价格	大型粮食批发市场	特定大中城市	早籼米、中晚籼米、粳米、小麦粉	粮食批发价格
成品粮零售价格	大型连锁超市	特定大中城市	早籼米、中晚籼米、粳米、小麦粉	超市特定成品粮零售价格
粮食深加工产品出厂价格	粮食深加工企业	粮食深加工发达地区	酒精、酒糟粕	粮食深加工产品销售价格
进口粮食完税价格	中粮集团有限公司	粮食进口港	大米、小麦、玉米	粮食进口价格

国家粮食行政管理部门负责确定粮食价格监测点,并逐步调整、优化。目前的粮食价格监测点是按照省份划分的,根据监测点的具体情况确定具体的监测品种。其中,原粮收购价格对应粮食购销企业、粮油管理所、国家储备库等,原粮进厂价格对应粮食加工厂、军粮供应公司、粮食经营企业、饲料企业、面粉企业等,成品粮出厂价格对应粮食加工厂、军粮供应公司、粮食经营企业、面粉等,成品粮批发价格对应物流公司、粮食经营企业,成品粮零售价格对应超市、连锁店、商场等(见表5-6)。

表5-6　　　　　　　　广东省粮食价格监测点类型表

价格类型	监测品种	监测点类型
原粮收购价格	早籼稻、中晚籼稻	粮食购销总公司、粮油管理所、国家粮食储备中转库、储备粮管理中心直属储备库,等等
原粮进厂价格	早籼稻、中晚籼稻、早籼米、中晚籼米	粮食加工厂、米业有限公司、储备军粮供应公司,等等
	小麦、小麦粉、麦麸	粮食有限公司、食品有限公司、面粉有限公司,等等
	玉米、小麦	农业科技有限公司、饲料有限公司、粮食有限公司、食品有限公司,等等
	玉米	饲料有限公司,等等
成品粮出厂价格	早籼稻、中晚籼稻、早籼米、中晚籼米	粮食加工厂、米业有限公司、储备军粮供应公司、粮油加工厂、米业有限公司,等等
	小麦、小麦粉、麦麸	粮食股份有限公司、食品有限公司、面粉有限公司,等等
成品粮批发价格	早籼米、中晚籼米、粳米	物流有限公司
	中晚籼米、粳米	粮油有限公司
成品粮零售价格	中晚籼米、粳米	食品零售连锁店、电子商务有限公司、食品有限公司、商场股份有限公司,等等

2. 粮食网上交易的价格规制

全国粮食统一竞价交易系统上线运行以来,成交品种包括小麦、稻谷、玉米等粮食品种,为粮食宏观调控作出巨大贡献。2016年,累计成交粮油3 827万吨,成交金额848亿元。从长远发展考虑,网上交易系统应当升级为国家粮食电子交易平台,并从交易准入、交易类型、交易过程三个方面加以立法完善。

　　交易准入重在"宽进"，具体如下：其一，会员制。买卖双方须交验法定资料（如营业执照副本、交易授权书、权利义务确认书等），重点是买方的生产经营资质。交易中心将密钥、CA证书、用户代码、交易密码等发给会员，完善商业机密保护和责任自担机制。其二，客户保证金制度。客户保证金包括交易保证金、履约保证金、其他可用资金。粮食买卖双方根据粮食交易数量向指定银行账户预交客户保证金，各级粮食交易中心对客户保证金进行管理，承担资金安全管理责任。其三，法定标的。法定标的包括存储地点、品种、数量、生产年份、等级、质量指标、出库能力、运输方式、运输能力等，并附相应的检验检疫证明。

　　交易类型重在多元化，具体如下：其一，竞价交易。在国家粮食交易中心组织下，通过粮食电子交易平台，采取挂牌竞价、邀标竞价、定向竞价等方式。竞价交易必须对外发布交易信息（如粮食质量、粮食数量、交易地点、交易时间、起拍价格等），在规定时间内按照价格优先原则以最高买价或最低卖价成交。其二，协商交易。买卖双方通过粮食电子交易平台前台提出粮食供需要求（如粮食质量、粮食数量、交易地点、交易时间、交易价格等），经国家粮食交易中心审核后对外发布。有意者可以对粮食质量、粮食数量、交易地点、交易时间、交易价格等在线协商修改，最终确认成交。

　　交易过程重在公平，具体如下：其一，交易时间。交易时间在公告交易日进行，如临时有变更必须提前公告。完善推迟交易、暂停交易制度，如公共网络故障等不可抗力原因造成交易中断。其二，交易地点。一般情况下，在国家粮食交易中心体系内的各粮食交易中心进行交易，交易地点如临时有变更必须提前公告。其三，交易价格。成交价格为卖方承储库仓内交货的价格，不含包装。国家政策性粮食需要在库内车（船）板交货，粮食车（船）板前费用一般由买方负担。网上交易可采取依次按交易节进行，也可采取一次性或分批次公布挂牌竞价。重点关注成交价格异常波动情形，并采取及时应对措施。其四，交割结算。合同履约的起算时间是交易合同生效之日，完善出库期及其延长、调整制度。粮食买方必须将全额货款一次或分批汇入指定银行账户，完善汇款期及其延长、调整制度。重点监管反复毁约违约者，查找原因并严厉惩处，要有相应的市场退出举措。

3. 粮食价格垄断的规制

粮食市场结构包括"竞争""垄断竞争""寡头竞争""垄断"等类型。[①] 粮食流通全面市场化改革后，国有粮食企业仍然占据优势地位，容易形成垄断、排斥竞争，损害消费者的利益，尤其是在储备粮领域。目前，规制粮食价格关键是解决粮食地方保护主义、跨国粮商价格垄断两个问题。

一方面，应对粮食地方保护主义。粮食地方保护主义，如对外地粮食设定歧视性收费项目、歧视性收费标准、歧视性价格等，重点还是粮食流通体制改革问题。粮食行业协会不应当有行业定价权，也不允许组织粮食生产经营者达成价格垄断协议。若有相关违法行为，反垄断执法机构可以处以罚款，情节严重的，可由社会团体登记管理机关依法撤销登记。

另一方面，应对跨国粮商价格垄断。粮食生产方面，国际粮商可以通过抬高粮食生产投入品价格以提高粮食生产成本；粮食收购方面，跨国粮商提高粮食收购价，参与竞争抢粮；粮食流通方面，跨国粮商既可以通过兼并收购等方式逐渐控制我国粮食企业，又可以通过粮食进出口推动粮价持续走高，还可以通过国际期货价格影响国内粮食价格。我国针对跨国粮商规定了国家安全审查制度，应为经济意义上的国家安全。与"公共利益"一样，对"国家安全"的界定必须具有原则性，同时要有弹性的审查程序，强化跨国粮商的申报义务。应警惕跨国粮商逐渐渗透进而控制我国粮食产业的定价权，保障我国粮食权。

（二）应急措施

联合国粮农组织《世界粮食安全首脑会议宣言》（2009 年）原则 3 采用综合性双轨方法，即"立竿见影地解决最弱势群体饥饿问题的直接行动""消除饥饿和贫困根源的中长期农业、粮食安全、营养及农村发展计划"。在完善日常措施的基础上，需要关注粮食安全网计划的应急措施，如临时价格措施、物价联动机制。

1. 临时价格措施

临时价格措施要体现"临时"特征，如临时价格干预、临时价格补贴、替代性劳动计划。两者既有联系（都影响老百姓购买力），又有区别

[①] 参见[美]罗纳德·斯瑞波尔：《农业市场经济学》，孔雁译，93页，北京，清华大学出版社，2009。

（价格干预强调对粮价本身的应对，价格补贴是对老百姓购买力的提升，替代性劳动计划更多针对受灾群众），试析如下。

第一，临时价格干预。由于是"临时"，既须有必要性，又应有期限性，必须完善干预措施的启动条件和解除条件，完善临时价格干预的干预区域、干预品种、干预措施（如最高限价、约谈企业稳定价格、批零差率控制、提价申报、调价备案、限制提价、禁止提价等）。临时价格干预不得改变企业定价自主权，严厉打击粮食流通领域的乱收费、乱罚款行为。

第二，临时价格补贴。近年春节前，我国尝试向城乡困难群众发放生活补贴。鉴于我国的现状，全民发放补贴的可能性不大，也不符合临时价格补贴的原意，应当逐步增加补贴对象，完善补贴标准。临时价格补贴的对象主要包括城乡低保对象、农村五保户、优抚对象、大中专院校学生和学生食堂等。当前要以社会经济发展水平、政府预期价格调控目标、物价情况、个人家庭负担、最低工资涨幅等为依据，确定启动机制的临界条件。各地可以依法扩大保障范围，但不得缩小保障范围。达到临界条件时，可启动联动机制，发放临时价格补贴。在连续一定时期（如3个月）回落至临界条件以下时，停止发放临时价格补贴。

第三，替代性劳动计划。联合国粮农组织越来越不主张直接发放现金，而是鼓励通过生产劳动来获得补贴。"授之以鱼不如授之以渔"，最终使老百姓获得生产技能和发展能力。埃塞俄比亚"生产性安全网计划"本身是为了让困难家庭获得粮食补助，但与此同时更重要的是"生产性"，即必须参与粮食生产设施恢复重建等生产性活动。联合国粮农组织在伊拉克鼓励通过移动资金转移技术来推进劳动换现金计划，促使流离失所者返乡，恢复和发展粮食生产。在我国，发扬劳动精神的灾害重建计划、边远地区开发计划其实不少，但从应对粮价上涨角度展开的替代性劳动计划则需要有对应国情的落地措施。

2. 物价联动机制

物价联动要体现"联动"特征，如收入标准、适当生活标准。两者既有联系（都关乎老百姓收入），又有区别（收入标准强调正常劳作期间，适当生活标准则是日常生活的制度安排），试析如下。

一方面，建立收入标准的物价联动机制。收入标准既要考察城镇劳动者的收入水平，更要考察乡村农民的收入水平。联合国粮农组织在非洲国家推广困难群体收入支持工具，但存在覆盖面有限、针对性误差等问题。"最低工资和农产品价格支持"是贫困最小化的首要方法,即"用最低工资法和高农产品价格支持来提高非熟练工人的低工资和农民接受的低价格"①。我国应以社会经济发展水平、政府预期价格调控目标、物价情况、个人家庭负担、失业率等为依据,不断调整最低收入标准,健全资本、知识产权、管理等要素参与分配制度,从而提升城乡整体收入水平。

另一方面,建立适当生活标准的物价联动机制。什么是"适当生活"?即既要考虑当地公众的整体生活水平,也要统筹考察全国整体的经济社会发展水平。联合国"无贫穷"可持续发展目标的愿景之一是各国全民社会保障制度和措施到2030年"在较大程度上覆盖穷人和弱势群体"。印度反贫穷计划包括"自雇就业计划""工资性就业计划""公共分配体制和营养计划""社会保障计划"②。巴西"家庭补助计划"、加纳"国家社会保护战略"均重点保护弱势女性群体。实现适当生活标准的薄弱环节是农村地区,2015年世界粮食日的主题是"社会保护与农业:打破农村贫困恶性循环"。"适当生活"不仅仅是收入问题,也不仅仅是经济问题,而应提升为经济、政治、社会、文化、生态的统一体。以城乡适当生活水平为基础,完善适当生活标准的正常调整机制,以经济社会发展水平、法治建设、文化氛围、生态环境保护、个人家庭负担、贫困人口生存状况等为参考因素。

---

① [美]西奥多·舒尔茨:《经济增长与农业》,郭熙保译,60页,北京,中国人民大学出版社,2015。

② [印度]A.古拉蒂、[中国]樊胜根主编:《巨龙与大象:中国和印度农业农村改革的比较研究》,305~307页,北京,科学出版社,2009。

第六章 粮食法律责任之综合化

粮食权的特色化必须有对应的法律责任体系加以充分保障并最终实现。法律责任一词，传统意义上包括民事责任、行政责任、刑事责任。随着经济社会的发展与法律理念的创新，经济问责、信用责任、社会责任等应运而生。法律责任逐步走向传统法律责任与新兴法律责任的统合化。相应的，粮食法律责任也是传统法律责任与新兴法律责任的综合。

第一节 传统粮食法律责任："民—行—刑"之叙事逻辑

传统的粮食法律责任包括粮食民事责任、粮食行政责任、粮食刑事责任。其中，粮食民事责任是基础，粮食法律主体优先受到民事责任的追责；粮食行政责任是约束、引导、督促粮食法律主体正确行使粮食法律行为；粮食刑事责任是最终保障，在粮食民事责任、粮食行政责任无法达到相应的法律效果时，充分发挥刑法的国家强制力作用。

一、粮食民事责任：一般情形与特殊对待

粮食民事责任是粮食法律责任的基础，包括一般情形与特殊情形。其中，粮食民事责任的一般情形往往是各类食品安全事件都普遍存在的，所以需要加强"粮食"特征的研究；粮食民事责任的特殊情形是近期的前沿领域，或者与最新立法有关，抑或是信息化的新现象、新问题。

（一）一般情形

粮食民事责任的一般情形很多，这里重点探讨首负责任、惩罚性赔偿。其中，首负责任是新的立法尝试，关键是"首负"与"首要"之区分；惩罚性赔偿是原有的制度，但又有新的立法革新，值得进一步关注。

1. 首负责任

我国《食品安全法》第148条要求接到消费者赔偿要求的生产经营者"应当实行首负责任制"，即"先行赔付，不得推诿"。首负责任的"首"，强调的是"首先"而非"首要"。各地针对本地具体情况，制定具体的规范性文件加以贯彻落实。一方面，"首负"不一定是"首要"。粮食生产经营"全过程"的任何一方主体都有义务保证粮食安全，都有可能承担赔偿责任。即使对发生的粮食问题所负责任较小乃至完全不应负责任，只要为粮食消费者索赔，也要先承担"首负"责任。这样会督促各方主体都提高责任意识，及时发现和消除粮食风险、隐患，从而形成对违法分子的天然排斥。另一方面，"首要"也不一定"首负"。基于信息不对称及对粮食行业技术性知识不了解，粮食消费者并不能明晓哪一方主体应对粮食问题负"首要"责任，往往索赔对象是"次要"责任者，而非"首要"责任者。这样是否导致"首要"分子逃之法外呢？答案是否定的。"首负"责任只是强调初次责任承担，在最后明晰责任分配之后，"首要"分子终究要负最终责任。

责任承担方式应坚持四点：一是民事责任优先。即同时需要承担粮食民事责任、粮食行政责任、粮食刑事责任、粮食社会责任等法律责任时，"首先"承担粮食民事责任。二是先行赔付。"先行"只是强调"先"，并不会要求先行者当"冤大头"。三是"不得推诿"。如情况属实、依法应当赔偿的，就要赔偿，不得以各种不正当、不合理的理由推脱、拖延。如属

于免责事项,另当别论。四是责任追偿。在某一方承担首负责任之后,如属于粮食生产者(粮农)责任的,粮食加工者、经营者可以向其追偿;如属于粮食经营者责任的,粮食生产者(粮农)、粮食加工者可以向其追偿;如属于粮食加工者责任的,粮食生产者(粮农)、粮食经营者可以向其追偿。

2. 惩罚性赔偿

惩罚性赔偿是民事赔偿制度的扬弃、革新,是对日益严峻的消费者权益受损现象的积极回应。"惩罚"二字突破民事赔偿"损害与赔偿相抵"的传统思维,推动民法社会化发展,体现民法的社会责任担当。惩罚性赔偿应当写入未来《民法典》,而不仅仅是《民法总则》。作为经济法的典型立法,我国《消费者权益保护法》《食品安全法》等均规定了惩罚性赔偿制度,可直接适用于粮食问题,从中可以窥探经济法与民法的对接。

我国《农业法》《粮食法》《农产品质量安全法》《种子法》可同时引入惩罚性赔偿制度。其中,种子生产者、种子经营者、粮食生产者、粮食收购者、粮食储存者、粮食运输者、粮食加工者、粮食销售者、粮食进出口者等,在粮食"全过程"产业链中应当承担连带责任,尤其要加重惩罚性赔偿,并重视转基因粮食问题。《粮食法》必须明文规定"惩罚性赔偿"的制度表达,体现立法者运用民事责任条款解决粮食安全问题的决心。

(二)**特殊对待**

粮食民事责任的特殊情形也很多,这里重点探讨粮食可追溯问题、信息化时代的责任追究问题。其中,粮食可追溯问题是由三鹿奶粉事件引发的食品安全可追溯立法,信息化时代的责任追究则抓住网购粮食产品、网上交易客户保证金等热点问题。

1. 粮食可追溯问题

一方面,构建问题粮食可追溯体系。问题粮食包括陈化粮、污染粮食等。过期陈化、不宜直接作为口粮的粮食称为陈化粮。陈化粮判定标准应当由国家粮食行政管理部门制定,不应取消"陈化"概念。污染粮食包括:真菌毒素、农药残留、重金属等有毒有害污染物超标,霉变,被包装材料、容器、运输工具等污染,等等。以粮食识别代码为载体,实现粮食生产系统、粮食检验检测系统、粮食加工系统、粮食仓储物流系统、粮食市场销售系统全覆盖,建立从生产、收购、储存、运输、加工到销售的全程追溯体系。例如,对市售大米镉超标要一级级调查,最终追溯到工矿污染企业。

另一方面，完善问题粮食召回制度。这里考虑两种情形：一是陈化粮召回。凡已陈化变质的粮食严禁流入口粮市场，不符合饲料标准的粮食严禁作饲料原料。应当严格限定陈化粮购买资格，陈化粮销售合同必须标明陈化粮的相关情况，销售发票上注明"陈化粮"字样。故意在普通粮食中掺杂陈化粮，蒙混出库的，要召回并重新筛选、加工，情节严重的可以吊销营业执照。二是污染粮食召回。如果发现粮食有污染问题，可以主动召回并采取补救、无害化处理、销毁等措施。粮食生产经营者未依法采取措施的，有关部门可以依法责令其召回。建立真菌毒素污染粮食、重金属污染粮食、进口疫情粮食等的加工除害、资源化利用激励机制。既避免污染，又充分利用资源，促进粮食循环经济的发展。

2. 信息化时代的责任追究

信息化时代，粮食民事责任会出现很多新情况、新问题，需要以全新的视野去看待，比如网购粮食产品问题、网上交易客户保证金问题等。

网购粮食产品要妥善解决以下问题：一是7日无理由退货。网购粮食产品退货期限为7天，无须说明理由。一般的粮食产品都可退货，但必须明确"完好"认定标准，如品质、功能、配件、标识等。在购买时确认不宜退货的粮食产品不得无理由退货，如临近保质期。二是连带责任。网购平台在提供高效的交易场所的同时，也带来很多新的交易风险，因此网购平台提供者、网购粮食产品经营者等要承担连带责任。

网上交易客户保证金问题应当分别规定粮食网上交易中视同卖方违约情形与视同买方违约情形。其中，视同卖方违约情形如拒签合同、未按规定交货、标的不达标、非法收取费用、拒绝开具发票、违反政策性粮食销售政策等；视同买方违约情形如拒签合同、未能按期汇款、违反政策性粮食网上交易政策等。卖方违约的，根据客户保证金标准乘以实际违约数量计算违约金，从其缴纳的保证金或货款中分别扣缴并支付给买方、粮食交易中心；买方违约的，根据客户保证金标准乘以实际违约数量计算违约金，从其缴纳的保证金中分别扣缴并支付给卖方、粮食交易中心。

二、粮食行政责任：行政处罚与行政处分

粮食行政责任主要包括行政处罚与行政处分。其中，粮食行政处罚属于外部行政行为，行政相对人可以提起行政复议、行政诉讼；粮食行政处

分属于内部行政行为，有关人员通过申诉等途径保障合法权益。两种不同的责任模式构筑了对内、对外的两大底线，约束粮食法律主体的粮食法律行为。

（一）粮食行政处罚

根据行政处罚法的基本原理，粮食行政处罚包括警告、责令改正、没收粮食、没收违法所得、罚款、暂停资格、取消资格、吊销营业执照等，试析如下。

1. 警告

适用警告的情形主要有：

一是粮食生产。例如，擅自改变耕地用途，污染粮食生产环境，等等。

二是粮食收购。例如，擅自从事主粮和特定粮食（如青稞）的收购活动，未能有效执行国家粮食收购政策，未建立粮食经营台账，未报送相关粮食信息，拖欠农民售粮款，等等。

三是粮食加工。例如，违反国家用粮规模调控，对污染粮食非法加工，未建立粮食经营台账，未报送相关粮食信息，生产不符合食品安全标准的粮食产品，违法使用添加剂，违法添加非食用物质，等等。

四是粮食储备。例如，擅自从事储备粮承储活动，擅自动用中央储备粮，等等。

五是粮食运输。例如，使用被污染的运输工具，使用被污染的包装材料，等等。

六是粮食经营。例如，不具备法定的粮食储存条件，违反最低库存量规定，违反最高库存量规定，违反国家粮食储存质量规范，未进行粮食质量检验并记录存档，拒不接受监督检查，对污染粮食非法销售，陈粮出库未依法进行质量鉴定，未建立粮食经营台账，未报送相关粮食信息，捏造、散布虚假信息，扰乱市场秩序，相互串通、操纵市场价格，恶意囤积哄抬价格，等等。

2. 责令改正

适用责令改正的情形主要有：

一是粮食生产。例如，擅自改变耕地用途，污染粮食生产环境，等等。

二是粮食收购。例如，擅自从事主粮和特定粮食（如青稞）的收购活动，未能有效执行国家粮食收购政策，未建立粮食经营台账，未报送相关粮食信息，拖欠农民售粮款，等等。

三是粮食加工。例如，违反国家用粮规模调控，对污染粮食非法加工，未建立粮食经营台账，未报送相关粮食信息，生产不符合食品安全标准的粮食产品，违法使用添加剂，违法添加非食用物质，等等。

四是粮食储备。例如，擅自从事储备粮承储活动，入库储备粮不符合质量标准，储备粮管理不当，骗取储备粮贷款及相关财政补贴，虚报储备粮数量，瞒报储备粮数量，掺杂掺假、以次充好，擅自动用中央储备粮，违规将储备粮轮换业务与其他业务混合经营，以储备粮对外进行担保，以储备粮对外清偿债务，未及时处理重大隐患，拒不接受监督检查，等等。

五是粮食运输。例如，使用被污染的运输工具，使用被污染的包装材料，等等。

六是粮食经营。例如，不具备法定的粮食储存条件，违反最低库存量规定，违反最高库存量规定，违反国家粮食储存质量规范，未进行粮食质量检验并记录存档，拒不接受监督检查，对污染粮食非法销售，陈粮出库未依法进行质量鉴定，未建立粮食经营台账，未报送相关粮食信息，捏造、散布虚假信息，扰乱市场秩序，相互串通、操纵市场价格，恶意囤积哄抬价格，等等。

3. 没收粮食

适用没收粮食的情形主要有：

一是粮食收购。例如，擅自从事主粮和特定粮食（如青稞）的收购活动，等等。

二是粮食经营。例如，倒卖陈化粮，不当使用陈化粮，等等。

4. 没收违法所得

适用没收违法所得的情形主要有：

一是粮食生产。例如，擅自改变耕地用途，污染粮食生产环境，等等。

二是粮食收购。例如，擅自从事主粮和特定粮食（如青稞）的收购活动，以欺骗等不正当手段取得主粮和特定粮食（如青稞）的收购许可，等等。

三是粮食加工。例如，违反国家用粮规模调控，生产不符合食品安全标准的粮食产品，违法使用添加剂，违法添加非食用物质，等等。

四是粮食储备。例如，以欺骗等不正当手段取得储备粮承储资格，擅自从事储备粮承储活动，骗取储备粮贷款及相关财政补贴，虚报储备粮数量，瞒报储备粮数量，掺杂掺假、以次充好，擅自动用中央储备粮，以储备粮对外进行担保，以储备粮对外清偿债务，等等。

五是粮食经营。例如，违反最低库存量规定，违反最高库存量规定，拒不接受监督检查，捏造、散布虚假信息，扰乱市场秩序，相互串通、操纵市场价格，恶意囤积哄抬价格，等等。

5. 罚款

适用罚款的情形主要有：

一是粮食生产。例如，擅自改变耕地用途，污染粮食生产环境，等等。

二是粮食收购。例如，擅自从事主粮和特定粮食（如青稞）的收购活动，未能有效执行国家粮食收购政策，未建立粮食经营台账，未报送相关粮食信息，等等。

三是粮食加工。例如，违反国家用粮规模调控，对污染粮食非法加工，未建立粮食经营台账，未报送相关粮食信息，生产不符合食品安全标准的粮食产品，违法使用添加剂，违法添加非食用物质，等等。

四是粮食储备。例如，擅自从事储备粮承储活动，擅自动用中央储备粮，等等。

五是粮食运输。例如，使用被污染的运输工具，使用被污染的包装材料，擅自处置和变更粮食运输基础设施，等等。

六是粮食经营。例如，不具备法定的粮食储存条件，违反最低库存量规定，违反最高库存量规定，违反国家粮食储存质量规范，未进行粮食质量检验并记录存档，拒不接受监督检查，对污染粮食非法销售，陈粮出库未依法进行质量鉴定，倒卖陈化粮，不当使用陈化粮，未建立粮食经营台账，未报送相关粮食信息，捏造、散布虚假信息，扰乱市场秩序，相互串通、操纵市场价格，等等。

6. 暂停资格

适用暂停资格的情形主要有：

一是粮食收购。例如，未能有效执行国家粮食收购政策，未建立粮食经营台账，未报送相关粮食信息，拖欠农民售粮款，等等。

二是粮食加工。例如，违反国家用粮规模调控，对污染粮食非法加工，未建立粮食经营台账，未报送相关粮食信息，生产不符合食品安全标准的粮食产品，违法使用添加剂，违法添加非食用物质，等等。

三是粮食储备。例如，擅自动用中央储备粮，等等。

四是粮食运输。例如，使用被污染的运输工具，使用被污染的包装材料，等等。

五是粮食经营。例如，不具备法定的粮食储存条件，违反最低库存量规定，违反最高库存量规定，违反国家粮食储存质量规范，未进行粮食质量检验并记录存档，拒不接受监督检查，对污染粮食非法销售，未建立粮食经营台账，未报送相关粮食信息，捏造、散布虚假信息，扰乱市场秩序，相互串通、操纵市场价格，恶意囤积哄抬价格，等等。

7. 取消资格

适用取消资格的情形主要有：

一是粮食生产。例如，擅自改变耕地用途，污染粮食生产环境，等等。

二是粮食收购。例如，擅自从事主粮和特定粮食（如青稞）的收购活动，以欺骗等不正当手段取得粮食收购许可，未能有效执行国家粮食收购政策，未建立粮食经营台账，未报送相关粮食信息，等等。

三是粮食加工。例如，违反国家用粮规模调控，对污染粮食非法加工，未建立粮食经营台账，未报送相关粮食信息，生产不符合食品安全标准的粮食产品，违法使用添加剂，违法添加非食用物质，等等。

四是粮食储备。例如，以欺骗等不正当手段取得储备粮承储资格，擅自从事储备粮承储活动，骗取储备粮贷款及相关财政补贴，入库储备粮不符合质量标准，虚报储备粮数量，瞒报储备粮数量，掺杂掺假、以次充好，储备粮管理不当，擅自动用中央储备粮，违规将储备粮轮换业务与其他业务混合经营，以储备粮对外进行担保，以储备粮对外清偿债务，未及时处理重大隐患，拒不接受监督检查，等等。

五是粮食运输。例如，使用被污染的运输工具，使用被污染的包装材料，等等。

六是粮食经营。例如，不具备法定的粮食储存条件，违反最低库存量规定，违反最高库存量规定，违反国家粮食储存质量规范，未进行粮食质量检验并记录存档，拒不接受监督检查，对污染粮食非法销售，未建立粮食经营台账，未报送相关粮食信息，捏造、散布虚假信息，扰乱市场秩序,相互串通、操纵市场价格,恶意囤积哄抬价格,等等。

8. 吊销营业执照

适用吊销营业执照的情形主要有:

一是粮食收购。例如,擅自从事主粮和特定粮食(如青稞)的收购活动,以欺骗等不正当手段取得粮食收购许可,等等。

二是粮食加工。例如,对污染粮食非法加工,生产不符合食品安全标准的粮食产品,等等。

三是粮食储备。例如,以欺骗等不正当手段取得储备粮承储资格,擅自从事储备粮承储活动,擅自动用中央储备粮,等等。

四是粮食运输。例如,使用被污染的运输工具,使用被污染的包装材料,等等。

五是粮食经营。例如,不具备法定的粮食储存条件,违反最低库存量规定,违反最高库存量规定,违反国家粮食储存质量规范,对污染粮食非法销售,陈粮出库未依法进行质量鉴定,倒卖陈化粮,不当使用陈化粮,等等。

(二)粮食行政处分

粮食行政处罚与粮食行政处分有本质区别,目前粮食行政处罚的各类规定较为详细,粮食行政处分的规定则略显不足。此处从贪污受贿类、非法干预类、渎职类等角度探讨粮食行政处分的一般情形,并与纪律处分相对接,建议同时推进行政处分与纪律处分,多管道惩治粮食违法违规行为。

1. 一般情形

行政处分应适用于有"行政"职责的相关人员,是对行政权力滥用、错用、不作为、消极作为的约束、惩治。我国《公务员法》规定了警告、记过、记大过、降级、撤职、开除等处分方式。被行政处分的事实必须非常清楚,有足够的证据加以认定,认定程序、处分程序合法正当,并妥善办理行政处分相关手续。《粮食法》要详细规定粮食行政处分条款,主要为贪污受贿类、非法干预类、渎职类等。

与行政处罚相比,目前粮食行政处分的适用情形较少,应该加大粮食行政处分的范围与力度。第一,贪污受贿类。例如,办理粮食收购资格许可时的受贿行为,挤占、截留、挪用粮食风险基金,等等。第二,非法干预类。例如,非法干预粮食经营者正常经营活动,等等。第三,渎职类。

例如，未及时、足额拨付粮食风险基金，不及时下达储备粮计划，非法给予代储储备粮资格，不及时取消代储储备粮资格，不责成储备粮企业限期整改，接到举报不及时查处，发现储备粮违法行为不及时查处，等等。

2. 行政处分与纪律处分

何谓"纪律处分"的"纪律"？我国《公务员法》是关于公务员管理的基本法，该法有多处提及纪律问题。例如，"遵守纪律"（第12条），"遵守纪律""违法违纪行为"（第49条），"遵守纪律""违反财经纪律""违反纪律"（第53条），"违法违纪""纪律责任""违纪行为"（第55条），"违纪"（第57条），"违纪行为"（第59条），"纪律审查"（第81条），"不遵守公务员纪律"（第83条），等等。简而言之，纪律是由外在强制到内在遵守的发展过程，是维护某一群体利益的行为规则。广义的纪律处分适用于各行各业、各类粮食法律主体，狭义的纪律处分通常是指党纪处分。党的纪律处分有警告、严重警告、撤销党内职务、留党察看、开除党籍等。

《公务员法》第55条明确规定了纪律责任的处理方式，也揭示了行政处分与纪律处分的对接。行政处分依据的是法律，纪律处分依据的是组织内部规则（包括粮食"软法"），既有区别更有关联。国家粮食和物资储备局官方网站"业务频道"专门开设"党风廉政建设"栏目，并通过信件邮寄、来访、举报电话、网上举报等途径加强纪律监督。基于粮食安全保障的重要性，有必要进一步明晰行政处分与纪律处分的关系，同时推进行政处分与纪律处分，多管道惩治粮食违法违规行为。

三、粮食刑事责任：刑法功能再思辨

中国古代重刑轻民，刑法研究有着悠久的历史，粮食刑事责任研究也是如此。但是，粮食刑事责任的研究历史并不代表该研究领域已趋于成熟。相反的，粮食刑事责任研究很多领域亟待开拓，甚至仍处于空白地带，这也与多年来粮食安全保障过多依赖粮食政策而非粮食法有密切关系。目前，首要的是梳理刑事责任适用的具体情形，从中归纳需要重点研究的典型罪名，再一一加以探讨。

（一）粮食刑事责任的主要体现

刑事责任的承担，多体现为市场主体、行政管理部门社会组织等不同层面。从《粮食法》的刑事责任条款设计角度考虑，有必要从粮食生产经

营者、行政管理部门两个层面展开论证。

1. 粮食生产经营者层面

粮食生产经营者层面可以从粮食生产、粮食收购、粮食加工、粮食储备、粮食运输、粮食经营等角度展开。

第一，粮食生产。例如，擅自改变耕地用途，污染粮食生产环境，重大违法种植转基因粮食，等等。

第二，粮食收购。例如，擅自从事主粮和特定粮食（如青稞）的收购活动，以欺骗等不正当手段取得粮食收购许可，等等。

第三，粮食加工。例如，违反国家用粮规模调控，生产不符合食品安全标准的粮食产品，违法添加非食用物质，等等。

第四，粮食储备。例如，以欺骗等不正当手段取得储备粮承储资格，擅自从事储备粮承储活动，骗取储备粮贷款及相关财政补贴，拒不实施储备粮计划，违反国家储备粮计划，入库储备粮不符合质量标准，虚报储备粮数量，瞒报储备粮数量，掺杂掺假、以次充好，储备粮管理严重不当，破坏储备粮仓储设施，擅自动用中央储备粮，以储备粮对外进行担保，以储备粮对外清偿债务，发现储备粮违法问题不及时纠正，发现储备粮重大隐患未采取有效措施，拒不接受监督检查，偷盗储备粮，等等。

第五，粮食运输。例如，擅自处置和变更粮食运输基础设施，等等。

第六，粮食经营。例如，违反最低库存量规定，违反最高库存量规定，拒不接受监督检查，倒卖陈化粮，不当使用陈化粮，捏造、散布虚假信息，扰乱市场秩序，重大违法销售转基因粮食，等等。

2. 行政管理部门层面

行政管理部门层面可以从贪污受贿类、非法干预类、渎职类三个角度展开。

第一，贪污受贿类。例如，办理粮食收购资格许可时的受贿行为，挤占、截留、挪用粮食风险基金，等等。

第二，非法干预类。例如，非法干预粮食经营者正常经营活动，等等。

第三，渎职类。例如，未及时、足额拨付粮食风险基金，不及时下达储备粮计划，非法给予代储储备粮资格，不及时取消代储储备粮资格，不责成储备粮企业限期整改，接到举报不及时查处，发现储备粮违法行为不及时查处，等等。

（二）典型罪名解析

粮食刑事责任的典型罪名，应当参照刑法规定，统筹纳入《粮食法》中。例如，非法占用农用地罪，生产、销售伪劣农药、兽药、化肥、种子罪，污染环境罪，生产、销售不符合安全标准的食品罪，生产、销售有毒、有害食品罪，食品监管渎职罪，非法经营罪，贪污罪，受贿罪，等等。这些罪名未必直接与粮食安全相关，但或多或少涉及粮食行业的某一方面，需要具体探讨。

1. 非法占用农用地罪（我国《刑法》第342条）

从城镇化到城乡一体化，房地产建设、工业发展、公共事业建设等都急需大量的土地资源配置，而我国作为世界上第一人口大国，土地资源总量有限，人均土地资源更为不足，城乡土地供需矛盾突出，侵犯、占用农用地的现象非常严重。耕地是基本的农用地，对农用地的非法占用会涉及对耕地的非法占用，而非法占用耕地就会影响粮食生产，最终不利于粮食安全保障。

第一，"农用地"的理解。我国《土地管理法》第4条将土地分为"农用地""建设用地"和"未利用地"。其中，"农用地"是指"直接用于农业生产的土地"，包括耕地、林地、草地、农田水利用地、养殖水面等。《刑法》第342条只是列举了"农用地"中包括"耕地""林地"，后面以"等"字作为兜底条款，突出了"耕地""林地"在"农用地"中的地位。一是耕地。农业是国民经济的基础行业，粮食生产又是农业的基础，耕地是粮食生产所需用地。显然，耕地在农用地中有着举足轻重的地位和首要价值。二是林地。林地对于粮食生产而言，可以涵养水源，维护粮食生产的生态系统，保持整体生态平衡，应对气候变化，维持和提升粮食生产能力。

第二，"非法占用"的理解。非法占用大致包括三种情形：一是根本未经审批就直接占用。目前这种情况在农村很严重，有些是不懂法，没有意识到必须申请才能占用，难以认识占用耕地对粮食生产的负面影响；有些是利欲熏心，为一己之利置国家粮食安全、集体利益、他人利益于不顾，根本不想申请；有些是存侥幸心理，图一时之快，想着事后再补申请；等等。二是采用非法手段获得审批。例如，贿赂土地管理部门获得审批，捏造理由欺骗土地管理部门获得审批，等等。三是合法获得审批，但占用量大于审批量。应当肯定通过合法手段获得审批的做法，但基于贪利本性，在实际操作中占用量大于原本的审批量，多占用的部分即会影响粮食生产。

第三，"改变被占用土地用途"的理解。"改变被占用土地用途"既包括从此种农业用途改为他种农业用途（如耕地改林地），也包括从农业用途改为非农用途。单从后者进行分析，具体包括：一是建造房屋。建造房屋包括临时搭建与永久房屋，临时搭建可以随时拆除，而永久房屋则明显违法。二是开办工厂。很多人认为种粮不赚钱或嫌弃粮食生产的劳作辛苦，在耕地上建厂房办工厂。三是修建道路。修建道路本是好事，但如非法占用耕地影响粮食生产，则是违法行为。另外，修建道路必须符合当地村镇整体规划，不能随意修建。四是堆放垃圾废弃物。耕地荒废不种植粮食，变成堆放垃圾废弃物的场所，容易造成环境污染，不仅影响耕地质量，而且影响乡村生态环境。五是采矿采石。采矿采石既包括在耕地上开采，也包括借用耕地之便在其他地方开采。采矿采石既占用耕地，也严重污染环境，不利于粮食生产。六是建窑。广义的建窑，既包括窑居，也包括瓷窑、酒窖、菜窖等经济用途。七是取土。取土本身就破坏耕地表层，严重的会降低整个耕地质量，而且造成严重的空气污染。八是建坟。传统安葬方式土葬，容易出现在耕地上建坟的情况。现在全国推行火葬，建坟问题也逐步规范化。

第四，"数量较大"的理解。学理上习惯采用"数量一般""数量较大""数量重大""数量特别重大"的区分。对粮食生产而言，"数量较大"又因占用对象不同而有差别，如非法占用基本农田 5 亩以上，非法占用基本农田以外的耕地 10 亩以上，非法占用耕地以外的农用地则法定面积更大。多次实施违法行为未经处理的，可以累积计算。

第五，造成耕地"大量毁坏"的理解。原条款的规定是"造成耕地、林地等农用地大量毁坏的"，从粮食生产角度单从造成耕地"大量毁坏"进行论证。"大量"在司法实践中，可以与"数量较大"相结合加以认定。"损坏""破坏""毁坏"是逐步递进的过程，"毁坏"倾向于彻底摧毁的结果，即不可逆或治理非常困难。"毁坏"既包括耕地数量的丧失，更是耕地质量的丧失。"毁坏"不一定立刻表现出来，可能是动态的过程，而且需要专门的检测认定。

2. 生产、销售伪劣农药、兽药、化肥、种子罪（我国《刑法》第 147 条）

在生产、销售伪劣农药、兽药、化肥、种子罪中，与粮食生产有关的是生产、销售伪劣农药、化肥、种子。农药、化肥是粮食生产所必备的，对粮食产量、粮食质量起着至关重要的作用。粮食源于种子，种子质量决定粮食质量。近年来，伪劣农药、化肥坑农事件不断，伪劣种子更是祸害无穷。因此，对农药、化肥、种子的刑法规制有助于提升粮食生产的基本要素，进而促进粮食综合生产能力的提高。

第一，生产、销售伪劣农药。我国《刑法》第147条规定了生产假农药，销售明知是假的或者失去使用效能的农药，或者生产者、销售者以不合格的农药冒充合格的农药等犯罪情形。这里注意辨析"假农药"与"劣质农药"两个概念。参考我国《农药管理条例》（2017年）第44条、第45条的规定，假农药涵括以下类型：以非农药冒充农药，以此种农药冒充他种农药，标签、说明书标注不符，没有标签，禁用的农药，未依法登记而生产、进口，等等。劣质农药涵括以下类型：不符合农药质量标准，混有法定有害成分，超过农药质量保证期，等等。

第二，生产、销售伪劣化肥。我国《刑法》第147条规定了生产假化肥，销售明知是假的或者失去使用效能的化肥，或者生产者、销售者以不合格的化肥冒充合格的化肥等犯罪情形。这里注意辨析"假化肥"与"劣质化肥"两个概念。假化肥涵括以下类型：以非化肥冒充化肥，以此种化肥冒充他种化肥，标签、说明书标注不符，没有标签，禁用的化肥，未依法登记而生产、进口，等等。劣质化肥涵括以下类型：不符合化肥质量标准，混有法定有害成分，等等。

第三，生产、销售伪劣种子。我国《刑法》第147条规定了销售明知是假的或者失去使用效能的种子，或者生产者、销售者以不合格的种子冒充合格的种子等犯罪情形。参考我国《种子法》第49条的规定，粮食假种子包括：以非种子冒充粮食种子，以此种粮食种子冒充他种粮食种子，标签标注不符，没有标签，等等。粮食劣种子包括：质量低于国家规定标准，质量低于标签标注指标，带有相关检疫性有害生物，等等。

3. 污染环境罪（我国《刑法》第338条）

改革开放以来，我国经济社会取得巨大成就。随之而来的负面问题也不少，其中环境污染、生态破坏最为显著、最难解决。污染环境罪是因应我国严重的环境污染问题而来的，既惩治已经发生的污染环境违法行为，更威慑违法分子，促进国民树立环境保护理念。提升粮食质量，要抓好粮食"全过程"产业链的环境保护，起点就是粮食生产环境，污染环境罪同样适用于粮食生产环境。

第一,"严重污染环境"的理解。这里的"环境"是一个综合概念,不特指大气、水体或土地。根据《最高人民法院、最高人民检察院关于办理环境污染刑事案件适用法律若干问题的解释》(2016年)第1条的规定,"严重污染环境"的情形很多,其中包括致使基本农田5亩以上、其他农用地10亩以上基本功能丧失或者遭受永久性破坏。

第二,"后果特别严重"的理解。根据《最高人民法院、最高人民检察院关于办理环境污染刑事案件适用法律若干问题的解释》(2016年)第3条的规定,"后果特别严重"的情形也很多,其中包括致使基本农田15亩以上、其他农用地30亩以上基本功能丧失或者遭受永久性破坏。特别注意辨清污染环境行为与特别严重的农田破坏后果之间的因果关系。

第三,"有毒物质"的理解。目前国内的理解如下:一是危险废物。危险废物包括列入国家危险废物名录或依法认定具有危险特性(如腐蚀性、毒性、易燃性、反应性、感染性)的废物。二是《关于持久性有机污染物的斯德哥尔摩公约》附件所列物质,尤其注意新增列的持久性有机污染物。三是含重金属的污染物。前些年曝光的市售大米镉超标事件,就是因为重金属通过废水排到环境中,再通过灌溉进入原粮,最终出卖到市场的。此外,还必须制定兜底条款,以防上述列举之不周全。

4. 生产、销售不符合安全标准的食品罪(我国《刑法》第143条)

民以食为天,食以粮为本。粮食从原粮开始必须经过多道程序和多种组合才最终变成食品供人食用。三鹿奶粉事件披露之后,国家高度重视食品安全问题,制定、修改完善《食品安全法》加以积极应对。《刑法》也通过规定生产、销售不符合安全标准的食品罪,生产、销售有毒、有害食品罪和食品监管渎职罪等加以严格规制。

第一,"食品"的理解。对"食品"的理解关系到能否适用本罪。根据《食品安全法》第2条的规定,食用农产品的质量安全管理遵守《农产品质量安全法》的规定。但是,食用农产品的市场销售、质量安全标准制定、安全信息公布、农业投入品等应当遵守《食品安全法》的规定。因此,"食品"是一个广义的概念,涵括供人食用的粮食产品在内,这样有助于打击严重危及粮食质量安全的犯罪行为,更好地保障我国整体粮食安全。

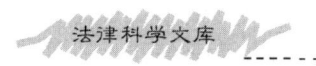

第二,"安全标准"的理解。我国《食品安全法》第三章专门规定食品安全标准问题。与之对应,粮食质量安全标准应当包括污染物质、食品添加剂、标签标志、生产经营卫生要求、检验方法与规程等。最为关键的是,食品安全标准是强制执行的标准。我国《农产品质量安全法》第11条也明确规定,"农产品质量安全标准是强制性的技术规范。"对地方特色粮食产品,因没有在全国普及,可能暂时缺乏国家标准,省级政府部门可以制定地方标准。但是,当国家标准制定后,该地方标准即行废止,从而遵从国家标准的要求。鼓励粮食生产经营者制定严于国家标准或者地方标准的企业标准,在本企业适用。食品安全标准其实是粮食软法问题,后文还会进一步详述。

第三,客观方面。本罪的客观方面是生产、销售不符合食品安全标准的食品(含粮食产品)。一是足以造成严重危害。例如,含有严重超出标准限量的物质,国家为防控疾病等特殊需要明令禁止生产、销售,等等。二是造成严重危害。例如,造成轻伤以上伤害,造成轻度残疾或者中度残疾,一般功能障碍或者严重功能障碍,一定人数以上的严重食物中毒,等等。三是后果特别严重。例如,致人死亡或者重度残疾,一定人数以上的严重功能障碍,一定人数以上的一般功能障碍,一定人数以上的严重食物中毒,等等。值得注意的是,在粮食加工、销售、运输、贮存等过程中,超限量或者超范围滥用食品添加剂,足以造成严重后果的,以本罪定罪处罚。在粮食种植、销售、运输、贮存等过程中,超限量或者超范围滥用农药,足以造成严重后果的,适用本罪的规定定罪处罚。

第四,共犯问题。实施下列行为可构成本罪的共犯,具体包括:一是提供原料、食品添加剂及相关产品;二是提供生产技术;三是提供资金上的便利,如提供资金、贷款、账号;四是提供生产、经营场所;五是提供证件材料,如发票、证明、许可证件;六是提供便利条件,如运输、贮存、保管、邮寄、网络销售渠道;七是提供宣传,如广告。

第五,相关罪责评定。一是从一重。生产、销售不符合食品安全标准的粮食产品,有毒、有害的粮食产品,以本罪或者生产、销售有毒、有害食品罪定罪处罚,同时构成其他犯罪的则从一重定罪处罚。二是以他罪定断。生产、销售不符合食品安全标准的粮食产品,无证据证明足以造成严重后果的,不构成本罪,但可依照该其他犯罪定罪处罚。

5. 生产、销售有毒、有害食品罪（我国《刑法》第 144 条）

与生产、销售不符合安全标准的食品罪相比，生产、销售有毒、有害食品罪的关键问题是在粮食产品中掺入有毒、有害的非食品原料。需要辨析"食品原料"与"非食品原料"的区别，深刻认识"有毒""有害"的含义。

第一，"食品原料"的理解。食品原料是指可以通过加工处理制成食品或可直接食用的可食性原材料。这里还要注意"新食品原料"的概念。根据国家卫生和计划生育委员会《新食品原料安全性审查管理办法》（2017 年）第 2 条的规定，与粮食相关的新食品原料分为原粮、从原粮中分离的成分、原有结构发生改变的粮食成分、其他新研制的粮食。辨析新食品原料与传统食品原料要考虑两个因素：一是无传统食用习惯。无传统食用习惯的判断标准是 30 年以上的粮食生产经营历史。二是非实质性等同。非实质性等同的判断标准包括种属、来源、生物学特征、种植工艺等。

第二，"非食品原料"的理解。与食品原料对应，非食品原料强调不可以通过加工处理制成食品，也不可直接食用。《食品安全法》未明确界定"非食品原料"的概念，但该法第 34 条禁止生产经营用非食品原料生产的食品，第 123 条规定了用非食品原料生产食品或者经营上述食品的法律责任。目前，与粮食相关的"有毒、有害的非食品原料"主要包括：一是法律、法规禁止在粮食生产经营活动中添加、使用的物质。二是国家公布的《食品中可能违法添加的非食用物质名单》等列举的物质（见表 6-1）。最高人民法院指导案例第 70 号关于生产、销售有毒、有害食品案的裁判要点确认具有"同等属性""同等危害"，应当认定为"有毒、有害的非食品原料"。三是兜底条款。为应对日益增多的非食品原料问题，必须纳入"其他危害人体健康的物质"的兜底性规定，保障粮食安全。

表 6-1　　　　食品中可能违法添加的非食用物质名单

非食用物质名称	可能添加的主要类别
吊白块	粉丝、面粉
硼酸与硼砂	面条、饺子皮
工业染料	小米、玉米粉
溴酸钾	小麦粉
工业用矿物油	陈化大米

续前表

非食用物质名称	可能添加的主要类别
荧光增白物质	面粉
水玻璃	面制品
乌洛托品	米线

第三，食品添加剂再思考。根据《食品安全法》第 150 条的规定，与粮食相关的"食品添加剂"可以是人工合成的，也可以是天然物质。《农产品质量安全法》第 29 条也规定农产品在"包装、保鲜、贮存、运输"中所使用的添加剂"应当符合国家有关强制性的技术规范"。食品添加剂的功效包括：改善粮食品质，改善粮食色、香、味，防止陈化，粮食加工需要，等等。可以看出，食品添加剂对粮食质地是有辅助作用、不可或缺的，不属于"非食品原料"。广义的粮食产品应当涵盖合法合规的食品添加剂，甚至可以说，食品添加剂属于"食品原料"的范围。

第四，"有毒"与"有害"的理解。从《农产品质量安全法》第 18 条的规定可以看出，废水、废气、固体废物等都属于"有毒有害物质"，该法第 33 条则规定农药、兽药等化学物质残留或者含有的重金属等"有毒有害物质"。借鉴上述表达，有毒有害是比较宽广的概念。其中，"有毒"是从毒理学出发，强调从毒性导致的生理变化，引发暂时性乃至永久性的病变（如毒大米严重影响身体健康），甚至危及生命安全；"有害"是对人体健康有副作用，但可能是缓慢的过程，不一定立即表现出来。就两者关系而言，有毒与有害有交叉，但不等同。亦即，有毒不一定有害，有毒可以另作他用，甚至对某些物质而言可以"以毒攻毒"；有害也不一定有毒，无毒同样也可能有害。一般来讲，"不符合安全标准"应当包括"有毒""有害"，但"有毒""有害"比"不符合安全标准"更为严重。

第五，客观方面。本罪主要有两种情形：一是在生产、销售的食品中掺入有毒、有害的非食品原料；二是销售明知掺有有毒、有害的非食品原料的食品。值得注意的是，在粮食加工、销售、运输、贮存等过程中，掺入有毒、有害的非食品原料，或者使用有毒、有害的非食品原料加工粮食的，以本罪定罪处罚。在粮食种植、销售、运输、贮存等过程中，使用禁用农药，适用本罪的规定定罪处罚。

第六，共犯问题。与生产、销售不符合安全标准的食品罪类似，实施下列行为可构成本罪的共犯，具体包括：一是提供原料、食品添加剂及相关产品；二是提供生产技术；三是提供资金上的便利，如提供资金、贷款、账号；四是提供生产、经营场所；五是提供证件材料，如发票、证明、许可证件；六是提供便利条件，如运输、贮存、保管、邮寄、网络销售渠道；七是提供宣传，如广告。

6. 食品监管渎职罪（我国《刑法》第 408 条）

我国之所以食品安全问题层出不穷，与食品监管体制不完善、监管手段不严厉有直接关系，经常出现不作为问题，以致发生类似三鹿奶粉事件等震惊中外的案子。食品监管渎职罪的"食品"重在强化食品质量安全，从《食品安全法》第 150 条关于"食品安全"的定义可见一斑。事实上，粮食行业的基本管理机构应当是各级粮食行政管理部门，但从粮食质量监管角度出发，则需要诸多部门的通力协作。

第一，"食品安全监督管理职责"的理解。一是七部门说。根据《七部门要求：加强食品安全各环节监管做好衔接》（2009 年）的规定，七部门包括卫生部、工业和信息化部、农业部、商务部、国家工商总局、国家质检总局、食品药品监督管理局。二是十三部门说。国务院食品安全委员会的原组成人员来自国家发改委、科技部、工业和信息化部、公安部、财政部、环境保护部、农业部、商务部、卫生部、国家工商总局、国家质检总局、国家粮食局、国家食品药品监管局。特别注意的是，十三部门包括国家粮食局。三是双部门突出说。根据《食品安全法》第 5 条、第 6 条的规定，突出各级市场监督管理部门、卫生行政管理部门在食品安全监督管理工作中的地位和职责。总而言之，负有食品安全监督管理职责的部门是比较多的，在粮食质量安全监管方面要突出各级粮食行政管理部门的功能和作用。

第二，"滥用职权"的理解。《最高人民检察院关于渎职侵权犯罪案件立案标准的规定》（2006 年）界定"滥用职权"是指"超越职权，违法决定、处理其无权决定、处理的事项，或者违反规定处理公务"。在粮食行业，滥用职权包括两种情形：一是有权乱用。有权乱用是指在被赋予粮食质量安全监管某些职责的情况下，未正确履行、不当履行这些职责。二是无权擅用。无权擅用是指在未被赋予粮食质量安全监管某些职责的情况下，擅自实施这些职责。

第三，"玩忽职守"的理解。《农产品质量安全法》第 43 条将"不依法履行监督职责"与"滥用职权"并列规制。《最高人民检察院关于渎职侵权犯罪案件立案标准的规定》（2006年）界定"玩忽职守"是指"严重不负责任，不履行或者不认真履行职责"。在粮食行业，玩忽职守包括两种情形：一是不履行职责。不履行职责是指在被赋予粮食质量安全监管某些职责的情况下，未履行这些职责。二是不认真履行职责。不认真履行职责是指在被赋予粮食质量安全监管某些职责的情况下，曾尝试去履行这些职责，但因态度不认真、不积极而没有履行好这些职责，未能达到法定要求。

第四，"重大食品安全事故"的理解。我国《食品安全法》第150条界定"食品安全事故"是指"食源性疾病、食品污染等源于食品，对人体健康有危害或者可能有危害的事故"。《国家食品安全事故应急预案》（2011年）则界定"食品安全事故"是指"食物中毒、食源性疾病、食品污染等源于食品，对人体健康有危害或者可能有危害的事故"。应当说，两者的界定是大体相同的。《农产品质量安全法》第40条规定了在发生"重大农产品质量安全事故"时农业行政主管部门的及时通报职责。具体而言，食品安全事故分为一般事故、较大事故、重大事故、特别重大事故。相应的，粮食质量安全事故也可以分为一般事故、较大事故、重大事故、特别重大事故，并与粮食四级应急体系相对应。

第五，相关罪责评定。一是从一重。同时构成食品监管渎职罪和徇私舞弊不移交刑事案件罪、商检徇私舞弊罪、动植物检疫徇私舞弊罪、放纵制售伪劣商品犯罪行为罪等犯罪，从一重。利用职务行为帮助他人，同时构成渎职犯罪和危害食品安全犯罪共犯的，从一重。二是以他罪定断。虽不构成食品监管渎职罪，但构成其他渎职犯罪的，依照该其他犯罪定罪处罚。三是数罪并罚。同时构成食品监管渎职罪和受贿罪的，一般采取数罪并罚。

7. 非法经营罪（我国《刑法》第225条）

计划经济时代，我国通过投机倒把罪来规制严重扰乱市场秩序的行为。随着市场经济的迅速发展，"投机倒把"一词已经成为过去时，现在是以非法经营罪加以取代。2016年以来，一起违法收购玉米案件把涉粮犯罪与非法经营罪联结起来，引起人们广泛关注。①

---

① 详见某市某区人民检察院指控原审被告人王某犯非法经营罪一案再审刑事判决书（（2017）内08刑再1号），见中国裁判文书网 http://wenshu.court.gov.cn/content/content? DocID=462273cb-6617-4391-9ae1-a73500a42e20，访问时间：2017-07-27。

第一，罪与非罪问题。本案中，原审法院认为被告人王某"未经粮食主管部门许可及工商行政管理机关核准登记并颁发营业执照，非法收购玉米，非法经营数额218 288.6元，数额较大，其行为构成非法经营罪"。再审判决认为，原审被告人违反当时的国家粮食流通管理规定，但尚未达到严重扰乱市场秩序的危害程度，不具备与非法经营罪相当的社会危害性和刑事处罚的必要性，不构成非法经营罪。

第二，兜底条款再思考。《刑法》第225条先规定了非法经营罪的三种具体情形，包括：未经许可经营专营、专卖物品或者其他限制买卖的物品；买卖进出口许可证、进出口原产地证明或其他经营许可证或者批准文件；非法经营证券、期货、保险业务的，或者非法从事资金支付结算业务。在此基础上，该条款还规定了"其他严重扰乱市场秩序的非法经营行为"这一兜底性规定，形成疏而不漏的制度格局，本案即适用此条款。应当进一步思考的是，当发生自然灾害或严重社会事件时，某些不法分子会囤积居奇、哄抬粮价，是否可以适用该兜底条款的规定？日常情况下，基于垄断地位而哄抬粮价，又是否可以适用该兜底条款的规定？参考《最高人民法院、最高人民检察院关于办理妨害预防、控制突发传染病疫情等灾害的刑事案件具体应用法律若干问题的解释》（2003年）第6条的规定，"哄抬物价、牟取暴利"到一定的严重程度，则"以非法经营罪定罪，依法从重处罚"。当然，为了避免非法经营罪变成口袋罪，防止定罪扩张化，必须严格限定兜底条款的适用范围。另外，哄抬粮价是否一定适用非法经营罪，也存异议，未来要加强垄断罪立法来弥补这一缺陷。

第三，量刑问题。《刑法》第225条规定非法经营罪的处罚情况，分为"情节严重的"和"情节特别严重的"两种情形。该法第72条规定"可以宣告缓刑"和"应当宣告缓刑"的情况，必须同时符合犯罪情节较轻、有悔罪表现、没有再犯罪的危险、宣告缓刑对所居住社区没有重大不良影响的法定要求。本案中，原审法院认为被告人有两个"主动"，即案发后主动到公安机关投案自首，主动退缴全部违法所得。因此，原审法院判处被告人王某有期徒刑1年，缓刑2年，并处罚金人民币2万元；王某退缴的非法获利款人民币6 000元，由侦查机关上缴国库。

8. 贪污罪（我国《刑法》第382条）

"硕鼠硕鼠，无食我黍。"中央储备粮的战略地位不言而喻，而针对储备粮库的贪污行为必须严厉打击。2010年前后发生的重大粮库窝案在全国引起关注,背后既有对中央储备粮管理效能的质疑,更是对国家粮食安全储备的担忧。其中,重大粮库窝案的主角之一乔某曾担任中储粮某直属库主任,因涉嫌贪污、挪用公款犯罪外逃被通缉。

第一,"国家工作人员"的理解。《刑法》第93条界定了"国家工作人员"的范围,大致适用于以下人员:国家机关中从事公务的人员,国有公司、企事业单位、人民团体中从事公务的人员,国家机关、国有公司、企事业单位委派到非国有公司、企事业单位、社会团体从事公务的人员,等等。本案中,乔某曾担任中储粮某直属库主任,中储粮是大型国企,乔某从事公务活动则属于"国家工作人员"的范畴。

第二,"公共财物"的理解。《刑法》第91条界定了"公共财产"的范围,大致适用于以下财产:一是国有财产;二是集体财产;三是社会公益财产,如用于公益事业的社会捐助或者专项基金的财产;四是特定的私人财产,如在国家机关管理、使用或者运输中的私人财产。本案中,乔某贪污的公共财物主要是中储粮的国有财产。

第三,"利用职务上的便利"的理解。《刑法》多处规定"利用职务上的便利"问题,例如:第163条非国家工作人员受贿罪,第171条金融工作人员购买假币、以假币换取货币罪,第271条职务侵占罪,第272条挪用资金罪,第382条贪污罪,第384条挪用公款罪,第385条受贿罪,等等。其中,贪污罪的"职务"必须是公务;"便利"可以理解为方便、有利,形式则多样化,如主管、管理、经营、经手皆可。本案中,乔某利用的是曾担任中储粮某直属库主任,直接管理中储粮某直属库的便利。

第四,"非法占有"的理解。什么是占有?从私法角度讲,所有权包括占有、使用、收益、处分四项权能,占有可以说是所有权的首要权能。占有可以分为私法意义上的占有与公法意义上的占有,也可以分为"合法占有"与"非法占有"。因此,"非法占有"是与"合法占有"相对应的概念。关于刑法的"非法占有",一是《刑法》明文规定。例如,《刑法》第192条集资诈骗罪,第193条贷款诈骗罪,第196条信用卡诈骗罪,第224条合同诈骗罪,第307条之一虚假诉讼罪,第382条贪污罪。二是学理阐释。盗窃等获取型财产犯罪需要主观上的占有欲望,但没有被纳入《刑法》明文规定,实践中也颇有争议。本案中,乔某携巨额公款潜逃至国外,"非法占有目的"表露无遗。

第五,"侵吞""窃取""骗取"的理解。一是侵吞,强调公然侵夺,即国家工作人员或相关从事公务人员"利用职务上的便利"侵而吞之。二是窃取,强调"窃",即国家工作人员或相关从事公务人员"利用职务上的便利"窃而取之。三是骗取,强调"骗",即国家工作人员或相关从事公务人员"利用职务上的便利"骗而取之。本案中,乔某利用基建项目承包、大件物品采购之机大肆侵吞公款。

9. 受贿罪（我国《刑法》第 385 条）

粮库窝案大多是内部人与外部人勾结,涉及行贿、受贿问题,中储粮李某受贿案就是一典型案例。① 关于涉粮的受贿罪问题,试析如下:

第一,"财物"的界定。根据《最高人民法院、最高人民检察院关于办理贪污贿赂刑事案件适用法律若干问题的解释》（2016 年）第 12 条的规定,"财物"包括货币、物品和财产性利益。一是货币。本案中,李某单独或伙同他人收受贿赂 1 407.9 万元人民币、4.5 万美元。二是物品,如高档奢侈品。三是财产性利益。例如,可以折算为货币的物质利益（如房屋装修）,需要支付货币的利益（如孩子升学）。

第二,"利用职务上的便利"再思考。本案中,李某利用的便利是担任党组书记、总经理、董事长等职务。党组书记、总经理、董事长都是粮食行业最重要的国企——中储粮下属分公司的核心岗位,具有充分的职务便利。

第三,"为他人谋取利益"的理解。根据《最高人民法院、最高人民检察院关于办理贪污贿赂刑事案件适用法律若干问题的解释》（2016 年）第 13 条"为他人谋取利益"的规定,大致适用于以下情形:实际为他人谋取利益,承诺为他人谋取利益,明知他人有具体请托事项,事后基于履职事由收受他人财物,索取、收受下属、被管理人员的财物并可能影响职权行使,等等。本案中,李某能够收受财物的前提是可以帮助不法分子进行违法违规的人事安排、托市收购、中储粮调拨、粮库建设等。

---

① 参见李某受贿刑罚变更刑事裁定书（(2017) 豫刑更 205 号）,见中国裁判文书网 http://wenshu.court.gov.cn/content/content? DocID = cc67a73a-5339-49c7-bc87-a774012823b9,访问时间:2017 - 07 - 31。

第二节　新兴粮食法律责任：容易忽略之责任研究领域

与传统法律责任相比，新兴的粮食法律责任主要有粮食经济问责、粮食信用责任、粮食社会责任等。其中，粮食经济问责强调考核指标，是对政府部门及有关职能单位的有效约束；粮食信用责任是对粮食生产经营者的肯定、促进，旨在全力构建粮食信用体系；粮食社会责任是粮食法律责任社会化的集中体现，是法律责任与道德责任的统一。

一、粮食经济问责：问责制在粮食行业之推行

世界粮食安全委员会《农业和粮食系统负责任投资原则》（2014年）原则10为"评估和应对影响，推动问责"。经济问责是现代法律责任制度的重要创新，粮食经济问责必须突出"经济"二字，而非政治（行政）问责、文化问责、环境问责等。于宏观层面，粮食经济问责的基本法律制度是粮食安全省长责任制，这是当前值得特别强调的问责形式。于微观层面，必须完善储粮安全问责，牢牢把握粮食储存这一关键问题。

（一）粮食安全省长责任制

粮食安全省长责任制提出以来，全国各地制定了大量的地方性规范文件加以贯彻实施，不断完善考核工作机制，如机构设置、工作程序、考核结果等；与粮食权、粮食法律行为对接，全面规范考核内容，即粮食供给保障、粮食质量保障、粮食价格保障。

1. 考核工作机制

首先，健全粮食安全省长责任制的机构设置。一是考核工作组。考核工作组由发展改革、农业、粮食、中央编办、财政、自然资源、生态环境、水利、市场监管、统计、农业发展银行等相关职能部门组成。考核工作组的主要职责是制定考核方案、组织成员单位进行考核、拟定考核等次、通报考核结果、协调解决重大问题等。二是工作组办公室。考核工作组设立办公室，承担日常工作，如组织联席会议、组织制订年度考核工作方案、组织联合抽查、汇总考核情况、起草考核评价报告、起草考核结果文件、健全考核资料档案等。三是联络机制。报送的静态信息如落实粮食安全责任的重要文件、重要决议、工作情况等，报送的动态信息包括重要

活动、重要举措等。定时发布粮食安全省长责任制考核工作简报。建立与省级人民政府办公厅的日常沟通联络机制。省级人民政府确定相应的联络员，负责沟通、落实考核工作相关事项。四是联席会议机制。考核工作组组长主持召开，考核工作组全体成员、办公室负责人、成员单位联络员参加。根据考核工作需要，每年按常规召开一次会议，并可不定期召开临时会议。会议纪要应明确议定事项，由考核工作组组长或其授权的副组长签发。

其次，完善考核工作程序。一是制定年度考核任务。于意见征求环节，考核工作组办公室通知成员单位提出年度考核建议，整理汇总并征求省级人民政府意见。于意见修改环节，考核工作组办公室将省级政府反馈意见交相关部门研究，提出修改意见。于会议审定环节，年度考核任务通过综合修改完善后，提交联席会议审定。于任务下发环节，考核工作组办公室下发年度考核任务，要求各省依法履行。二是双重评审。于政府自评层面，省级人民政府根据年度考核要求进行全面总结，自查自评打分，形成书面报告，报送、抄送相关部门。于部门考评层面，工作组成员单位根据省级人民政府自评情况和自身日常监督考核情况对省级人民政府进行考核评审。三是组织考核抽查。考核工作组办公室提出拟抽查省份的建议名单，报考核工作组审定。抽调有关部门人员组成联合抽查组，对被抽查省份进行实地考核，形成抽查考核报告。

再次，明晰考核结果，注重考核优秀、不合格两种情况。一是考核优秀。考核结果为优秀的给予表扬，推动优秀案例通报，在项目资金、粮食专项扶持政策上优先考虑。二是考核不合格。考核结果为不合格的要书面提出整改措施、整改期限，逾期整改不到位的应接受约谈问责、通报批评、末位停岗学习、调离岗位、行政降职、纪律处分等。

2. 全面规范考核内容

粮食供给平衡、粮食质量安全、粮食价格合理是粮食权的三大内容，粮食供给保障、粮食质量保障、粮食价格保障是粮食法律行为的三大类型。相应的，粮食安全省长责任制也必须从粮食供给、粮食质量、粮食价格三个角度加以统筹考核。有些措施只能由中央层面制定，但也可考核各地如何贯彻落实。

第一，粮食供给。一方面是粮食日常供给保障。其中，粮食生产保障包括耕地保障、水资源保障、财税保障等；粮食流通保障包括粮食产销合作、粮食国有企业改革、粮食民营龙头企业扶持、粮食现货市场体系建设等；粮食储备保障由政策性储备与商业性储备构成，以政策性储备为基础，全面推进商业性储备；粮食国际化保障包括粮食进口许可、粮食出口许可、新型非关税壁垒、国际粮食投资拓展等。另一方面是粮食应急供给保障。其中，日常预防包括粮食应急预案确立、日常保障措施健全等；当期应对包括粮食应急预警、粮食应急预案的启动和实施等；后期处理包括国内层面与国际层面的统一。

第二，粮食质量。一方面是普通粮食质量保障。其中，粮食种子质量保障包括种质资源保护、种子生产经营监管等；耕地质量保障包括耕地肥力提升、耕地污染应对等；粮食生产投入品使用管理包括农药安全使用管理、化肥安全使用管理等；成品粮质量保障包括粮食质量标准、粮食质量监管、粮食污染紧急应对等。另一方面是转基因粮食规制。其中，转基因粮食的界定要注意中央层面与地方层面的立法；全过程监管要重视审慎性生产试验、强制标识、转基因粮食进出口监管等。

第三，粮食价格。一方面是粮食价格调控。其中，粮食价格支持体系要考虑最低收购价与"市场化收购＋补贴"的统一；粮食价格调控手段包括储备粮吞吐、粮食进出口调节、粮食生产投入品价格调节、粮食期货调节等。另一方面是粮食安全网计划。其中，日常措施要关注粮食价格监测、粮食网上交易的价格规制、粮食价格垄断的规制等；应急措施包括临时价格措施、物价联动机制等。

（二）储粮安全问责

长期以来，储粮安全是重点追责领域。储粮问题既是粮食储存单位的问题，也是政策执行主体的问题，还牵及粮食行政管理部门。因此，储粮安全问责对象包括粮食储存单位、政策执行主体、粮食行政管理部门等。

1. 粮食储存单位

粮食储存单位是安全储粮第一责任主体。某地粮库仓内曾发生严重的隔墙倒塌事件，这说明储粮安全的主体责任落实不到位。其一，第一责任人。单位法定代表人或者主要负责人是第一责任人，全面负责本单位安全储粮工作，建立健全相关工作制度，如岗位责任、操作规程、培训计划、设施设备、资金投入、监测分析、事故处置等。其二，直接领导责任。单位分管储存工作的负责人负直接领导责任，如组织实施工作方案、督促落实管理制度、开展安全检查、整治安全隐患、协调事故处置等。其三，直接管理责任。单位的储存管理机构及其负责人负直接管理责任,如严格执行管理制度、隐患处置报批、出入库合规性、及时处置事故、组织教育培训、应用先进技术等。其四,直接责任人。粮食保管员作为直接责任人,负责具体的粮食保管工作,如检验设施设备、配合作业、建立保管账、日常检查、隐患处置、技术应用等。

2. 政策执行主体

政策执行主体的责任具体包括:其一,主体责任。中央层面,中国储备粮管理总公司对国家政策性粮食储存安全承担主体责任。地方层面,地方储备粮油收储政策执行主体则对地方储备粮油储存安全承担主体责任。其二,直接管理责任。中国储备粮管理总公司对其直属企业和租赁库点安全储粮工作承担直接管理责任。受中国储备粮管理总公司委托承担最低收购价、临时收储任务的国有粮食单位,对相关粮食储存承担直接管理责任。其三,监督管理责任。中国储备粮管理总公司对代储、委托库点存储国家政策性粮食储存安全承担监督管理责任。代储、委托库点违法违规的,应当责令整改、弥补损失乃至取消资格。

3. 粮食行政管理部门

必须明晰各级粮食行政管理部门的责任。其一,国家粮食行政管理部门负责全国性的监管督导。例如,制定国家安全储粮制度,组织全国储粮安全检查,全国储粮监测,指导重特大粮油储存事故处置,等等。其二,地方粮食行政管理部门的监管督导。例如,促进国家安全储粮制度的实施,制定安全储粮具体规定,组织安全检查,处置重特大粮油储存事故,辖区内储粮安全监测,等等。地方粮食行政管理部门违法违规的,由上级粮食行政管理部门约谈、责令改正、通报、计入粮食安全责任制考核,对直接负责的主管人员和其他直接责任人员给予纪律、行政处分。

二、粮食信用责任:社会信用体系之建设

2007年,《国务院办公厅关于社会信用体系建设的若干意见》将社会信用体系建设与和谐社会构建对接。经国务院同意,建立国务院社会信用体系建设部际联席会议制度。国务院《社会信用体系建设规划纲要(2014—2020年)》提出到2020年,"社会信用基础性法律法规和标准体系基本建立"。《农业部关于加快推进农产品质量安全信用体系建设的指导意见》(2014年)则提出到2020年,"农产品质量安全信用体系基本建

成"。粮食是国计民生的农产品,粮食信用是粮食安全的"身份证"。应当制定《社会信用法》,全面规范包括粮食信用责任在内的社会信用责任建设。

(一) 平台建设

粮食行业必须率先行动,必须在《网络安全法》"保障网络安全"立法宗旨指引下,健全以平台建设为基础的粮食信用体系。这里的平台建设包括全国信用信息共享平台与粮食信用信息公开平台。其中,全国信用信息共享平台需要接入各政府部门信用平台、各区域信用平台,与各类专业平台对接,全力打造"信用中国"网站;粮食信用信息公开平台则要重视粮食信用"子代码"建设,纳入统一社会信用代码。

1. 全国信用信息共享平台

全国信用信息共享平台致力于各行业、各部门、各地区的信用信息收集,覆盖所有行业、所有部门、所有地区的信用信息体系,实现跨行业、跨部门、跨地区的协同监管和信用服务。应当充分利用粮食行政管理部门的监管职能与粮食行业协会的行业信用评价机制,将粮食生产经营者的信用信息统一纳入全国信用信息共享平台。

首先,接入各政府部门信用平台。例如,信用信息查询系统、12358价格监管平台、个人信用信息服务平台、国务院各部门行政许可事项服务平台、全国法院被执行人信息查询系统、全国企业信用信息公示系统、市场禁入信息公示系统、重大税收违法案件信息查询系统、中国海关企业进出口信用信息公示、司法行政系统举报平台、卫生计生信用信息管理平台、企业质量信用记录、行贿犯罪档案查询管理系统、中国诚实守信好人榜,等等。粮食行业重点开拓发展改革、农业、粮食三大部门的信用平台。上一级政府部门应当汇集下一级政府部门的相关信用信息,形成纵向的信息系统网络。

其次,接入各区域信用平台。一是省级区域平台。市级信用信息共享平台(汇集全市各行各业的信用信息)可以对接省级信用信息共享平台(如信用北京、信用广东),省级平台(汇集全省各行各业的信用信息)又可以对接国家平台。二是特色区域平台。例如,京津冀信用信息共享平台、长三角信用信息共享平台、珠三角信用信息共享平台,等等。

再次,与各类专业平台对接,如粮食电子交易平台、投资审批监管平台、公共资源交易平台、金融征信平台等。这些平台是本来就有的,有的与信用体系直接相关，有的则是提供参考指数。这些平台本身也处于发展完善过程中，间接助推全国信用信息共享平台。

最后，全力打造"信用中国"网站。一是信用动态。信用动态包括中央动态和地方动态。中央动态如全国粮食行业建设情况推介、最新的黑名单情况，地方动态如地方粮食信用体系建设情况。二是信用服务。信用服务如粮食信用搜索、粮食信用知识推介、粮食信用制度专栏、粮食信用评级机构展示等。三是信用研究。信用研究如粮食信用理论研究、粮食信用实践研究、粮食信用制度研究等。四是信用城市。信用城市的指标如粮食"子代码"建设、粮食信用政策制定、粮食经营者服务质量等。

2. 粮食信用信息公开平台

借鉴国家企业信用信息公示系统，建设粮食信用信息公开平台，制定《国家粮食信用信息公开管理办法》。其一，粮食企业信息归集。通过在线录入、批量导入、数据接口等方式，整合不同政府部门的粮食信息资源，将应当公示的粮食企业信用信息在法定时间内进行归集。其二，信息公示。制定粮食企业信用信息公示目录，将应当公示的粮食企业信用信息在法定时间内进行公示。但是，如涉及国家粮食安全、粮食公共利益、粮食商业秘密的，则应上报审批。其三，信息共享。通过在线查询、数据接口、批量导出等方式，有序开放粮食信息资源，促进粮食信息共享。其四，信息应用。例如，粮食大数据分析，强化粮食风险预警，实施惩戒措施，交换涉粮案件线索，等等。其五，系统维护。在统一建设各级信用信息公示系统的基础上增加地方特色模块，加强日常运行维护，发现问题数据要及时处理并更新系统，如出现异议要协调解决。

在完善统一社会信用代码的基础上，建设粮食信用"子代码"，纳入粮食信用信息公开平台。与粮食行业协会的粮食行业信用评级指标类似，粮食信用"子代码"包括以下信息：其一，基本信息。基本信息如营业执照、税务登记证明、食品生产许可证、商标注册等。其二，企业运营情况。企业运营情况如财务管理、信用管理、经营管理、粮食销售情况等。其三，政府监督管理情况。政府监督管理情况如行政检查、行政许可、行政处罚等。其四，相关证书。相关证书如食品安全管理体系认证、新粮食产品认证、粮食职业资格证书等。其五，获奖情况。获奖情况如粮食行业评先评优、科学进步奖、质量管理奖等。其六，之前获得的粮食信用"红名单""黑名单"情况。应当指出，粮食信用"子代码"是统一社会信用代码的有机组成部分，应当遵循统一的信用建设标准。

（二）制度建设

粮食信用责任对应的制度建设包括粮食守信激励与失信惩戒，这是信用责任的两种表达方式。其中，粮食守信激励包括物质激励、信誉激励、资格激励等，与"红名单"制度对接；粮食失信惩戒包括物质惩戒、信誉惩戒、资格惩戒等，与"黑名单"制度对接。

1. 粮食守信激励

粮食守信激励是为遵守信用的粮食生产经营者提供的多元化激励机制，具体包括：一是物质激励。例如，加大粮食财政支持、免抵押贷款、免担保贷款、粮食保险优惠，等等。二是信誉激励。例如，绿色食品评选、有机农产品评选、粮食行业诚信企业评选、先进模范评选、通报表彰、媒体宣传，等等。三是资格激励。例如，优先鼓励申报重大粮食项目，鼓励参与粮食流通基础设施建设招投标，提升粮食从业资格档次，等等。

守信激励的前提是对粮食生产经营者实施信用分类，完善"红名单"（守信名单）制度。第一，守信激励对象的确定。守信激励的信用评价对象包括以下两种情形：一是守信粮食经济组织，包括粮食国企、粮食民营企业、跨国粮商、农民专业合作社等。二是守信人员。守信人员又主要分为三类：粮食企业的法定代表人、主要负责人和负有直接责任的从业人员，粮农，粮食个体户。第二，守信评价标准的明晰。守信评价标准体现为：一是客观性。必须是客观的守信行为、守信事实，不能是个人主观想象。二是真实性。必须是真实发生的守信事实，不能是虚构、伪造的。三是准确性。守信评价必须准确到位，不能模棱两可，不能故意夸大。四是公正性。必须公正评判，不得存有私心、照顾私情。五是及时性。守信评价必须根据最新守信情况，及时反映最新守信动态。第三，守信认定的更新。"红名单"管理期应当设置为1年，期满重新评价并更新信用评价结果。为什么设置为1年？这与我国经济社会尤其是农业经济的年度统计指标相匹配，便于实际操作，激励守信主体继续发扬守信作风。如果设置为半年，则期限较短，难以获得实际的激励效果；如果设置为两年以上，又会导致期限偏长，守信主体会产生懒惰心理，坐收其成，不思进取。"红名单"到期时，需要提出延期申请，审核达标的，要重新进行公示。

2. 粮食失信惩戒

粮食失信惩戒是对不遵守信用的粮食生产经营者赋予的多样化的惩戒机制，具体包括：一是物质惩戒。例如，收回政府粮食补贴资金，取消涉粮优惠贷款，等等。二是信誉惩戒。例如，取消或撤销评优评先，降低年终考核评价，粮食行业内通报批评，公开谴责，等等。三是资格惩戒。例如，限制重大粮食项目申报，限制取得环境影响评价许可，限制参与粮食流通基础设施建设招投标，禁止担任粮食企业的法定代表人、负责人，降低或撤销粮食从业资格，等等。

失信惩戒的前提是对粮食生产经营者实施信用分类，完善"黑名单"（失信名单）制度。第一，失信惩戒对象的确定。例如，存在严重违法违规行为，发生重大责任事故，等等。第二，失信评价标准的明晰。与守信评价标准相似，失信评价标准体现为：一是客观性。必须是客观的失信行为、失信事实，不能是个人主观评价、肆意揣测。二是真实性。必须是真实发生的失信事实，不能是虚构、伪造来打击报复。三是准确性。失信评价必须准确到位，不能夸大负面影响。四是公正性。必须公正评判，不得徇私护短。五是及时性。失信评价必须根据最新失信情况，及时反映最新失信动态。第三，失信认定的更新。与"红名单"类似，"黑名单"管理期应当设置为1年，期满重新评价并更新信用评价结果。为什么设置为1年？这同样与我国经济社会尤其是农业经济的年度统计指标相匹配，便于实际操作，督促惩戒对象及时改进。如果设置为半年，则期限较短，难以看到整改效果；如果设置为两年以上，又会导致期限偏长，对惩戒对象的约束太多，不利于惩戒对象的生产经营。"黑名单"到期时，需要提出移出申请，审核达标的，要进行移出公示。第四，持续监管。例如，鼓励失信主体自我纠错，引导失信主体维护自身合法的信用权益，加大现场检查频次，不定期开展抽查，强制业务培训，对惩戒效果定期通报，加大媒体曝光，等等。

三、粮食社会责任：粮食法律责任之社会担当

我国《公司法》第5条规定，公司应当"承担社会责任"。《食品安全法》第4条规定，食品生产经营者应当"承担社会责任"。中国粮食行业

协会制定的《粮油企业社会责任指引（试行）》（2012年）界定的"社会责任"是指"粮食安全和市场稳定""国民经济和社会发展""资源节约和环境保护"、利益相关者保护等。联合国粮农组织提出粮食与农业可持续性的五个原则，即提高资源使用效率，养护自然资源，改善生计福利，提高抗灾能力，负责任和有效的治理机制。① 从长远角度出发，粮食社会责任主要体现为利益相关者保护、消除贫困、节约减损、应对气候变化、全民素质提升五个方面。

（一）利益相关者保护

国际社会对利益相关者的理解包括公权力部门范畴、私营部门范畴、社会力量范畴，而本书认定的利益相关者权益应当从政府层面、企业内部、企业合作方、社会层面等角度展开。相应的，粮食企业章程指引、社会责任联席会议、社会责任信息公开等对应的制度设计，是利益相关者保护的法定要求。

1. 利益相关者权益的具体体现

世界粮食安全委员会《长期危机中保障粮食安全和营养行动框架》（2015年）界定"利益相关者"包括：其一，公权力部门范畴，如"公共机构和地方当局""政治行动者、和平维持者及和平建设者""传统主管部门""政府间组织和区域组织"等。其二，私营部门范畴，如"农民、家庭农民，尤其是小生产者及其组织""私营部门实体""金融机构、捐助者、基金会和基金"等。其三，社会力量范畴，如"民间社会组织""研究机构、高校和推广机构""受影响人口社区及其成员""消费者组织"等。

笔者认为，利益相关者权益包括：其一，政府层面。政府作为国有粮食企业的出资人，要求粮食企业要执行国家粮食调控制度，实现国有资产保值增值，引领粮食流通体制改革和粮食产业发展。其二，企业内部。员工作为企业发展的具体实施者，其利益诉求是保障劳动权益、建立健全职工民主参与制度、得到生活和健康关爱、实现职业发展和价值实现。其三，企业合作方。粮农的利益诉求是落实国家粮食收购政策、保障粮农合法权益、促进粮农增收。业务合作方的利益诉求是平等互利、诚信经营、

---

① 参见联合国粮农组织官方网站"主题"之"可持续的粮食与农业"栏目，见 http://www.fao.org/sustainability/zh/，访问时间：2017-08-14。

依法招投标、信息公开等。金融机构的利益诉求是加强金融合作、降低金融风险、提高资金回报。粮食行业组织的利益诉求是加强粮食行业引领功能、塑造粮食行业良好形象、推动粮食行业可持续发展。其四，社会层面。消费者的利益诉求是研发、应用绿色粮食科技，保障粮食质量安全，实现粮食信息公开。社区是基层社会单位，其利益诉求是就业促进、环境保护、社会公益、地方经济社会发展等。

2. 利益相关者保护的法定要求

首先，粮食企业章程指引。把履行社会责任作为粮食企业发展规划的基本纲领，写入粮食企业章程，并制定专门的社会责任履行规范。根据企业章程指引，将履行社会责任纳入粮食企业经营管理的全过程，充分考虑利益相关者的保护需求，树立良好的"企业公民"形象。粮食企业的负责人专门负责社会责任的履行工作，不断健全粮食社会责任组织架构体系，协同推进社会责任实践的开展。

其次，社会责任联席会议制度。由粮食企业、粮食行政管理部门、农发行、粮食行业协会等组成社会责任联席会议。制定诸多粮食法律主体参与的社会责任联席会议制度，规定联席会议的第一召集人及召集程序，定期沟通协调粮食供给、粮食质量、粮食价格等方面涉及利益相关者的重大问题。

再次，社会责任信息公开制度。联合国"负责任消费和生产"可持续发展目标要求大公司和跨国公司"将可持续性信息纳入各自报告周期"。例如，在公司官网显眼之处建立"社会责任"专栏，实时发布社会责任履行信息；建立社会责任年报制度，每年系统公布粮食企业履行社会责任的状况；健全新闻发布工作机制，加强与政府、企业合作方、社会各界的沟通；等等。社会责任信息公开必须公开利益相关者的保护情况，有利于督促进一步落实、提升。

（二）消除贫困

联合国大会《变革我们的世界：2030年可持续发展议程》（2015年）提出，"尤其注重满足最贫困最脆弱群体的需求"。"无贫穷"是联合国可持续发展目标中的首要目标。联合国粮农组织制定了新的国别规划框架（CPF），包括减少农村贫困等优先领域。世界粮食安全委员会《农业和粮食系统负责任投资原则》（2014年）原则2为"促进可持续包容性经济发展，根除贫困"。国际社会的共同愿景是到2030年，在全球所有人口中消除极端贫困。"饥荒的防止非常依赖于保障权益的政治安排"①，这种"政治安排"不只是临时应急，还应是扶贫开发的制度安排。

1. 粮食安全与扶贫开发立法

从粮食问题角度出发，国家扶贫开发政策也作出了相应规定。《中共中央国务院关于打赢脱贫攻坚战的决定》（2015 年）明确提出，有条件、有需求地区可以实施"以粮济贫"。另外，国务院办公厅印发的《农村残疾人扶贫开发纲要（2011—2020 年）》提出推广"农机合作社"等残疾人扶贫典型做法；中国残联等《贫困残疾人脱贫攻坚行动计划（2016—2020 年）》提出将适合从事农业生产的贫困残疾人纳入新型职业农民培育工程；国务院《"十三五"脱贫攻坚规划》第二章"产业发展脱贫"第一节"农林产业扶贫"中提出巩固提升粮食生产能力的主张，第七章"生态保护扶贫"的相关规定也与粮食生产环境密切相关；等等。

在扶贫开发政策之外，更重要的是加强扶贫开发立法。在基本法律层面，《农业法》对扶贫开发问题作了详细规定。其一，政策方针。例如，该法第 85 条规定，坚持"开发式扶贫方针"，"依靠自身力量改变贫穷落后面貌"，"扶贫开发应当坚持与资源保护、生态建设相结合，促进贫困地区经济、社会的协调发展和全面进步。"其二，扶贫规划。例如，该法第 85 条规定省级人民政府"制定扶贫开发规划"并组织实施。其三，财政投入。例如，该法第 38 条规定财政预算内安排的农业资金用于"扶持贫困地区发展"，第 86 条要求"加大对贫困地区的财政转移支付和建设资金投入"。其四，金融扶贫。例如，该法第 86 条要求"鼓励和扶持金融机构""支持贫困地区开发建设"。其五，审计监督。例如，"审计机关应当加强扶贫资金的审计监督。"其六，社会救济。例如，该法第 83 条规定农村社会救济制度，保障农村五保户、贫困残疾农民、贫困老年农民等的"基本生活"。未来《粮食法》要关注并纳入扶贫开发的制度安排，体现"以粮济贫"思维。

在行政法规层面，《粮食流通管理条例》规定了诸多保障农民权益的措施，如粮食收购不得损害农民和其他粮食生产者的利益，粮食风险基金用于种粮农民直接补贴，为保护种粮农民利益可实行最低收购价格等。

---

① ［印度］阿玛蒂亚·森：《以自由看待发展》，任赜、于真译，刘民权、刘柳校，168 页，北京，中国人民大学出版社，2013。

《中央储备粮管理条例》第1条则明文规定"保护农民利益"的立法宗旨。虽然保护农民权益与扶贫开发不能等同,但我国贫困地区主要在农村地区,贫困人口大多为农村人口,所以这两大行政法规的规定对扶贫开发还是有借鉴意义的。另外,《全国农业普查条例》(2006年)在推进全国农业普查的同时也有助于对于贫困情况认定,《农村五保供养工作条例》(2006年)第9条则提出农村五保供养包括供给粮油。

与此同时,我国地方层面对扶贫开发问题专门进行立法,大多命名为"农村扶贫条例"或"农村扶贫开发条例"。《贵州省大扶贫条例》(2016年)命名为"大扶贫",体现了统揽全局、全面推进的立法理念。其中,关于粮食问题的特色规定主要包括发展直接解决温饱的种植业、发展特色农业、发展农工贸一体化的扶贫经济实体、发展农业龙头企业和社会化组织、金融业参与农村扶贫开发、发展农业特色保险、拓新农村最低生活保障制度等(见表6-2)。

表6-2 我国扶贫开发地方性法规涉粮特色规定例举表

法规名称	涉粮特色规定
《重庆市农村扶贫条例》(2010年)	扶贫开发政策与农村最低生活保障制度有效衔接(第26条)
《广东省农村扶贫开发条例》(2011年)	探索金融业参与农村扶贫开发的新途径(第15条)
《陕西省农村扶贫开发条例》(2012年)	支持贫困地区农业产业化龙头企业发展(第26条);加快建设特色农业(第31条)
《江苏省农村扶贫开发条例》(2015年)	完善农业保险保费补贴政策,发展特色农业保险(第19条)
《四川省农村扶贫开发条例》(2015年)	农业社会化服务组织以及农业龙头企业等新型经营主体,发展特色种植业(第18条)
《黑龙江省农村扶贫开发条例》(2016年)	建立健全新型农业经营主体与贫困户利益联结机制(第11条)
《湖北省农村扶贫条例》(2016年)	扩大农业保险覆盖面(第15条);建设现代农业(第17条);农业综合开发(第20条)
《吉林省农村扶贫开发条例》(2016年)	扶持贫困户发展种植业(第21条);建设特色农业(第23条);增加农业保险品种,发展特色农业保险(第25条)

续前表

法规名称	涉粮特色规定
《贵州省大扶贫条例》（2016 年）	现代山地特色高效农业，利用互联网、物联网等改造提升传统农业物流（第 21 条）；发展农业特色保险（第 30 条）
《甘肃省农村扶贫开发条例》（2017 年）	能够带动贫困地区扶贫对象增加收入的种植养殖业（第 38 条）
《云南省农村扶贫开发条例》（2017 年）	特色农业保险的发展（第 17 条）
《山西省农村扶贫开发条例》（2017 年）	支持贫困户、贫困村发展特色农业（第 14 条）
《广西壮族自治区扶贫开发条例》（2017 年）	结合本地实际扶持发展种植养殖业（第 23 条）；推进农业保险业务（第 34 条）

我国是世界上第一人口大国，在改革开放推动经济迅速发展的同时，贫困问题依然严峻。《中国的减贫行动与人权进步》白皮书（2016 年）提出，"从 2016 年起每年都要完成 1000 万以上贫困人口的脱贫任务。"如此艰巨而伟大的任务，必须由国家基本法律加以保障、促进才能最终实现。我国在经济社会各个领域已经制定一系列"促进法"，如《农业机械化促进法》（2004 年）、《循环经济促进法》（2008 年）、《清洁生产促进法》（2012 年）、《就业促进法》（2015 年）、《民办教育促进法》（2016 年）、《电影产业促进法》（2016 年）、《中小企业促进法》（2017 年）。在条件成熟时，可以综合中央立法与地方立法的先进经验，制定《农村开发促进法》，把"开发促进"思维纳入其中。

2. 近年"以粮济贫"思维的制度安排

第一，结合粮食问题健全扶贫认定标准。将贫困问题与吃饭问题挂钩，扶贫认定标准包括以下情形：一是贫困人口认定。认定标准是年人均纯收入与国家扶贫标准的差距，难以解决温饱问题，结合教育、医疗、住房等因素考量。二是贫困村认定。认定标准是贫困发生率，结合村内农业基础设施、农业社会化服务、特色农业发展等因素考量。三是贫困县认定。认定标准是贫困发生率，结合县内农业基础设施、农业社会化服务、特色农业带动县域整体发展等因素考量。在此基础上，建立全国扶贫信息系统，完善申请、评议、公示、审核程序，将贫困人口、贫困村、贫困县统一纳入信息系统。

第二，在扶贫过程中健全扶贫开发工作机制。一是扶贫领导责任制。完善各级扶贫开发领导小组、扶贫办的工作机制（如综合事务、政策法规、开发指导、社会扶贫、考核评估等），厘清领导关系与协调关系。实行中央统筹、宏观把握，省级负总责并广泛动员社会资源，市县具体落实，推动脱贫攻坚责任书的制定与实施。二是充分发挥相关职能机构的作用。例如，中国扶贫发展中心要建立推动连片特困地区发展、贫困革命老区发展、贫困地区产业发展、金融扶贫创新、社会扶贫创新等的工作机制；全国扶贫宣传教育中心、国务院扶贫办信息中心要以信息公开为导向加强正能量引导。三是精准扶贫，完善精准对接机制。根据扶贫标准确定具体扶贫对象，明晰各级各单位的扶贫目标（脱贫）、扶贫任务（如农业产业化、社会化服务），明确扶贫开发工作重点县、重点村。健全牵头联系机制，明确扶贫牵头部门、牵头负责人。四是加强扶贫监督。建立年度脱贫报告制度，实施逐级扶贫开发成效考核与督察问责机制，加大审计监督，开展职务犯罪综合整治专项行动。引入精准扶贫第三方评估，正确评判扶贫政策的落实成效，重在扶贫质量。鼓励贫困群众、社会各界参与扶贫项目的决策、实施，扶贫项目的资金安排、建设情况要实现信息公开，建立健全"12317"扶贫监督举报电话运行机制。

第三，加大与粮食安全相关的扶贫资金投入。一是加大扶贫财政投入。完善专项扶贫资金机制，如农业建设资金、粮食产业发展基金、国有贫困农场扶贫资金等。完善扶贫专项彩票公益金机制，如农业基础设施建设、农业环境保护、粮食产业化发展等。建立东部对口支援西部地区资金稳定增长机制，每年增加农业领域的帮扶资金投入。二是加大与粮食安全相关的金融扶贫。推进农业小额信贷，发挥小额贷款额度小（如5万以下）、年限短（如3年以内）、利率低（如基准利率放贷）、免担保免抵押等优势。大力发展普惠金融发展，引导金融资源向贫困村、贫困户倾斜配置。创新农业保险险种，引导特色粮食生产，积极推进保险扶贫。三是最低生活保障。将符合农村低保条件与符合扶贫条件相对接，建档立卡保障基本生活，本地低保待遇、扶贫待遇要跟进国家标准并与本地物价（粮价）上涨水平相连接，健全特困人员救助供养制度。

第四，以生态保护扶贫为突破口，保障粮食生产环境。一是加强生态修复。政策支持向贫困地区、贫困人口倾斜，通过生态修复来恢复原有的粮食生产环境、维护现有的粮食生产环境或创造新的粮食生产环境。二是生态保护补偿。逐步提高贫困地区生态综合补偿标准，建立补偿标准动态调整机制，拓宽横向补偿关系，创新绿色粮食产品标识等市场化补偿模式。三是设立生态公益岗位。在贫困地区设立生态公益岗位，鼓励贫困人口从事生态管护工作，提供更多的生态公益就业机会，与新型职业农民建设相配套。

第五，加强扶贫社会组织与粮食社会组织的交流合作，建立日常联系与沟通协作机制。其中，扶贫社会组织也肩负生计扶贫、发展农业生产的使命。例如，中国扶贫基金会致力于生计扶贫、救灾扶贫，不断开拓国际人道主义援助项目；中国扶贫开发协会致力于推动产业扶贫开发、扶贫资金技术信息服务、扶贫开发国际交流合作、贫困地区劳动力培训和转移等；中国老区建设促进会重在舆论宣传、牵线搭桥、参谋建议、沟通协调；友成企业家扶贫基金会重点关注城乡社区可持续发展、公益组织和社会企业能力建设、防灾救灾网络建设；中国扶贫志愿服务强调志愿服务体系建设、志愿者队伍建设与志愿者能力提升；等等。

第六，结合粮食问题健全贫困退出标准。将贫困问题与吃饭问题挂钩，贫困退出标准同样分为三种情形：一是贫困人口退出。退出标准是年人均纯收入超过国家扶贫标准，能够解决温饱问题，结合教育、医疗、住房等因素考量。二是贫困村退出。退出标准是贫困发生率降低到法定水平以下，结合村内农业基础设施、农业社会化服务、特色农业发展等因素考量。三是贫困县退出。退出标准是贫困发生率降低到法定水平以下，结合县内农业基础设施、农业社会化服务、特色农业带动县域整体发展等因素考量。相关退出必须经过评议、核实、公示、公告、注销等程序。

（三）节约减损

"谁知盘中餐，粒粒皆辛苦。"中华民族向来有勤俭节约的优良传统，"节约光荣，浪费可耻"。我国适时提出构建节约型社会，反对奢侈浪费。粮食产业的发展，一靠"开源"（推进粮食生产），一靠"节流"（全过程节约减损）。"开源"当然是必须的，但"节流"也不可或缺。通过梳理节约减损的国际走向，从中观照我国节约减损的法定要求。

1. 节约减损的国际走向

粮食浪费是 2016 年世界粮食日关注的与粮食和农业相关的七个不同领域之一。这七个不同领域分别是林业、农业、畜牧管理、粮食浪费、自然资源、渔业、粮食系统。这里可以引入"全球粮食损耗指数"（联合国粮农组织、联合国环境规划署的重要托管指标，级别Ⅲ），即对粮食收获后损耗和粮食浪费的衡量方法，并纳入《食物平衡表》国家能力建设任务。

联合国可持续发展目标中的"负责任消费和生产"，涵括节约减损的理念。联合国粮农组织在全组织环境责任中开展的工作包括能效与节约、废弃物管理、差旅及运输、可持续采购、可持续活动，不乏节约减损的制度措施。联合国粮农组织等《节约粮食：减少粮食损失和浪费全球倡议》（2011 年）提出节约减损四大支柱，即提高认识、开展合作协调、制定政策措施、支持投资计划和项目。联合国粮农组织《节约粮食：发展中国家食品包装适用方案》（2014 年）为发展中国家食品包装提供绿色方案。《思前·食后·厉行节约指南 1.0 版》（2014 年）是联合国粮农组织、联合国环境规划署可持续粮食系统计划的组成部分，适用于粮食销售经营。世界粮食安全委员会《全球粮食安全和营养战略框架（第五版）》（2016 年）第四章 N 规定，"加强政策、战略和行动协作，减少粮食损失与浪费"。

世界各地也逐渐重视节约减损问题，积极鼓励节约减损行为。例如，2014 年欧洲经济和社会委员会"粮食捐助：战胜粮食贫困，应对粮食浪费"会议强调粮食捐助是战胜粮食贫困、应对粮食浪费的关键。法国《打击食物浪费法》（2016 年）制定打击食品浪费的制度措施。例如，制作动物饲料、农业堆肥，能源化，捐赠，继续加工利用，等等。①

2. 我国节约减损的法定要求

节约不仅仅关乎道德品质，更是法定要求。2016 年全国爱粮节粮宣传周活动的主题是"积极应对气候变化，促进粮食减损增效"。2017 年 11 月，"SAVE FOOD 节约粮食"高峰论坛首次在中国举办，进一步推动粮食产业的节约减损，最大限度地守住每颗粮食、珍惜每滴汗水。我国《粮

---

① 参见联合国粮农组织官方网站 FAOLEX 数据库"亮点存档"栏目，见 http://www.fao.org/faolex/highlights-archive/zh/，访问时间：2017 - 08 - 13。

食法》应当纳入节约减损理念，而且要贯彻于粮食"全过程"产业链。

首先，粮食生产环节的节约减损问题。粮食生产环节的损失包括粮食自身损失，也包括与之相关的水、土壤、能源、粮食生产投入品等方面的损失。其中，粮食损失包括：因自然灾害造成的损失、粮农自身原因或其他人为破坏造成的损失、粮食生产客观规律的自然损耗，等等。向种粮大户、家庭农场、农民合作社、粮食龙头企业等推广新型生产收储设备、生产收储技术，涵括经济、便利、卫生等功能。重点解决粮食数量损失和质量下降两大问题，其中粮食数量损失主要是生产、收割、搬运过程中的掉落，粮食质量下降主要是品质下降、发霉变烂。

其次，粮食流通环节的节约减损问题。制定节粮减损示范企业承诺书，发挥示范带头作用。一是粮食加工层面。要提升粮食加工减损技术，提高粮食加工企业出品率，杜绝过分追求"亮、白、精"观念，反对过度加工、盲目加工。二是粮食储存层面。推广新型仓储设备，制定减损技术标准，加强政府抽查力度。其中，粮食储存损耗包括自然损耗和水分杂质减量。自然损耗如计量误差、检验耗用、轻微致害、搬运损耗等，水分杂质减量如水分自然蒸发，人工作业导致水分或杂质减少。三是粮食物流层面。优化运输结构，缩短运输周期，提升运输技术，减少运输损耗。

再次，粮食消费环节的节约减损问题。制定全国范围内的爱粮节粮、绿色消费文明规范，引导国民养成粮食健康消费习惯。积极开展世界粮食日、全国爱粮节粮宣传周、粮食科技活动周、放心粮油宣传日等活动，树立爱粮节粮先进单位、先进家庭、先进个人。不断完善公务接待定点用餐，倡导"光盘行动"，推行工作餐、简餐、标准化饮食。不断完善学生餐制度，让爱粮节粮进学校、进课本，实施爱粮节粮青年志愿者行动计划。组织老百姓走进粮田、粮库、粮食加工企业、粮食市场，开展粮食生产经营体验，提升粮食科学消费意识。组织节约减损主题宣传、社区交流等活动，反对铺张浪费现象，提倡回家吃饭，享有自制膳食和家庭亲情。加强粮食消费统计，完善浪费粮食惩治机制。

（四）应对气候变化

《联合国气候变化框架公约》（1992年）第1条界定"气候变化"是指"除在类似时期内所观测的气候的自然变异之外，由于直接或间接的人类活动改变了地球大气的组成而造成的气候变化"。联合国可持续发展目标特别突出"气候行动"目标，《巴黎协定》（2015年）则意识到"保障粮食安全和消除饥饿的根本性优先事项""粮食生产系统对气候变化不利影响的特殊脆弱性"。形象地讲,"青藏高原上的冰川退缩,有朝一日将驱动美国超市收银台的食物价格上涨"①。从全人类发展来看,粮食安全的最大潜在威胁就是气候变化,应对气候变化是人类的历史使命。

1. 我国与粮食安全相关的气候变化应对措施

气候变化是全球性问题,对我国经济社会发展有直接影响。我国是世界上第一人口大国,在经济社会迅速发展的同时,环境污染、生态破坏问题比较严重,气候变化将影响我国整体国家安全战略走向。2007年,国务院决定成立国家应对气候变化领导小组,当时的具体工作由国家发改委承担。此外,中国气象局国家气候中心通过气象灾害、气候条件监测,预测气象条件、气候条件对粮食生产的影响。我国已经意识到气候变化的危害性,积极制定应对气候变化的一系列制度措施(见表6-3),其中不乏与粮食安全相关的规定。

表6-3　　我国与粮食安全相关的应对气候变化制度列表

制度名称	相关重要规定
《中国应对气候变化国家方案》(2007年)	在粮食主产区进行规模化建设试点,加大粮食主产区中低产田盐碱和渍害治理力度,促进种植业结构向粮食作物、饲料作物和经济作物三元结构的转变
科学技术部、国家发改委《中国应对气候变化科技专项行动》(2007年)	粮食安全压力增加
中国科协、中国气象局《关于进一步加强气象防灾减灾和气候变化科普宣传工作的通知》(2007年)	深入基层特别是农村和边远山区开展防灾减灾和气候变化科普宣传活动
中国气象局、科学技术部《关于加强气候变化和气象防灾减灾科学普及工作的通知》(2008年)	重视和加强农村的气候变化和气象防灾减灾科普教育工作
《全国人民代表大会常务委员会关于积极应对气候变化的决议》(2009年)	加强农田基础设施建设,推进农业结构调整,提高农业综合生产能力

---

① [美]莱斯特·R.布朗:《饥饿的地球村:新食物短缺地缘政治学》,林自新等译,76页,上海,上海科技教育出版社,2012。

续前表

制度名称	相关重要规定
国家发展改革委《应对气候变化领域对外合作管理暂行办法》（2010年）	与国家应对气候变化战略和政策走向及重大政策、技术选择相关的合作
《"十二五"国家应对气候变化科技发展专项规划》（2012年）	气候变化对粮食安全和人类健康的影响与适应
《国家适应气候变化战略》（2013年）	吉林粮食主产区黑土地保护治理适应试点示范工程
《国家应对气候变化规划（2014—2020年）》	修订粮库、农业温室等设施的隔热保温和防风荷载设计标准

国际社会应对气候变化的基本原则是共同但有区别的责任，其含义多年来不断深化和拓展。"共同"强调各方均有减排义务，不能互相推卸责任；"有区别"则对不同国家提出不同的要求，应当允许发展中国家根据自身条件制定过渡策略。我国与法国、澳大利亚、英国、美国、印度、欧盟等先后签订关于应对气候变化的联合声明（见表6-4），其中不乏与粮食安全相关的表述。

表6-4　　我国与粮食安全相关的应对气候变化声明列表

声明名称	相关重要规定
《中法两国关于应对气候变化的联合声明》（2007年）	农村的可持续发展
《中华人民共和国政府和澳大利亚政府关于进一步密切在气候变化方面合作的联合声明》（2008年）	气候变化和农业、土地利用、土地利用变化和林业
《中英气候变化联合声明》（2014年）	共同努力来建立采取雄心勃勃气候变化行动的全球框架，这将支持我们本国实现低碳转型的努力
《中美气候变化联合声明》（2014年）	更高的温度和极端天气事件正在损害粮食生产
《中华人民共和国政府和印度共和国政府关于气候变化的联合声明》（2015年）	加强双边气候变化伙伴关系，制定和实施减缓和适应的计划、政策和措施
《中欧气候变化联合声明》（2015年）	进一步加强双方向资源集约、绿色低碳、气候适应型经济和社会转型的政策对话与务实合作

续前表

声明名称	相关重要规定
《中美元首气候变化联合声明》（2016年）	战胜气候威胁
《中国—加拿大气候变化和清洁增长联合声明》（2017年）	在清洁空气、水、土壤、化学品管理、生物多样性和保护区等共同关心的领域开展合作

2. 《粮食法》的"有效应对气候变化"宗旨

联合国粮农组织制定的新的国别规划框架（CPF），包括培育气候适应型农业等优先领域。应对气候变化是经济、管理、法律、科技等多种手段的结合，法律凭借国家强制力保障起着越来越重要的作用。我国应当制定《气候变化应对法》，纳入"有效应对气候变化"的主旨，规定耕地保护制度、粮食预警制度、开展气候变化对国家粮食安全的影响评估等内容。与此同时，把"有效应对气候变化"写入《粮食法》的立法宗旨，发展"气候智能型"粮食产业，提升该法的历史使命。更进一步讲，应从《宪法》层面加强"有效应对气候变化"的制度设计。

具体而言，《粮食法》必须构建"气候智能型"粮食产业。"气候智能型"粮食产业强调通过法律手段促进粮食产业可持续发展，减少、消除温室气体排放，有效应对气候变化的挑战，保障国家整体粮食安全。其一，涉粮低碳技术推广。国家发改委《国家重点节能低碳技术推广目录》（2017年版）规定了基于厌氧干发酵的生活垃圾/秸秆多联产技术、水稻节水减肥低碳高产栽培技术、农作物秸秆热压制板技术等涉粮低碳技术。其二，应对机构的涉粮性。生态环境部有效履行应对气候变化职责，加强与各级粮食行政管理部门的沟通合作。国家应对气候变化领导小组的组成单位及人员应当纳入国家粮食和物资储备局，体现气候变化与粮食安全的必然关联。其三，生产者责任延伸。低碳环保是传统意义上的社会责任的基本要素。国务院办公厅《生产者责任延伸制度推行方案》（2016年）界定"生产者责任延伸"是指"将生产者对其产品承担的资源环境责任从生产环节延伸到产品设计、流通消费、回收利用、废物处置等全生命周期"。具体到粮食行业，生产者责任延伸体现为粮食生产经营环境保护、粮食质量安全、粮食节约减损等全生命周期的方方面面。

（五）全民素质提升

膳食结构要考虑食物资源、饮食特点、膳食营养素摄入量、健康状况等。联合国粮农组织制定的新的国别规划框架（CPF），包括应对食品不安全和营养不良等优先领域。值得关注的是，为何"优质教育"也是联合国可持续发展目标？优质教育可以获取丰富的营养知识，提升健康素养，培养健全人格。推广优质教育，有助于在全社会形成健康向上的良好氛围，提升全民素质。

1. 粮食在膳食结构中的地位

《中国居民膳食指南》（2016年）规定了一般人群膳食指南的标准，首要标准即为"食物多样，谷类为主"。从《中国居民平衡膳食宝塔》（2016年）可以看出，谷薯类大致为每日250～400克，其中全谷物和杂豆50～150克，薯类50～100克。针对特定人群，还可制定专门的膳食指南。例如，针对妇女制定膳食指南，分别适用于备孕期妇女、孕期妇女、哺乳期妇女等；针对婴幼儿制定膳食指南，分别适用于6月龄内母乳喂养、7～24月龄婴幼儿喂养、学龄前儿童等。

基于粮食在膳食结构中的基础性地位，必须全力推进"放心粮油"工程。完善全国放心粮油示范企业评选制度，规范示范企业的基本条件，如正式投产年限、获得食品生产经营许可、法定年限内未发生质量安全问题、获得商标注册、具备常规检化验能力、生产经营状况和财务状况良好等。示范企业实行逐级申报、逐级审核，采取年审制，期满后重新认定。建立"放心粮油"承诺书制度，具体包括确保复评材料质量、近三年未发生违规失信行为、依法参加年审、履行行业协会会员义务等。示范企业称号可用于粮食企业宣传，但不得故意夸大或虚假宣传。严格规定示范企业终止资格的原由，如质量安全事故、损害消费者合法权益行为、拒绝接受监督检查、不参加年审、年审不合格、在年审中弄虚作假、以欺骗手段获取示范企业称号等。健全"放心粮油宣传日"活动资助机制，便于推进"放心粮油"宣传。

2. 从膳食健康到全民素质提升

为什么膳食健康会影响全民素质提升？第一，身体素质。膳食健康才能拥有健康的身体，尤其是婴幼儿阶段的膳食健康对人的一生非常重要，从而提高国民整体的身体素质。第二，心理素质。膳食健康是一种积极心态，即积极主动地管理自身膳食健康，让自己变得更好。这实际上是心理素质的要求，进而形成国民整体健康的心理状态。第三，文化素质。必须有充足的健康知识才能真正体会并积极促进膳食健康，这本身就提出文化素质的要求，同时在社会中营造良好的文化氛围。第四，道德素质。膳食健康会培养勤俭节约、关爱他人等道德理念，有效抵制拜金主义、社会冷漠，从而继承、发扬中华民族传统美德。第五，环保素质。膳食健康并非绝对的素食主义，但要求低碳环保、关爱地球，从而有助于提升国民整体的环保素质。

  国际社会早就关注膳食健康与全民素质问题。例如，可持续食品价值链（SFVC）知识平台提供可持续发展的交流空间，促进粮食产业链在经济、社会、环境不同层面的可持续发展。部分国家通过基本法律推进健康饮食，其中不乏对全民素质的影响。例如，玻利维亚《健康饮食促进法》（2016年）推广健康的生活习惯，规范广告、标签，鼓励利用本地产品，促进体育活动与健康营养，保护"包括健康权和健康、适当和足够的食物权以确保福祉"[①]。我国《粮食法》不能停留在膳食健康本身，而要提升到全民素质的高度来认识和把握，维护粮食公共利益。

---

  ① 联合国粮农组织官方网站 FAOLEX 数据库"亮点存档"栏目，见 http://www.fao.org/faolex/highlights-archive/zh/，访问时间：2017-08-13。

第七章 粮食法律救济之便利化

联合国"和平、正义与强大机构"可持续发展目标提出"让所有人都能诉诸司法,在各级建立有效、负责和包容的机构"的主张。世界粮食安全委员会《农业和粮食系统负责任投资原则》(2014年)原则9为"纳入包容、透明的治理架构、流程和申诉机制"。既然是"救济",关键则为便利化,让公众以便利化的方式获得充分的救济,包括传统的法律救济渠道与新兴的粮食公益诉讼。

第一节 传统粮食法律救济:非诉与诉讼之结合

传统法律救济包括非诉救济与诉讼救济。相应的,传统的粮食法律救济包括粮食非诉救济与粮食诉讼救济。目前,关于粮食法律救济的研究非常少,尤其对传统救济途径的研究更少，反倒是粮食公益诉讼有所涉及。或许在学界看来，粮食法律救济与一般法律救济无本质区别，因而缺乏研究动力。其实传统粮食法律救济很有研究的必要性，因为粮食公益诉讼毕竟是少数，更多仍然是传统的粮食法律救济。

一、粮食非诉救济：人情社会之顾念

粮食非诉救济包括调解、仲裁与其他路径。因为粮食安全既是国计民生的大事，也是日常生活的微观写照，未必需要诉讼途径加以救济，更多是人情社会的顾念，非诉救济依然有重要的制度价值。其中，调解、仲裁是传统两大基本方式，但还需要拓展其他路径。

（一）调解与仲裁

中国传统社会追求"无讼"，"无讼"不代表压制权利诉求，而是需要不断摸索非诉的权利救济途径。其中，调解与仲裁是传统粮食非诉救济的两大基本方式。例如，《农村土地承包经营纠纷调解仲裁法》揭示了耕地纠纷调解制度与仲裁制度的协调统一，应当纳入《粮食法》。相比而言，调解更具行业特色、地方特色。

1. 调解

应当说，粮食供给、粮食质量、粮食价格三个方面的纠纷都有可调解之处。其一，涉粮调解的重心是土地承包经营权纠纷。粮农一辈子辛苦耕耘，靠土地谋生，耕地可谓是最重要的了。乡土社会讲究人情，土地承包经营权纠纷可以自行和解，也可以直接请求村委会、乡镇政府等进行调解，或者在和解不成之时请求调解。考虑粮农的文化程度，可以口头申请调解。必须认真听取粮农想法，不偏不倚，耐心疏导并达成调解协议。在相关法律文书中，必要时应允许粮农按指印确认。其二，涉粮调解的趋势是建立多轮协调机制。例如，粮食出库纠纷可由粮食交易中心及出库点监管方协调，达成书面协议，并监督落实。协调无效时，由粮食行政管理部门、中储粮直属库、粮食交易中心共同进行协调，达成书面协议，并监督落实。无法达成一致处理意见的，可提请省级联席机构裁决，追究相应责任。因不可抗力而终止合同的，由国家粮食交易协调中心指导所在地省粮食交易中心进行调查取证，作出判定。

2. 仲裁

与调解类似，粮食供给、粮食质量、粮食价格三个方面的纠纷都有可仲裁之处。一是土地承包经营权纠纷。粮农之间和解、调解不成或不愿意和解、调解的，可通过仲裁途径解决。设立农村土地承包仲裁委员会，完善委员会成员的遴选机制，健全仲裁员培训的特色规范。其中，粮农代表要有足够的比例，必须在当地有一定威望并熟悉农村土地法律、政策。放宽可仲裁的情形，但对不符合仲裁条件的，应当引导粮农寻求其他救济途径。土地承包经营权纠纷仲裁必须有完善的工作规范，如申请、受理、庭前准备、开庭审理、合议、裁决、送达、归档等。在相关法律文书中，必要时应允许粮农按指印确认。二是粮食质量纠纷。粮食经营者之间对粮食质量会检或复检结果有异议，双方可向省级（含）以上专业粮食检验机构申请仲裁检验。粮食经营者如对检验机构的复检结果仍有异议，可向省级（含）以上专业粮食检验机构申请仲裁检验。值得注意的是，申请仲裁检验应使用备份样品检验或安排重新扦样。复检结果不一致时复检费用由原检验机构承担，复检结果一致时复检费用由申请方承担。

（二）其他路径

除了调解、仲裁之外，粮食非诉救济途径还包括投诉举报、信访等。

1. 投诉举报

投诉与举报是在粮食行业行使民主监督权利的重要方式，但具有很大区别，体现为：其一，提出者不同。投诉人是认为自身粮食权益遭受侵害，举报人是发现粮食违法犯罪行为，但该行为未必侵害自身权益。其二，事由严重性不同。投诉一般是普通的粮食违法违规行为，举报往往是严重的粮食违法犯罪行为。其三，处理方式不同。投诉的基本处理方式是协调解决，举报的处理方式是查处惩治乃至追究粮食刑事责任。其四，可撤性。投诉可以和解撤回，举报不能简单撤回。即使当事人和解，依然可以追究相应的粮食法律责任。其五，强制执行力不同。投诉的和解不具有强制执行力，举报的查处惩治具有强制执行力。

投诉举报的途径很多，如信函、传真、电话、电子邮件、在线提出、亲临现场等。从粮食产业信息化发展的角度考虑，未来要重视在线提出的投诉举报形式，如设立局长网上信箱，要求投诉（举报）人提供姓名、电话、电子邮箱、工作单位、通信地址、诉求类型、具体内容等。粮食行业目前有两类典型的举报，值得探讨。其一，违反党风党纪的举报。受理范围包括：相关单位党组织、党员违反党纪，相关单位党组织、党员不服党纪处分和其他处理，相关党风廉政建设及纪检工作，等等。不属于受理范围的,可按属地管理、归口管理、分级管理的原则加以解决。其二,职业技能鉴定的举报。粮食行业的职业技能鉴定包括粮食保管员、粮食质量检验员、粮食网上交易员、制米工、制粉工等。如认为职业技能鉴定过程中有违法违规行为,可以进行举报。

2. 信访

信访是正常法律途径难以解决问题情况下采取的"非正常"做法。普通百姓尤其是粮农在中国古代处于弱势地位,不相信基层政权,有信奉青天大老爷、拦路告状诉冤的传统,这种思维一直沿袭至今。粮食信访的主要问题是耕地纠纷、生产经营纠纷、落实国家政策支持的纠纷、资格授予或行政审批的纠纷等。这些纠纷很多是可以在行政复议、仲裁、诉讼等框架内解决的,只是普通百姓尤其是粮农不知道、不愿意或者根本不信任法律途径,因此需要引导大家"信访"转"信法"。确实需要通过信访解决的,要及时受理、教育疏导、妥善处理、监督落实。人大是我国的权力机关,要改变信访依赖粮食行政管理部门的现状,把信访纳入人大的制度框架内,充分发挥人大的社会监督功能。

从另一角度讲,信访程序非常重要,良好的程序设计可以安抚当事人,维护社会稳定。由于信访群体人数多,信访不能演变为静坐示威,防止引发群体性事件造成社会动荡。其一,受理登记。对所有信访人的信访要依法进行受理登记。其二,接收归类。对书面的信访材料进行消毒、分类、分送、拆封、装订、盖章、记录等,对电子版的信访材料要及时接受、录入系统。其三,依法处理。具体分为:信息反映,即向相关部门反映情况;转交承办,即对不属于本部门管辖的,转交有关纪检组织处理;交办督办,即交给下一级办理并督促检查;移送承办,即移送本部门办理;直接核实,即依法核实相关问题;信访监督,即提出警示教育;等等。其四,回复反馈。将信访举报的处理结果回复给举报人,监督落实相关处理决定。

二、粮食诉讼救济:"民—行—刑"叙事逻辑再现

在非诉途径难以解决问题时,只能依靠诉讼救济了。传统诉讼机制包括民事诉讼、行政诉讼、刑事诉讼。相应的,粮食诉讼救济包括粮食民事诉讼、粮食行政诉讼、粮食刑事诉讼。必须从粮食安全角度出发设计特色制度,更好地维护粮食法律主体的合法权益。

(一)粮食民事诉讼

粮食民事诉讼包括涉粮小额诉讼与涉粮群体性纠纷的诉讼解决。粮食作为一日三餐基本必需品，难免有各种小额纠纷，需要相应的涉粮小额诉讼。与此同时，粮食涉及国计民生、公共利益，一旦发生纠纷又往往是群体性的，需要通过相应的诉讼解决。

1. 涉粮小额诉讼

我国《民事诉讼法》第162条规定，简单的民事案件，"标的额为各省、自治区、直辖市上年度就业人员年平均工资百分之三十以下的"，实行一审终审。《最高人民法院关于适用〈中华人民共和国民事诉讼法〉的解释》（2015年）第十二部分的标题是"简易程序中的小额诉讼"。其中第271条规定小额诉讼案件适用《民事诉讼法》第162条的规定，实行一审终审。关于小额诉讼与简易程序的关系一直有争议。小额诉讼是简易程序的一种形式，还是与简易程序有本质区别？发展趋势应当是后者，即小额诉讼是比简易程序更为方便快捷的民事诉讼程序，适用于基层法院及其派出法庭。

粮食深深影响老百姓的日常生活，涉粮小额诉讼是与粮食行业相关的小额诉讼。根据《最高人民法院关于适用〈中华人民共和国民事诉讼法〉的解释》（2015年）第274条、第275条的规定，涉粮小额诉讼适用于粮食买卖合同纠纷、粮食借款合同纠纷、粮库租赁合同纠纷、涉粮劳动合同纠纷、涉粮劳务合同纠纷等，但涉粮财产确权纠纷、涉外粮食民事纠纷、涉粮知识产权纠纷等不适用小额诉讼程序审理。涉粮小额诉讼的基本特征是案件标的额小。从当事人角度看，案件标的额小，当事人更看重案件审理的方便快捷，比较反感烦琐的普通程序。从法院角度看，案件标的额小，适用小额诉讼可以方便解决纠纷，节约司法资源。

应当设计一套简便程序来推广小额诉讼。一是便捷告知义务。向当事人告知涉粮小额诉讼案件的审判组织、一审终审、审理期限、费用交纳等。二是便捷举证。例如，举证期限可由当事人协商一致，一般不超过7日。当事人表示不需要举证期限和答辩期间的，可立即开庭审理。如出现小额诉讼转为普通程序，程序转换前已经确认的事实，可以不再举证、质证。三是便捷开庭。开庭时间可以安排在休息日，为遵循便民原则也可以安排在晚上，简化调查举证程序，甚至可以直接宣布判决结果。四是文书简化。法院准备印制好的格式表格，当事人直接填写起诉状或答辩状。裁判文书主要记载当事人基本信息、诉讼请求、认定事实、裁判结果等内容。

2. 涉粮群体性纠纷的诉讼解决

涉粮群体性纠纷是指粮食行业相关特定群体或不特定多数人的矛盾纠纷问题。随着经济社会改革的深化与公民维权意识的提升，群体性纠纷呈现常态化趋势。粮食行业涉及国计民生，牵一发而动全身，更容易爆发群体性纠纷。例如，农民征地问题、粮食生产环境污染、粮食补贴问题、粮食质量问题、转基因问题，等等。这些问题涉及面广，社会影响大，除了构建"大调解"机制之外，需要法院运用各种司法资源加以应对。

依照法理，涉粮群体性纠纷可以通过共同诉讼、代表人诉讼、示范诉讼、公益诉讼等方式解决。传统的共同诉讼、代表人诉讼的应用效果并不显著，公益诉讼又要求群体性纠纷属于公共利益问题。在诸多困境之中，目前的基本思路是引入示范诉讼来解决群体性纠纷。先以某一典型案件判决作为示范，其他涉粮群体性纠纷可申请按照该判决加以判定，提高诉讼效能。从微观层面入手，最终有助于保障整体粮食安全。

(二) 粮食行政复议与粮食行政诉讼

行政复议与行政诉讼是对接的，很多制度是融会贯通的。相应的，粮食行政复议与粮食行政诉讼也是对接的，共同应对公权力的不当行使。其中，粮食行政复议重点解决分级复议、法律文书文本规范、复议流程等问题，粮食行政诉讼则要结合国家赔偿来探讨。

1. 粮食行政复议

总体而言，粮食行政复议大致包括两大类：一类是粮食行政管理部门自身行为。例如，粮食行政管理部门作出的行政处罚决定，粮食行政管理部门作出的行政强制措施决定，粮食行政管理部门作出的资格认证决定，认为粮食行政管理部门侵犯合法经营自主权，等等。另一类是与粮食生产相关的事项。例如，相关行政机关作出的关于确认耕地、水流等所有权或者使用权的决定，相关行政机关侵犯土地承包经营权或土地经营权，相关行政机关违法集资、摊派费用，等等。

粮食行政复议应当根据被申请人的行政层级选择相应的复议机关（见表7-1）。要继续研究不属于粮食行政复议受理范围的事项，如不服粮食行政处分或者其他人事处理决定，已提起行政诉讼并被依法受理，一事不再复议等。不断规范粮食行政复议法律文书文本，具体分为申请书、通知书、告知书、笔录、答复书、转送函、建议书、调解书、和解书、意见书、决定书等（见表7-2）。

表7-1　　　　　粮食分级行政复议事项例举表

被申请人	复议机关	行政复议事项例举
县级粮食行政机关	市级粮食行政管理部门或本级人民政府	依法申请办理粮食收购资格但未获批准的；对行政处罚决定不服的；对证书授予或其他行政审批决定不服的；侵犯合法的自主经营权的；违法收费或违法要求履行义务的，等等
市级粮食行政机关	省级粮食行政管理部门或本级人民政府	依法申请办理粮食收购资格但未获批准的；对行政处罚决定不服的；对证书授予或其他行政审批决定不服的；侵犯合法的自主经营权的；违法收费或违法要求履行义务的，等等
省级粮食行政机关	国家粮食行政管理部门或本级人民政府	对中央储备粮代储资格申请不予受理的；依法申请办理粮食收购资格但未获批准的；依法申请办理军粮供应站资格但未获批准的；依法申请办理地方储备粮代储资格但未获批准的；对行政处罚决定不服的；对证书授予或其他行政审批决定不服的；侵犯合法的自主经营权的；违法收费或违法要求履行义务的，等等
国家粮食和物资储备局	国家粮食和物资储备局	依法申请办理中央储备粮代储资格但未获批准的；依法申请办理粮食收购资格但未获批准的；依法申请办理中央储备粮保管、检验、人员资格但未获批准的；对行政处罚决定不服的；对证书授予或其他行政审批决定不服的；侵犯合法的自主经营权的；违法收费或违法要求履行义务的，等等

表7-2　　　　　粮食行政复议法律文书文本类型化列表

文书类型	具体列举
申请书	粮食行政复议申请书
通知书	粮食行政复议申请补正通知书、申请受理通知书、答复通知书、停止执行具体行政行为通知书、责令受理通知书、责令恢复审理通知书、中止通知书、恢复审理通知书、期限延长通知书、终止通知书、责令履行通知书等
告知书	粮食行政复议告知书
笔录	粮食行政复议口头申请笔录、听证笔录等
答复书	粮食行政复议被申请人答复书

续前表

文书类型	具体列举
转送函	粮食行政复议规范性文件转送函
建议书	粮食行政复议建议书、行政处分建议书
调解书	粮食行政复议调解书
和解书	粮食行政复议和解书
意见书	粮食行政复议意见书
决定书	粮食行政复议申请不予受理决定书、粮食行政复议决定书、复议申请驳回决定书等

与此同时，必须完善粮食行政复议流程。其一，粮食行政复议的申请。粮食行政复议的申请包括口头申请与书面申请。一般只要符合申请人、被申请人、复议请求、事实根据、申请范围、申请期限等要件即可提起复议。申请人认为具体行政行为依据的规定违法，可一并提起审查申请。其二，粮食行政复议的受理。这里分为符合规定、不符合规定而不予受理、符合规定但不属于本机关受理范围三种情形。在此阶段，可决定对具体行政行为可否停止执行。其三，粮食行政复议的审理。在此阶段，重点审查具体行政行为的合法性、适当性。审理发现受理不当或申请人撤回复议申请的，应终止复议。其四，粮食行政复议的决定。粮食行政复议的决定分为限期履行、维持、变更、撤销、确认违法、重新作为等。

2. 粮食行政诉讼

与粮食行政复议对应，粮食行政诉讼大致包括两类：一类是粮食行政管理部门自身行为。例如，粮食行政管理部门作出的行政处罚决定，粮食行政管理部门作出的行政强制措施决定，粮食行政管理部门作出的行政许可决定，认为粮食行政管理部门侵犯合法经营自主权，认为粮食行政管理部门滥用行政权力排除或者限制竞争，等等。另一类是与粮食生产相关的事项。例如，相关行政机关作出的关于确认耕地、水流等所有权或者使用权的决定，相关行政机关作出的耕地征收及其补偿决定，相关行政机关侵犯土地承包经营权或土地经营权，相关行政机关违法集资、摊派费用，等等。

《国家赔偿法》把国家赔偿分为行政赔偿与刑事赔偿。就行政赔偿而言，又分为侵犯人身权赔偿与侵犯财产权赔偿。一类是侵犯人身权赔偿情形，包括限制人身自由、剥夺人身自由、损害生命健康权等。人身自由相关赔偿金按照国家上年度职工日平均工资计算，侵犯生命健康权需要支付医疗费、护理费、误工费、残疾生活辅助具费、康复费、残疾赔偿金、生活费、死亡赔偿金、丧葬费等，致人精神损害还应支付精神损害抚慰金。另一类是侵犯财产权赔偿情形，包括违法行政处罚、违法行政强制措施、违法征收或征用财产等。赔偿形式包括返还财产，解除查封、扣押、冻结，恢复原状，给付赔偿金，支付价款、开支、利息，等等。随着粮食行政管理部门权力的扩大、增强，侵犯人身权、财产权的可能性会增大，国家赔偿问题要引起关注。

（三）粮食刑事诉讼

刑事诉讼的制度设计正在逐步走向开放性，这种"开放性"体现在"退"可以连接行政执法，"进"可启动再审程序。粮食行政执法与刑事司法是衔接的，这也是行政法与刑事诉讼法的对接。而再审程序的引入，有助于维护司法公信力，更好地保障国计民生的粮食安全。

1. 粮食行政执法与刑事司法的衔接

关于行政执法与刑事司法的衔接，我国《刑事诉讼法》除了立案监督、案件移送的规定外，还规定行政执法和查办案件的证据材料在刑事诉讼中可以作为证据使用（第52条）；对被不起诉人需要给予行政处罚、行政处分、没收违法所得，应当提出检察意见并移送有关主管机关处理（第173条），等等。我国《行政处罚法》第7条也规定："违法行为构成犯罪，应当依法追究刑事责任，不得以行政处罚代替刑事处罚。"此外，我国相关部门制定了一系列的"软法"规定。例如，《农业部关于加强农业行政执法与刑事司法衔接工作的实施意见》（2011年），国家工商总局、公安部、最高人民检察院《关于加强工商行政执法与刑事司法衔接配合工作若干问题的意见》（2012年），环境保护部、公安部、最高人民检察院《环境保护行政执法与刑事司法衔接工作办法》（2017年），等等。我国《粮食法》在法律责任章节应明确规定行政处罚、行政处分条款，构成犯罪的，应当依法追究刑事责任。

粮食行政管理部门在查办粮食违法案件时发现涉嫌犯罪的，应当依法移交公安机关处理。公安机关审查发现粮食行政管理部门移送的案件材料不全的，应当书面告知粮食行政管理部门补正；发现证据不充分的，可以要求粮食行政管理部门补充调查。检察机关发现粮食行政管理部门不移送涉嫌犯罪案件的，应提出建议移送的检察意见；发现公安机关未依法立案的，应当启动立案监督程序。移送涉嫌犯罪案件之后，已作出的行政处罚决定将继续执行。未作出行政处罚决定的，原则上先遵循刑事司法程序再行决定。检察机关对决定不起诉却应予行政处罚的，可以提出予以行政处罚的检察意见。刑事司法程序中，需要粮食行政管理部门提供管理信息、技术支持的，粮食行政管理部门应当积极协助。需要出庭说明情况的，粮食行政执法人员有义务出庭。建立健全联席会议、案件通报、案件会商、案件咨询等衔接工作机制。加强国家治理大数据中心建设，推动粮食行政管理部门、公安机关、检察机关在粮食行政执法层面的信息共享。

2. 再审

首先，再审原由。在王某非法经营罪一案中①，原审被告人王某未上诉，检察机关未抗诉，判决发生法律效力。2016年的再审决定，指令某市中级人民法院对此案进行再审。再审依据是我国《刑事诉讼法》第243条第2款的规定，即最高人民法院对各级人民法院已经发生法律效力的判决和裁定，"如果发现确有错误，有权提审或者指令下级人民法院再审"。

其次，再审程序。再审程序分为原审是一审案件与原审是二审案件两种情形。在王某非法经营罪一案中，原审是一审案件，应当依照第一审程序进行审判。再审时依法组成合议庭公开开庭审理本案，人民检察院派员出庭履行职务，符合法律要求。检察机关提出被告人王某的行为不构成非法经营罪，建议再审依法判决的意见。原审被告人王某在庭审中对原审认定的事实及证据无异议，但认为其行为不构成非法经营罪。辩护人则提出原审被告人王某的行为不符合非法经营罪的构成要件，原审判决也不符合刑法谦抑性原则，应宣告无罪的辩护意见。依照《刑事诉讼法》第245条的规定，再审依照一审程序进行审判，所作的判决、裁定可以上诉、抗诉。再审判决书最后也提及，如不服判决可通过某市中级人民法院或者直接向某高级人民法院提出上诉。

---

① 详见某人民检察院指控原审被告人王某犯非法经营罪一案再审刑事判决书（（2017）内08刑再1号），见中国裁判文书网 http://wenshu.court.gov.cn/content/content? DocID=462273cb-6617-4391-9ae1-a73500a42e20，访问时间：2017-07-27。

再次，再审判决。《刑事诉讼法》第 195 条分为有罪判决、无罪判决两种情形。无罪判决又分为"依据法律认定被告人无罪的"和"证据不足，不能认定被告人有罪的"。《最高人民法院关于适用〈中华人民共和国刑事诉讼法〉的解释》（2012 年）第 389 条规定再审案件的处理情形包括"维持原判决、裁定""裁定纠正并维持原判决、裁定""撤销原判决、裁定，依法改判""在查清事实后改判""裁定撤销原判，发回原审人民法院重新审判"等。在王某非法经营罪一案中，再审判定，原审判决认定王某构成非法经营罪适用法律错误，采纳检察机关提出的王某无证照买卖玉米的行为不构成非法经营罪的意见，采纳原审被告人王某及其辩护人提出的王某的行为不构成犯罪的意见。再审判决理由认为，原审被告人王某的违法行为尚未达到严重扰乱市场秩序的危害程度，不具备非法经营罪相当的社会危害性和刑事处罚的必要性，不构成非法经营罪，作出原审被告人王某无罪的判决。

第二节 粮食公益诉讼：诉讼机制之现代化创新

粮食法律责任的追究要依靠创新发展诉讼救济机制，除了传统的民事、行政、刑事诉讼之外，必须引入粮食公益诉讼。我国《民事诉讼法》《行政诉讼法》《消费者权益保护法》《环境保护法》都规定可以向人民法院提起公益诉讼。此外，司法解释及相关规范性文件也对公益诉讼作出详细规定。因此，粮食公益诉讼作为公益诉讼的一种，具有法定的诉讼依据，相关法律制度可分为基本规则与益助规则。

一、基本规则：原告认定与诉由确定

公益诉讼基本规则主要指原告范围、被告范围、诉由等。相对而言，公益诉讼的被告认定与一般诉讼规则无太大差别，但原告认定、诉由确定则独具特色，有待进一步研究。因此，粮食公益诉讼的基本规则重在解决原告认定、诉由确定问题。

（一）原告主体

目前，粮食公益诉讼的原告主体是法定的，范围比较狭窄。未来需要不断拓宽新的原告主体资格，如农民、村委会、粮食生产经营者、医疗机

构、粮食科研机构、粮食消费者等。

1. 目前的原告

粮食公益诉讼目前的原告大致如下：

第一，检察机关。我国《宪法》第134条规定，"人民检察院是国家的法律监督机关"。《民事诉讼法》第55条、《行政诉讼法》第25条明确规定检察机关具有公益诉讼的原告资格。检察机关作为原告，依法行使法律监督职能，代表国家提起公益诉讼，促进司法资源利用的最大化，体现专业性、正当性、权威性。具体而言，检察机关提起粮食公益诉讼可以从两个层面展开：一是粮食民事公益诉讼。检察机关发现损害社会公共利益的行为，在没有相关机关和组织或者相关机关和组织不提起诉讼时，可以提起粮食民事公益诉讼。相关机关或者组织依法提起粮食民事公益诉讼的，检察机关可以支持起诉。一审案件的管辖法院为侵害行为发生地、损害结果地或者被告住所地的人民法院。二是粮食行政公益诉讼。检察机关发现相关行政机关损害国家利益或者社会公共利益的行为，在提出检察建议而行政机关又不依法履行职责的，依法提起粮食行政公益诉讼。一审案件的管辖法院为最初作出行政行为的行政机关所在地或复议机关所在地的人民法院。

第二，环保公益组织。环保公益组织提起粮食公益诉讼必须具备以下要件：一是依法登记。环保公益组织必须依法在设区的市级以上人民政府民政部门登记。二是活动关联性。专门从事环境保护公益活动连续满一定年份（如5年）。环保公益组织章程确定的宗旨是维护环境公共利益，主要业务范围是环境保护公益活动。环保公益组织提起的粮食公益诉讼所涉及的粮食公共利益，应与其宗旨和业务范围具有关联性。例如，耕地污染本身是环境保护问题，但会影响粮食生产，涉及粮食公共利益。三是无相关违法记录。这里的"违法"有年份限制（如5年），既包括违反法律，也包括违反法规；既包括受过行政处罚，也包括受过刑事处罚。四是不得通过粮食公益诉讼谋取经济利益。既然是"公益"组织，就应当维护社会公共利益而非谋取私利。

第三，粮食行业协会。粮食行业协会提起粮食公益诉讼必须具备以下要件：一是依法登记。粮食行业协会必须依法在设区的市级以上人民政府民政部门登记。二是活动关联性。专门从事粮食行业管理活动连续满一定年份（如5年）。粮食行业协会章程确定的宗旨是维护粮食公共利益，主要业务范围是粮食行业管理活动,对粮食行业现状最为了解,最能代表粮食行业的社会公共利益。三是无相关违法记录。这里的"违法"有年份限制(如5年),既包括违反法律,也包括违反法规;既包括受过行政处罚,也包括受过刑事处罚。四是不得通过粮食公益诉讼谋取经济利益。粮食行业协会是粮食行业的行业管理组织而非具体的生产经营者,自然应当维护粮食公共利益而非谋取私利。

第四,消费者组织。消费者组织提起粮食公益诉讼必须具备以下要件:一是依法登记。消费者组织必须依法在设区的市级以上人民政府民政部门登记。二是活动关联性。专门从事消费者权益保护活动连续满一定年份(如5年)。消费者组织章程确定的宗旨是维护社会公共利益,主要业务范围是消费者权益保护活动,最能代表众多不特定的粮食消费者。三是无相关违法记录。这里的"违法"有年份限制(如5年),既包括违反法律,也包括违反法规;既包括受过行政处罚,也包括受过刑事处罚。四是不得通过粮食公益诉讼谋取经济利益。消费者组织虽然代表众多不特定的粮食消费者,但本身并非具体的生产经营者,自然应当维护粮食公共利益而非谋取私利。

2. 未来的原告

目前,我国应当由检察机关、粮食消费者组织、粮食行业协会等提起粮食公益诉讼,扩展到农民、检察机关、环保公益组织、粮食行业协会、消费者组织、村委会、粮食生产经营者、医疗机构、粮食科研机构、粮食消费者。改革的重点是完善检察机关提起粮食公益诉讼的程序机制,加强对个人(如粮农、粮食消费者)成为粮食公益诉讼原告的研究。

第一,农民。这里的农民是广义概念,不仅仅是种植粮食的粮农,也包括种植其他农作物乃至涵括农林牧渔的农民。具体分为两种情况进行探讨:一是种植粮食的粮农。种植粮食的粮农不能是直接利益相关者的粮农,那是粮食私益诉讼主体,而是指向所有种植粮食的粮农,因为粮食公共利益与所有粮农息息相关。二是种植其他农作物乃至涵括农林牧渔的农民。基于种植结构、农业结构的改革,粮食生产是整个农业发展的基础,粮食公共利益会影响其他农业部门,体现多米诺效应。种植其他农作物乃至涵括农林牧渔的农民要积极应对粮食行业侵犯粮食公共利益现象,最终也是维护他们自己的种植(养殖)权益。

第二,村委会。《村民委员会组织法》第2条界定了村委会,即"村民自我管理、自我教育、自我服务的基层群众性自治组织",而且可以"向人民政府反映村民的意见、要求和提出建议"。该法第8条赋予村委会依法"引导村民合理利用自然资源,保护和改善生态环境"。村委会一般不会是直接受害者,但将村委会的"反映""引导"职责延伸,事实上可以起诉乡里田间与之无直接关联的侵犯粮食公共利益的行为人。

第三,粮食生产经营者。前文已经论证了农民主体,所以这里的粮食生产经营者是除粮农以外"全过程"产业链的商业参与者,如粮食生产集团、粮食收购者、粮食储存者、粮食运输者、粮食加工者、粮食销售者、粮食进出口者。粮食生产经营者不能是直接利益相关者,那是粮食私益诉讼主体,而是指向全行业的整体生产经营者。

第四,医疗机构。医疗机构提起粮食公益诉讼必须具备以下要件:一是依法设立。医疗机构必须依法设立,具有医疗行业要求的资质条件。二是专业关联性。对于医疗机构可以从膳食健康、绿色环保、转基因污染应对等层面进行专业分析,有助于从专业角度维护粮食公共利益。三是不得通过粮食公益诉讼谋取经济利益。医疗机构是站在专业角度而非具体生产经营者的角色,应当维护粮食公共利益而非谋取医疗私利。

第五,粮食科研机构。粮食科研机构提起粮食公益诉讼必须具备以下要件:一是依法设立。粮食科研机构必须依法设立,具有粮食科研要求的资质条件。二是专业关联性。粮食科研机构是针对粮食行业进行专业研究,有助于从科研角度维护粮食公共利益。三是不得通过粮食公益诉讼谋取经济利益。粮食科研机构是站在科研角度而非具体生产经营者的角色,应当维护粮食公共利益而非谋取私利。

第六,粮食消费者。这里的粮食消费者是指众多不特定的消费者中的个体,而非直接受害者。粮食是一日三餐之本,关乎每一消费者个体的生存发展,每一消费者个体都有内在的积极性去关注、推动、保障粮食安全。当检察机关、社会组织、粮食生产经营者未能及时发现问题并提起粮食公益诉讼时,粮食消费者个体提起公益诉讼,有助于完善粮食公益诉讼的保护体系,更好地参与粮食行业治理。粮食消费者可以就以下情形提起公益诉讼:粮食质量存在问题,侵害众多不特定的粮食消费者合法权益;提供的粮食产品可能危及不特定消费者人身安全,未作出真实的信息披露,或者进行虚假宣传;以格式条款等形式作出对不特定消费者的不公平规定;等等。当然,也要正视反对者的声音,如认为粮食消费者个体具有天然的弱势地位（专业性不足、缺少资金支持、诉讼风险高），抑或滥诉、恶意诉讼等不良现象。但是，随着公民法律意识的增强，粮食消费者个体作为粮食公益诉讼原告资格将是可行的，不能因些许负面影响而因噎废食。

（二）粮食公共利益诉由

本书多次论及"公共利益"一词，从粮食公益诉讼出发，粮食公共利益应当在立法层面、司法层面进行不同角度的探讨。其中，粮食公益诉讼的诉由涵括粮食供给、粮食质量、粮食价格的公共利益损害，并在司法实践中重点体现为环境污染、生态破坏问题。

1. 立法层面的探讨

从我国《民事诉讼法》《行政诉讼法》《消费者权益保护法》《环境保护法》等来看（见表7-3），我国公益诉讼的诉由很多，其中最典型的是破坏生态环境与资源保护、食品药品安全侵害众多消费者合法权益两大类。值得注意的是，公共利益与国家利益有交叉，但并非等同，公益诉讼的"公益"是公共利益。粮食生产本身可能破坏生态环境，粮食质量问题也会侵害众多消费者合法权益，这些均为公益诉讼诉由的内在之义。

表7-3　　　　我国基本法律关于公益诉讼诉由的规定列表

基本法律	相关规定
民事诉讼法	破坏生态环境和资源保护、食品药品安全领域侵害众多消费者合法权益等损害社会公共利益的行为（第55条）
行政诉讼法	生态环境和资源保护、食品药品安全、国有财产保护、国有土地使用权出让等领域负有监督管理职责的行政机关违法行使职权或者不作为，致使国家利益或者社会公共利益受到侵害（第25条）
消费者权益保护法	侵害众多消费者合法权益（第47条）
环境保护法	污染环境、破坏生态，损害社会公共利益的行为（第58条）

粮食公益诉讼的诉由是粮食公共利益受损，即粮食供给、粮食质量、粮食价格三个层面或某一层面出现了危及粮食公共利益的情况。粮食公共利益是社会最大多数人的粮食共同利益，比私人粮食利益、集体粮食利益的受益面要广得多。显然，潜在粮食危机（如转基因风险）是粮食公共利益的威胁，而粮食危机（如饥荒）本身是粮食公共利益的最大威胁，是粮

食公益诉讼要重点应对的。

2. 司法层面的探讨

从表7-4中可以看出，"两高"公益诉讼指导案例的诉由涉及水资源、土壤、森林、沙漠化、危险物品等方面的公共利益。这些诉由主要是破坏生态环境与资源保护，但缺少食品药品安全方面的诉由。这些诉由都是民生热点问题，具有典型意义。粮食安全的重要性日益显现出来，未来关于粮食公益诉讼的案件会越来越多，作为"两高"指导案例的可能性也很大。通过纳入指导案例，可以更为社会各界广泛关注，对保障粮食公共利益有积极意义。

表7-4　　　"两高"公益诉讼指导案例诉由例举表

案例号	基本信息	诉由
最高人民检察院指导案例第28号	江苏省常州市人民检察院诉许建惠、许玉仙民事公益诉讼案	严重污染地下水、土壤
最高人民检察院指导案例第29号	吉林省白山市人民检察院诉白山市江源区卫生和计划生育局及江源区中医院行政附带民事公益诉讼案	违法排放医疗污水
最高人民检察院指导案例第30号	湖北省十堰市郧阳区人民检察院诉郧阳区林业局行政公益诉讼案	破坏公益林
最高人民检察院指导案例第31号	福建省清流县人民检察院诉清流县环保局行政公益诉讼案	非法处置危险物品
最高人民检察院指导案例第32号	贵州省锦屏县人民检察院诉锦屏县环保局行政公益诉讼案	非法排污
最高人民法院指导案例75号	中国生物多样性保护与绿色发展基金会诉宁夏瑞泰科技股份有限公司环境污染公益诉讼案	排放超标废水，严重污染沙漠

二、益助规则：举证与受偿

粮食公益诉讼的益助规则是对基本规则的辅助、促进，现实中非常复杂，需要一一剖析。例如，举证机制要针对"公益"的搭便车属性进行特殊设计，赔偿机制要强化粮食安全的国计民生影响力。

（一）举证机制

粮食公益诉讼的举证机制采取"倒置"形式，需要从粮食侵权行为、粮食损害后果、因果关系等角度进行探讨。粮食公益诉讼在举证过程中可以引入专家制度，如粮食科技专家、粮食法律专家等。

1. 举证责任倒置规则

一般的举证责任是"谁主张，谁举证"，必须证明侵权行为、损害后果、因果关系、主观过错等问题。但是，粮食公益诉讼却引入举证责任倒置的证据规则。检察机关以外的原告往往处于弱势地位，只需证明侵权行为、损害后果，由被告证明两者之间不存在因果关系。值得注意的是，原告在粮食公益诉讼中承认对己方不利的事实，导致损害粮食公共利益的，不予确认。

第一，关于粮食侵权行为的探讨。粮食侵权行为如若发生，可能导致的后果就比较严重，粮食安全领域尤其如此。但只是存在侵权行为发生的可能性，或者该行为只是存在严重的侵权威胁，是否可以作为"因"呢？这涉及粮食公益诉讼的目的究竟是事后救济型还是事先预防型。就目前而言，前者更为重要。但从长远来看，要走向事先预防型，即证明存在严重的侵权威胁。

第二，关于粮食损害后果的探讨。粮食侵权行为往往不是马上产生损害后果，而要经历漫长的过程（如转基因粮食）。即使确实产生损害后果，也往往需要专业性判断和技术支持。原告需要证明粮食损害后果确实发生，还是只需证明具有发生的可能性？这同样涉及粮食公益诉讼的目的究竟是事后救济型还是事先预防型。就目前而言，前者更为重要。但从长远来看，要走向事先预防型，即证明损害后果的高度可能性即可。

第三，关于因果关系的探讨。一是客观性。因果关系是客观存在的，不是主观臆断的。例如，耕地污染导致粮食歉收是客观现象。二是时间性。原因在先、结果在后，这是因果关系的基本特点。当然，在先者不一定就能构成在后者的原因，在后者也不一定是在先者的结果。例如，化肥价格上涨不一定导致粮食销售价格上涨，粮食销售价格上涨也不一定是化肥价格上涨导致的。三是多样性。例如，多因一果、一因多果、多因多果，等等。发生饥荒，往往是政治、经济、社会多重因素造成的。四是条件性。因果关系往往是在一定条件下才会产生。例如，在立法允许转基因粮食商业化进口的情况下，转基因粮食才可以商业化进口，进而才可能损害我国公众身体健康。

第四，考虑粮食私益诉讼与粮食公益诉讼的举证机制对接问题。受到直接损害的粮食消费者可以根据民事诉讼法提起粮食私益诉讼主张权利，而非申请参加粮食公益诉讼。已为粮食公益诉讼生效裁判认定的事实，受到直接损害的粮食消费者根据民事诉讼法提起粮食私益诉讼，无须举证证明，但当事人有异议并有相反证据足以推翻的除外。粮食公益诉讼生效裁判对被告不利的认定，受到直接损害的粮食消费者根据民事诉讼法提起粮食私益诉讼而主张适用的，可予支持，但被告有相反证据足以推翻的除外。被告主张直接适用对其有利的，应承担相应举证证明责任。

2. 专家制度

围绕粮食行业的专业问题，引入专家制度，重点是粮食科技专家、粮食法律专家。

一是粮食科技专家。粮食科技专家重在科技实际问题上答疑解惑。粮食公益诉讼面临诸多疑难问题，如转基因粮食的危害性；粮食公益诉讼面临诸多复杂问题，如转基因粮食污染的扩张性、蔓延性；粮食公益诉讼面临诸多崭新问题，如粮食物联网带来的金融问题。这些问题都与粮食科技密切相关。粮食科技专家提出的意见，经质证后可以作为认定事实的根据。粮食公益诉讼涉及耕地污染、粮食储存、转基因粮食等技术性问题，应当建立粮食公益诉讼专家库，从中筛选粮食专家协助办案。

二是粮食法律专家。粮食法律专家重在法律问题上答疑解惑。粮食法比较偏而且立法数量较少，熟识者更少。法律专家的解答，只是一种法律见解，不能超出国家粮食立法的范畴，不能机械化地把粮食政策当作法律，更不能变成专家"造法"。当然，法律专家可以提供法律风险预防、应对的建议，不局限于粮食法的解释，更不是简单化的"普法"宣传。

（二）赔偿机制

粮食公益诉讼的赔偿机制包括传统赔偿机制与新兴激励机制。其中，传统赔偿机制又分为行为型责任与费用型责任，新兴激励机制的典型则为粮食公益诉讼基金。

1. 传统赔偿机制

关于行为型责任问题。行为型责任是指通过实施行为的方式承担法律责任。原告在粮食公益诉讼案件中，请求被告承担行为型责任（如停止侵害、排除妨碍、消除危险），这些均可给予支持。一是停止侵害。例如，破坏粮食生产环境的，要求其停止破坏。二是排除妨碍。例如，相关设施或做法妨碍粮食运输，要求其排除妨碍。三是消除危险。例如，粮食储存存在安全问题，要求其消除危险。

关于费用型责任问题。费用型责任是指通过交纳费用的方式承担法律责任。第一，可予支持的费用承担。主要包括：一是预防与处置费用。原告为停止侵害、排除妨碍、消除危险而发生的费用，包括预防性质的费用与实际处置的费用，可予支持。二是修复费用。如能修复，则修复到损害发生之前的状态，恢复原有的功能。如无法完全恢复或者恢复成本远大于收益，则采用替代性修复方式，采用虚拟成本计算法，完善治理成本基数、治理系数等的计算方法，来统筹计算治理费用。第二，酌情给予支持的费用承担。主要包括：调查费用、取证费用、鉴定费用、律师代理费用，等等。第三，诉讼费用减免问题。考虑粮食公益诉讼原告的实际情况，提起诉讼可免预交诉讼费用或缓交诉讼费用，万一败诉可减免诉讼费用，等等。

2. 新兴激励机制

在公益诉讼损害不可预测的情况下，在赔偿问题上必须有相应的诉讼激励机制。粮食公益诉讼激励方式多种多样，其中典型模式是建立健全粮食公益诉讼基金制度。无论检察机关还是社会组织，目前均缺乏足够能力承担大量的诉讼费用。从经济人角度出发，无力承担诉讼成本会导致社会组织尤其是个体（如果法律允许的话）缺乏提起粮食公益诉讼的积极性。作为所有人都会涉及的领域，粮食安全关乎每一个体。但与此同时，正因为每一个体都会涉及，从而导致互相推诿，人们均希望通过粮食公益诉讼搭便车谋利，却没有哪一群体、个体愿意提起粮食公益诉讼而耗费自身私人成本。建立粮食公益诉讼基金并规范化运作，可以充分利用基金的产品特色，有效解决诉讼成本问题，最大限度地提升提起粮食公益诉讼的积极性。

首先，粮食公益诉讼基金的设立。目前基金设立有三种模式，即基金会、社会团体、民办非营利组织。从长远发展考虑，有必要设立粮食公益诉讼基金会，作为基金"母体"，充分利用基金会的法律特性对基金加以发展、运作。粮食公益诉讼基金的设立必须先制定基金运作方案，经过申请、审批、备案等审慎程序。与此同时，建立粮食公益诉讼基金管理委员会，下设规划部、基金筹集部、审核部、财务部、宣传部、法务部、风控部等。

其次，粮食公益诉讼基金的来源。必须建立多元化的基金来源，确保基金正常运作。一是政府支持。粮食公益诉讼资金带有公共利益属性，自然应当得到国家财政的充分支持和鼓励。二是基金会自身运作。基金会虽然是非营利性质，但可以通过申请项目、低风险投资、组织活动等形式保值增值。三是社会捐赠。社会捐赠既包括企事业单位捐赠，也包括公众个体捐赠；既包括国内捐赠，也包括国际捐赠。四是与信托基金合作。按照约定的投资范围、投资标准进行组合性信托投资，提升基金收益率。

再次，粮食公益诉讼基金的去向。取之于公，用之于粮。粮食公益诉讼基金的去向主要包括：一是公益诉讼宣传。目前，普通民众对粮食公益诉讼的了解并不多，粮食行业协会等社会组织事实上也知之甚少，有必要加大宣传，普及粮食公益诉讼理念，维护国家粮食安全。二是支持公益诉讼原告。这是粮食公益诉讼基金最重要的目的。必须明确基金申请的申请人资格，畅通申请渠道，及时进行申请人信息公开。当然，如果胜诉并获得诉讼费用支持的话，应当有回流机制，滚动支持其他公益诉讼。三是提供诉讼援助。即使公益诉讼原告具有足够的财力可以起诉，在诉讼过程中，也需要相应的诉讼援助以提高胜诉概率。

第八章 粮食软法之协同化

软法的提出是人类社会的法治革命,向来有肯定说与否定说之分,从长远来看必然走向肯定说。同样的,粮食软法也是粮食行业的法治革命,必须认真对待粮食软法。应当透彻地理解粮食软法,包括软法内涵与软法外延,从而真正确立粮食软法。从软法出发,必须全面梳理粮食安全保障的立法变迁,从狭义的粮食法治系统工程走向广义的粮食法治系统工程,以粮食软法与粮食硬法协同化发展,有效实现新时代中国特色粮食法治。

第一节 粮食"法域"革命:粮食软法之提出

任何一个法学基本概念的提出,必然经过漫长的经济社会实践与相应的法治变革。软法的提出,首先要肯定"软法"概念的法学地位,统一纳入法学基本概念的范畴。粮食软法的提出,既要基于粮食行业实践与相应的粮食法治变革,又要因应软法概念的大体趋势。问题在于,是否有必要在粮食行业引入粮食软法。这就必须梳理粮食软法的内涵、外延,从中探析粮食软法提出的"法域"革命意义。

一、粮食软法内涵:优劣势分析

关于软法的内涵,学界意见不一,这里不一一赘述。应当讲,软法就要突出"软"字,即不依赖国家强制力保障,而是通过团体内部约束力来保障实施。在肯定软法优势的同时,也要看到软法存在的诸多劣势并不断改进,这才能真正认识粮食软法的必要性,从而吸纳有益成分并提升到《粮食法》中。

(一)粮食软法的优势

软法的产生与发展,体现出强大的制度生命力。软法有着硬法不具备的某些天然优势,如广泛性、自愿性、灵活性、具体性、效率性等。自然而然,粮食软法的优势也应如此。值得注意的是,论证粮食软法的优势,不是否定粮食硬法,而是体现粮食软法存在的必要性。

1. 广泛性

粮食硬法的制定主体依照《立法法》的规定,而粮食软法的制定主体更为广泛,如各级粮食行政管理部门、粮食行业协会等。粮食软法制定主体的广泛性有助于鼓励更多的粮食法律主体参与粮食行业治理,充分享有粮食软法推动的合法权益,推进粮食行业制度化、法治化。

2. 自愿性

粮食硬法是国家意志的体现,以国家强制力为后盾,社会公众必须服从遵守,尤其不能违反强制性规定。粮食软法一般是某一团体(如粮食行业协会)的内部契约性规定,是团体成员平等协商、充分沟通的产物,更为"接地气",真实反映粮食行业基层实际利益需求,容易为各方接受并自愿执行,有助于促进公众参与。另外,粮食软法的自愿性还可以在粮食行业内部形成良好的监督氛围,成员之间为了保障自身权益而互相督促,形成有效的信息回馈机制,从而有助于民主监督机制的构建。

3. 灵活性

粮食硬法的制定、修改必须有严格的程序要求,容易固定化,具有滞后性,缺少随机应变的灵活度,甚至导致僵硬化,难以满足粮食行业瞬息万变的时代需求。粮食软法的制定主体多元化，能够提供多种形式的制度安排。粮食软法的制定程序、修改程序更为灵活，可以随即因应团体成员的要求，根据粮食行业实际情况不断更新完善。

4. 具体性

硬法关注国家大事与公民基本权利保障，而非大包大揽。硬法的抽象性不可能深入社会生活的方方面面，也不应面面俱到。相应的，粮食硬法关注国家粮食安全与公民基本生计问题，而非粮食行业的方方面面。与之相比，软法关注社会生活的具体细节尤其是社会基层民情，调整范围比硬法广得多。相应的，粮食软法关注粮食行业具体领域尤其是基层情况，具体反映粮食行业的方方面面。

5. 效率性

粮食硬法在具有稳定性的同时，也容易出现滞后性。粮食行业依然摆脱不了靠天吃饭，季节性很强，而且各类社会事件、贫困问题也会影响粮食安全，新形势、新情况、新问题不断出现。只有充分利用粮食软法，及时制定、修订粮食软法，才能于第一时间应对这些新形势、新情况、新问题。另外，粮食软法均根据现实情况设计对策，针对性强，解决问题的概率更高，解决问题的速度更快。

（二）粮食软法的劣势

事物要一分为二，软法也并非万能，它缺乏国家强制力保障，又略显功利，并颇具波动性，否则早就超越、替代硬法。自然而然，粮食软法的弱势也应如此。值得注意的是，论证粮食软法的劣势，不是为了否定粮食软法，而是说明粮食软法有诸多尚待改进之处，从而必须加强粮食软法研究与实践。

1. 软保障性

很多粮食软法的制定主体并非国家机关，因而软法难以依赖国家强制力保障。例如，粮食行业协会的自律性规定就依靠粮食行业内部的自律惩戒，当然也需要公权力的外部监督，但毕竟不是直接手段。即使是国家粮食政策，得到国家的全力推行，毕竟也不是国家法，难以充分利用国家强制力的法定约束手段，缺乏完善的法律责任追究与多渠道的法律救济途径。软保障性导致粮食软法可能难以全面推广，乃至"上有政策、下有对策"。

2. 功利性

粮食软法往往针对某一具体问题、具体事件，头痛医头，脚痛医脚，于横向层面缺乏对全国或某一区域的全盘考虑，于纵向层面缺乏粮食行业发展的长远考虑，导致治标不治本，难以深入本质，切中要害。粮食行业虽然是传统行业，但也在迅猛发展。在相关问题解决或出现新问题之后（如转基因问题），粮食软法则难以继续适用或适用效果不理想。功利性导致粮食软法缺乏应有的制度担当，难以发扬光大。

3. 波动性

粮食软法根据新形势、新情况、新问题需要不断更新乃至重构，因而会陷入朝令夕改的悖论，波动性比较大，令粮农、粮食经营者无所适从。在更新、重构的过程中，甚至可能出现与原有制度完全背离的情况。例如，国内粮食供不应求需要紧急进口，但随后加大粮食生产力度，又会出现供给平衡乃至供过于求的情况，此时又需要控制粮食进口。波动性可能导致粮食软法缺乏应有的权威，进而动摇其存在的现实基础。

（三）粮食软法的必要性

粮食软法是优势与劣势并存的矛盾统一体。粮食软法可以补充粮食立法的空白、不足，使抽象化的粮食法得以具体化，可以合理"调适"粮食法的不当规定，并可以提升为粮食法。粮食软法的必要性为粮食软法的发展提供了理论依据和现实支撑。

1. 补缺性

粮食软法在缺乏粮食安全基本法的情况下一直发挥着重要作用。这里要反对"软法虚无主义"。"软法虚无主义"认为，只有国家法才是"法"，"软法"不是国家法，所以不是"法"。"软法虚无主义"全盘否定软法，这种三段论推理的错误在于，前提错了，国家法之外还有其他"法"存在，"法"不仅仅是国家法。在粮食行业缺少粮食安全基本法加以规范的情况下，其他粮食立法也不健全，粮食软法尤其是粮食政策在推动粮食行业发展中起着至关重要的作用。

2. 具体化

粮食硬法具有抽象性，不能太过具体细化，才能应对粮食行业的不断变化，不至于随时要调整修改。与此同时，抽象性导致不具体乃至模糊不定，缺乏可操作性。与之相比，粮食软法刚好具有灵活性，可以针对粮食硬法模糊不定之处，根据粮食安全保障现状先行先试，进行具体、详细的规定，在一定程度上克服立法的抽象性缺陷。

3. 合理调适

粮食软法可以合理规避粮食硬法的不当规定。粮食硬法具有滞后性，某些规定可能不契合粮食行业的最新情况，可以通过制定粮食软法来呼应跟进。粮食硬法代表国家意志，可能与粮食生产经营者、粮食消费者的具体权益保障有所出入，需要粮食软法来协调。基于立法能力、立法技术问题，粮食硬法同样可能存在不当之处，粮食软法并非违反粮食硬法，而是在遵守合法性（即遵守现有国家法）的基础上加强合理性调适。

4. 可硬法化

粮食软法在条件成熟时可以纳入粮食硬法。存在即有合理性。粮食软法能够产生、发展、成熟，必然有其合理性、可行性，相关规定可以为粮食硬法所借鉴。事实上，《粮食流通管理条例》《中央储备粮管理条例》等的修订，都考虑了粮食软法尤其是粮食政策的有益因子。粮食软法符合粮食硬法的条件时，就可以上升为硬法规定，即硬法化。《粮食法》的制定过程中充分考虑了近年的重要粮食软法（如粮农权益保障、粮食流通体制改革），甚至可以说是软法"硬法化"的产物。

二、粮食软法外延：反对"泛软法主义"

从学术研究角度看，有必要较为广义地理解软法的外延，但要反对"泛软法主义"。"泛软法主义"认为，一切社会规范都是软法，软法无所不包、无所不在。这样会导致"软法万能主义"，模糊软法的边界，难以界定软法的外延，未能让软法与国家法、其他社会规范明确区分，最终不利于软法的发展，甚至会导致软法概念的灭亡。因此，明确界定粮食软法外延非常必要。

（一）国内典型的粮食软法类型

从横向看，软法的类型多种多样，国内层面如政府规范性文件、行业自治规则、交易习惯、专业标准等，国际层面如国际非正式规范。相应的，国内层面与国际层面的粮食软法的类型也多种多样，相映生辉。这里从国内层面剖析粮食软法（如粮食政策、粮食标准、粮食行业协会章程、粮食"公约"），从中探析粮食软法的典型体现。

1. 粮食政策

政策是政权组织、政治集团在一定时期内以权威化形式实现利益诉求的措施规定，分为经济政策、社会政策、文化政策、军事政策、外交政策等。世界粮食安全委员会《长期危机中保障粮食安全和营养行动框架》（2015年）就反复强化"国家粮食安全范围内逐步实现充足食物权的政策"。粮食政策主要是经济政策，涉及粮食经济的方方面面。粮食政策可以分为"生产者导向政策""贸易导向政策""消费激励政策"[①]。粮食政策也涉及社会政策，如粮农权益保障、社会安全网计划等。有学者认为中国"有一系列与粮食收购、贮藏和购销有关的政策问题"[②]，值得深思。

在粮食软法中，粮食政策具有基础性作用，在粮食流通体制改革中必不可少（见表8-1）。其一，灵活性。粮食市场受自然因素和社会因素的多重影响，而粮食政策的制定和实施恰好比较灵活，可以及时跟进、应对粮食市场的诸多风险。其二，威权性。权威性与威权性是有本质区别的，权威性强调影响力、社会地位，威权性强调威慑力、控制力。粮食政策是国家权力行使的体现，具有充分的威权性。其三，战略性。有些粮食政策本身就是国家战略决策（如1990年建立国家专项粮食储备制度），有些则是国家战略决策的具体实施。无论前者还是后者，都体现了战略性特征。粮食安全关乎国计民生，需要战略性的指引、保障、促进。其四，一体性。各国的经济政策、社会政策、文化政策、军事政策、外交政策等之间是有关联的，关联点即为国家整体的宏观发展战略，以此形成一体化的政策框架。同样的，粮食政策之间也是有关联的，体现政策的一体性。比如，我国通过坚持谷物基本自给、口粮绝对安全的方针来保障粮食安全，各项粮食政策必须统一于这一方针，不得违反。

表8-1　　　　　　　　国家重要粮食政策规定例举表

政策名称	特色规定
《国务院关于加强粮食购销工作的决定》（1990年）	进一步压缩平价粮食销售，建立和健全粮食储备制度
《国务院关于建立国家专项粮食储备制度的决定》（1990年）	重点照顾粮食调出省和地区，成立国家专项粮食储备领导小组，成立国家粮食储备局

[①] 马特内·梅兹等：《2008年粮食危机后的粮食与农业政策趋势——对农业发展问题的重新关注》，赵学尽译，2页，北京，中国农业出版社，2017。

[②] ［美］D. 盖尔·约翰逊：《经济发展中的农业、农村、农民问题》，林毅夫、赵耀辉编译，41页，北京，商务印书馆，2004。

续前表

政策名称	特色规定
《国务院关于加快粮食流通体制改革的通知》（1993年）	粮食价格改革是粮食流通体制改革的核心
《国务院关于建立粮食收购保护价格制度的通知》（1993年）	制定粮食收购保护价格的原则、范围、权限、程序、品种、标准，建立粮食风险基金制度
《国务院关于做好当前粮食收购和储存工作的通知》（1996年）	搞好粮食省际间调销的协调工作，多渠道解决粮食仓容问题
《国务院关于进一步深化粮食流通体制改革的决定》（1998年）	"四分开一完善"，即实行政企分开、中央与地方责任分开、储备与经营分开、新老财务账目分开，完善粮食价格机制
国务院《当前推进粮食流通体制改革的意见》（1998年）	贯彻落实"三项政策、一项改革"，即落实按保护价敞开收购农民余粮、粮食收储企业实行顺价销售、粮食收购资金封闭运行、加快国有粮食企业自身改革
《国务院关于进一步完善粮食流通体制改革政策措施的通知》（1999年）	适当调整粮食保护价收购范围，完善粮食超储补贴办法，促进顺价销售
《国务院关于进一步完善粮食流通体制改革政策措施的补充通知》（1999年）	促进粮食供求总量和结构的平衡，拉开品种质量差价、季节差价
《国务院关于进一步完善粮食生产和流通有关政策措施的通知》（2000年）	大力推进农业和粮食生产结构的战略性调整，积极促进粮食销售、加工转化和出口
《国务院关于进一步深化粮食流通体制改革的意见》（2001年）	加快推进粮食购销市场化改革，完善国家粮食储备体系，完善粮食风险基金制度
《国务院关于进一步深化粮食流通体制改革的意见》（2004年）	放开购销市场，直接补贴粮农，转换企业机制，维护市场秩序，加强宏观调控
《国务院关于完善粮食流通体制改革政策措施的意见》（2006年）	加快推进国有粮食购销企业改革，加快建立全国统一开放、竞争有序的粮食市场体系，逐步建立产销区之间的利益协调机制
《国家粮食安全中长期规划纲要》（2008—2020年）	利用非粮食物资源，加强粮油国际合作，强化粮食安全责任，推进粮食法制建设
《国务院关于建立健全粮食安全省长责任制的若干意见》（2014年）	省级人民政府切实担起保障本地区粮食安全的主体责任，全面加强粮食生产、储备和流通能力建设

续前表

政策名称	特色规定
《国务院关于建立粮食生产功能区和重要农产品生产保护区的指导意见》（2017年）	科学合理划定"两区"（粮食生产功能区、重要农产品生产保护区），大力推进"两区"建设
《国务院办公厅关于加快推进农业供给侧结构性改革大力发展粮食产业经济的意见》（2017年）	从供给侧改革着眼发展粮食产业

2. 粮食标准

粮食国家标准具体分为：一是粮食名词术语，如粮食技术名词术语、粮食设备名词术语、粮食工业用图形符号和代号、粮食销售包装标志等。二是原粮标准，如稻谷、优质稻谷、富硒稻谷、小麦、强筋小麦、弱筋小麦、玉米、工业用玉米、高油玉米、糯玉米、高粱、粟、裸大麦、黍、稷、莜麦、荞麦等。三是粮食制品，如大米、糙米、小麦粉、高筋小麦粉、低筋小麦粉、营养强化小麦粉、谷阮粉、小麦粉馒头、小米、黍米、稷米、莜麦粉、玉米粉、工业用甘薯片、玉米糁等。四是粮食检测方法，包括通用方法和特定方法。其中，大米检测方法如出糙率检验、整精米率检验、黄粒米及裂纹粒检验、碎米检验法、潜在出米率、直链淀粉含量、米类加工精度等；小麦检测方法如沉淀指数测定、硬度测定、加工精度检验、全麦粉发酵时间、面团物理特性、特定化学物质含量等。五是粮食储存标准，如粮食储存品质、熏蒸剂使用、防护剂使用、散粮汽车卸车装置等。六是粮食机械标准，如粮食水分测定、谷物检验筛等。

粮食行业标准具体分为：一是粮食名词术语，如粮食产品性质和质量、粮食仓储设备、面条类生产工业用术语等。二是原粮标准，如大麦、燕麦、甘薯、马铃薯、高粱等。三是粮食制品标准，如特定功能的小麦粉、挂面、手工面、方便面等。四是粮食样品标准，如粮食加工精度、粮食储存品质、小麦硬度指数、整精米率等。五是粮食技术规程，如挂面生产工艺、小麦制粉厂工程设计、粮食储存、粮食信息分类与编码、粮食仓库安全操作等。六是粮食检测方法，如谷物黏度、面筋质量、挂面生产工艺等。七是粮食包装器材标准，如麻袋包装、面粉袋包装等。

除此之外，还要关注粮食地方标准。例如，吉林省制定《吉林大米地方标准》，并制定"吉林稻花香""吉林长粒香""吉林圆粒香""吉林小町"四个品种的团体标准。

3. 粮食行业协会章程

粮食行业协会具有行业指导、行业自律、行业促进、行业服务、行业协调、行业维权等职能。章程是粮食行业协会自治规则的基础和集中体现。粮食行业协会需要通过章程来确保协会自身的有效运转，其他制度规定都是围绕章程展开或延伸的。会员只有肯认章程才能真正贯彻执行并自愿受其约束。因此，章程是粮食行业协会的核心"软法"。

粮食行业协会章程主要包括总则、业务规定、会员规定、组织机构运行规则、资产财务规定、章程的修改程序、附则等（见表8-2）。其中，会员规定需要配套制定行业协会会员（代表）大会制度，组织机构运行规则需要配套制定行业协会理事会制度、行业协会监事会制度、行业协会文书处理制度、行业协会档案管理制度、行业协会学习制度等，资产财务规定需要配套制定行业协会会费管理制度等。

表8-2　　　　　　　我国粮食行业协会章程框架例举表

文件名称	基本框架
《中国粮食行业协会章程》（2013年）	总则，业务范围，会员，组织机构和负责人产生、罢免，资产管理、使用原则，章程的修改程序、终止程序及终止后的财产处理，附则
《上海粮油行业协会章程》（2010年）	总则，任务、业务范围、活动原则，会员，组织机构、负责人，财产的管理和使用，终止和剩余财产处理，附则
《广东省粮食行业协会章程》（2012年）	总则，业务范围，会员，组织机构和负责人的产生、罢免，资产管理、使用原则，章程的修改程序、终止程序及终止后的财产处理，附则
《黑龙江省粮食行业协会章程》（2015年）	总则，任务，会员，组织机构和负责人产生、罢免，经费、资产管理和使用原则，章程的修改程序、终止程序及终止后的财产处理，附则
《辽宁省粮食行业协会章程》（2016年）	总则，业务范围，会员，组织机构和负责人产生、罢免，资产管理、使用原则，章程的修改程序、终止程序及终止后的财产处理，附则

值得注意的是，目前我国粮食行业协会章程存在两大问题：一是缺乏"粮食"特色。除了业务范围体现粮食行业特色之外，诸多章程的其他章节都缺乏与粮食产业相关的规定。二是缺乏地方特色。各地的粮食行业协会章程存在同质化现象，如基本框架一样、基本条文一样，需要进一步增加地方特色，有效区分粮食主产区、粮食主销区、产销平衡区。

4. 粮食"公约"

粮食"公约"不是指国际法层面的国际公约，而是指由粮食行业协会等社会组织倡导制定的、在粮食行业被普遍认可遵循的约定。粮食"公约"具有以下基本特征：其一，自发性。粮食"公约"是粮食行业协会等社会组织自发组织制定的，并非政府强制推行。其二，公共性。粮食"公约"涉及的是粮食公共利益层面的内容，并非个别粮食生产经营者私人利益的体现，也并非国家利益、政府利益的体现。其三，约定性。粮食"公约"是各类粮食社会组织、相关粮食生产经营者普遍约定的，并非法律明确规定的。其四，普适性。粮食"公约"是各类粮食社会组织、相关粮食生产经营者普遍认可的，并愿意一致遵循。例如，中国粮食行业协会制定的《放心粮油示范企业质量安全诚信公约》（2010年）、《粮食行业爱粮节粮自律公约》（2010年）。

首先，"公约"宗旨。从粮食供给平衡、粮食质量安全、粮食价格合理三个层面出发，可以规定"公约"的不同宗旨。如果是粮食行业协会制定的，可以规定"加强行业自律"。如果是在粮食行业中树立典型，可以规定"示范带动作用"的字眼。

其次，倡导性条款。于企业层面，倡导严格遵守法律法规，严格执行粮食标准，推广先进粮食技术，适度加工并综合利用，健全粮食全过程产业链的管理体系，认真执行粮食质量追溯、粮食召回制度，公开作出质量承诺，节能降耗，广泛开展爱粮节粮教育，等等。于员工层面，倡导热爱粮食事业，忠于职守，甘于奉献，提高职业技能，厉行节约，科学消费、健康消费，等等。

再次，禁止性条款。例如，禁止使用不符合粮食标准的成分，禁止超量或超范围使用食品添加剂，禁止使用非法原粮，禁止盲目加工，禁止销售相关陈化粮，禁止过度包装，禁止虚假宣传、误导消费，禁止铺张浪费，等等。

最后，行业自律措施。例如，提出批评，限期整改，取消经营资格，等等。

（二）粮食软法的层级化

从纵向看，粮食软法呈现层级化特征，如国际层面、国家层面、省级层面、大城市层面。其中，国际层面要重点发挥联合国粮农组织的作用，国家层面要重点发挥国家粮食和物资储备局的作用，省级层面主要以黑龙江省、广东省为例探讨粮食"产""销"大省的粮食软法保障，大城市层面论证北京、上海、天津、重庆、广州等的粮食软法保障。

1. 国际层面

1945年，粮农组织大会第一届会议确定粮农组织为联合国的一个专门机构，极大提升了粮农组织的法律地位。多年来，联合国粮农组织制定并实施了抵抗饥饿、改善饮食的一系列有益措施，为落后国家和贫困地区提供大量的帮助，得到世界各国的肯认和贯彻落实。传统的国际法主要包括国际公约（条约）、国际习惯（惯例）、一般法律原则等，联合国粮农组织也制定了包括《粮食和农业植物遗传国际条约》（2001年）在内的诸多具有法律约束力的制度。由于粮食行业依然靠天吃饭，时刻受到天灾和气候变化的影响，上述这些国际法渊源显然不足以应付现实需求，需要随时调整政策措施加以紧急应对。

具体而言，联合国粮农组织粮食国际软法大致分为计划类、宣言类、声明类、框架类、准则类（见表8-3）。作为软法的一员，国际软法同样具有广泛性、自愿性、灵活性、具体性、效率性等特征。其一，广泛性。粮食国际软法的广泛性通过粮农组织的众多成员并借助联合国的平台加以实现。其二，自愿性。联合国粮农组织的设立初衷是应对世界范围内的粮食不安全问题，更多是推进全球粮食经济的柔性治理。联合国粮农组织的很多规则是指引性、倡议性的，并非强制推广。其三，灵活性。粮食国际软法或是根据当时具体国家（地区）的实际情况而制定，或是提供不同类型的参数选择，具有充分的灵活性。其四，具体性。导致不同国家粮食不安全的因素很多，如自然因素、科技因素、政治因素、经济因素、社会因素。应对措施必须根据具体国家（地区）的实际情况，具有可操作性，否则难以得到相关国家的肯认。其五，效率性。粮食国际软法往往是应对紧急出现的自然灾害、社会动乱导致的粮食不安全问题，必须及时发现问题、及时制定措施、及时解决问题。

表8-3　　　　联合国粮农组织粮食国际软法类型化例举表

称谓	例举
计划类	《粮农组织技术合作计划》（1976年）、《粮食安全特别计划》（1994年）、《世界粮食首脑会议行动计划》（1996年）、《2018—2021年中期计划》
宣言类	《世界粮食安全罗马宣言》（1996年）、《世界粮食首脑会议：五年之后宣言》（2002年）、《世界粮食安全首脑会议宣言》（2009年）
声明类	《拉奎拉全球粮食安全联合声明》（2009年）
框架类	《营养问题罗马宣言行动框架》（2014年）
准则类	《支持在国家粮食安全范围内逐步实现充足食物权的自愿准则》（2004年）、《国家粮食安全范围内土地、渔业及森林权属负责任治理自愿准则》（2012年）

未来粮食国际软法将在以下方面加以突破：

第一，更广泛的国际参与。联合国可持续发展目标提出"促进目标实现的伙伴关系"这一兜底性目标。联合国粮农组织要和世界粮食安全委员会、世界粮食计划署、世界卫生组织、WTO、GLOBALG. A. P. 等加强合作，鼓励更多的国家、国际组织加入保障世界粮食安全的行列，共同制定和实施更为有效的粮食国际软法，并采取一致行动。

第二，提高前瞻性。粮食国际软法之所以称为"国际"，关键就是具有全球视野和长远眼光。粮食问题并非仅限于短期问题、眼前问题，而是人类社会长期面临的问题，必须从"百年之计""千年之计"的高度来认识和把握。例如，联合国粮农组织"全球前景研究"着眼于全球粮食安全的长期发展形势，致力于推动国际社会、区域、国别的粮食软法制定。

第三，实现与各国国内软法、国内法律的对接。粮食国际软法要真正发挥作用，必须通过各国采纳才能实现。各国采纳粮食国际软法的途径，更多是将其转化为国内软法（如国家粮食政策），必要时还可以进一步提升为国家法律（如我国《粮食法》）。值得注意的是，我们并非全盘接收，而是相机抉择。这里可以借鉴《国家安全法》《反垄断法》关于国家经济安全的理念，确立国家粮食安全的制度宗旨（如粮食供给平衡、粮食质量安全、粮食价格合理），对国际粮食软法进行判断甄别。

第四，提高透明度。在国际粮食软法制定过程中，要有充分的意见征询、专家评议等程序，听取不同国家的声音。在国际粮食软法制定出来之后，第一时间在官方网站公布，并译成更多的语言版本，方便不同国家贯彻实施。完善反馈机制，及时发现存在问题和新情况，不断修订、更新、完善粮食软法。

2. 国家层面

应当看到，国家粮食和物资储备局是推动全国粮食"软法"发展的主导力量，制定了各种形式的软法规定（见表8-4）。其政策法规司负责研究提出全国粮食流通体制改革方案，组织起草全国粮食流通和中央储备粮管理的政策制度等。长期以来，国家粮食和物资储备局主持、参与大量的粮食"软法"起草工作，在我国粮食安全保障制度建设中发挥了巨大的作用，对《粮食法》的制定也有直接的推动作用。

表8-4 近年来国家粮食和物资储备局相关粮食"软法"称谓类型化例举表

称谓	例举
规划类	国家发改委、国家粮食局《粮食行业"十三五"发展规划纲要》
制度类	国家粮食局《国家粮食流通统计制度》（2016年）
意见类	《国家粮食局关于深化粮食科技体制改革和加快创新体系建设的指导意见》（2015年）、《国家粮食局关于加快推进粮食行业信息化建设的意见》（2017年）
方案类	国家发改委等《大米竞价销售试点方案》（2017年）
办法类	国家粮食局办公室《粮食会计报表评比办法》（2006年）、《粮食财务分析评比办法》（2006年）
标准类	国家大米标准、国家小麦标准、国家玉米标准
规定类	国家粮食局《粮食企业执行会计准则有关粮油业务会计处理的规定》（2013年）
指南（指引）类	国家粮食局《粮食产后服务中心建设技术指南（试行）》（2017年）、国家粮食局《粮食产后服务中心服务要点（试行）》（2017年）
预案类	国家粮食局办公室《国家粮食局信访突发事件应急预案》（2015年）

3. 省级层面

作为全国第一产粮大省，黑龙江省的种粮条件具有先天优势。目前，黑龙江省正全面构筑现代粮食产业发展"软法"体系，尤其在禁止种植转基因粮食作物、建立玉米收购贷款信用保证基金、"互联网＋粮食"等方面走在全国前列（见表8-5）。从产粮大省的制度需求出发，黑龙江省要陆续制定粮食安全相关地方性法规并有效实施。与此同时，健全与之对应的粮食"软法"，加以统筹配套。应当看到，黑龙江省粮食局是推动黑龙江省粮食"软法"发展的主导力量，其法规综合处负责起草重要规范性文件、拟订粮食流通行业发展总体规划等。通过粮食"硬法"与"软法"结合，建设现代化产粮基地，强化黑龙江省的产粮大省地位。

表8-5　　　　近年来黑龙江省粮食"软法"称谓类型化例举表

称谓	例举
规划类	黑龙江省粮食局《全省粮食行业"十三五"发展总体规划》（2016年）
计划类	黑龙江省粮食局《黑龙江省"互联网＋粮食"行动计划》（2015年）
制度类	黑龙江省粮食局《黑龙江省粮食流通统计制度（2017—2018年度）》
意见类	《黑龙江省人民政府关于建立健全粮食安全省长责任制的意见》（2015年）
方案类	黑龙江省粮食局办公室《全省粮食行业2017—2018年标本兼治遏制重特大生产安全事故工作方案》（2017年）、黑龙江省粮食局办公室《2017年全省地方国有粮食企业安全储粮全员培训工作实施方案》、黑龙江省粮食局《全省粮食部门行政执法责任制实施方案》（2017年）
办法类	黑龙江省人民政府办公厅《黑龙江省落实粮食安全省长责任制考核办法》（2015年）、中国农业发展银行黑龙江分行等《黑龙江省粮食收购贷款信用保证基金管理办法（试行）》（2017年）
标准类	黑龙江省粮食局办公室《全省粮食系统行政执法案卷评查标准》（2013年）
规定类	黑龙江省粮食局《黑龙江省国有粮食购销企业法定代表人廉洁从业若干规定》（2012年）
预案类	《黑龙江省粮食应急预案》（2015年）
细则类	黑龙江省粮食局《黑龙江省粮食质量安全监测体系管理实施细则（试行）》（2013年）
规范类	黑龙江省粮食局办公室《黑龙江省粮食行业政务公开工作规范》（2013年）

目前，广东成为全国第一人口大省，也是全国第一粮食销区，粮食安全保障任务十分艰巨。广东制定了一系列粮食"软法"（见表8-6），成功应对"非典"、低温冰冻、强台风等多种考验。广东将全力实施"南粤粮安工程"，分为应急建设期（2016年）、整体推进期（2017—2018年）、全面建成期（2019—2020年）。无论经济怎样高速发展，都不能以牺牲粮食安全为代价，更不能忽视粮食地方立法。未来，广东省要不断修订完善《广东省粮食安全保障条例》并有效实施；与此同时，健全与之对应的粮食"软法"，加以统筹配套。应当看到，广东省粮食局是推动广东省粮食

"软法"发展的主导力量,其政策法规处可以拟订粮食流通体制改革方案,提出粮食流通发展战略的建议,起草粮食地方政策等。通过粮食"硬法"与"软法"的结合,积极实施"引进来"战略,保障和促进广东改革开放的深入发展。

表 8-6　　　　近年来广东省粮食"软法"称谓类型化例举表

称谓	例举
规划类	《广东省粮食加工业发展规划(2009—2020年)》《"南粤粮安工程"建设规划(2016—2020年)》
计划类	广东省粮食局《2015—2016年"危仓老库"维修改造计划》(2015年)
制度类	广东省粮食局《国家粮食流通统计制度(2013—2014年度)(广东版)》
意见类	《广东省人民政府关于完善粮食安全政府责任制的实施意见》(2015年)、《广东省粮食局2016年政务公开工作实施意见》(2016年)
方案类	广东省人民政府办公厅《广东省粮食生产功能区和重要农产品生产保护区的实施方案》(2017年)
办法类	广东省人民政府办公厅《广东省粮食安全责任考核办法》(2016年)、《广东省粮食局关于粮食行业储粮化学药剂的管理办法》(2016年)
标准类	广东省发改委、广东省粮食局《关于实施粮食经营者最低和最高库存量标准的规定》(2008年)
规则类	《广东省粮食局关于规范粮食行政管理部门行政处罚自由裁量权的适用规则(试行)》(2012年)
预案类	《广东省粮食应急预案》(2013年)
细则类	《广东省粮食局关于国有粮油仓储物流设施保护办法的实施细则》(2016年)
目录类	《广东省粮食局权责清单及职能调整目录》(2017年)
指引类	广东省粮食局《广东省粮食仓库建设指引》(2015年)

4. 大城市层面

作为国家首都,北京市人口众多,粮食需求量极大,粮食安全保障具有更为深远的政治经济意义。从首都粮食安全的制度需求出发,北京市要陆续制定粮食安全相关地方性法规并有效实施;与此同时,健全与之对应的粮食"软法",加以统筹配套(见表 8-7)。应当看到,北京市粮食局是推动北京市粮食"软法"发展的主导力量,其政策法规处负责研究提出粮食流通政策建议、粮食流通体制改革方案等。通过粮食"硬法"与"软法"的结合,不断完善粮食基础设施建设,从首都战略性地位的高度健全粮食应急体系,真正守护首都粮食安全。

表 8-7　　　近年来北京市粮食"软法"称谓类型化例举表

称谓	例举
规划类	北京市粮食局等《北京市粮食行业"十三五"发展规划》（2016 年）、北京市粮食局等《北京市粮食流通"十三五"时期发展规划》
制度类	北京市粮食局《北京市粮食局机关会议制度》（2015 年）
意见类	《北京市人民政府关于全面落实粮食安全市长责任制的实施意见》（2015 年）
方案类	《北京市粮食局关于贯彻落实粮食收购资格认定"先照后证"制度改革加强事中事后监管的工作方案（试行）》（2015 年）
办法类	中共北京市粮食局党组等《北京市粮食局落实"三重一大"制度实施办法》（2016 年）
标准类	北京市质量技术监督局《粮食仓库仓储管理规范 DB11T1171—2015》
基准类	北京市粮食局《北京市粮食行政处罚裁量基准》（2016 年）、《北京市粮食行政处罚裁量基准表》（2016 年）
目录类	《北京市粮食局行政许可事项目录》（2016 年）、《北京市粮食局行政处罚事项目录》（2016 年）
规定类	北京市粮食局《北京市储备粮管理监督检查规定》（2010 年）、北京市粮食局《北京市粮食行政处罚裁量权适用规定》（2011 年）

上海的定位是国际大都市，粮食需求量巨大且多元化，粮食安全保障至关重要。从国际大都市粮食安全的制度需求出发，上海市要陆续制定粮食安全相关地方性法规并有效实施；与此同时，健全与之对应的粮食"软法"，加以统筹配套（见表 8-8）。应当看到，上海市粮食局是推动上海市粮食"软法"发展的主导力量，其政策法规处负责研究起草粮食流通、粮食储备的地方性政策，提出本市粮食流通发展中长期规划、深化粮食流通体制改革方案等。通过粮食"硬法"与"软法"的结合，不断完善粮食流通网络，从国际大都市的高度健全粮食应急体系，真正走向国际化。

表 8-8　　　近年来上海市粮食"软法"称谓类型化例举表

称谓	例举
规划类	上海市商务委员会等《上海粮食流通发展"十三五"规划》（2016 年）、上海市粮食局《上海市粮食行业法治宣传教育第七个五年规划（2016—2020 年）》

续前表

称谓	例举
方案类	上海市粮食局《上海市粮食行业危险化学品安全治理实施方案》（2017年）、上海市粮食局《上海市粮食局2017年政务公开工作实施方案》（2017年）
办法类	上海市粮食局《上海市粮食局粮食流通研究项目管理办法》（2016年）、上海市粮食局办公室《上海粮食市场监测管理暂行办法》（2016年）
预案类	上海市粮食局《上海市粮食系统粮食质量安全突发事件应急处置工作预案》（2016年）
细则类	上海市粮食局《上海粮食行政管理部门监督检查实施细则》（2017年）
工作要点类	上海市粮食局《2016年上海粮食行业普法依法治理工作要点》（2016年）
规定类	上海市人民政府《上海市粮食收购资格规定》（2018年）

作为直辖市，在京津冀协同发展中，天津市的粮食安全保障同样具有深远的政治经济意义。从京津冀协同发展的制度需求出发，天津市要陆续制定粮食安全相关地方性法规并有效实施；与此同时，健全与之对应的粮食"软法"，加以统筹配套（见表8-9）。应当看到，天津市粮食局是推动天津市粮食"软法"发展的主导力量，其政策法规处负责研究提出粮食流通发展建议，拟订全市粮食市场体系建设规划等。通过粮食"硬法"与"软法"的结合，从京津冀协同发展的战略性高度健全粮食应急体系，推动天津市现代粮食产业的发展。

表8-9　　近年来天津市粮食"软法"称谓类型化例举表

称谓	例举
计划类	《天津市2017年粮食行业职业技能鉴定计划》
制度类	天津市粮食局《天津市粮食流通统计制度（2017—2018年度)》
意见类	天津市防汛抗旱指挥部《天津市2017年防汛抗旱工作安排意见》（2017年）
方案类	天津市粮食局《天津市粮食行业"七五"法治宣传教育工作方案》（2016年）
办法类	天津市粮食局《天津市粮食局列入集体决策重大事项合法性审查办法》（2016年）
预案类	《天津市粮食应急预案》（2015年）
细则类	《天津市粮食局"双随机一公开"监管工作细则》（2017年）
规定类	天津市粮食局《粮食行政执法监督规定》（2015年）

作为直辖市，重庆市在中西部发展过程中起着重要的战略引领作用，应当陆续制定粮食安全相关地方性法规并有效实施；与此同时，健全与之对应的粮食"软法"，加以统筹配套（见表8-10）。应当看到，重庆市商务委员会（重庆市粮食局）是推动重庆市粮食"软法"发展的主导力量，其中粮油调控管理处负责拟订实施全市粮食流通的发展规划和政策措施，提出粮油储备规划及购销、轮换计划等。通过粮食"硬法"与"软法"的结合，从中西部可持续发展的战略性高度建立现代粮食产业体系，体现特色发展理念。

表8-10　　　　近年来重庆市粮食"软法"称谓类型化例举表

称谓	例举
规划类	重庆市农业委员会《重庆市粮油产业发展"十三五"规划》
意见类	《重庆市人民政府关于实施粮食收储供应安全保障工程建设的意见》（2013年）、《重庆市人民政府关于贯彻落实粮食安全行政首长责任制的实施意见》（2015年）
办法类	重庆市商业委员会《重庆市市级储备粮油代储资格认定办法》（2011年），重庆市商业委员会、重庆市财政局《重庆市市级储备粮油质量监管办法（试行）》（2013年）
预案类	重庆市人民政府办公厅《重庆市粮食应急预案》（2016年）
细则类	重庆市人民政府《重庆市粮食质量监管实施细则（试行）》（2006年）、重庆市人民政府《重庆市粮食流通监督检查实施细则（暂行）》（2006年）

广州市作为广东省省会城市，是改革开放前沿城市，国际化程度不断增强，粮食供需形势也很严峻，需要陆续制定粮食安全相关地方性法规并有效实施；与此同时，健全与之对应的粮食"软法"，加以统筹配套（见表8-11）。应当看到，广州市现已制定的粮食"软法"偏少，未来可提升的空间很大。广州市发改委是推动广州市粮食"软法"发展的主导力量，其中粮食处负责拟订粮食流通政策、流通体制改革方案、市场调控方案、粮食流通业发展规划等。通过粮食"硬法"与"软法"的结合，从粤港澳协同发展的战略性高度健全粮食应急体系，建立区域化的粮食保障系统。

表8-11　　　　近年来广州市粮食"软法"称谓类型化例举表

称谓	例举
规划类	广州市人民政府办公厅《广州市粮食流通业发展第十三个五年规划（2016—2020年）》

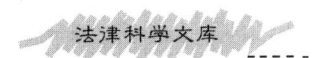

续前表

称谓	例举
办法类	广州市人民政府办公厅《广州市粮食安全责任考核办法》（2016年）
预案类	广州市人民政府办公厅《广州市粮食应急预案》（2014年）

第二节 制度自信：从立法变迁到法治系统工程构建

制度是人类社会的特有现象，无论发达国家还是发展中国家都充分重视制度的作用。例如，从肯尼亚农业发展可以看出"制度在经济发展过程中的中心作用"[①]。制度变迁是经济学对制度研究的基本术语，揭示了制度对经济发展的重要影响。法律是基本的制度，立法变迁是基本的制度变迁模式。从立法变迁中，可以看到粮食软法治理的融入轨迹，从而论证了法治系统工程从狭义说走向广义说的广阔发展前景，体现了中国特色粮食法治的制度自信。

一、粮食安全保障立法变迁：中央层面与地方层面之因应

"法"一般指国家法，对应的是民间法。软法与民间法有交叉，但不等同。民间法的制定主体一般是"民间"力量，软法的制定主体可以是国家机关（如体现为政府规范性文件）。就国家法而言，又分为中央立法与地方立法。粮食安全保障的立法变迁包括中央层面的立法变迁与地方层面的立法变迁。通过这两个层面的梳理，有助于进一步论证粮食法治系统工程的构建。

（一）中央层面的立法变迁

现有中央层面的立法变迁范本为中央储备粮管理立法、粮食流通管理立法。通过中央层面的立法变迁的梳理，从中得出自上而下的制度变迁结论。

1. 基本梳理

一方面，中央储备粮管理立法。2003年，为了深化中央储备粮管理

---

① [美]罗伯特·H. 贝茨：《超越市场奇迹——肯尼亚农业发展的政治经济学》，刘骥、高飞译，216页，长春，吉林出版集团有限责任公司，2009。

体制改革，建立健全储备粮运营体系，推进粮食宏观调控，国家制定了《中央储备粮管理条例》，包括总则、中央储备粮的计划、中央储备粮的储存、中央储备粮的动用、监督检查、法律责任、附则。《中央储备粮管理条例》后于2011年、2016年分别作了少量修订。

另一方面，粮食流通管理立法。2004年，为了深化粮食流通体制改革，国家制定了《粮食流通管理条例》，包括总则、粮食经营、宏观调控、监督检查、法律责任、附则等内容。国务院《粮食收购条例》（1998年）、《粮食购销违法行为处罚办法》（1998年）同时废止。《粮食流通管理条例》后于2013年、2016年分别作了少量修订。

我国正在制定《粮食法》。其中，《粮食法（征求意见稿）》（2012年）包括总则、粮食生产、粮食流通和加工、粮食消费与节约、粮食质量安全、粮食调控与储备、粮食产业支持与发展、监督检查、法律责任、附则。《粮食法（送审稿）》（2014年）则包括总则、粮食综合生产能力建设、粮食生产积极性保护、粮食流通与经营、粮食消费与节约、粮食质量安全、粮食调控与储备管理、监督检查、法律责任、附则。可以预见，未来的《粮食法》应当从粮食生产、收购、储存、运输、加工、销售、进出口等方面进行制度设计。

2. 小结

立法变迁包括自上而下的制度变迁与自下而上的制度变迁。自上而下的制度变迁是先由国家统一立法（如法律、行政法规），在全国统一实施。其中，条件不成熟的，可以由国务院制定行政法规，条件成熟后再上升为法律。各地必须严格贯彻实施中央立法，但可以根据具体情况制定地方性法规、地方政府规章来补充中央立法或使中央立法具体化。自上而下的制度变迁的优势在于由国家强制力保障，可以在全国范围内普遍实施，树立国家权威。与此同时，此种制度变迁也会给地方立法建立基本框架，不一定能切合地方实际情况。另外，当中央立法尚未作出规定时，地方立法可能不愿意、不敢于作出创造性规定。

从粮食安全保障出发，中央层面的立法变迁是自上而下的制度变迁。例如，《中央储备粮管理条例》第59条规定："地方储备粮的管理办法，由省、自治区、直辖市参照本条例制定。"亦即地方储备粮管理的地方性立法是参照《中央储备粮管理条例》制定的。《粮食流通管理条例》第6条第3款规定了粮食省长负责制，即省级人民政府在国家宏观调控下，负责本地区粮食的总量平衡和地方储备粮的管理。粮食省长责任制是在国家统一立法之下的制度创新,需要各省根据本省情况进行地方性立法,遵循自上而下的制度变迁思维。

(二) 地方层面的立法变迁

现有地方层面的立法变迁范本则遍及粮食产业"全过程",重点也是粮食储备与流通。通过地方层面的立法变迁的梳理,从中得出自下而上的制度变迁结论。

1. 基本梳理

目前,涉粮地方性法规倾向于粮食安全的综合性保障、全过程保障,主要包括粮食生产、粮食储备、粮食流通、粮食调控、粮食应急等内容(见表8-12)。

表8-12　　粮食安全省级地方性法规框架例举表

法规名称	基本框架
《贵州省粮食安全保障条例》(2011年)	总则、生产保障、储备保障、流通保障、调控保障、法律责任
《广东省粮食安全保障条例》(2014年)	总则、生产与经营、储备与管理、调控与应急、法律责任、附则
《宁夏回族自治区地方储备粮管理条例》(2015年)	总则、储备规模、储存管理、轮换管理、应急保障、监督检查、法律责任、附则

涉粮地方政府规章倾向于粮食流通管理、地方储备粮管理,其中粮食流通管理包括粮食经营、宏观调控、质量管理、监督检查、应急管理等,地方储备粮管理包括计划、收购、储存、轮换、销售、动用、财会、监督检查等内容(见表8-13)。

表8-13　　粮食安全省级地方政府规章框架例举表

法规名称	基本框架
《广东省省级储备粮管理办法》(2004年)	总则、省级储备粮的收储管理、省级储备粮的销售与轮换、省级储备粮的动用、财务与统计、监督检查、法律责任、附则
《新疆维吾尔自治区地方储备粮管理办法》(2005年)	总则、地方储备粮的计划、地方储备粮的储存、地方储备粮的动用、监督检查、法律责任、附则
《山东省地方储备粮管理办法》(2006年)	总则、收购、储存、轮换、动用、法律责任、附则

续前表

法规名称	基本框架
《安徽省省级储备粮管理办法》（2009年）	总则、省级储备粮的计划、省级储备粮的储存、省级储备粮的动用、监督检查、法律责任、附则
《内蒙古自治区粮食流通管理办法》（2009年）	总则、粮食经营、宏观调控、监督检查、法律责任、附则
《吉林省〈粮食流通管理条例〉实施办法》（2009年）	总则、粮食经营、质量管理、宏观调控、监督检查、法律责任、附则
《浙江省地方储备粮管理办法》（2010年）	总则、地方储备粮计划和轮换、地方储备粮的储存、地方储备粮的动用、监督检查、法律责任、附则
《湖北省地方储备粮管理办法》（2013年）	总则、计划与收购、储存、轮换、动用、利息费用补贴、监督检查、法律责任、附则
《浙江省实施〈粮食流通管理条例〉办法》（2015年）	总则、粮食经营、粮食市场调控、监督检查、法律责任、附则
《江苏省地方储备粮管理办法》（2015年）	总则、计划与收购、储存、轮换、动用、监督检查、法律责任、附则
《河北省粮食流通管理规定》（2016年）	总则、粮食经营、宏观调控、监督检查、法律责任、附则
《广西壮族自治区储备粮管理办法》（2016年）	总则、自治区储备粮的计划、自治区储备粮的储存、自治区储备粮的动用、监督检查、法律责任、附则
《福建省粮食流通管理办法》（2017年）	总则、粮食经营、宏观调控、监督检查、法律责任、附则
《湖南省地方储备粮管理办法》（2017年）	总则、计划、储存、动用、财务管理、监督检查、法律责任、附则
《四川省〈粮食流通管理条例〉实施办法》（2018年）	总则、粮食经营、质量监管、宏观调控、监督检查、法律责任、附则

2. 小结

较之自上而下的制度变迁，自下而上的制度变迁体现为地方立法在一定范围内（如某省、某市）先行先试，相关立法经验逐步在全国推广，待条件成熟可制定法律、行政法规。在中央立法已经规定的领域，可以充分体现具体区域的特色情况，更好地贯彻落实中央立法。在中央立法未曾涉及或不宜涉及的领域，可以提供更多的灵活度，调动地方立法创新的积极性。与此同时，此种制度变迁也可能与中央立法精神、法律规定相违背，或者超越地方立法应有的权限，这是要特别警惕的。

从粮食安全保障出发，地方层面的立法变迁是自下而上的制度变迁。例如，作为我国第一部全面规定粮食安全保障问题的省级地方性法规，《广东省粮食安全保障条例》开篇规定"保障粮食安全，满足人民生活需要，维护社会稳定"的立法宗旨。该条例第2条明确界定"粮食安全保障"包括"粮食供求基本平衡""市场粮食价格基本稳定""粮食质量安全"三个方面，限定"粮食"为"稻谷、小麦、玉米、杂粮及其成品粮"。该条例还提供了很多有益的制度尝试，如第33条的低收入群体和受灾居（村）民粮食供应救济制度。上述立法宗旨、概念界定、制度设计均可以为《粮食法》的制定提供借鉴，推进《粮食法》的立法进程。当然，也要反思：我国粮食地方立法仍未能充分体现本地特色（如《广东省粮食安全保障条例》缺乏全国第一粮食销区的特色制度设计），存在地方立法之间的制度规定相似、地方立法与粮食行政法规相似等问题，需要不断提升地方立法者的眼界、素养与立法技巧。诚然，地方立法为中央立法提供了土壤和养分，地方立法的完善夯实了整个中央立法的基础。

二、粮食法治系统工程构建：从狭义说走向广义说

系统工程理论并非某一具体学科的"专利"，而是一种宏观发展思维，在现代自然科学中起着跨学科的沟通作用。应当将系统工程理论引入法学领域，在粮食行业将硬法与软法有机结合，充分发挥中国特色粮食法律体系的优越性。从狭义的粮食法治系统工程走向广义的粮食法治系统工程，更好地维护、实现粮食权，保障国家整体粮食安全。

（一）狭义的粮食法治系统工程

狭义的粮食法治系统工程是针对粮食硬法而言的，要体现法律自信，以制定《粮食法》为契机走向世界粮食法舞台。构建粮食法治系统工程必须加强公众参与，如拓展公众参与形式、规范公众参与程序等。在此基础上，遵循正义原则，从粮食形式法治走向粮食实质法治。

1. 法律自信

治理理论是现代行政管理学的创新发展。中国特色社会主义治理体系是国家治理、私人治理与社会治理的有机统一，是治理理论的开拓。国家

治理、私人治理、社会治理分别强调政府管理、市场决定、社会力量参与。从粮食安全保障出发，国家治理要坚持全面依法治国、全面依法治粮，以《粮食法》推动粮食法治建设；私人治理要尊重粮农、粮食生产经营者的自主经营权，维护粮食市场的公平竞争秩序；社会治理要鼓励粮食社会组织、民间力量参与保障粮食安全，加强社会监督。

中国特色社会主义建设要坚持"四个自信"，即道路自信、理论自信、制度自信、文化自信。国家治理要坚持"四个自信"，重在制度自信。制度自信是包括政策自信、法律自信在内的中国特色社会主义制度的统一体。其中，法律制度在中国特色社会主义制度中占据核心地位，法律自信是制度自信的核心。法律自信包括立法自信（如制定《粮食法》）、执法自信（如建立"大粮食"行政管理体制）、司法自信（如健全粮食公益诉讼机制）等。《粮食法》的制定既是中国粮食立法史上的头等大事，也是世界粮食立法史上的绚烂一笔，是法律自信的集中体现。

2. 公众参与

国家治理从国家利益出发，是对整个国家发展的治理模式。社会治理从社会公共利益出发，是对整个社会发展的治理模式。一般而言，国家治理依赖硬法，社会治理则更多依赖软法。公众参与强化社会公众的法律地位，在我国则体现为人民主体地位，最大限度地维护最广大人民群众的切实利益。公众参与是国家治理模式的创新，也是社会治理模式的创新。相应的，公众参与是硬法创新的推动力，也是软法创新的推动力。通过公众参与，可以实现国家治理与社会治理的对接，进而实现硬法创新与软法创新的统一。

关于公众参与，粮食立法需要走的路还很漫长。一方面，拓展公众参与形式。一是现场参与。例如，采取座谈会、论证会、听证会等形式。现场参与比较正式，但参与面可能比较低。二是网上参与。2017 年 8 月，国家发布《粮食流通管理条例（修订，征求意见稿）》和《中央储备粮管理条例（修订，征求意见稿）》，反馈意见可以发送电子邮件或电话传真。网上参与是未来公众参与的主要形式，方便快捷，能够最大限度地拓展参与面。三是专门调研。例如，采取社会调查、专家意见咨询等形式。专门调研既要考虑专业程度，也要防止不合理地限定调研群体。另一方面，规范公众参与程序。加强公众参与程序立法，规范立项前规划、立法预评估、研究起草、调研论证、立项报审、立法后评价等工作。公众参与环节可以邀请媒体参与，加强媒体监督，通过舆论报道引发更为深入的公众参与。媒体报道可以整合各方意见，及时反映民意，提供民声诉求平台。

3. 从形式法治走向实质法治

形式法治强调法律至上，不断强化现行粮食法律法规的制定、遵守、适用及相应的法定救济。形式法治往往排斥国家法以外的粮食制度资源，容易排斥粮食软法。形式法治强调效率，同等情况同样解决，有助于制定《粮食法》并统一适用，促进粮食市场主体的平等竞争，值得肯定。与此同时，形式法治存在过于僵硬、一刀切、灵活性不足等缺点，需要不断革新。例如，《粮食流通管理条例》《中央储备粮管理条例》都在不断修订完善中。

实质法治要求法律的制定、遵守、适用、救济必须符合正义原则，不断吸收粮食软法的制度性经验，而不是仅仅墨守国家法的现有模式。现实社会是复杂多变的，形式法治难以一一满足新的经济社会需求。实质法治强调公平，不同情况区别对待，增添灵活性。单单依靠《粮食法》保障我国粮食安全是不够的，必须遵循正义原则、安全理念，形成与之配套的粮食安全保障制度体系（粮食硬法与粮食软法）。实质法治拓展对于"法治"的理解，强化立法宗旨、法律理念、法律价值的宏观指引。

（二）广义的粮食法治系统工程

硬法之治与软法之治是有机统一的。狭义的粮食法治系统工程是粮食"硬法"系统工程，广义的粮食法治系统工程则是粮食"硬法"系统工程与粮食"软法"系统工程的协同发展。创新是人类发展的动力，粮食法治也是如此。协同发展的目标是推进创新型法治系统建设（包括粮食硬法创新与粮食软法创新），构建创新型国家。

1. 硬法之治与软法之治

国际社会已经充分认识治理问题对粮食安全制度建设的意义与价值。联合国粮农组织《世界粮食安全首脑会议宣言》（2009年）原则2为"在国家、区域和全球层面促进战略协调以改善治理、实现资源更合理配置、避免重复工作并查找对策中的差距"。世界粮食安全委员会《长期危机中保障粮食安全和营养行动框架》（2015年）原则11为"促进国家和地方的有效治理"，而《全球粮食安全和营养战略框架（第五版）》（2016年）第二章B则要求"国家一级要建立有效的治理体系，由所有层面的利益相关者参与"，确保"和平与法治"。

国家治理的目标是实现国家治理体系现代化，国家粮食安全治理涵括硬法之治与软法之治。其中，硬法之治强调依照粮食"硬法"进行治理，软法之治强调依照粮食"软法"进行治理。全面依法治国首先是全面依宪治国。无论是硬法之治还是软法之治，都必须依照宪法才能贯彻实施。更深一步讲，硬法与软法可能有矛盾冲突，硬法之治与软法之治随之也有可能出现矛盾冲突，要在宪法统率下实现有机统一。地方各级粮食行政管理部门应当定期清理本级软法文件，加强粮食"软法"汇编，及时报送本级粮食"软法"到上一级粮食行政管理部门，以便发现、解决硬法之治与软法之治的矛盾冲突。

2. 创新型法治系统建设

从资源配置划分，传统国家分为自给型国家、依附型国家、富余型国家。自给型国家是指自身资源比较丰富，通过国内市场调配可以满足国民整体需求，不需要依附他国的国家。依附型国家是指自身资源不足，必须依附他国，通过国际市场调配才能满足国民整体需求的国家。富余型国家是指自身资源富足，除了满足国民整体需求，还可以提供给其他国家使用的国家。

与传统国家对应的是创新型国家。创新型国家的核心是科技创新，要求充分发挥科技创新优势，提升自主创新能力，提高创新效益。从自给型国家走向创新型国家，要求通过科技创新充分挖掘自身禀赋，在满足国民整体需求的同时，可以适当出口，或者储存以供未来之用。例如，中国提出走创新型国家之路，通过粮食科技创新以长久解决第一人口大国的吃饭问题。从依附型国家走向创新型国家，则力求通过科技创新满足国民整体需求，不再依附他国。例如，以色列发展高端农业科技，在沙漠中利用有限资源寻求满足自身粮食安全。从富余型国家走向创新型国家，是要改变"财大气粗"的思维，从全球视角、长远发展的高度重新定位自身发展，通过科技创造价值而非通过挥霍自然禀赋创造价值。

与此同时，创新型国家的根本保障是体制机制创新。其中，"体制"是宏观层面的战略蓝图，如粮食流通体制全面市场化改革；"机制"是微观层面的制度设计，如粮食储备管理机制。"体制机制"是广义的制度概念，既包括硬法，也包括软法。相应的，"体制机制创新"包括硬法创新与软法创新，最终实现制度变迁、制度创新。

一方面，粮食硬法创新。长期以来，我国粮食领域更多是依赖粮食政策，粮食立法比较滞后。《中央储备粮管理条例》《粮食流通管理条例》的制定，从行政法规层面保障、促进粮食流通体制改革与储备粮体系建设，对粮食立法具有重大推进作用。当然，单靠这两个行政法规是远远不够的，我们需要从基本法律层面对粮食安全保障作出具体规定。《农业法》虽然专章规定粮食安全问题，但整体上讲调整对象过宽（"大农业"理念），无法成为粮食安全基本法。当前，粮食硬法创新的重心是制定《粮食法》，这必将是中国粮食立法史上的根本性突破。

另一方面，粮食软法创新。粮食软法创新的重心在于粮食政策。长期以来，粮食政策一直在粮食安全保障领域中起着关键性作用，是最基本的粮食软法。国家层面发布了一系列创新问题的规定，其中不乏与粮食安全相关的政策性规定（见表8-14）。

表8-14 国家层面涉粮创新问题的政策性规定例举表

文件名称	相关规定
中共中央、国务院《关于深化科技体制改革加快国家创新体系建设的意见》（2012年）	完善科技促进农业发展、民生改善和社会管理创新的机制
《国务院办公厅关于深化种业体制改革提高创新能力的意见》（2013年）	建立种子市场秩序行业评价机制
中共中央办公厅、国务院办公厅《关于创新机制扎实推进农村扶贫开发工作的意见》（2014年）	构建政府、市场、社会协同推进的大扶贫开发格局
《国务院关于创新重点领域投融资机制鼓励社会投资的指导意见》（2014年）	创新生态环保投资运营机制，鼓励社会资本投资运营农业和水利工程
《中共中央、国务院关于加大改革创新力度加快农业现代化建设的若干意见》（2015年）	健全农村产权保护法律制度，健全农业市场规范运行法律制度，健全"三农"支持保护法律制度
《国务院办公厅关于推进线上线下互动加快商贸流通创新发展转型升级的意见》（2015年）	推动农产品线上营销与线下流通融合发展
《国务院办公厅关于支持返乡下乡人员创业创新促进农村一二三产业融合发展的意见》（2016年）	鼓励和引导返乡下乡人员按照全产业链、全价值链的现代产业组织方式开展创业创新，建立合理稳定的利益联结机制

续前表

文件名称	相关规定
中共中央办公厅、国务院办公厅印发《关于创新政府配置资源方式的指导意见》(2017年)	创新自然资源配置方式
《国务院办公厅关于创新管理优化服务培育壮大经济发展新动能加快新旧动能接续转换的意见》(2017年)	壮大农村新产业新业态，拓展农业新价值链
《国务院办公厅关于创新农村基础设施投融资体制机制的指导意见》(2017年)	创新农村基础设施投融资体制机制

与此同时，各部委也纷纷发布创新问题的具体政策性规定，响应和落实党和国家的战略决策。其中，农业农村部重点是推进农业经营体制机制创新、农民用水合作组织创新、农业科技创新、农民创新创业等（见表8-15）。作为粮食行政管理部门，国家粮食和物资储备局高度重视创新问题。《国家粮食局关于深化粮食科技体制改革和加快创新体系建设的指导意见》(2015年)是目前涉粮创新问题的直接政策性规定。该意见提出，"健全创新体系，构建粮食科技协同创新平台"。

表8-15　农业农村部涉粮创新问题的政策性规定例举表

文件名称	相关规定
《农业部关于推进农业经营体制机制创新的意见》(2009年)	完善创新利益联结机制
农业部等《关于鼓励和支持农民用水合作组织创新发展的指导意见》(2014年)	建立参与工程决策与建设、工程管护、用水管理、水费计收管理、财务管理、奖惩制度等管理制度
《农业部办公厅关于国家农业科技创新与集成示范基地建设的意见》(2014年)	建立健全创新基地运行机制
《农业部办公厅关于加强农民创新创业服务工作促进农民就业增收的意见》(2015年)	推动"产学研推用"协同创新，提供农民创新创业体制和机制保障

创新型国家要求体制机制创新，体制机制创新的目标是构建创新型法治系统工程。广义的粮食法治系统工程是粮食硬法之治与软法之治的结合，粮食硬法创新与软法创新协同构建创新型粮食法治系统工程。从另一

角度考虑，粮食产业是农业之基础，农业又是国民经济的基础产业。创新型粮食法治系统工程是创新型农业法治系统工程的基础，创新型农业法治系统工程又是整个中国特色法治系统工程的组成部分。因此，建设创新型粮食法治系统工程将极大推动整个中国特色法治系统工程的发展，进而推进创新型国家建设，可谓一脉相承。

结　语　中国特色粮食法学之确立

民法、行政法、刑法都有千载研究历史，在人类法制文明史上相映生辉。私法与公法的绝对分割早已被打破，诸多新兴学科均为公法、私法、社会法的交叉研究领域。中国古代已有粮食法研究，但只是粗浅的探索，离不开律学的桎梏，停留在国家强权管理的思维束缚中，未能真正成其大势，故难出大师之作，鲜有神来之笔。粮食是人类社会最重要的生活必需品，却一直未能在法律层面得到足够的重视。我国当代粮食法研究，督促社会各界聚焦粮食问题，从而诞生中国特色粮食法学。

一方面，形成粮食法学。新兴学科的形成，必须具备独立性，能够与现有相关学科有效区分。粮食法学是关于当代粮食立法、粮食法律主体、粮食权、粮食法律客体、粮食法律行为、粮食法律责任、粮食法律救济、粮食软法等的研究。粮食法学与传统的民法学、行政法学、刑法学有本质不同，不能归入任一传统学科。关键在于，粮食法学与农业法学也有不同。农业法学偏重于农业生产过程，而且是"大农业"的概念范畴；粮食法学仅限于"粮食"研究，突出国计民生需求，而且是粮食"全过程"产业链研究。粮食法学可以借鉴农业法学某些元素，但必须强调自身的政治经济战略性研究地位，有必要独立自成体系。

另一方面，体现中国特色。立足第一人口大国的实际情况，适逢新时代经济社会发展之良机，因应人民日益增长的"美好生活需要"。以制定《粮食法》为契机，推动中国当代粮食立法之体系化；从粮食市场主体、粮食行政管理体制、粮食社会组织三个层面促进粮食法律主体之多元化；从粮食供给平衡、粮食质量安全、粮食价格合理三个角度彰显粮食权之特色化；从粮食、特定粮食服务行为、粮食智力财产、粮食金融等角度体现粮食法律客体之多样化；从粮食供给保障行为、粮食质量保障行为、粮食价格保障行为方面实现粮食法律行为之类型化；将传统粮食法律责任与新兴粮食法律责任有机结合，旨在实现粮食法律责任之综合化；在传统粮食法律救济途径的基础上引入粮食公益诉讼，致力于粮食法律救济之便利化；通过粮食软法与粮食硬法构建广义的粮食法治系统工程，促成粮食软法之协同化。

本土性与世界性是对立统一的。辩证地说，越是本土的，就越是世界的。中国特色粮食法学之确立，不仅是中国粮食法研究史上的里程碑，更将为世界粮食法研究贡献中国智慧，指引人类粮食法治文明的前进方向。中国特色粮食法学之发展，不仅有益于保障中国粮食安全、建设新时代粮食产业强国，更有助于保障世界粮食安全、促进世界和平与发展。粮食安全是全人类的永恒追求，粮食法研究是世界法学界的共同事业，中国法学界有信心也有能力推进这一伟大事业！

参考文献

一、中文类

（一）中文著作

1. 贾思勰．齐民要术．北京：中华书局，1956
2. 钱学森等．论系统工程（增订本）．长沙：湖南科学技术出版社，1988
3. 周枏．罗马法原论．北京：商务印书馆，1994
4. 罗豪才等．软法与公共治理．北京：北京大学出版社，2006
5. 鲁靖．粮食经济中的和谐——中国粮食市场与政府宏观政策的耦合．南京：东南大学出版社，2006
6. 马军．国民党政权在沪粮政的演变及后果（1945年8月至1949年5月）．上海：上海古籍出版社，2006

7. 梅方权等．粮食与食物安全早期预警系统研究．北京：中国农业科学技术出版社，2006

8. 彭凯翔．清代以来的粮价：历史学的解释与再解释．上海：上海人民出版社，2006

9. 龙方．新世纪中国粮食安全问题研究．北京：中国经济出版社，2007

10. 罗豪才等．软法与协商民主．北京：北京大学出版社，2007

11. 肖海峰，王姣等．我国粮食综合生产能力及保护机制研究．北京：中国农业出版社，2007

12. 梁方仲．明代粮长制度（校补本）．北京：中华书局，2008

13. 刘颖．基于国际粮荒背景下的中国粮食流通研究．北京：中国农业出版社，2008

14. CCTV中央电视台《中国财经报道》栏目组编．粮食战争．北京：机械工业出版社，2008

15. 唐风编著．新粮食战争．北京：中国商业出版社，2008

16. 朱志刚．我国粮食安全与财政问题研究．北京：经济科学出版社，2008

17. 罗豪才，宋功德．软法亦法：公共治理呼唤软法之治．北京：法律出版社，2009

18. 何蒲明．粮食安全与农产品期货市场发展研究．北京：中国农业出版社，2009

19. 王贵松．日本食品安全法研究．北京：中国民主法制出版社，2009

20. 王国丰．中国粮食综合安全体系研究．北京：中国经济出版社，2009

21. 王勇．中国古代农官制度．北京：中国三峡出版社，2009

22. 肖国安，王文涛．中国粮食安全报告：预警与风险化解．北京：红旗出版社，2009

23. 尹成杰．粮安天下——全球粮食危机与中国粮食安全．北京：中国经济出版社，2009

24. 徐剑明编著．"马尔萨斯幽灵"的回归：粮食危机真相．北京：中国致公出版社，2009

25. 罗豪才主编．软法的理论与实践．北京：北京大学出版社，2010
26. 陈春声．市场机制与社会变迁：18世纪广东米价分析．北京：中国人民大学出版社，2010
27. 刘甲朋．中国古代粮食储备调节制度思想演进．北京：中国经济出版社，2010
28. 毛新志．转基因食品的伦理问题与公共政策．武汉：湖北人民出版社，2010
29. 宋敏等编著．日本环境友好型农业研究．北京：中国农业出版社，2010
30. 王明远．转基因生物安全法研究．北京：北京大学出版社，2010
31. 张红玉．我国粮食补贴政策研究．上海：立信会计出版社，2010
32. 赵文先．粮食安全与粮农增收目标的公共财政和农业政策性金融支持研究．北京：经济管理出版社，2010
33. 顾秀林．转基因战争：21世纪中国粮食安全保卫战．北京：知识产权出版社，2011
34. 樊明等．种粮行为与粮食政策．北京：社会科学文献出版社，2011
35. 王军杰．WTO框架下农业国内支持法律制度研究．北京：法律出版社，2012
36. 程国强．全球农业战略：基于全球视野的中国粮食安全框架．北京：中国发展出版社，2013
37. 李华，蒲应龚等．新西兰农业．北京：中国农业出版社，2013
38. 周章跃．澳大利亚农业．北京：中国农业出版社，2013
39. 丁士军，史俊宏编著．英国农业．北京：中国农业出版社，2013
40. 李婷等．德国农业．北京：中国农业出版社，2014
41. 余莹．西方粮食战略与我国粮食安全保障机制研究．北京：中国社会科学出版社，2014
42. 姚凤桐，李主其．日本的粮食．北京：中国农业出版社，2014
43. 姚凤桐等．美国的粮食．北京：中国农业出版社，2014
44. 黄贤金等编著．非洲土地资源与粮食安全．南京：南京大学出版社，2014
45. 马述忠，屈艺等．中国粮食安全与全球粮食定价权——基于全球

产业链视角的分析．杭州：浙江大学出版社，2015

46．曹阳．国际法视野下的粮食安全问题研究——可持续性国际粮食安全体系的构建．北京：中国政法大学出版社，2016

47．刘颖等．新时期我国粮食储备政策与调控体系研究．北京：人民出版社，2016

48．王士海．中国粮食价格调控的政策体系及其效应研究．北京：中国农业科学技术出版社，2016

49．樊琦，祁华清．我国粮食价格支持政策的市场化转型路径研究．北京：经济日报出版社，2017

50．邵腾伟．培育农垦国际大粮商研究．北京：科学出版社，2017

51．王秀东等．改革进程中我国粮食补贴政策及实施效果研究．北京：经济科学出版社，2017

（二）中文译作

1．［英］马尔萨斯．人口论．郭大力译．北京：商务印书馆，1959

2．［古罗马］M.T.瓦罗．论农业．王家绶译．北京：商务印书馆，1981

3．世界贸易组织乌拉圭回合多边贸易谈判结果法律文本．对外贸易经济合作部国际经贸关系司译．北京：法律出版社，2000

4．［日］速水佑次郎，神门善久．农业经济论（新版）．沈金虎等译．北京：中国农业出版社，2003

5．［美］D.盖尔·约翰逊．经济发展中的农业、农村、农民问题．林毅夫，赵耀辉编译．北京：商务印书馆，2004

6．［墨西哥］阿图洛·瓦尔曼．玉米与资本主义——一个实现了全球霸权的植物杂种的故事．谷晓静译．上海：华东师范大学出版社，2005

7．［美］约翰·马德莱．贸易与粮食安全．熊瑜好译．北京：商务印书馆，2005

8．经济合作与发展组织．中国农业政策回顾与评价．程国强等校译．北京：中国经济出版社，2005

9．［英］弗兰克·艾利思．农民经济学：农民家庭农业和农业发展．2版．胡景北译．上海：上海人民出版社，2006

10．［美］西奥多·W.舒尔茨．改造传统农业．2版．梁小民译．北京：商务印书馆，2007

11. ［印度］A. 古拉蒂，［中国］樊胜根主编. 巨龙与大象：中国和印度农业农村改革的比较研究. 北京：科学出版社，2009

12. ［美］迈克尔·R. 里德. 国际农产品贸易. 孔雁译. 北京：清华大学出版社，2009

13. ［美］罗纳德·斯瑞波尔. 农业市场经济学. 孔雁译. 北京：清华大学出版社，2009

14. ［美］罗伯特·H. 贝茨. 超越市场奇迹——肯尼亚农业发展的政治经济学. 刘骥，高飞译. 长春：吉林出版集团有限责任公司，2009

15. ［日］田代洋一. 日本的形象与农业. 杨秀平等译. 北京：中国农业出版社，2010

16. ［英］约翰·范顿. 从DNA到转基因小麦：探索转基因食物. 郎淑华译. 上海：上海科学技术文献出版社，2010

17. ［美］帕特里克·韦斯特霍夫. 粮价谁决定：食品价格中的经济学. 申清，郭兴华译. 北京：机械工业出版社，2011

18. ［美］富兰克林·H. 金. 四千年农夫. 程存旺，石嫣译. 北京：东方出版社，2011

19. ［美］罗伯特·H. 贝茨. 热带非洲的市场与国家：农业政策的政治基础. 曹海军，唐吉洪译. 刘骥，刘秀汀校. 长春：吉林出版集团有限责任公司，2011

20. ［德］Konrad Martin, Joachim Sauerborn. 农业生态学. 马世铭，封克译. 严峰校. 北京：高等教育出版社，2011

21. ［美］莱斯特·R. 布朗. 饥饿的地球村：新食物短缺地缘政治学. 林自新等译. 上海：上海科技教育出版社，2012

22. ［印度］阿玛蒂亚·森. 以自由看待发展. 任赜，于真译. 刘民权，刘柳校. 北京：中国人民大学出版社，2013

23. ［日］神门善久. 日本现代农业新论. 董光哲，苏小双，韩永哲译. 上海：文汇出版社，2013

24. ［英］艾尔伯特·霍华德. 农业圣典. 李季主译. 北京：中国农业大学出版社，2013

25. ［法］玛丽-莫尼克·罗宾. 孟山都眼中的世界——转基因神话及其破产. 吴燕译. 上海：上海交通大学出版社，2013

26. ［美］詹姆斯·C. 斯科特. 农民的道义经济学：东南亚的反叛与

生存．程立显、刘建等译．南京：译林出版社，2013

27．［美］蕾切尔·卡森．寂静的春天．吕瑞兰，李长生译．上海：上海译文出版社，2014

28．［英］戈登·康韦，凯蒂·威尔逊．粮食战争：我们拿什么来养活世界．胡新萍，董亚峰，刘声峰译．北京：电子工业出版社，2014

29．［日］速水佑次郎，［美］弗农·拉坦．农业发展：国际前景．吴伟东等译．王广森，佟蔚校．北京：商务印书馆，2014

30．［澳］比尔·莫利森．永续农业概论．李晓明，李萍萍译．镇江：江苏大学出版社，2014

31．［津巴布韦］普罗斯珀·B.马通迪，［挪威］谢尔·海威尼维克，［瑞典］阿塔基尔特·贝耶内．生物燃料、土地掠夺和非洲的粮食安全．孙志娜译．北京：民主与建设出版社，2015

32．［德］多瑞斯·科恩．粮食金融：迈向农业和农村金融新范式．黄佳，邹涛译．北京：中国金融出版社，2015

33．［美］西奥多·舒尔茨．经济增长与农业．郭熙保译．北京：中国人民大学出版社，2015

34．［丹麦］埃斯特·博塞拉普．农业增长的条件：人口压力下农业演变的经济学．罗煜译．北京：法律出版社，2015

35．［美］威廉·恩道尔．粮食危机：利用转基因粮食谋取世界霸权（增订版）．赵刚，胡钰等译．刘忠，欧阳武校译．北京：中国民主法制出版社，2016

36．［美］罗纳德，亚当查克．明日的餐桌．蒋显斌译．上海：上海译文出版社，2016

37．［英］拉吉·帕特尔．粮食：时代的大矛盾．郭国玺译．北京：东方出版社，2017

38．联合国粮农组织编著．发展中国家的农业外资：趋势及影响——来自案例研究的证据．刘武兵等译．北京：中国农业出版社，2017

39．马特内·梅兹等．2008年粮食危机后的粮食与农业政策趋势——对农业发展问题的重新关注．赵学尽译．北京：中国农业出版社，2017

（三）中文论文

1．旭东，先求．坚决惩处粮食部门的犯罪活动．人民司法，1983（8）

2．方晓春．略谈贪污粮食的犯罪．法学评论，1985（3）

3. 王祖志，卢代富．当前粮食定购的新问题及其法律对策．现代法学，1987（4）

4. 张宏祖．浅析盗窃粮票和粮食的定罪与量刑．法学杂志，1990（1）

5. 童道才．贪污粮票（券）和粮食指标应如何定性？人民司法，1990（6）

6. 王文．西方社会依法维护农产品价格的稳定——《国际小麦协定》等国际商品协定简介．中国法学，1994（5）

7. 杨锦堂．抓紧制订粮食法．中国粮食经济，1995（2）

8. 彭江民．加强粮食市场的法制建设．中国粮食经济，1996（2）

9. 陈志奇．对制定《粮食法》的一点想法．中国粮食经济，1996（3）

10. 龚书玉．粮食立法势在必行．食品科技，1997（2）

11. 青锋，王学沛．粮食购销活动中的几种犯罪行为探讨．法学，1999（5）

12. 刘新春．仲裁和调解是解决粮食贸易纠纷的便宜快捷的方法．粮食流通技术，1999（6）

13. 张明清．论粮食立法与执法．粮食问题研究，2000（5）

14. 张英．粮食立法迫在眉睫．粮食问题研究，2002（4）

15. 陈刚．仲裁：解决粮食贸易纠纷的新方式．中国粮食经济，2004（10）

16. 徐挥彦．世界贸易组织农业协定中粮食安全与粮食权之互动关系．东吴法律学报，2005（1）

17. 徐喜波．粮食安全的立法思考．粮食科技与经济，2005（4）

18. 佟屏亚．一个玉米品种维权诉讼的跟踪报道——记"中国玉米种业维权诉讼第一大案"始末．中国种业．2005（11）

19. 肖顺武．论耕地保护法律制度之完善——基于粮食安全视角的解析．西南政法大学学报，2006（4）

20. 何文明，秦雷鸣．粮食流通行政执法权浅议．粮食问题研究，2006（4）

21. 刘银良．金大米的知识产权问题分析及启示．中国农业科学，2006（5）

22. 肖顺武．论法律保障粮食安全的必要性．凯里学院学报，2007（1）

23. 雒凤羽．国家粮食产业政策和法律法规体系建设初探．河南工业大学学报（社会科学版），2007（3）

24. 肖顺武．论粮食市场的法律控制．云南行政学院学报，2007（4）

25. 肖顺武．论粮食市场秩序的法律规制．理论探索，2007（5）

26. 张吉祥．我国粮食国际贸易定价权的风险分析．调研世界，2007（5）

27. 乔兴旺．中国粮食安全国内法保障研究．河北法学，2008（1）

28. 秦雷鸣．粮食法立法探讨．粮食问题研究，2008（1）

29. 李兴国．我国粮食安全的法律思考．中北大学学报（社会科学版），2009（1）

30. 张小勇．粮食安全与农业可持续发展的国际法保障——《粮食和农业植物遗传资源国际条约》评析．法商研究，2009（1）

31. 乔兴旺．粮食综合生产能力建设资源环境立法保障研究．福建农林大学学报（哲学社会科学版），2009（4）

32. 柏慧．宏观调控与少数人权利保障——以东北平原小规模粮农为对象．河北法学，2009（9）

33. 丁杨．论中国粮食安全的法律保障．社科纵横，2010（1）

34. 鲍春来．试论现行法律体系下粮食法之构建．中国粮食经济，2010（7）

35. 秦雷鸣．权责一致，科学构建粮食法．中国粮食经济，2010（7）

36. 朱晓东．对粮食法有关宏观调控制度的立法建议．中国粮食经济，2011（1）

37. 窦晓红．粮食安全立法思考．经济师，2011（1）

38. 穆中杰．科学把握粮食法体系的立法定位．河南工业大学学报（社会科学版），2011（3）

39. 肖顺武．粮食储备规模法律制度研究——基于粮食市场的实证解析．云南行政学院学报，2011（3）

40. 刘妍，李秀丽．地理标志权价值评价探析——基于黑龙江五常大米的案例研究．黑龙江八一农垦大学学报，2011（4）

41. 余莹．国际粮食贸易规则之演进——对国际粮食贸易的政治经济学解读．太平洋学报，2011（6）

42. 唐双娥，郑太福．生态安全和粮食安全视角下的我国土地法修

改. 中南大学学报（社会科学版），2011（6）

43. 张晓京. 论 WTO《农业协议》下的粮食安全——基于发展中国家的思考. 郑州大学学报（哲学社会科学版），2012（2）

44. 张晓京. WTO《农业协议》下的粮食安全——基于发达与发展中国家博弈的思考. 华中农业大学学报（社会科学版），2012（2）

45. 张培田，王娜. 三合场禁制作、贩卖发水大米碑析——从法文化视角展开. 河北法学，2012（4）

46. 张雪莲. 在国际贸易中我国粮食产业定价权分析——基于粮食产业链的研究视角. 河南工业大学学报（社会科学版），2012（4）

47. 马晓. 构建我国粮食安全法律保障体系. 宏观经济管理，2012（5）

48. 蒋军洲. 关于粮食流通立法的瑕疵分析. 中国流通经济，2012（6）

49. 秦守勤. 我国粮食安全的忧思及其法律对策. 农业经济，2012（8）

50. 满洪杰. 从"黄金大米"事件看未成年人人体试验的法律规制. 法学，2012（11）

51. 黄晖，曾文革. 入世后我国粮食安全立法的反思与未来战略. 农业经济问题，2013（1）

52. 徐国栋.《格拉古小麦法》研究. 厦门大学学报（哲学社会科学版），2013（2）

53. 刘俊敏. 国际粮食贸易碳排放可视化的制约瓶颈及其破解. 河北法学，2013（3）

54. 穆中杰. 中国特色粮食安全法体系构建论纲. 河南工业大学学报（社会科学版），2013（3）

55. 李国庆. 从广东"镉大米"事件看我国粮食质量安全的监管. 河南工业大学学报（社会科学版），2013（3）

56. 李耀跃. 试论我国转基因粮食安全的立法建构. 河南工业大学学报（社会科学版），2013（3）

57. 杨俊锋. 我国现行粮食安全与耕地保护制度的法律分析. 河北法学，2013（4）

58. 陈亚芸. WTO 框架下国际粮食援助与公平贸易——后多哈时代

展望.世界贸易组织动态与研究,2013（4）

59.王保民,张峣.粮食污染防治:制度审视与立法完善.中州学刊,2013（5）

60.黄延峰.粮食流通领域相关犯罪问题思考——以《粮食法征求意见稿》为视角.郑州航空工业管理学院学报（社会科学版）,2013（5）

61.曾志华.双管齐下:中国粮食安全监管的方式转变.河北法学,2013（9）

62.徐喜荣.论人体试验中受试者的知情同意权——从"黄金大米"事件切入.河北法学,2013（11）

63.吴昊,刘超.气候变化与粮食权保障.湖北经济学院学报（人文社会科学版）,2013（11）

64.曹莽.粮食安全的内在含义与法律保障.沈阳师范大学学报（社会科学版）,2014（1）

65.李国庆.论《粮食法》的社会法定位——兼评《粮食法（征求意见稿)》.河南工业大学学报（社会科学版）,2014（2）

66.穆中杰.科学把握粮食安全法体系的构建价值.河南工业大学学报（社会科学版）,2014（4）

67.宋戈等.基于耕地发展权价值的东北粮食主产区耕地保护补偿机制研究.中国土地科学,2014（6）

68.谭波.论优化我国粮食安全领域的"中央决策—省级执行"机制.河南工业大学学报（社会科学版）,2015（1）

69.郑风田,王大为.论《粮食法（送审稿)》存在的九大问题.河南工业大学学报（社会科学版）,2015（1）

70.季丽新.法律与政策互联互动视野下的农民专业合作社信用业务发展研究——以S玉米专业合作社为例.探索,2015（2）

71.李国庆.关于构建我国粮食安全问责机制的思考——以粮食收储制度改革为视角.河南工业大学学报（社会科学版）,2015（2）

72.杨莉萍.我国大陆粮食应急征用补偿标准的发展及域外镜鉴.河南工业大学学报（社会科学版）,2015（2）

73.穆中杰.河南省粮食经纪人现状调查及其法治引导.河南工业大学学报（社会科学版）,2015（3）

74.谭波.我国央地事权细化的法治对策——从粮食事权引发的思

考. 云南行政学院学报, 2015 (5)

75. 张雨薇. 关于我国粮食进口国际定价权的思考. 价格月刊, 2015 (5)

76. 宋怡亭. 浅谈粮食行政裁量权的规范及控制. 粮食问题研究, 2015 (5)

77. 陈宇峰, 田珊. 定价主导权争夺下的中国粮食安全. 经济研究参考, 2015 (38)

78. 曾文革, 原兴男. WTO 巴厘一揽子协定粮食安全条款谈判: 背景、进展与对策. 北京理工大学学报 (社会科学版), 2016 (3)

79. 郑宇, 徐畅. 民国粮食安全体系构建机制——以《中国米麦自给计划》及其推行为视点. 甘肃社会科学, 2016 (3)

80. 秦天宝, 刘庆. 《粮食和农业植物遗传资源国际条约》的晚近发展及启示. 青海社会科学, 2016 (5)

81. 曾志华. 粮食安全监管政府责任追究机制革新研究. 衡阳师范学院学报, 2016 (5)

82. 祝洪章. 土地发展权交易与粮食生产利益补偿机制. 学术交流, 2016 (6)

83. 高佳运. 民族地区城市化发展中粮食安全的法律保障. 贵州民族研究, 2016 (11)

84. 叶良芳. 无证收购粮食行为入刑的法理考察——基于规范论和立法论的双重视角. 法治研究, 2017 (1)

85. 公茂刚. 我国争取国际粮食定价权的条件与策略研究. 宁夏大学学报 (人文社会科学版), 2017 (1)

86. 宁利昂, 邱兴隆. "无证收购玉米"案被改判无罪的系统解读. 现代法学, 2017 (4)

87. 彭俊杰. 产业链视角下我国粮食安全战略再认识. 中州学刊, 2017 (4)

88. 赵将等. 美国粮食供给调控与库存管理的政策措施——美国农业法制定过程的经验. 农业经济问题, 2017 (8)

(四) 中文网络资料

1. 《粮食法 (征求意见稿)》(国务院法制办 2012 年 2 月 21 日发布). 见中国政府法制信息网——公开征求意见系统 http: //zqyj. china-

law. gov. cn/readmore? listType＝1＆id＝94＆1502176440579，访问时间：2017-08-08

2.《粮食法（送审稿）》（国务院法制办 2014 年 11 月 21 日发布）.见中国政府法制信息网——公开征求意见系统 http：//zqyj. chinalaw. gov. cn/readmore? listType＝1＆id＝134，访问时间：2017-08-08

3. 李某受贿刑罚变更刑事裁定书（（2017）豫刑更 205 号）.见中国裁判文书网 http：//wenshu. court. gov. cn/content/content? DocID＝cc67a73a-5339-49c7-bc87-a774012823b9，访问时间：2017-07-31

4. 某人民检察院指控原审被告人王某犯非法经营罪一案再审刑事判决书（（2017）内 08 刑再 1 号）.见中国裁判文书网 http：//wenshu. court. gov. cn/content/content? DocID＝462273cb-6617-4391-9ae1-a73500a42e20，访问时间：2017-07-27

5. 联合国粮农组织《负责任渔业行为守则》（1995 年）.见联合国粮农组织共用文件库 http：//www. fao. org/docrep/005/v9878c/v9878c00. htm♯2，访问时间：2017-08-15

6. 联合国粮农组织《世界粮食安全罗马宣言》（1996 年 11 月 17 日）、《世界粮食首脑会议行动计划》（1996 年 11 月 17 日）.见联合国粮农组织共用文件库 http：//www. fao. org/DOCREP/003/W3613C/W3613C00. HTM，访问时间：2017-08-10

7.《经济、社会、文化权利委员会第二十届会议（1999）第 12 号一般性意见：取得足够食物的权利》.见美国明尼苏达大学人权图书馆网站人权问题文件与相关资料 http：//www1. umn. edu/humanrts/chinese/CHgencomm/CHgencomment12. htm，访问时间：2017-08-01

8. 联合国粮农组织《粮食和农业植物遗传资源国际条约》（2001）.见联合国粮农组织官方网站综合文件库 http：//www. fao. org/3/a-i0510c. pdf，访问时间：2017-08-10

9. 联合国粮农组织《世界粮食首脑会议：五年之后宣言》（2002 年 6 月 13 日）.见联合国粮农组织共用文件库 http：//www. fao. org/DOCREP/MEETING/004/Y6948c. HTM，访问时间：2017-08-10

10.《制定一套自愿准则支持在国家粮食安全范围内逐步实现充足食物权的政府间工作组第一届会议报告》（2003 年 5 月 16 日）.见联合国粮农组织共用文件库 http：//www. fao. org/DOCREP/MEETING/006/

Y9025C. HTM，访问时间：2017-08-10

11. 制定一套自愿准则支持在国家粮食安全范围内逐步实现充足食物权的政府间工作组第二次会议《在国家一级承认食物权》（2003年10月29日）．见联合国粮农组织共用文件库 http：//www. fao. org/docrep/meeting/007/j0574c. htm，访问时间：2017-08-10

12. 制定一套支持在国家粮食安全范围内逐步实现充足食物权的自愿准则政府间工作组第四届会议《支持在国家粮食安全范围内逐步实现充足食物权的自愿准则》（2004年9月23日）．见联合国粮农组织共用文件库 http：//www. fao. org/docrep/meeting/008/j3234c. htm，访问时间：2017-08-10

13. 制定一套支持在国家粮食安全范围内逐步实现充足食物权的自愿准则的政府间工作组《实施充足食物权：六项实例研究的结果》（2004）．见联合国粮农组织共用文件库 http：//www. fao. org/DOCREP/MEETING/008/J2475C. HTM，访问时间：2017-08-01

14. 联合国粮农组织《世界粮食安全首脑会议宣言》（2009年11月18日）．见联合国粮农组织官方网站"世界粮食安全首脑会议"专题 ftp：//ftp. fao. org/docrep/fao/Meeting/018/k6050c. pdf，访问时间：2017-08-10

15. 联合国粮农组织《国家粮食安全范围内土地、渔业及森林权属负责任治理自愿准则》（2012年）．见联合国粮农组织官方网站共用文件库 http：//www. fao. org/docrep/016/i2801c/i2801c. pdf，访问时间：2017-08-10

16. 世界粮食安全委员会《农业和粮食系统负责任投资原则》（2014年10月15日）．见世界粮食安全委员会官方网站"产品"栏目 http：//www. fao. org/3/a-au866c. pdf，访问时间：2017-08-19

17. 联合国粮农组织《营养问题罗马宣言》及其《行动框架》（2014年11月21日）．见联合国粮农组织官方网站"第二届国际营养大会"专题 http：//www. fao. org/3/a-ml542c. pdf、http：//www. fao. org/3/a-mm215c. pdf，访问时间：2017-08-10

18. 联合国大会《变革我们的世界：2030年可持续发展议程》（2015年9月25日）．见联合国官方网站"可持续发展目标"专题 http：//www. un. org/ga/search/view _ doc. asp? symbol = A/RES/70/1&referer =

http：//www. un. org/sustainabledevelopment/development-agenda/&Lang=C，访问时间：2017-08-08

19. 联合国气候变化大会《巴黎协定》（2015年12月12日）. 见国家发改委官方网站应对气候变化司"国际谈判与合作"栏目 http：//qhs. ndrc. gov. cn/gwdt/201512/W020151218641766365502. pdf，访问时间：2017-08-14

20. 联合国粮农组织《将生物多样性纳入营养相关政策、计划以及国家和区域行动计划主流工作自愿准则》（2015年）. 见联合国粮农组织官方网站"主题"之"遗传资源"栏目 http：//www. fao. org/3/a-i5248c. pdf，访问时间：2017-08-14

21. 世界粮食安全委员会《长期危机中保障粮食安全和营养行动框架》（2015年）. 见世界粮食安全委员会官方网站"产品"栏目 http：//www. fao. org/3/a-bc852c. pdf，访问时间：2017-08-19

22. 联合国粮农组织《粮食安全和扶贫背景下保障可持续小规模渔业自愿准则》（2015年）. 见联合国粮农组织官方网站综合文件库 http：//www. fao. org/3/a-i4356c. pdf，访问时间：2017-08-19

23. 世界粮食安全委员会《全球粮食安全和营养战略框架（第五版）》（2016年）. 见世界粮食安全委员会官方网站"产品"栏目 http：//www. fao. org/3/a-mr173c. pdf，访问时间：2017-08-19

24. 世界粮食计划署《联合国世界粮食计划署在中国：国别战略计划（2017—2021）》（2017年3月）. 见世界粮食计划署官方网站"出版物"栏目 http：//cn. wfp. org/sites/default/files/zh-hans/file/csp_fact_sheet_chn. pdf，访问时间：2017-08-22

25. 联合国粮农组织《可持续土壤管理自愿准则》（2017年）. 见联合国粮农组织官方网站综合文件库 http：//www. fao. org/3/c-i6874c. pdf，访问时间：2017-08-10

26. 联合国粮农组织等编. 世界粮食不安全状况2015 实现2015年饥饿相关国际目标：进展不一（2015年）. 见联合国粮农组织官方网站综合文件库 http：//www. fao. org/3/a-i4646c. pdf，访问时间：2017-08-13

27. 联合国粮农组织编. 2016年粮食及农业状况：气候变化、农业和粮食安全. 见联合国粮农组织官方网站综合文件库 http：//www. fao. org/3/a-i6030c. pdf，访问时间：2017-08-17

28. 联合国粮农组织编. 粮食和农业状况：气候变化、农业和粮食安全（2017年7月8日）. 见联合国粮农组织官方网站综合文件库 http：//www.fao.org/3/a-mt194c.pdf，访问时间：2017-08-10

29. 联合国粮农组织编. 2017年世界粮食日活动手册：改变移民未来，投资粮食安全，促进农村发展. 见联合国粮农组织官方网站综合文件库 http：//www.fao.org/3/a-i7323c.pdf，访问时间：2017-08-07

30. 联合国粮农组织编. 中国和联合国粮农组织：携手构建可持续的国内和全球粮食安全体系（2017年）. 见联合国粮农组织官方网站综合文件库 http：//www.fao.org/3/a-au075c.pdf，访问时间：2017-08-09

31. 世界粮食计划署编. 世界粮食计划署如何准备和应对紧急状况（2017年）. 见世界粮食计划署官方网站"新闻"之"信息图"栏目 http：//cn.wfp.org/sites/default/files/zh-hans/file/wfp-infographic-emergency_pdf.pdf，访问时间：2017-08-22

32. 联合国粮农组织编. 世界粮食安全和营养状况2017：我们离"零饥饿"还有多远？. 见联合国粮农组织官方网站综合文件库 http：//www.fao.org/state-of-food-security-nutrition/zh/，访问时间：2017-10-01

33. 联合国粮农组织编. 为实现零饥饿目标而奋斗1945—2030年（2017年11月）. 见联合国粮农组织官方网站综合文件库 http：//www.fao.org/3/a-i6196c.pdf，访问时间：2017-11-24

二、外文类

1. Brock M. Maples. Rising Crop Prices and the Effect on the Conservation Reserve Program. Envt'l & Energy L. & Pol'y J.，2008（1）：313-318

2. J. B. Ruhl. Protecting Ecosystems On Land：Agriculture and Ecosystem Services：Strategies for State and Local Governments. N. Y. U. Envtl. L. J.，2008（1）：424-459

3. Jacinto F. Fabiosa. Effect of Free Trade in Agriculture on Developing Countries. Mich. St. J. Int'l L.，2008（1）：677-690

4. Susan A. Schneider. Reconnecting Consumers and Producers：on the Path toward a Sustainable Food and Agriculture Policy. Drake J. Agric. L.，2009（1）：75-95

5. Zachary R. F. Schreiner. Genetically Modified Corn, Ethanol, and Crop Diversity. Energy L. J. , 2009 (1): 169-188

6. Christopher P. Rodgers. Rural Development Policy and Environmental Protection: Reorienting English Law for a Multifunctional Agriculture. Drake J. Agric. L. , 2009 (2): 259-289

7. Donald T. Hornstein. The Future of Food Regulation: the Environmental Role of Agriculture in an Era of Carbon Caps. Health Matrix, 2010 (1): 145-174

8. Joshua B. Cannon. Using Negligence Per Se to Mend the Wall between Farmers Growing Genetically Engineered Crops and Their Neighbors. Wash & Lee L. Rev. , 2010 (1): 653-691

9. Mary Jane Angelo. Corn, Carbon, and Conservation: Rethinking U. S. Agricultural Policy in a Changing Global Environment. Geo. Mason L. Rev. , 2010 (1): 593-660

10. Melissa Powers. King Corn: Will the Renewable Fuel Standard Eventually End Corn Ethanol's Reign? . Vt. J. Envtl. L. , 2010 (1): 667-708

11. Zachary M. Wallen. Far From a Can of Corn: A Case for Reforming Ethanol Policy. Ariz. L. Rev. , 2010 (1): 129-155

12. Brant M. Leonard. Carbon Sequestration as Agriculture's Newest Market: a Primer on Agriculture's Role in Carbon cap-and-trade. Drake J. Agric. L. , 2010 (2): 317-340

13. Lauren Birchfield, Jessica Corsi. Between Starvation and Globalization: Realizing the Right to Food in India. Mich. J. Int'l L. , 2010 (2): 691-764

14. Graham Frederick Dumas. A Greener Revolution: Using the Right to Food as a Political Weapon against Climate Change. N. Y. U. J. Int'l L. & Pol. , 2010 (3): 107-158

15. Michael DeBona. Letting a Hundred Transgenic Flowers Blossom: the Future of Genetically Modified Agriculture in the People's Republic of China. Vill. Envtl. L. J. , 2011 (1): 89-115

16. Nathan M. Trexler. "Market" Regulation: Confronting Industri-

al Agriculture's Food Safety Failures. Widener L. Rev., 2011 (1): 311-345

17. Nathaniel Vargas Gallegos. International Agricultural Pragmatics: an Inquiry of the Orthodox Economic Breakdowns and an Evaluation of Solutions with the Food Sovereignty Movement. Drake J. Agric. L., 2011 (3): 429-461

18. Aaron Sternick. Food Fight: the Impending Agricultural Crisis and a Reasonable Response to Price Volatility. Vill. Envtl. L. J., 2012 (1): 145-171

19. Diana Crumley. Achieving Optimal Deterrence in Food Safety Regulation. Rev. Litig., 2012 (1): 353-401

20. Gijs Berends, Megumi Kobayashi. Food after Fukushima--Japan's Regulatory Response to the Radioactive Contamination of its Food Chain. Food Drug L. J., 2012 (1): 51-64

21. Kammi L. Rencher. Food Choice and Fundamental Rights: A Piece of Cake or Pie in the Sky? . Nev. L. J., 2012 (1): 418-442

22. Lauren Kaplin. Energy (in) Efficiency of the Local Food Movement: Food for Thought. Fordham Envtl. Law Rev., 2012 (1): 139-161

23. Jonathan Volinski. Shucking Away the Husk of a Crop Gone Wrong: Why the Federal Government Needs To Replant Its Approach to Corn-Based Ethanol. Tul. Envtl. L. J., 2012 (2): 507-530

24. Amanda Lyon. How Corn Subsidies and NAFTA are Weakening Our Borders One Kernel at A Time. Creighton Int'l & Comp. L. J., 2012 (3): 38-46

25. Anne-Marie Duguet, Tao Wu, Annagrazia Altavilla, Hongjie Man, Dean M. Harris. Ethics in Research with Vulnerable Populations and Emerging Countries: The Golden Rice Case. N. C. J. Int'l L. & Com. Reg., 2013 (2): 979-1013

26. Hilary Weiss. Genetically Moified Crops: Why Cultivation Matters. Brooklyn J. Int'l L., 2014 (1): 875-914

27. Thomas P. Redick. Coexistence of Biotech and Non-GMO or Organic Crops. Drake J. Agric. L., 2014 (1): 39-79

28. Genna Reed. Public Health and the Environment: Rubber-stamped Regulation: the Inadequate Oversight of Genetically Engineered Plants and Animals in the United States. Sustainable Dev. L. & Pol'y. 2014（2）：14-20

29. Amanda Kendzora. The Failure that Topples Success: How the Migrant and Seasonal Agricultural Worker Protection Act Does Not Actually Protect. S. J. Agric. L. Rev. , 2014 - 2015（1）：157-181

30. Krystle B. Blanchard. The Hazards of GMOs: Scientific Reasons Why They Should be Regulated, Political Reasons Why They are not, and Legal Answers to What Should be Done. Regent U. L. Rev. , 2014—2015（1）：132-153

31. Alison Peck. The Cost of Cutting Agricultural Output: Interpreting the Capper-Volstead Act. Mo. L. Rev. , 2015（1）：451-498

32. Jess R. Phel. "A Tinge of Melancholy Lay Upon the Countryside": Agricultural Historic Resources within Contemporary Agricultural and Historic Preservation Law. Va. Envtl. L. J. , 2015（1）：56-101

33. Jesse J. Richardson, JR. Agricultural Preferences in Eastern Water Allocation Statutes. Nat. Resources J. , 2015（1）：329-360

34. Josh Glasgow. Genetically Modified Organisms, Religiously Motivated Concerns: The Role of the "Right to Know" in the Gm Food Labeling Debate. Drake J. Agric. L. , 2015（1）：115-136

35. Julie M. Muller. Naturally Misleading: FDA's Unwillingness To Define "Natural" and the Quest for GMO Transparency Through State Mandatory Labeling Initiatives. Suffolk U. L. Rev. , 2015（1）：511-536

36. Kyndra A. Lundquist. Unapproved Genetically Modified Corn: It's What's for Dinner. Iowa L. Rev. , 2015（1）：825-851

37. Marne Coit. American Agricultural Law Association. Drake J. Agric. L. , 2015（1）：1-19

38. Sarah Holm. When They Don't Want Your Corn: The Most Effective Tort Claims for Plaintiffs Harmed by Seed Companies Whose Genetically Engineered Seeds Produced More Problems Than Profits. Hamline L. Rev. , 2015（1）：557-609

39. Taylor A. Beaty. Life on the Mississippi: Reducing the Harmful Effects of Agricultural Runoff in the Mississippi River Basin. Ohio N. U. L. Rev., 2015 (1): 819-846

40. Thomas P. Redick, Megan R. Galey, Theodore A. Feitshans. Litigation and Regulatory Challenges to Innovation in Biotech Crops. Drake J. Agric. L., 2015 (1): 71-91

41. Gashahun L. Fura. Transnational Agricultural Investments and Host States' Export Restriction Flexibilities under International Economic Law. Denv. J. Int'l L. & Pol'y, 2015 (2): 589-618

42. Samuel R. Wiseman. The Dangerous Right to Food Choice. Seattle U. L. Rev., 2015 (2): 1299-1315

43. Caitlin Kelly-Garrick. Using The Endangered Species Act to Preempt Constitutional Challenges to GMO Regulation. Hastings Const. L. Q., 2015 (3): 93-116

44. Sean McElwain. The Misnomer of Right to Farm: How Right-to-Farm Statutes Disadvantage Organic Farming. Washburn L. J., 2015 (3): 223-268

45. Michael H. Carpenter, Jr.. Beware of the Genetically Modified Crop: Applying Animal Liability Theory in Crop Contamination Litigation. Buff. Envt'l. L. J., 2015—2016 (1): 63-98

46. Colleen Gray. A Natural Food Fight: The Battle Between the "Natural" Label and GMOs. Wash. U. J. L. & Pol'y, 2016 (1): 123-145

47. Laurie Ristino, Gabriela Steier. Losing Ground: A Clarion Call for Farm Bill Reform to Ensure a Food Secure Future. Colum. J. Envtl. L., 2016 (1): 59-111

48. Leslie Francis, Robin Kundis Craig, Erika George. FDA's Troubling Failures to Use its Authority to Regulate Genetically Modified Foods. Food Drug L. J., 2016 (1): 105-134

49. Xiao Zhu, Michael T. Roberts, Kaijie Wu. Genetically Modified Food Labeling in China: In Pursuit of a Rational Path. Food Drug L. J., 2016 (1): 30-58

50. Ana Cristina Carrera. Global G. A. P. and Agricultural Producers: Bridging Latin America and The European Union. Drake J. Agric. L., 2016 (2): 155-176

51. Anastasia Telesetsky. Fulfilling the Human Right to Food and a Healthy Environment: Is It Time for an Agroecological and Aquaecological Revolution? . Vt. L. Rev., 2016 (2): 791-812

52. Katharine Gostek. Genetically Modified Organisms: How the United States' and the European union's Regulations Affect the Economy. Mich. St. J. Int'l L., 2016 (2): 761-800

53. Nadia Lambek, Priscilla Claeys. Institutionalizing a Fully Realized Right to Food: Progress, Limitations, and Lessons Learned from Emerging Alternative Policy Models. Vt. L. Rev., 2016 (2): 743-789

54. K. Heather Devine. Vermont Food Access And the "Right to Food": Using the Human Right to Food to Address Hunger in Vermont. Vt. L. Rev., 2016 (3): 177-207

55. Sarah Carrier. From Paper to Electronic: Food Stamps, Social Security, and the Changing Functionality of Government Benefits. Geo. J. Poverty Law & Pol'y, 2016 (3): 139-159

56. Ariel Overstreet-Adkins. Extraordinary Protections for the Industry that Feeds Us: Examining a Potential Constitutional Right to Farm and Ranch in Montana. Mont. L. Rev., 2016 (4): 85-115

57. Jessica A. Murray. A Look At Genetically Modified food Labeling Laws In The United States And The European Union. Suffolk Transnat'l L. Rev., 2016 (4): 145-168

58. Jordan Bailey. Food-Sharing Restrictions: A New Method of Criminalizing Homelessness in American Cities. Geo. J. Poverty Law & Pol'y, 2016 (4): 273-292

59. Neal Rasmussen. From Precision Agriculture to Market Manipulation: A New Frontier in the Legal Community. Minn. J. L. Sci. & Tech., 2016 (4): 489-516

60. Olusegun OO, Olubiyi IA. Implications of Genetically Modified Crops and Intellectual Property Rights on Agriculture in Developing

Countries. J. Afr. Law, 2017 (2): 253-271

61. Smith PJ, Katovich ES. Are GMO Policies "Trade Related"? Empirical Analysis of Latin America. Appl. Econ. Perspect & P., 2017 (2): 286-312

62. Shim J. Foreign Agricultural Investments in Myanmar: Toward Successful and Sustainable Contract Farming Relationships. Columbia. J. Trans. Law, 2017 (3): 717-756

63. Jody L. Ferris. Data Privacy and Protection in the Agriculture Industry: Is Federal Regulation Necessary? . Minn. J. L. Sci. & Tech., 2017 (4): 309-342

64. Purnhagen KP, Feindt PH. Principles-based Regulation: Blueprint for a "New Approach" for the Internal Agricultural Market. Eur. Law. Rev, 2017 (5): 722-736

65. Sunstein CR. On Mandatory Labeling, with Special Reference to Genetically Modified Foods. U. Penn. Law. Rev., 2017 (5): 1043-1095

图表索引

图 0-1　2013—2017 年全国粮食产量
　　　　比较图 ……………………（3）
图 0-2　本书研究框架设计图 …………（21）
表 2-1　历年中央一号文件关于农民
　　　　定位列表 …………………（42）
表 3-1　国际社会关于食物权的基本
　　　　理解例举表 ………………（80）
表 3-2　世界粮食日主题类型化
　　　　列表 ………………………（91）
表 5-1　近十年涉粮补助资金规定
　　　　例举表 ……………………（150）
表 5-2　中国近年来涉粮收费相关文件
　　　　例举表 ……………………（152）
表 5-3　近三年涉粮进口许可证管理
　　　　货物列表 …………………（161）
表 5-4　近三年粮食进口关税配额量
　　　　列表 ………………………（161）
表 5-5　粮食价格监测类型表 ………（192）

表5-6	广东省粮食价格监测点类型表	(193)
表6-1	食品中可能违法添加的非食用物质名单	(214)
表6-2	我国扶贫开发地方性法规涉粮特色规定例举表	(232)
表6-3	我国与粮食安全相关的应对气候变化制度列表	(238)
表6-4	我国与粮食安全相关的应对气候变化声明列表	(239)
表7-1	粮食分级行政复议事项例举表	(249)
表7-2	粮食行政复议法律文书文本类型化列表	(249)
表7-3	我国基本法律关于公益诉讼诉由的规定列表	(257)
表7-4	"两高"公益诉讼指导案例诉由例举表	(258)
表8-1	国家重要粮食政策规定例举表	(268)
表8-2	我国粮食行业协会章程框架例举表	(271)
表8-3	联合国粮农组织粮食国际软法类型化例举表	(274)
表8-4	近年来国家粮食和物资储备局相关粮食"软法"称谓类型化例举表	(275)
表8-5	近年来黑龙江省粮食"软法"称谓类型化例举表	(276)
表8-6	近年来广东省粮食"软法"称谓类型化例举表	(277)
表8-7	近年来北京市粮食"软法"称谓类型化例举表	(278)
表8-8	近年来上海市粮食"软法"称谓类型化例举表	(278)
表8-9	近年来天津市粮食"软法"称谓类型化例举表	(279)
表8-10	近年来重庆市粮食"软法"称谓类型化例举表	(280)
表8-11	近年来广州市粮食"软法"称谓类型化例举表	(280)
表8-12	粮食安全省级地方性法规框架例举表	(283)
表8-13	粮食安全省级地方政府规章框架例举表	(283)
表8-14	国家层面涉粮创新问题的政策性规定例举表	(289)
表8-15	农业农村部涉粮创新问题的政策性规定例举表	(290)

后　　记

古之大师、大作，皆不仅通透事理，也非只是雕琢文字，而是肩负济世之胸怀、慈悲之境界。吾曾几青春年少，自以为些许文章即可登堂入室，难免有所轻狂。而今已至中年，自觉粮食法这一小小领域尚有无限可研究之空间，乃感知天下之大。年轻时，往往为谋生而著文，难以体会传世之担当。而今饱暖可得，更加日夜奋进，始悟文章千古事，不敢丝毫懈怠。

笔者从博一开始关注粮食法问题，在信和恩师指导下完成《中国粮食安全法律保障研究》，后又从粮食"全过程"产业链各个领域发表一系列文章，并在吴弘恩师指导下从事粮食金融化立法的博士后研究。本书汲取博士论文、公开发表论文以及博士后研究的相关成果，从构建独立学科之高度加以整合，借鉴《罗马法原论》之旨趣，提出确立中国特色粮食法学。前路漫漫，师恩浩浩。笔者未来还将尝试构著国际粮食法学，不负两位恩师之厚望，是以为记。

曾晓昀
2018 年 3 月 30 日
于广州三元里校区陋室

图书在版编目（CIP）数据

粮食法原论/曾晓昀著.—北京：中国人民大学出版社，2018.5
ISBN 978-7-300-25683-2

Ⅰ.①粮… Ⅱ.①曾… Ⅲ.①粮食问题-法的理论-中国 Ⅳ.①D922.41

中国版本图书馆 CIP 数据核字（2018）第 069276 号

"十三五"国家重点出版物出版规划项目
法律科学文库
总主编　曾宪义

粮食法原论
曾晓昀　著
Liangshifa Yuanlun

出版发行	中国人民大学出版社	
社　　址	北京中关村大街 31 号	邮政编码　100080
电　　话	010—62511242（总编室）	010—62511770（质管部）
	010—82501766（邮购部）	010—62514148（门市部）
	010—62515195（发行公司）	010—62515275（盗版举报）
网　　址	http://www.crup.com.cn	
	http://www.ttrnet.com（人大教研网）	
经　　销	新华书店	
印　　刷	北京七色印务有限公司	
规　　格	170 mm×228 mm　16 开本	版　次　2018 年 5 月第 1 版
印　　张	21 插页 2	印　次　2018 年 5 月第 1 次印刷
字　　数	335 000	定　价　65.00 元

版权所有　侵权必究　　印装差错　负责调换